Konsequent werden in dieser Untersuchung nicht nur Charles Baudelaire, sondern auch Roland Barthes und Theodor W. Adorno als Schriftsteller gelesen. Die innovative, jegliche Gattungszuordnung unterlaufende Textform von Baudelaires Prosagedichten (*Le Spleen de Paris*), von Adornos Denkbildern (*Minima Moralia*) und von Barthes' späten Prosafragmenten (*Die Lust am Text*, *Fragmente einer Sprache der Liebe*, *Über mich selbst*) wird auf ihre ästhetische Faktur hin befragt. Dabei konturiert sich in der Suche nach neuen Textformen zugleich eine neuartige, spezifisch literarische Subjektivität, die sich aus psychologischen, philosophischen, soziologischen, moralischen und lebensweltlichen Bestimmungen löst. Es entsteht ein Subjekt, das schreibend erst ge- und erfunden werden kann, ein Subjekt im Prozeß, das der Bewegung des Textes eingeschrieben ist.

Doris Kolesch, geboren 1965, Studium in Mainz und Paris, 1989-1994 wissenschaftliche Mitarbeiterin am Institut für Allgemeine und Vergleichende Literaturwissenschaft in Mainz, seit Frühjahr 1996 Assistentin am Institut für Theaterwissenschaft der FU Berlin.

DAS SCHREIBEN DES SUBJEKTS

PASSAGEN PHILOSOPHIE

Doris Kolesch

Das Schreiben des Subjekts

Zur Inszenierung ästhetischer Subjektivität bei Baudelaire, Barthes und Adorno

Passagen Verlag

Deutsche Erstausgabe

Die Deutsche Bibliothek - CIP-Einheitsaufnahme

Kolesch, Doris:
Das Schreiben des Subjekts : zur Inszenierung ästhetischer Subjektivität bei Baudelaire, Barthes und Adorno / Doris Kolesch. - Wien : Passagen-Verl., 1996
(Passagen Philosophie)
ISBN 3-85165-201-0

ISBN 3-85165-201-0

Graphisches Konzept: Ecke Bonk, 1989
Druck: Manz, Wien

Inhalt

Vorwort

Die vorliegende Arbeit wurde im Frühjahr 1994 vom Fachbereich 13 Philologie I der Johannes Gutenberg-Universität Mainz als Dissertation angenommen. Für die Drucklegung habe ich sie geringfügig überarbeitet.

Mein besonderer Dank gilt meinem verehrten Lehrer, Professor Dr. Franz Norbert Mennemeier, der die Arbeit angeregt und stets mit konstruktiver Kritik gefördert hat. Ich habe viel von ihm gelernt und danke ihm nicht zuletzt dafür, daß ich mit ihm unter optimalen Bedingungen am Institut für Allgemeine und Vergleichende Literaturwissenschaft der Universität Mainz zusammenarbeiten konnte.

Für Unterstützung vielfältiger Art danke ich Professorin Dr. Erika Fischer-Lichte, Almuth Fricke, Professor Dr. Horst Fritz, Professor Dr. Alfred Hornung, Dr. Bernd Kiefer, PD Dr. Gertrud Lehnert, Friederike Mayer, Dr. Werner Nell und Sabine Platt.

Ich widme diese Arbeit meinen Eltern, Käthe und August Kolesch, die mich stets rückhaltlos unterstützt haben.

Mainz, im April 1995 D.K.

Siglenverzeichnis

OC I	=	Charles BAUDELAIRE: Œuvres complètes. Tome I (éd. par Claude PICHOIS), Paris 1990.
OC II	=	Charles BAUDELAIRE: Œuvres complètes. Tome II (éd. par Claude PICHOIS), Paris 1985.
Corr I	=	Charles BAUDELAIRE: Correspondance I. 1832-1860 (éd. par Claude PICHOIS/Jean ZIEGLER), Paris 1973.
Corr II	=	Charles BAUDELAIRE: Correspondance II. 1860-1866 (éd. par Claude PICHOIS/Jean ZIEGLER), Paris 1973.

* * * * * * * *

BL	=	Roland BARTHES: Le bruissement de la langue. Essais critiques VI, Paris 1984.
CC	=	Roland BARTHES: La chambre claire. Note sur la photographie, Paris 1990.
DZ	=	Roland BARTHES: Le degré zéro de l'écriture. Suivi de Nouveaux essais critiques, Paris 1972.
EC	=	Roland BARTHES: Essais critiques, Paris 1981.
ES	=	Roland BARTHES: L'empire des signes, Genève/Paris 1970.
FDA	=	Roland BARTHES: Fragments d'un discours amoureux, Paris 1977.
GV	=	Roland BARTHES: Le grain de la voix. Entretiens 1962-1980, Paris 1981.
L	=	Roland BARTHES: Leçon/Lektion. Französisch und Deutsch. Antrittsvorlesung im Collège de France, gehalten am 7. Januar 1977, Frankfurt/M. 1980.
OO	=	Roland BARTHES: L'obvie et l'obtus. Essais critiques III, Paris 1992.
PT	=	Roland BARTHES: Le plaisir du texte, Paris 1973.
RB	=	Roland BARTHES: roland BARTHES par roland barthes, Paris 1990.
SFL	=	Roland BARTHES: Sade, Fourier, Loyola, Paris 1980.
SZ	=	Roland BARTHES: S/Z, Paris 1976.

* * * * * * * *

ÄT	=	Theodor W. ADORNO: Ästhetische Theorie (hrsg. v. Gretel ADORNO und Rolf TIEDEMANN), Frankfurt/M. 1985.
MM	=	Theodor W. ADORNO: Minima Moralia. Reflexionen aus dem beschädigten Leben, Frankfurt/M. 1986.
ND	=	Theodor W. ADORNO: Negative Dialektik, Frankfurt/M. 1988.
NL	=	Theodor W. ADORNO: Noten zur Literatur, Frankfurt/M. 1985.

1. Die Frage des Subjekts

Alors peut-être revient le sujet, non comme illusion, mais comme *fiction*.
(Roland Barthes: *Le plaisir du texte*)

Subjektivität ist eine zentrale Leitkategorie moderner westlicher Gesellschaften, die auch von der modernen Literatur in vielfältigen Beziehungsfiguren von Ich und Welt thematisiert und entfaltet wird. Das moderne Subjekt löst sich aus religiösen, traditionalen und familiären Bindungen. Dazu bedarf es der Welt, um an ihr sich abzuarbeiten. Es konstituiert sich nur in der Auseinandersetzung mit der als beengend und normierend erlebten Gesellschaft, nur im Kontakt oder gar Konflikt mit anderen. Die Existenz symbolischer Codes ist mithin eine unabdingbare Voraussetzung für die Ausbildung von Subjektivität; diese jedoch wird zugleich durch die Bedingungen ihrer eigenen Möglichkeit begrenzt. In exemplarischer Weise gilt diese Dialektik auch für literarische Subjektivitätsentwürfe — und zwar nicht zuletzt aufgrund des Sprachcharakters von Literatur, "car le langage est ce paradoxe: l'institutionnalisation de la subjectivité."(EC, 154)

Die intrikate Dialektik von Selbstverlust und Selbst(er)findung, die dem Schreiben des literarischen Subjekts inhärent zu sein scheint, steht im Zentrum der nachfolgenden Studien zu Charles Baudelaires *Petits Poèmes en prose* (1862-1869), zu Roland Barthes' *Le plaisir du texte* (1973), *roland BARTHES par roland barthes* (1975), *Fragments d'un discours amoureux* (1977) und zu Theodor W. Adornos 1951 erstmals publizierten *Minima Moralia*. Gegenstand der Untersuchungen ist die Entgrenzung und Überschreitung bestehender Textformen und die dadurch ermöglichte Ausbildung einer spezifisch ästhetischen Subjektivität, die sich aus psychologischen, gesellschaftlich-sozialen oder moralischen Fesseln zu befreien sucht.

Charles Baudelaire stellt als herausragender Vertreter der literarischen Moderne den Einsatzpunkt der Arbeit dar. Im Gegensatz zur dominanten Ausrichtung der bisherigen Baudelaire-Forschung werden nicht die *Fleurs du Mal*, sondern die bis heute wenig beachteten Prosagedichte des *Spleen de Paris* im Zentrum der Analysen stehen. Dadurch rückt die ästhetische Qualität der *Petits Poèmes en prose* als paradigmatische Textform der *modernité* in den Blick. Mit ihrer innovativen gattungsübergreifenden Faktur weisen die Prosagedichte ins 20. Jahrhundert voraus; sie exponieren ein ästhetisches Subjekt, das keine (soziale, philosophische, politische, psychologische oder moralische) Identität mehr ausbilden will, sondern sich den Erfahrungsgehalt und die Intensität von Extremsituationen anzueignen sucht:

> qu'importe l'éternité de la damnation à qui a trouvé dans une seconde l'infini de la jouissance? (OC I, 287)

An die Studien zu Baudelaires *Spleen de Paris* schließen sich Untersuchungen zu den späten Schriften von Roland Barthes an, insbesondere zu *Le plaisir du texte*, *roland BARTHES par roland barthes* und *Fragments d'un discours amoureux*. Diese Werke setzen die in Baudelaires Prosagedichten begonnene Entgrenzung in Richtung auf einen offenen und fragmentarischen Text radikal fort. Zudem können sie stellvertretend für eine breite Strömung der Literatur der zweiten Hälfte des 20. Jahrhunderts angeführt werden, die souverän über die heterogensten Diskursregister verfügt, als Grenzgängerin zwischen Literatur, Philosophie und Wissenschaft auftritt und ihr eigenes Schreiben zum Gegenstand macht.

Den Texten von Barthes werden komparativ Adornos *Minima Moralia* gegenübergestellt, um zu prüfen, inwiefern die asystematische und brüchige Form dieser "Denkbilder" (Walter Benjamin) der bei Baudelaire und Barthes zu beobachtenden Transgression bestehender Gattungen vergleichbar ist. Darüber hinaus sollen Gemeinsamkeiten wie Unterschiede der modernen Subjektivität von Adornos *Reflexionen aus dem beschädigten Leben* und der dezentrierten, zerstreuten Subjektivität der Barthesschen Schriften herausgearbeitet werden.

Zwei Beobachtungen können als Auslöser für meine Untersuchungen genannt werden: Zum einen die seit Ende der sechziger Jahre virulente Rede vom "Tod des Subjekts"; zum anderen die zunehmende Konvergenz von Literatur, Philosophie und Wissenschaft, also die Ausbildung gattungs- wie disziplinübergreifender Denkweisen und Textformen.

Buchtitel wie *Die Unhintergehbarkeit von Individualität. Reflexionen über Subjekt, Person und Individuum aus Anlaß ihrer "postmodernen" Toterklärung* (1986), *Tod des Subjekts?* (1987), *Theorie der Subjektivität* (1987) oder auch *Die*

Frage nach dem Subjekt (1988)[1] deuten an, daß eine irritierende Verschiebung in der menschlichen Selbstreferenz stattzufinden scheint. Diese Bände verstehen sich als Weiterführung, zumeist jedoch als kritische Diskussion oder gar als Gegenrede zu dekonstruktivistischen und poststrukturalistischen Positionen (insbesondere französischer Provenienz), denen eine radikale Verabschiedung von Subjektivität unterstellt wird. Die Werke Barthes', Derridas, Deleuze/Guattaris, Lacans oder Foucaults werden als Bankrotterklärung des neuzeitlich-modernen Subjekts gelesen. Dieser Streit um das vermeintliche Ende des Subjekts, der zugleich eine polemische französisch-deutsche Auseinandersetzung darstellt, wird mit besonderer Heftigkeit geführt:

> Manche haben auf die Rede vom "Tod des Subjekts" so empört reagiert, als sollten mit diesen Wörtern alle Moralansprüche aufgegeben oder gar Menschen erschossen werden.[2]

Als Ausweg aus der verhärteten und festgefahrenen (philosophischen) Diskussion bietet sich meines Erachtens die Literatur als Möglichkeit der Selbst-Verständigung an. Sie kann als exemplarisches Medium des Entwurfs und des experimentellen Durchspielens verschiedenster Formen von Subjektivität befragt werden und Aufschlüsse über die moderne wie postmoderne Verfaßtheit von Subjektivität liefern.[3] Die Engführung von Baudelaire als dem Begründer der ästhetischen *modernité* einerseits und von Barthes als dem exponierten Vertreter einer literarischen Entwicklung der zweiten Hälfte des 20. Jahrhunderts andererseits versucht auch zu klären, inwiefern eine dezentrierte und multiple Subjektivität, die gemeinhin als Signum der Literatur seit den sechziger Jahren gilt, schon im Beginn der ästhetischen Moderne vorbereitet und antizipiert wird. In ähnlicher Weise soll der Vergleich von Barthes' und Adornos Schriften die lange Jahre in der Rezeption vorherrschende dichotomische Frontstellung zwischen Neostrukturalismus und Dekonstruktion auf der einen und Kritischer Theorie auf der anderen Seite aufbrechen, um jenseits pauschaler Vor-Urteile die frappierenden Berührungspunkte ebenso wie die Differenzen zwischen beiden Denk-Richtungen herauszuarbeiten.[4]

Subjektivität gehört zu den wesentlichen Leitkategorien, die sich im neuzeitlichen Prozeß der Zivilisation herausgebildet und die diesen Prozeß zugleich orientiert haben. Sie zählt zu den gesellschaftlichen (Selbst-)Verständigungs- und Legitimationskonzepten, zu den "grands Récits", deren "décomposition"[5] nach Jean-François Lyotard die Signatur der *condition postmoderne* ist. Der Begriff *récit* weist auf die "prééminence de la forme narrative dans la formation du savoir

traditionnel"[6] hin. Der Zerfall der großen Erzählungen im zwanzigsten Jahrhundert indiziert somit auch, daß das Erzählen selbst problematisch geworden ist. "Erzählen in der Moderne ist Erzählen unter erschwerten Bedingungen"[7], ein Erzählen, das beständig seine eigenen Möglichkeiten befragen muß. Diese Situation führt zur Überschreitung herkömmlicher Grenzen von Gattungen und Disziplinen. Mit Baudelaire werden die Kunstkritik und die Theorie der Kunst ästhetisch; ein Phänomen, das sich im 20. Jahrhundert noch potenziert: Walter Benjamins "surrealistische Philosophie"[8] ebenso wie Adornos unvollendet gebliebene *Ästhetische Theorie* seien hier nur als zwei markante Beispiele genannt. Disziplinübergreifend scheint sich eine Dominanz "ästhetischen Denkens"[9] herauszubilden. Von Walter Benjamin, Theodor W. Adorno über Jean-Paul Sartre, Albert Camus, Roland Barthes, Jacques Derrida, Michel Foucault oder Gianni Vattimo bis hin zu Richard Rorty und Nelson Goodman orientieren und inspirieren sich nach Wirklichkeitserhellung strebende Philosophen an Kunstwerken. Die philosophische und wissenschaftliche Reflexion tendiert ins Essayistische und Literarische, ebenso wie die Literatur mit Verfahrensweisen experimentiert, die lange Zeit der wissenschaftlichen Analyse vorbehalten waren: Sie führt mikroskopische oder photographische Perspektiven vor, rekurriert auf historische oder philosophische Exkurse und bemächtigt sich wissenschaftlicher Termini und Theorien. So ist Baudelaires *Spleen de Paris* durchzogen von philosophischen Überlegungen, analytischen Passagen und (selbst-)reflexiven Momenten. Gerade diese Offenheit gehört wesentlich zur innovativen Modernität des *poème en prose* und trägt dazu bei, daß das Prosagedicht entscheidende ästhetische Impulse zur Entwicklung des modernen Romans bis hin zum *nouveau roman* geben konnte.[10]
Im folgenden soll der Genese wie auch der Ausbildung eines neuen, synkretistischen und gattungs- wie disziplinübergreifenden Textbegriffs Rechnung getragen werden. Dies kann meines Erachtens nicht mehr durch die additive Erweiterung eines — selbst problematisch gewordenen — Kanons von literarischen Werken geleistet werden, sondern erfordert die Betrachtung struktureller Gemeinsamkeiten und Veränderungen solcher Texte, die traditionell unterschiedlichen Disziplinen (Literatur, Philosophie, Literaturkritik) zugerechnet werden und die gerade deshalb deutlich werden lassen, daß sich seit über einem Jahrhundert eine spezifisch moderne Erschütterung oder gar Sprengung des Gattungsgefüges vollzieht. So verdankt sich die Zusammenführung von Baudelaires *Petits Poèmes en prose*, Barthes' essayistisch-fragmentarischen Prosatexten und den stark philo-

sophisch-reflexiv gefärbten Denkbildern von Adornos *Minima Moralia* folgenden Fragestellungen:

Wie konturiert sich vor dem Hintergrund der Autonomisierung der Institution Literatur eine eigenständige ästhetische Subjektivität?

Wie manifestieren sich die Zusammenhänge zwischen dem Problematisch-Werden von Subjektivität in der Moderne beziehungsweise Postmoderne und der Überschreitung etablierter literarischer Paradigmen? Inwiefern können die *poèmes en prose*, das Denkbild und das essayistische Prosafragment als vergleichbare, exemplarisch moderne und innovative Textformen charakterisiert werden?

Wenn das Ästhetisch-Werden des Diskurses und die Konstitution einer ästhetischen Subjektivität schon im Beginn der (literarischen) Moderne präfiguriert ist[11], welche Verbindung besteht dann zwischen der neostrukturalistischen Theorie und Ästhetik, die exemplarisch durch das Werk Roland Barthes' verkörpert werden, und der literarischen Moderne, die von Baudelaire entscheidend geprägt wurde und die in den bis heute unterschätzten *Petits Poèmes en prose* eine prototypische Erscheinungsform findet?

Die Untersuchungen zu Baudelaires *Spleen de Paris* im ersten Hauptteil, zu Barthes' *Le plaisir du texte*, *roland BARTHES par lui-même* und *Fragments d'un discours amoureux*, die mit Adornos *Minima Moralia* konfrontiert werden, im zweiten Hauptteil der Arbeit, sind zwar durch ihre Themenstellung wie auch durch die erarbeiteten Begrifflichkeiten aufeinander bezogen, können jedoch auch als eigenständige Studien gelesen werden. Sie entwerfen Innenansichten der ästhetischen Moderne und Postmoderne und erforschen die Entstehungsbedingungen wie die Erscheinungsformen einer ästhetischen Subjektivität, die sich imaginativ von biographischen, gesellschaftlich-sozialen, psychologischen oder moralischen Bezügen abzulösen sucht. Inszeniert ist diese Subjektivität, insofern sie bewußt mit ästhetischen Formen spielt und experimentiert — was jedoch nicht besagt, daß jemand die Szene beherrschte oder überschaute.

> "Mettre en scène" veut dire: échelonner des portants, disperser des rôles, établir des niveaux et, à la limite: faire de la rampe une barre incertaine. (RB, 109)

Auch in der Abgrenzung von gesellschaftlichen Prozessen ist die ästhetische Subjektivität — und sei es ex negativo — dialektisch an jene gebunden. Der Frage des (ästhetischen) Subjekts nachzugehen, bedeutet infolgedessen immer auch, die Verschränkung von Ästhetik und Gesellschaft ebenso wie von Ästhetik und Moral zu reflektieren.

2. Charles Baudelaire:
Das exzentrische Subjekt

2.1 Im Kaleidoskop der Moderne

Il faut être absolument moderne.
(Arthur Rimbaud: *Une saison en enfer*)

Le joujou est la première initiation de l'enfant à l'art, ou plutôt c'en est pour lui la première réalisation.
(Charles Baudelaire: *Morale du joujou*)

Je désire être ramené vers les dioramas dont la magie brutale et énorme sait m'imposer une utile illusion. Je préfère contempler quelques décors de théâtre, où je trouve artistement exprimés et tragiquement concentrés mes rêves les plus chers. Ces choses, parce qu'elles sont fausses, sont infiniment plus près du vrai.
(Charles Baudelaire: *Salon de 1859*)

Es hat keine Epoche gegeben, die sich nicht im exzentrischen Sinne "modern" fühlte und unmittelbar vor einem Abgrund zu stehen glaubte. Das verzweifelt helle Bewußtsein, inmitten einer entscheidenden Krisis zu stehen, ist in der Menschheit chronisch. Jede Zeit erscheint sich ausweglos neuzeitig. Das "Moderne" aber ist genau in dem Sinne verschieden wie die verschiedenen Aspekte ein und desselben Kaleidoskops.[1]

Walter Benjamins aphoristisch-prägnante Notiz aus dem unvollendeten *Passagen-Werk* kann als Chiffre seiner komplexen Geschichtskonzeption gelesen werden; sie läßt darüber hinaus metaphorisch — nämlich im Bild des Kaleidoskops — eine Bestimmung der ästhetischen Moderne aufscheinen[2], die sich als perspektivenreicher und radikaler erweist als die explizite Auseinandersetzung mit dem Theorem der *modernité* in Benjamins Baudelaire-Studien[3], die der Autor selbst als ein in wesentlichen Motiven konvergierendes "Miniaturmodell"[4] des *Passagen-Werks* betrachtete.

Denn der Essay *Das Paris des Second Empire bei Charles Baudelaire* setzt implizit eine historische Konstante voraus, die künstlerisch-literarische Evolutionsprozesse auf das immergleiche, der Abfolge menschlicher Generationen entlehnte Modell der Konfrontation zwischen *antiqui* und *moderni* zurückführt.[5]

> Die Theorie der modernen Kunst ist in Baudelaires Ansicht von der Moderne der schwächste Punkt. Die letztere zeigt die modernen Motive auf; Sache der ersten wäre wohl eine Auseinandersetzung mit der antiken Kunst gewesen. Dergleichen hat Baudelaire nie versucht.[6]

Mit dieser Einschätzung verkennt ausgerechnet jener Kritiker, der die entscheidenden Impulse für ein historisches, nicht ästhetizistisches Baudelaire-Verständnis gab[7], die Brisanz und Originalität der *modernité*, die Baudelaire als bewußte Versenkung in die Gegenwart bestimmt.[8]

Zwar geht auch die eingangs erwähnte Reflexion aus dem *Passagen-Werk* von beharrlich sich wiederholenden Wahrnehmungs- und Erfahrungsmustern aus, — allerdings um diese als Formen eines mythischen Kollektivbewußtseins zu entlarven, das nach Benjamin dafür verantwortlich ist, daß europäische Gesellschaften bislang nur einen repressiven, selbstzerstörerischen und letztlich starren Geschichtsbegriff entwickelt haben:

> Das träumende Kollektiv kennt keine Geschichte. Ihm fließt der Verlauf des Geschehens als immer Nämliches und immer Neuestes dahin. Die Sensation des Neuesten, Modernsten ist nämlich ebensosehr Traumform des Geschehens wie die ewige Wiederkehr alles Gleichen.[9]

Zudem bündelt in der zu Beginn zitierten Notiz aus dem *Passagen-Werk* die Metapher von der Moderne als einem Kaleidoskop beziehungsweise einer kaleidoskopischen Konfiguration als praktizierte "Dialektik im Stillstand"[10] zentrale Aspekte der ästhetischen Moderne zu einem anschaulichen Bild. Im sprachlichen Bild wird komprimiert Benjamins Geschichtskonzeption des historischen Materialismus eingefangen[11] und ein — die Möglichkeiten begrifflich-systematischen Denkens überschreitendes — Bedeutungspotential aufgerufen, das eine präzise Charakterisierung der Moderne erlaubt. Inwiefern der metaphorische Ausdruck Hegels Diktum: "Der Gedanke und die Reflexion hat die schöne Kunst überflügelt"[12], Lügen straft, soll im folgenden skizziert werden.

Vor dem aktuellen Hintergrund einer von philosophischen und soziologischen Untersuchungen ratlos konstatierten "neuen Unübersichtlichkeit"[13], also der — positiv formuliert — irreduziblen Pluralität und Relativität gesellschaftlicher Diskurse und individueller Lebensformen, der Gleichzeitigkeit und Konkurrenz heterogener Stile und Weltentwürfe[14], können die moderne Literatur wie auch spezifisch literarische Sprechweisen moderner Theorie als Medium der Selbstverständigung ins Zentrum des Interesses rücken. Denn der mit Baudelaire als dem paradigmatischen "Dichter der Modernität"[15] und dem "originator of the modern concept of *modernité*"[16] wesentlich verknüpfte Erkenntnisanspruch von Literatur und literarischer Sprache formulierte sich von Beginn an als Infragestellung systematischen Erkennens[17], als Betonung des produktiven Überschusses der Imagination gegenüber der Begrifflichkeit[18] und als Bewußtsein davon, daß im Ästhetischen eine — ansonsten vielleicht unerreichte — Komplexität von Beziehungen und Bedeutungen organisiert und präsentiert werden kann.

Dabei kann und soll die Entfaltung des Bedeutungsreichtums der Metapher vom Kaleidoskop die Paradoxie der vorliegenden Arbeit, nämlich in einer wissenschaftlichen, stringent argumentierenden Untersuchung den Primat des Ästhetischen erweisen zu wollen, nicht aufheben. Im Gegenteil: Das Bewußtsein dieses konstitutiven Widerspruchs kennzeichnet im Sinne eines Selbstreflexiv-Werdens moderner Theoriebildung den eigenen historischen Standpunkt. Doch das Sich-Einlassen auf die Vielschichtigkeit der Metapher soll als aufklärungs- und selbstkritisches Einholen bislang ausgegrenzter Potentiale der Vernunft dazu beitragen, die (wissenschaftliche) Reflexion sensibel und differenziert zu gestalten. Gegenüber den Optionen eines Roland Barthes, Jacques Derrida oder Richard Rorty, die die Selbstverkümmerung der abendländischen Rationalität und die vom philosophisch-philologischen Diskurs erzeugten Hierarchien und Herrschaftsverhältnisse durch eine bewußte Literarisierung der eigenen Rede thematisieren und aufbrechen wollen, beharre ich auf den eigenständigen Möglichkeiten wissenschaftlicher Erkenntnis. Diese muß jedoch versuchen, die qua Konvention vorgegebenen Grenzen beständig zu problematisieren und zu hinterfragen, die eigenen blinden Flecken zu vergegenwärtigen und eine Form literaturwissenschaftlicher Praxis zu entwickeln, die sowohl dem Untersuchungsgegenstand angemessen als auch auf der Höhe der eigenen Zeit ist.

Im folgenden möchte ich fünf verschiedene, ineinander verwobene Bedeutungsfelder der Metapher vom Kaleidoskop hervorheben, deren simultanes Zusammenwirken ein genaues Profil der (ästhetischen) Moderne zu entwerfen erlaubt.

Das Kaleidoskop vermag erstens auf die Entwicklung und zunehmende Dominanz technisch-optischer Medien hinzuweisen, die der zivilisationsgeschichtlichen Verlagerung von Nahsinnen wie Fühlen, Riechen oder Schmecken auf Fernsinne wie Hören und insbesondere Sehen entsprechen.[19] Das Auge erhielt in den sich konstituierenden europäischen Industriegesellschaften seit dem ausgehenden 18. Jahrhundert eine herausgehobene Bedeutung als wichtigstes Wahrnehmungs- und Vermittlungsorgan; es wurde ein von Körperlichkeit und direkter Kommunikation abstrahiertes Distanz- und Machtmittel.[20]

Zweitens fängt die Metapher des Kaleidoskops "das zentrale Problem der Moderne"[21] ein, nämlich das — medial verstärkte und zugleich gemilderte — Auseinandertreten von Ich und Welt, die strukturelle Diskrepanz von Subjektsphäre und gesellschaftlicher Makrostruktur.[22] Diese konstitutive Gespaltenheit inauguriert eine Dialektik, die sowohl zu einer zunehmenden Ausdifferenzierung, Komplexität und Abstraktheit der einzelnen gesellschaftlichen Teilbereiche führt als auch zu einer "Vergrößerung der Spielarten"[23] und Schattierungen subjektiven Verhaltens, zu einer Freisetzung interner Möglichkeitshorizonte und Erlebnisperspektiven der Einzelindividuen. Analog dazu impliziert der Blick ins Kaleidoskop zwar eine gewisse Distanzierung, einen "Verlust von Welt"[24], er provoziert, organisiert und bindet aber zugleich subjektive Phantasien und imaginative Vermögen.

Der Effekt des optischen Spielzeugs beruht drittens wesentlich auf den modernen Leitprinzipien permanenter Dynamik, Veränderbarkeit und Akzeleration[25], da der Reiz der bunten, kaleidoskopischen Bilderfolge von einer — von der Betrachterin selbsterzeugten — Drehbewegung herrührt, die immerneue Konstellationen aus den paradoxerweise immergleichen Bruchstücken und Teilchen erstellt.

Die Zufälligkeit und Unvorhersehbarkeit der Bilder vermittelt viertens spielerisch einen Eindruck von den Kontingenzen des modernen Lebens, von der Widerständigkeit einer doch eigentlich als vom Menschen gemachten und kontrollierbar vorgestellten Welt. Zugleich aber evoziert das Schillern des Objekts die Versuchung, dieser Unberechenbarkeit und Unverfügbarkeit durch die utopische Projektion unbelasteten Kinderspiels oder durch Mechanismen bloßer ästhetischer Kompensation entfliehen zu wollen.

Als fünften und letzten Punkt schließlich reflektieren die diskontinuierlichen kaleidoskopischen Bildersplitter die Fragmentarisierung und die Atomisierung sozialer Lebenszusammenhänge in arbeitsteiligen, funktional differenzierten Industriegesellschaften. So schön die einzelnen Konfigurationen auch sein mögen, sie bleiben unverbundene, beziehungslose Eindrücke, blitzhafte Momentaufnahmen. Indem das fernrohrähnliche Spielzeug disparates Material durch einen Winkelspiegel zu einer regelmäßigen, geometrischen Figur ordnet und ständig bewegliche, durcheinandergewürfelte Glasstückchen zu einem stimmigen Ensemble transformiert, kann das Kaleidoskop als Sinnbild für die Organisation moderner Gesellschaften fungieren und auf das spezifische Epochenbewußtsein des 19. Jahrhunderts als einer "Übergangszeit"[26] anspielen. Im Bereich der Kunst entspricht diesem Oszillieren zwischen Traditionsverhaftetheit und Fortschrittsaffirmation, zwischen altbekannter Ordnung und vielfältiger Innovation die Dialektik, daß "Klassizität (...) ein verborgenes Ziel der ästhetischen Moderne"[27] darstellt und daß die Künstler zugleich — wie an Baudelaires Ästhetik des Schocks exemplarisch zu erweisen sein wird[28] — bewußt die Herstellung von Diskontinuität intendieren.

Doch nicht nur für die Signatur der Moderne als gesellschaftliches und soziokulturelles Gesamtphänomen, sondern — in einer Art Innendifferenzierung — auch für ihre beiden grundlegenden Legitimations- und Selbstbestimmungsdiskurse, die "grands Récits"[29] der Geschichte und der Subjektivität, scheint die Metapher vom Kaleidoskop erhellende Anschaulichkeit zu besitzen.[30]

Baudelaire hatte schon im *Salon de 1846* ironisch auf die Gebrochenheit des modernen Individuums als "pauvre *moi*" und als kümmerliche "ligne brisée" (OC II, 455) angespielt. Das Kapitel *De l'idéal et du modèle* charakterisiert die moderne Kunst durch Strukturen der "contradiction" beziehungsweise des "accord de contraires" (OC II, 455). Durch die Ironie wie auch durch den Kontext des Kapitels weist der Autor auf die Unzulänglichkeit einer einseitigen und widerspruchsfreien Auffassung der Moderne hin, welche die letztere zum Beispiel ausschließlich unter den negativen Leitbegriff der Entfremdung subsumieren möchte.[31] Gut 15 Jahre später, in der ästhetischen Programmschrift *Le Peintre de la vie moderne*, fängt Baudelaire die Dissoziation des modernen Subjekts in einem Bild ein, das die binäre Logik des *Salon de 1846* hinter sich läßt und die Komplexität der Moderne als synchrones Ensemble heterogener und divergierender Strömungen, als Prozeß des Auseinandertretens in Extreme begreift.[32] Denn im *Peintre* wird der als Archetyp des modernen Künstlers figurierende Maler Constantin Guys — der in früher Vorläuferschaft zu den reduzierten Antihelden des 20. Jahrhunderts wie Kafkas K. nur als M.G. oder M.C.G. im Text auftaucht[33] — emphatisch "à un kaléidoscope doué de conscience" (OC II, 692) verglichen. Wie bei Benjamin wird auch bezüglich der Baudelaireschen Texte in den nachfolgenden Kapiteln zu fragen sein, inwiefern diese Metapher nicht nur Entfremdungs- und Auflösungserscheinungen moderner Subjektivität prägnant umreißt, sondern zugleich neuartige, spezifisch moderne Entwicklungspotentiale und Möglichkeitsspielräume künstlerischer Wahrnehmung und Subjektivität eröffnet.

In Baudelaires Perspektive erweist sich neben der zentralen Kategorie der Subjektivität auch die literarische Form von der kaleidoskopischen Signatur der Moderne affiziert. Die *Petits Poèmes en prose* verzichten bewußt auf den "formalen Klassizismus der *Fleurs du Mal*"[34]; sie sind motiviert durch die Suche nach einer neuen künstlerischen Form, die "la fréquentation des villes énormes"(OC I, 276), also die Erfahrungen des urbanen Lebens unter Bedingungen beschleunigten sozialen Wandels und forcierter Technisierung, literarisch zu verarbeiten erlaubt. Darüber hinaus zielen sie auf die Erschütterung und Radikalisierung des bestehenden Gattungsgefüges.

In der einleitenden *Dédicace* für den Herausgeber und Freund Arsène Houssaye wird der "petit ouvrage" des Spleen de Paris als eine organische Einheit, nämlich als "serpent tout entier" (OC I, 275), präsentiert. Paradoxerweise wird mit diesem Vergleich jedoch auch die Abwesenheit und konstitutive Unmöglichkeit einer in sich stimmigen und geschlossenen Ganzheit thematisiert.[35]

Die *Dédicace* als intertextuelle "mosaïque de citations"[36], das heißt als selektive Rezeption, Verknüpfung und Transformation anderer, vorgängiger Texte, stellt durch die Schlange als der "image (...) caractéristique des années qui voient se développer la jeunesse de Baudelaire"[37] den Bezug zu Gedichten Victor Hugos, Charles-Augustin Sainte-Beuves oder Gérard de Nervals her.[38] Die in deren Gedichten entwickelte Konnotation der Schlange als Sinnbild für die Diskontinuität und Zerrissenheit der menschlichen Psyche nimmt Baudelaire auf und erweitert sie zur Denkfigur einer komplexeren literarischen Faktur, die den organischen Kunstbegriff in sich aufnimmt und zugleich übersteigt. Jedes einzelne individuelle — und kleine — Prosagedicht repräsentiert eine aufs Äußerste kondensierte, autonome Totalität und holt somit die frühromantische Ästhetik des Fragments ein, das Friedrich Schlegel als die moderne Kunstform par excellence bestimmte und praktizierte:

> Ein Fragment muß gleich einem kleinen Kunstwerke von der umgebenden Welt ganz abgesondert und in sich selbst vollendet sein wie ein Igel.[39]

Gleichzeitig werden die Leserin und der Leser zur aktiven Re-Konstruktion der organischen Einheit des *Spleen de Paris* aufgefordert, die jedoch immer scheitert, insofern sie nur als potentiell endlose Vielheit kopräsenter Prosagedichte vorgestellt werden kann.[40]

> J'ai cherché des titres. Les 66. Quoique cependant cet ouvrage tenant de la vis et du kaléidoscope pût bien être poussé jusqu'au cabalistique 666 et même 6666...(OC I, 365; Vorentwurf der *Dédicace*).

Um die dissoziierte Achse eines entgrenzten, nicht mit sich identischen Spleen-Bewußtseins fallen die einzelnen *Petits Poèmes en prose* als faszinierende wie auch erschreckende Konstellationen urbaner Erlebnisse, Reflexionen und Befindlichkeiten zu einem schillernden Textkaleidoskop zusammen.

Baudelaires Werk problematisiert von Beginn an die Möglichkeiten lesenden Verstehens und praktiziert eine Ästhetik des Schocks.[41] Diese resultiert hier aus der Provokation des zeitgenössischen Literaturbegriffs, da die *Dédicace* bis dato negativ bewertete Form- und Stileigenschaften affirmiert. Denn was im herrschenden kritischen Diskurs an der Ästhetik der damals ebenfalls neuen und äußerst erfolgreichen Gattungsform des Feuilletonromans beanstandet wurde, beispielsweise die Zusammenhanglosigkeit, die Austauschbarkeit oder die "'invraisemblance'"[42] der verschiedenen, sukzessive publizierten Textpartien, wendet Baudelaire zu einem produktions- wie rezeptionsästhetischen Vorzug, nicht ohne überdies die verschärfte ästhetische Radikalität der *Poèmes en prose* zu betonen:

> Mon cher ami, je vous envoie un petit ouvrage dont on ne pourrait pas dire, sans injustice, qu'il n'a ni queue ni tête, puisque tout, au contraire, y est à la fois tête et queue, alternativement et réciproquement. Considérez, je vous prie, quelles admirables commodités cette combinaison nous offre à tous, à vous, à moi et au lecteur. Nous pouvons couper où nous voulons, moi ma rêverie, vous le manuscrit, le lecteur sa lecture; car je ne suspends pas la volonté rétive de celui-ci au fil interminable d'une intrigue superflue. Enlevez une vertèbre, et les deux morceaux de cette tortueuse fantaisie se rejoindront sans peine. Hachez-la en nombreux fragments, et vous verrez que chacun peut exister à part (OC I, 275).

Während der Feuilletonroman der unkritischen Akzeptanz zeitungstechnischer und ökonomischer Erfordernisse entsprang und an der konservativ-bürgerlichen Institutionalisierung von Literatur[43] in der durch die aufkommenden Kommunikationsmedien drastisch veränderten Öffentlichkeit in Frankreich um 1850 partizipierte[44], stellen sich die Prosagedichte den aktuellen Erfahrungen von Kontingenz, Diskontinuität und Fragmentarisierung, ohne allerdings den affirmativen Charakter der Feuilletonromane zu teilen. Der stark schematisierende und simplifizierende Feuilletonroman suggerierte die Möglichkeit einer sinnvollen Erfassung der widerständigen Um-Welt durch die Figur eines zentralen Helden und durch die chronologische, psychologisch oder handlungspragmatisch motivierte Verknüpfung disparater Ereignisse zum "fil interminable d'une intrigue superflue"

(OC I, 275). Auf diese beiden Orientierungsmuster und Instanzen zur Reduktion von Komplexität verzichtet *Le Spleen de Paris* bewußt.

Im folgenden Kapitel soll deshalb untersucht werden, inwiefern die kaleidoskopische Signatur der Moderne in die Textstruktur der *Petits Poèmes en prose* eingelagert ist, die als brüske Koinzidenz bislang klar geschiedener Gattungs- und Literaturbegriffe Kontur gewinnen. Die Prosagedichte ziehen ihre poetische Substanz aus dem provozierenden Zuammenprall unterschiedlicher ästhetischer Verfahren, als deren wichtigste genannt werden können: die Dekonstruktion lyrischer Paradigmen, die Übernahme und partielle Negation narrativer Prosastrukturen und die — der Ästhetik der *modernité* verpflichtete — Absorption und kreative Transformation feuilletonistischer Gattungs- und Stilelemente sowie alltagssprachlicher Diskurse.

2.2 Die Provokation des Prosagedichts

dangereuse comme la poésie en prose
(Charles Baudelaire: *Salon de 1859*)

En un mot, le poème en prose représentait, pour des Esseintes, le suc concret, l'osmazome de la littérature, l'huile essentielle de l'art.
(Joris-Karl Huysmans: *A rebours*)

Tell me, ye learned, shall we for ever be adding so much to the *bulk* — so little to the *stock*? Shall we for ever make new books, as apothecaries make new mixtures, by pouring only out of one vessel into another?
Are we for ever to be twisting, and untwisting the same rope?
(Laurence Sterne: *The Life and Opinions of Tristram Shandy*)

"Qu'est-ce que la Poésie? qu'est-ce que la Prose?" (OC I, 785) Wer so fragt, dem scheint die Bestimmung von Poesie und Prosa problematisch geworden zu sein. Durch ihr unvermitteltes Nebeneinander zielen Baudelaires Fragen zudem auf das gesamte Gattungsgefüge, auf die diskursiven Ordnungsraster, Regeln und Ausschlußmechanismen, mithilfe derer eine Gesellschaft bestimmte Texte als literarische institutionalisiert:

> je suppose que dans toute société la production du discours est à la fois contrôlée, sélectionnée, organisée et redistribuée par un certain nombre de procédures qui ont pour rôle d'en conjurer les pouvoirs et les dangers, d'en maîtriser l'événement aléatoire, d'en esquiver la lourde, la redoutable matérialité. [1]

Auf diese Situation reagiert die moderne Literatur mit der Erweiterung und Sprengung des jeweils bestehenden Gattungssystems, indem die gesellschaftlichen Kategorien zur Konstitution und zur Kontrolle — nicht nur — literarischer Diskurse einer ständigen Bearbeitung, Reflexion und Kritik ausgesetzt werden.[2]

Dieser Prozeß mündete im 20. Jahrhundert in eine radikale Erschütterung und Öffnung der vormals grundlegenden ästhetischen Begriffe und Regeln, so daß

> Zur Selbstverständlichkeit wurde, daß nichts, was die Kunst betrifft, mehr selbstverständlich ist, weder in ihr noch in ihrem Verhältnis zum Ganzen, nicht einmal ihr Existenzrecht.[3]

Aus Baudelaires irritierter Suche nach den Kennzeichen und Abgrenzungen von Poesie und Prosa wurde in Gertrude Steins Essay *Poetry and Grammar* von 1934 ein souveränes Verwirrspiel, das ohne Antwort bleiben muß:

> What is poetry and if you know what poetry is what is prose. There is no use in telling more than you know, no not even if you do know it. But do you do you (sic!) know what prose is and do you know what poetry is.[4]

Auch die zahlreichen theoretischen Anstrengungen, durch das Herauspräparieren einer spezifischen Literarizität[5] und Poetizität[6] oder durch linguistisch-pragmatische Untersuchungen[7] die Differenzqualität der Artikulationsschemata Poesie und Prosa zu bewahren, wurden inzwischen von der Einsicht verdrängt, daß keine wesentlichen Unterschiede, keine "différence de *nature* entre le langage versifié et le langage prosaïque"[8] festgestellt werden können. Infolgedessen wurde die Opposition Poesie versus Prosa ersetzt durch die Achse: markierte, poetische Sprache — im Sinne des "langage poétique, en englobant sous cette dénomination la 'poésie' aussi bien que la 'prose'"[9] — und Alltagssprache. Doch selbst vor dem Hintergrund dieser Erweiterung möchte ich argumentieren, daß sich Baudelaires Prosagedichte, die als künstlerische Antwort auf die schon eingangs zitierten Fragen "Qu'est-ce que la Poésie? qu'est-ce que la Prose?"(OC I, 785) gelesen werden können, der begrifflichen Erfassung widersetzen.

Auch angesichts der zur Normalität gewordenen Überschreitung ästhetischer Kategorien bleibt das *poème en prose* eine hybride Form, eine Gattung, deren Existenz paradoxerweise im Zerstäuben des Gattungsbegriffs besteht. Seit Baudelaires *Spleen de Paris* ist das Prosagedicht zum Beispiel bei Mallarmé, Rimbaud, Huysmans, Gide, Proust, Stein bis hin zu Ponge, Sarraute oder Robbe-Grillet "konsequenter als jedes andere Genre der Ausdruck der Modernität."[10] Und zwar nicht zuletzt deshalb, weil das Prosagedicht ständig eine Synthese zwischen Poesie und Prosa suggeriert, deren Unmöglichkeit schließlich in eine Hinterfragung der Notwendigkeit und der Funktion von Gattungen und ihres Gefüges umschlägt:

> Si donc le poème en prose garde un intérêt pour nous qui avons cessé de le considérer comme absolument oxymorique, c'est qu'il nous invite à interroger non pas la différence

> entre poésie et prose, mais la nature d'un besoin de différence à l'intérieur de la langue, besoin qui persiste au-delà de toutes ses manifestations particulières.[11]
>
> Ni antithèse, ni synthèse, le poème en prose est le lieu à partir duquel la polarité — et donc la symétrie — entre présence et absence, entre prose et poésie, *dysfonctionne*. La description du poème en prose n'est possible qu'à partir du fait que toute tentative de le décrire finit par se subvertir elle-même.[12]

Das Prosagedicht entfaltet demnach ein Experimentierfeld künstlerischer Kreation und Innovation, das zugleich — als Zeichen seiner Modernität — als Ort der Reflexion auf sprachliches Handeln und literarische Diskursschemata fungiert.

Die formale Radikalität des Prosagedichts mag ein zentraler Grund für seine chronische Mißachtung von Seiten der Literaturkritik sein, während von Beginn an eine lebhafte und produktive Rezeption im Kreis der literarisch-künstlerischen Avantgarde einsetzte.[13] Denn obwohl der innovative Einfluß von Baudelaires *Petits Poèmes en prose* auf die Literatur des Symbolismus und Ästhetizismus sowie auf zahlreiche Schriftsteller des 20. Jahrhunderts, wie Gide, Proust, Breton oder auch Rilke, Kafka und nicht zuletzt die Vertreter(innen) des *nouveau roman*, ungleich höher einzuschätzen ist als die Wirkung der *Fleurs du Mal*, blieben die Prosagedichte in der Forschung eine völlig verkannte Form, deren Status darauf reduziert wurde, bloße Skizzen der ästhetisch alles überragenden *Fleurs du Mal* darzustellen.[14] Nachdem Alfred Noyer-Weidner in einem Forschungsüberblick im Jahre 1975 Untersuchungen über “Baudelaires heute noch in ihrer Modernität überraschende *Petits Poèmes en prose* mit ihrer häufig irritierenden ästhetischen Zwiespältigkeit”[15] als Desiderata der literaturwissenschaftlichen Rezeption bezeichnen mußte, kristallisierte sich in den letzten beiden Jahrzehnten die Einschätzung heraus, die Prosagedichte stellten die konsequente und exemplarische Umsetzung von Baudelaires Ästhetik der Modernität dar[16] und erlaubten darüber hinaus, “to catch a glimpse of all the contradictions which tear modern esthetics asunder.”[17]

Innerhalb dieser relativ jungen Wertschätzung der Prosagedichte lassen sich zwei Hauptströmungen identifizieren: Zum einen die letztlich dem Mimesismodell verhaftete Auffassung, die Prosagedichte seien die einzig adäquate Ausdrucksform für die Darstellung moderner Großstadterfahrung. Diese Position kann sich auf Passagen der *Dédicace* stützen[18] und untersucht den *Spleen de Paris* vor dem Hintergrund zunehmender Industrialisierung, Urbanisierung und Entfremdung als *Poesie in prosaischer Welt*[19], als thematische[20] oder strukturelle[21] Mimesis an die Metropole Paris. Eine Problematisierung der Gattung selbst findet bei diesen zumeist soziologisch oder individualpsychologisch[22] orientierten Ansätzen nicht oder nur in geringem Maße statt.

Zum anderen eine Argumentationsrichtung, welche die Prosagedichte nach diskursiv-formalen Kriterien als Transformation und Dekonstruktion anderer, vorgängiger Gattungen und Paradigmen beurteilt.[23] Derartige Lesarten sind als eine sicherlich berechtigte Reaktion auf bloß thematische Bestimmungen der ästhetischen Originalität und Qualität des *Spleen de Paris* zu werten. Doch trotz wertvoller Einblicke in die Gattungsproblematik der *poèmes en prose* läuft diese Perspektive Gefahr, die sinnliche Intensität und Welthaltigkeit von Baudelaires Texten zu vernachlässigen. Bis heute kann es also als Desiderat der Forschung bezeichnet werden, eine begriffliche Erfassung der Baudelaireschen Prosagedichte zu leisten, die sowohl den ästhetischen Valeurs als auch den vielschichtigen gesellschaftlichen und außerliterarischen Bedingungsverhältnissen des *Spleen de Paris* gerecht wird.

Im folgenden möchte ich darlegen, daß die *poèmes en prose* als bewußt provozierende und schockierende Gattung, als "Genre der Verunsicherung"[24] Kontur gewinnen, indem sie die heterogene Verknüpfung unterschiedlichster diskursiver Formationen und sprachlicher Register leisten. Dabei werde ich mich auf die drei konstituierenden literarischen Absorptions- und Transformationsverfahren konzentrieren: Zum einen die Dekonstruktion des lyrischen Paradigmas, zum zweiten die kreative Rezeption, Modifikation und partielle Negation zentraler zeitgenössischer Prosaformen (insbesondere des Romans, des Feuilletonromans, der Tableaux und der Stadtbücher) sowie schließlich der Einbezug prosaischer und feuilletonistischer Trivialformen und Alltagsdiskurse (Feuilletonroman, *faits divers, idées reçus*, Sprichwörter, Redewendungen).

Während die beiden erstgenannten Strategien innerhalb beziehungsweise an der Grenze der bürgerlichen Institutionalisierung der Literatur eine immanente ästhetische Bearbeitung und Erweiterung der Gattungsbegriffe und der etablierten Ausdrucksmuster vollziehen[25], überschreitet die dritte Verfahrensweise beständig diesen "hohen" Literaturbegriff, allerdings nur, um ihn in modifizierter und modernisierter Form zu bestätigen. Dadurch erhält das Prosagedicht eine reflexive Dimension, die die "unerläßliche *Komplizenschaft*"[26] zwischen "hoher" Kultur und "Massenkultur", deren wechselseitige Fundierung ständig verschleiert wird, bewußtmacht und die herrschende Konzeption von Literatur als ein kontingentes gesellschaftliches Konstrukt entlarvt.

Indem das Prosagedicht seine prekäre[27] beziehungsweise gebrochene[28] Identität als Knotenpunkt in einem mehrsträngigen Netz literarischer und nonliterarischer Diskurse gewinnt, sprengt es binäre Schemata auf und verweist es auf die Unzulänglichkeit ästhetischer wie gesellschaftlicher Konzepte, die auf einer dualen Logik basieren. Gegen diesen Dualismus, der die Struktur moderner westlicher Gesellschaften prägt, fängt das *poème en prose* als "*une extériorisation inconsciente de structures linguistiques*"[29] die potentielle Unabschließbarkeit des Zeichenprozesses ein.[30]

Aus dem bislang Gesagten wird hinreichend deutlich, daß zur adäquaten Erfassung der Eigentümlichkeiten der Gattung "Prosagedicht" eine kaleidoskopische Perspektive angebracht wäre; gleichwohl muß ich mich bei meiner Darstellung der diskursiv-argumentativen Sukzessivität beugen, ohne jedoch aus den Augen zu verlieren, daß die drei nachfolgend skizzierten Textverfahren simultan auftreten und zusammenwirken.

Angeregt durch die Einsicht der Baudelaire-Forschung, die Prosagedichte seien zeitlich weitgehend nach den *Fleurs du Mal* entstanden, bestätigt Barbara Johnson in ihrer eindrucksvollen Studie zum *Spleen de Paris* diese Nachzeitigkeit durch eine intertextuelle Analyse von *poèmes en vers* und *poèmes en prose*. Als deren Ergebnis kann festgehalten werden, daß das Prosagedicht eine Dekonstruktion des lyrischen Paradigmas vollführt. Anhand mehrerer Textvergleiche zeigt Johnson, daß "le poème en prose est une lecture déconstructrice du poème en vers"[31], die insbesondere figurale und metaphorische Ausdrucksformen der Lyrik hinterfragt. Die dualistisch-synthetisierende Struktur der *Fleurs du Mal* wird zugunsten einer heterogenen, betont widersprüchlichen Pluralität aufgehoben, die es erlaubt, auf die Poesie "*en tant que code*"[32] zu reflektieren. Im *Spleen de Paris* manifestiert sich eine Prosaisierung und eine Entlarvung der Funktions- und Wirkweisen lyrischer Sprache, wobei der intertextuelle Bezug zur Lyrik selbst wieder ein Moment der Literarisierung umfaßt. Durch die dekonstruktive Geste wird implizit aber noch der Status der Lyrik evoziert, die seit Petrarca und insbesondere seit der Romantik als exemplarisches Genre gilt, in dem das problematisch gewordene Individuum (sich aus-)spricht.

Dieses — von der poetischen Tradition ausgehende — Konstitutionsprinzip des *poème en prose* wird ergänzt durch ein Verfahren, das am Komplementärbegriff der Poesie, nämlich der Prosa, ansetzt. Indem in zahlreichen Passagen des *Spleen de Paris* der Blick eines durch die Großstadt flanierenden Beobachters auf exzentrische Randfiguren gerichtet ist, die als emblematische Verdichtung urbaner Existenzweisen und Erfahrungswerte figurieren, rezipieren und transformieren die Prosagedichte strukturelle wie thematische Elemente des Feuilletonromans, der Tableaux und der Physiologien. Zu einem Zeitpunkt, als die seit Merciers *Tableau de Paris* von 1782/83 äußerst erfolgreiche und beliebte Gattung des Tableau in ihren Variationsmöglichkeiten erschöpft schien[33], aktualisierte Baudelaire zur Schaffung der neuen Gattung des Prosagedichts zentrale Aspekte der Tableaux[34], in denen kurze, selbständige Texte aus der Perspektive des Flaneurs fragmentarische Einblicke in Lebenssituationen der Metropole gaben. Doch während die Diskontinuität und Heterogenität der Darstellung wie des Dargestellten und der gleichsam semiotische Weltbezug des zum Flaneur gewordenen Literaten, dem uneingeschränkt alles zum "'texte d'observations'"[35] gerinnen kann, schon die fundierende Erfahrungsschicht der Tradition der Tableaux bildete, weigert sich Baudelaire, mit der ästhetischen Absorption dieser Aspekte auch typische Textstrategien zur Orientierung und Beruhigung[36] der Leser zu übernehmen. Im Gegensatz zum Flaneur der Tableaux, dessen Domäne ein ihm vertrauter und bekannter Stadtbereich ist, setzt sich der exzentrische "étranger" (OC I, 277) des *Spleen de Paris* der Erfahrung des — eigenen wie anderen — Fremden und Befremdenden in einer irritierenden und unverständlichen Umgebung aus. Auch die Vielfalt der Perspektiven und Haltungen, die seit der literarischen Kollektivarbeit des *Paris ou Le Livre des Cent-et-un* von 1831-35 mit dem Tableau verbunden ist, durchzieht die *Petits Poèmes en prose*, in denen jedoch — im Gegensatz zu dem erstgenannten Werk — keine übergreifende, homogenisierende und vermittelnde Zentralperspektive angeboten wird. Das Ich jedes einzelnen Prosagedichts exponiert jeweils derartig unterschiedliche und unvereinbare Positionen, Stimmungen und Reflexionen, daß diese kaleidoskopischen Facetten von Subjektivität nicht mehr sinnvoll einem einzigen, mit sich identischen Subjekt zugeschrieben werden können.[37]

Neben Adaptationen und Umbildungen aus zeitgenössischen Prosadiskursen beziehen sich Baudelaires Texte auch — und zwar qua Negation — auf den bürgerlichen Roman in seiner kanonischen Ausprägung als historischer oder als Entwicklungs-Roman. Der Roman als das von der bürgerlichen Gesellschaft anerkannte paradigmatische Medium individueller wie kollektiver Selbstverständigung fungiert insbesondere aufgrund der narrativen und deskriptiven Erzählstrukturen, der analytisch-reflexiven Momente und der vom Gesamt der Prosagedichte erzeugten Vielschichtigkeit als Intertext zum *Spleen de Paris.*[38] Doch ist die lineare, chronologisch, individualpsychologisch oder kausal motivierte Handlungsverknüpfung der meisten Romane des 18. und 19. Jahrhunderts einer labyrinthisch-offenen Struktur gewichen, die Baudelaire als ästhetische Qualität hervorhebt.[39] Die Übernahme romanhafter Züge leistet produktionsästhetisch eine Erhöhung der Komplexität, eine Öffnung hin zu bislang randständigen und tabuisierten Themen, und potenziert das für Baudelaires *langage poétique* charakteristische Moment der Bewußtheit. Zudem reagiert *Le Spleen de Paris* damit auf ökonomisch-technische Veränderungen des literarischen Marktes und auf die dadurch modifizierte Erwartungshaltung der Rezipienten — zum Beispiel durch die Möglichkeit, einzelne Prosagedichte in Anlehnung an den Feuilletonroman in Zeitschriften zu publizieren.[40] Analog zu der damals sich etablierenden Konsum- und Kaufhauskultur und analog zur Gestaltung von Zeitungen und Zeitschriften präsentiert sich der *Spleen de Paris* als geordnete Unordnung:

> This ordered disorganization of the shopping space, and thereby of the time and the practice of shopping, recalls the newspaper's random disposition of unrelated articles which (...) induced in the reader a tolerance for unorganic confusion which served much more the needs of the layout editor than it did the reader's own. In both cases, the manipulations of space and time oblige the person who would navigate within them to submit a logic which is incomprehensible in terms of anything the subject can know or feel. The discourses and practices determining such submission manufacture the sorts of behavior we know as consumer behavior.[41]

Dadurch haben die Prosagedichte an Demokratisierungs- wie Trivialisierungsprozessen teil, die sie jedoch mit aristokratischem Habitus wiederum unterlaufen, indem sie einen gebildeten, — bürgerlichen — Leser erfordern, der zur aktiven geistigen Montage bereit ist und sich als fähig erweist, die Bedeutung im Vollzug der eigenen Lektüre zu konstruieren.

Schließlich manifestiert sich Baudelaires Intention eines "miracle d'une prose poétique" (OC I, 275), sein Versuch, das Poetische aus der Prosa zu destillieren und als Dichter der Modernität nicht die "muse académique (...) cette vieille bégueule", sondern "la muse familière, la citadine, la vivante" (OC I, 360) anzurufen, in der Verwendung alltagssprachlicher Wörter und Formulierungen: "it is in the *Petits Poèmes en prose* that we find the highest incidence of maxims and commonplaces in Baudelaire's works"[42]. Der *Spleen de Paris* ist in einer mit Sprichwörtern und Redewendungen[43] durchsetzten Umgangssprache[44] verfaßt, die auch vor dem betont irritierenden Einsatz von Platitüden oder *idées reçues* im Sinne Flauberts nicht zurückschreckt. Die so erzielte Provokation des Publikums wurde schon von der Tradition des aggressiven *l'art pour l'art* praktiziert.[45] Neu ist allerdings die im *Spleen de Paris* forcierte Verselbständigung des Schocks zum Prinzip ästhetischer Konstruktion und zum Modus ästhetischer Erfahrung. Damit prallen beim Lesen der Prosagedichte die — spätestens seit Beginn des 19. Jahrhunderts klar geschiedene — literarisch institutionalisierte Sensibilität und die Alltagssensibilität aufeinander[46], wodurch die autonome Institutionalisierung von Kunst zugleich unterlaufen und bestätigt wird und die gesellschaftlich eingeübte Rezeptionshaltung[47] als historisch gewordene exponiert, relativiert und in ihrer Normativität hinterfragt wird.

Die Aufnahme alltagssprachlicher Redensarten und Floskeln und die ästhetische Transformation zeitgenössischer feuilletonistischer Gattungen wird durch die Einbindung in Baudelaires Ästhetik der Modernität dichtungstheoretisch legitimiert. Deren Imperativ lautet "de dégager de la mode ce qu'elle peut contenir de poétique dans l'historique, de tirer l'éternel du transitoire" (OC II, 694). Denn wenn Baudelaire, der an den Künstler und das Kunstwerk höchste Anforderungen stellt, seine exemplarisch modernen *poèmes en prose* aus Elementen konstelliert, die entweder literarischen Diskursen außerhalb oder im Grenzbereich des Gattungskanons entspringen, deren teilweise anonym gebliebene *écriture* sich nie zur Kunstform erhob, oder die schließlich dem nicht-literarischen Alltagsdiskurs entstammen, so ist dies nur auf die beiden Diskursreihen gemeinsame Aktualität zurückzuführen.

> Le passé est intéressant non seulement par la beauté qu'ont su en extraire les artistes pour qui il était le présent, mais aussi comme passé, pour sa valeur historique. Il en est de même du présent. Le plaisir que nous retirons de la représentation du présent tient non seulement à la beauté dont il peut être revêtu, mais aussi à sa qualité essentielle de présent. (OC II, 684)

Die Zeit selbst, insbesondere die Flüchtigkeit der Jetztzeit ist hier zum Medium ästhetischer Erfahrung geworden, so daß nur die Durchdringung von Zeitlosigkeit und Vergänglichkeit, die Verschränkung von Dauerhaftigkeit und radikaler Versenkung in die Gegenwart den Anforderungen eines modernen Begriffs von Schönheit genügt:

> Le beau est fait d'un élément éternel, invariable, dont la quantité est excessivement difficile à déterminer, et d'un élément relatif, circonstanciel, qui sera, si l'on veut, tour à tour ou tout ensemble, l'époque, la mode, la morale, la passion. (OC II, 685)

Erst vor diesem Hintergrund erschließt sich Baudelaires Einschätzung: "Sois toujours poète, même en prose. Grand style (rien de plus beau que le lieu commun)"

(OC I, 670)[48], und sein Lob der "Profondeur immense de pensée dans les locutions vulgaires, trous creusés par des générations de fourmis" (OC I, 650). Die Integration umgangssprachlicher, vulgärer und phrasenhafter Formulierungen in den Sprachgestus der *poèmes en prose* produziert durch den Kontrast verschiedener linguistischer Register und kultureller Codes den für die Ästhetik der Modernität wesentlichen bizarren und befremdenden Effekt des Schönen.[49] Dadurch wird das einzelne Wort als Schnittpunkt dialogischer oder polyphoner Beziehungen[50], als Mikro-Palimpsest des kulturellen Gedächtnisses aktualisiert. Im Rahmen dieser Entgrenzung des Literaturbegriffs wird zudem eine Erhöhung der Suggestivität, der Prägnanz, aber auch der Ironie und Paradoxie der Texte erreicht.

Durch das Zusammenwirken der drei von mir dargelegten ästhetischen Transformationsverfahren wird das Prosagedicht zu einem Ort simultaner, multipler Kontexte. Aufgrund der daraus resultierenden Polyphonie will und kann es keine Eindeutigkeit herstellen, sondern bietet eine Vielzahl mehrdeutiger, widersprüchlicher Lesarten und Assoziationsmöglichkeiten an. Da erst die mehrsträngige Bearbeitung literarischer wie außerliterarischer Diskurse die radikal neue Form des *poème en prose* konstituiert, muß darauf insistiert werden, daß die dargestellten Erfahrungen, Erlebnisse oder Stimmungen selbst nicht den Texten vorgängig, sondern immer schon sprachlich-literarisch vermittelt sind; sie werden im ästhetischen Produktions- wie Rezeptionsprozeß *erzeugt* und *konstruiert* durch die Neukombination diskursiv angelegter und präfigurierter subjektiver Dispositionen. Weder also stellen die *Petits Poèmes en prose* die unmittelbare, spontane Selbstaussprache eines Subjekts und die bloße Widerspiegelung urbaner Lebenslagen dar, noch sind sie als Variation, Zersetzung und Neubildung *einer* vorgegebenen literarischen Form zu erfassen.[51]

Neben der schon im Oxymoron des Namens *poème en prose* angedeuteten Bearbeitung der beiden Gattungen Lyrik und Prosa, die wie unter einem Brennglas zersetzt werden, grenzen die Prosagedichte auch an die dritte große literarische Diskursformation, das Dramatische. Dies wird insbesondere durch die Bezugnahme auf das Tableau, das sich zumeist aus einem szenischen Kern entwickelt, durch die Dialogizität und die damit einhergehenden Stilisierungen des *poème en prose* erreicht. Jedes einzelne Prosagedicht kann als Miniaturbühne aufgefaßt werden, auf der sich das Schauspiel des Spleen-Bewußtseins entrollt und das durch die von Baudelaire betonten Züge der "raillerie"[52] eine dramatisch-pantomimische Verdichtung erfährt:

> Le dialogisme n'est pas 'la liberté de tout dire': il est une 'raillerie' (Lautréamont) mais qui est *dramatique* (...). Il faudrait insister sur cette particularité du dialogue comme *transgression se donnant une loi*[53].

Die dramatische Intensivierung dargestellter beziehungsweise sprachlich erzeugter Wahrnehmungen, Stimmungen und Situationen trägt wesentlich zur gesteigerten Artifizialität und Theatralität des *Spleen de Paris* bei, die Roland Barthes zu der paradoxen Beobachtung veranlaßten: "la théâtralité de Baudelaire fuit son théâtre pour s'étendre dans le reste de son œuvre."[54]

Durch seinen experimentell-provokativen Charakter, der als Verunsicherung und Dekonstruktion *aller* Schemata sprachlichen Handelns präzisiert werden kann, entzieht sich das Prosagedicht der literarischen Kanonbildung[55], und es sperrt sich zudem der Einordnung in eine systematische Poetik. Schon formal stellt *Le Spleen de Paris* eine frühe Manifestation des von Nietzsche beredt vertretenen Relativismus und Perspektivismus dar, da jedes einzelne Prosagedicht jeweils seine eigene, immanente Poetik entwickelt.[56] Sein prägendes Charakteristikum

> is its own self-definition. Having no necessary exterior framework, no meter or essential form, it must organise itself from within and find there its own center of gravity, its own hearth of energy, its own intimate depth of understanding.[57]

Diese jeweils aus der Dynamik der *écriture* gezogene immanente Poetik mündet schließlich in den Nachweis der Unzulänglichkeit fixierender und generalisierender literarischer Kategorien. Damit deutet sich paradoxerweise in der exemplarischen Gattung der *modernité* von Beginn an die Zersetzung des modernen Imperativs der Überwindung an: Die *Petits Poèmes en prose* bilden eine unabschließbare, potentiell endlose Produktivität, deren Anzahl nach Baudelaires Worten leicht von (geplanten) 66 Textstücken auf 666 oder 6666 erweitert werden könnte.[58] Wir haben es nicht mehr mit einem fest umgrenzten Œuvre zu tun, das von einem späteren Kunstwerk überholt werden könnte, sondern mit einem offenen, flottierenden Textgewebe, das die statische Bibliothek der abendländischen Kultur[59] sprengt und demgegenüber die jeweils spezifische *écriture*, die (produktions- wie rezeptions-)ästhetische Aktivität betont.

Inwiefern die ständige Selbsterzeugung einer immanenten Poetik und die damit verbundene Prozessualisierung die Figuration literarischer Subjektivität beeinflussen, wird Gegenstand der nachfolgenden Kapitel sein.

Die herausragende Stellung der *Petits Poèmes en prose* als paradigmatische Form der Modernität beruht nicht zuletzt darauf, daß sie Baudelaires ästhetisches Programm der irritierend-komplexen Verknüpfung von *beauté éternelle* und *beau relatif* konsequent umsetzen. Das dauerhafte Moment des Schönen, das — so die bahnbrechende Einsicht des *Peintre de la vie moderne* — von der Moderne jeweils selbst und immer neu hervorgebracht wird[60], wird aufgerufen durch die intertextuelle Bezugnahme auf künstlerisch schon bearbeitetes Material, der darin eingezogenen Objektivität ästhetischer Kompositionsgesetze und dem darin sedimentierten gesellschaftlichen Gehalt.[61] Mindestens ebensosehr wie die konkreten Erfahrungen großstädtischen Lebens bilden die vorgängigen sprachlichen und literarischen Diskurse jene "pâture que l'imagination doit digérer et transformer" (OC II, 627), die schließlich durch künstlerische Konstruktion in eine nach eigenen Gesetzen strukturierte, den Bereich des Möglichen auslotende, surnaturale[62] (Text-)Welt überführt wird. Indem jedoch die rezipierten literarischen Formen einer gegenwartsbezogenen Bearbeitung unterzogen und spezifisch aktuelle, flüchtige und gerade *en vogue* befindliche Themen und Aspekte integriert werden, erhalten die Prosagedichte ihre relative, betont der Vergänglichkeit ausgesetzte Faktur.

Soll trotz der Widerspenstigkeit der Prosagedichte eine begriffliche Erfassung versucht werden, bietet sich an, den literarischen Ort des *poème en prose* durch zwei Termini einzukreisen: *Le Spleen de Paris* oszilliert zwischen einem kondensierten, von jeglichem epischen Überschuß befreiten Roman und einem Mallarméschen *poème critique* avant la lettre.

> Baudelaire dit à Arsène Houssaye, dans la dédicace du *Spleen de Paris*, qu'il "ne suspend pas la volonté rétive de son lecteur au fil interminable d'une intrigue superflue". Autant déclarer qu'il y a dans son livre un roman, mais dont il a retranché tout ce qui n'était pas immédiatement poétique.[63]

Michel Butors Vorschlag, Baudelaires Spätwerk als einen extrem verdichteten Roman zu lesen, deutet den Vorbildcharakter des *Spleen de Paris* für experimentelle und avantgardistische Roman- und Erzählformen des 20. Jahrhunderts an. Butors Position findet sich antizipiert in Huysmans 1884 publiziertem Roman *A rebours*. Die dort dem Protagonisten des Esseintes zugeschriebene emphatische Wertschätzung des *poème en prose* ist nicht nur Teil der latenten Traditionsbildung und Beispiel einer produktiven Rezeption der Prosagedichte, sondern sie enthält zudem eine von Butors Lesart differierende Akzentuierung. Denn nicht nur der *Spleen de Paris*, sondern — gleichsam als *mise-en-abyme*[64] — auch jedes einzelne Prosagedicht rückt für des Esseintes als komprimierter Mikroroman in den Blick. Dank der Komponiertheit des *poème en prose* hofft des Esseintes, der Kontingenz und Disparatheit der Welt die ästhetizistische Illusion unabdingbarer Notwendigkeit und Sinnhaftigkeit entgegensetzen zu können und sein eigenes elitäres Selbst-Bewußtsein befriedigen zu können.

> De toutes les formes de la littérature, celle du poème en prose était la forme préférée de des Esseintes. Maniée par un alchimiste de génie, elle devait, suivant lui, renfermer, dans son petit volume, à l'état d'of meat, la puissance du roman dont elle supprimait les longueurs analytiques et les superfétations descriptives. Bien souvent, des Esseintes avait médité sur cet inquiétant problème, écrire un roman concentré en quelques phrases qui contiendraient le suc cohobé des centaines de pages toujours employées à établir le milieu, à dessiner les caractères, à entasser à l'appui les observations et les menus faits. (...) Le roman, ainsi conçu, ainsi condensé en une page ou deux, deviendrait une communion de pensée entre un magique écrivain et un idéal lecteur (...). En un mot, le poème en prose représentait, pour des Esseintes, le suc concret, l'osmazome de la littérature, l'huile essentielle de l'art.[65]

Als "succulence développée et réduite en une goutte"[66] zeichnet sich das Prosagedicht gegenüber dem Roman durch seine poetische Verdichtung aus, ohne jedoch — idealiter — auf die typisch romanhafte Komplexität, Perspektivenvielfalt und sinnliche Konkretheit zu verzichten. Mit ihm entwickelt sich eine Ausprägung des *langage poétique*, deren Subjektivität und emotionale Intensität immer durchsetzt ist mit (selbst-)reflexiven, analytischen, narrativen, deskriptiven oder ironischen Zügen.[67] Insofern erfüllt schon der *Spleen de Paris* Mallarmés Forderung nach einer Kunstform auf der Höhe der Zeit:

> Une publication, vive, au sommaire marquant le milieu, exact, entre des articles écourtés de journal et la masse oisive où flotte maint périodique, commande la façon. Les cassures du texte, on se tranquillisera, observent de concorder, avec sens et n'inscrivent d'espace nu jusqu'à leurs points d'illumination: une forme, peut-être, en sort, actuelle, permettant, à ce qui fut longtemps le poëme en prose et notre recherche, d'aboutir, en tant, si l'on joint mieux les mots, que poëme critique.[68]

Indem das Prosagedicht ständig vorgegebene Diskursgrenzen und Lektürehorizonte auslotet und überschreitet und selbst nur in einem oszillierenden Begriffsfeld faßbar wird, kann es als "Absolute CounterDiscourse"[69] gegen die gesellschaftlich etablierten und akzeptierten Diskurse im Frankreich Louis-Napoléons fungieren. Dabei impliziert der Begriff des Gegen-Diskurses eine konfliktreiche Nähe zu den angefochtenen sprachlichen Handlungsschemata und dem kritisierten Literaturbegriff samt seinen Vertretern:

> Der eigentliche Schauplatz der symbolischen Kämpfe ist freilich die herrschende Klasse selbst. Dabei bilden die Auseinandersetzungen unter den Intellektuellen und Künstlern um das, was als legitime Kunst zu gelten habe, nur einen Aspekt der fortwährenden

Fraktionskämpfe innerhalb der herrschenden Klasse um die Durchsetzung einer jeweiligen Definition der legitimen Einsätze und Waffen im Rahmen sozialer Auseinandersetzungen, oder, wenn man will, um die Bestimmung der Basis von legitimer Herrschaft — nämlich Wirtschafts-, Bildungs- oder Sozialkapital, alle drei soziale Machtinstanzen, deren spezifische Effizienz noch gesteigert werden kann durch die des Symbolischen, d.h. durch die Autorität, deren Verbindlichkeit aus kollektiver Anerkennung und kollektiver Mandatsträgerschaft hervorgeht.[70]

Baudelaires immanente ästhetische Opposition gegen die herrschende Institutionalisierung der Literatur und ihre dominanten Entwicklungstendenzen im 2. Kaiserreich profiliert sich so zugleich als eine Form der sozialen und politischen Praxis, die auf der Ebene des (literarischen) Diskurses ansetzt[71]:

Le discours, en apparence, a beau être bien peu de chose, les interdits qui le frappent révèlent très tôt, très vite, son lien avec le désir et avec le pouvoir. (...) le discours n'est pas simplement ce qui traduit les luttes ou les systèmes de domination, mais ce pour quoi, ce par quoi on lutte, le pouvoir dont on cherche s'emparer.[72]

Julia Kristevas Urteil, Baudelaire — wie auch Nerval oder Rimbaud —

restent encore trop près de l'exigence esthétique, et leur négativité se donne plutôt comme une révolte anarchique et individuelle que comme une tentative d'intervention sociale[73],

muß somit zumindest hinsichtlich des Baudelaire der *Petits Poèmes en prose* korrigiert werden. Denn im *Spleen de Paris*, wie auch in den *Paradis Artificiels* oder den kunstkritischen Schriften des Autors konturiert sich ein Begriff des Ästhetischen, der dem Politischen vorgelagert ist und auf einer gleichsam anthropologisch-leiblichen Ebene die Entwicklung, Veränderung und Steigerung subjektiver Vermögen sucht; der die imaginäre Aneignung des Erfahrungsgehalts, der sinnlichen Intensität und der Bewußtheit von Extremsituationen anstrebt.

Mit der Verknüpfung von moralisch[74]-politischer Dimension und poetischer Konkretheit, von analytischer Schärfe und ästhetischer Anschaulichkeit stehen die Prosagedichte des *Spleen de Paris* in auffälliger Nähe zu einer Textform, der Walter Benjamin den treffenden, Rationalität und sinnliche Wahrnehmung in einem Wort verschmelzenden Namen gab: dem Denkbild.[75]

Charles Baudelaire, Roland Barthes und Theodor W. Adorno sind jeweils sehr eigenwillige Denker und Künstler, die sich hinsichtlich ihres historischen Kontextes wie auch hinsichtlich ihres kulturellen Bezugsfeldes stark voneinander unterscheiden. Derartig heterogene Positionen in einer vergleichenden Studie zusammenzuführen, wird nicht zuletzt durch die Textform der hier im Zentrum stehenden Werke legitimiert: Sowohl die *Petits Poèmes en prose* als auch die späten Texte von Barthes und schließlich die *Minima Moralia* Adornos entziehen sich den jeweils etablierten Gattungsbegriffen. Darüber hinaus bringen sie die neuzeitlich-europäische Trennung von Dichtung, Wissenschaft und Philosophie[76] zur Implosion.

Alle drei Schriftsteller nehmen jeweils verschiedene Sprachen und Bereiche zum Ausgangspunkt ihrer literarischen Tätigkeit: Baudelaire setzt an der avanciertesten Lyrik an, Barthes an der semiotischen Literaturkritik und Adorno an einer durch Hegel, Marx und Nietzsche geprägten Philosophie. Alle drei schreiben vor dem Hintergrund einschneidender historischer Brüche: Baudelaire nach der Revolution von 1848 und dem Staatsstreich von 1851 in Frankreich; Barthes vor dem Hintergrund der Studentenrevolte von 1968 und dem Hervortreten einer postindustriellen, postmodernen Gesellschaft; Adorno schließlich aus der Erfahrung des Naziregimes in Deutschland und des durch den Zweiten Weltkrieg erzwungenen Exils in Nordamerika. Doch trotz aller Differenzen zwischen den hier in Rede stehenden Autoren und ihren Texten möchte ich betonen, daß die Werke hinsichtlich ihrer diskursiv-formalen Struktur einander angenähert werden können: Kein epischer Zusammenhang, keine Einheit der Handlung und keine Identität der Personen verbindet die einzelnen Textpassagen, deren Sinn und Kohärenz erst durch aktive Rezeptionsprozesse erschlossen werden müssen. Zwischen Fragment, emblematischer Faktur[77], traumartiger Prägnanz, aphoristischer Schärfe und narrativ-analytischer Reflexion oszillierend, konzentrieren sich alle Werke auf das Differente, Abseitige, Unverfügbare, ohne jeweils eine — in der Moderne suspekt gewordene — ästhetische Versöhnung zu versprechen. Poetische Valeurs wie Spontaneität, Subjektivität, sinnliche Intensität und Anschaulichkeit stehen im Wechselverhältnis mit philosophisch-kritischem Denken und ethischen Überlegungen. So entsteht ein Textgestus, der die kaleidoskopische Verfaßtheit des Subjekts wie auch die Ausdifferenzierung der gesellschaftlichen Verhältnisse sinnlich erfahrbar und zugleich intelligibel macht.

2.3 Die Krise des Wissens als Quelle der Inspiration

> (...) dès l'instant où l'écrivain a cessé d'être un témoin de l'universel pour devenir une conscience malheureuse (vers 1850), son premier geste a été de choisir l'engagement de sa forme, soit en assumant, soit en refusant l'écriture de son passé. L'écriture classique a donc éclaté et la Littérature entière, de Flaubert à nos jours, est devenue une problématique du langage.
> (Roland Barthes: *Le degré zéro de l'écriture*)

Die Gattungsanalyse des *poème en prose* als intertextuelles Gewebe, das aus der ästhetischen Transformation und Neukombination vorgängiger disparater Diskurse resultiert, könnte Anlaß geben, die (neo-)strukturalistische These vom Verschwinden des Subjekts im Netz der Sprache zu bemühen. In dieser Perspektive käme das beobachtende und erzählende *Je* des *Spleen de Paris* nurmehr als Effekt des Signifikantenmaterials in den Blick:

> La "douce langue natale" (...) est donc devenue, dans le poème en prose, non pas le langage unique d'un sujet unique, mais au contraire, le langage sans auteur des lieux communs et des discours empruntés qui font de toute naissance au langage non pas un "devenir parlant" mais un "devenir parlé".[1]

Doch eine derartige dekonstruktive Lesart, deren literarische Antizipation schon in Rimbauds Diktum "C'est faux de dire: Je pense: on devrait dire on me pense"[2] und in Mallarmés Forderung "L'œuvre pure implique la disparition élocutoire du poëte, qui cède l'initiative aux mots"[3] anklingt, begibt sich mit der vorschnellen Verabschiedung der Kategorie der Subjektivität der Möglichkeit, in den *Petits Poèmes en prose* eine neuartige, spezifisch moderne Ausprägung literarischer Subjektivität wahrzunehmen. Denn die *modernité*, deren Erfahrung Baudelaires literarische wie kritische Schriften fundiert, kann als ein dreiwertiges Phänomen aufgefächert werden: Sie ist die Signatur der großstädtischen, sich in eigenständige Teilbereiche funktional differenzierenden Gesellschaft; sie manifestiert sich zudem als Anspruch, als "but plus élevé" und "plus général"(OC II, 694), die den *modernen* Künstler antreiben und zugleich auszeichnen; und sie stellt überdies die Bedingung der Möglichkeit einer modifizierten Konzeption von Subjektivität dar, eine radikal neue "basis for self-definition, a categorial imperative for thought and action."[4] Paradigmatisch umfaßt Baudelaires Werk damit den Doppelcharakter moderner Kunst — nämlich Seismograph und "Gegeninstitution"[5] der Moderne in einem zu sein.

Die autonome Kunst entsteht im ausgehenden 18. Jahrhundert als Reaktion und Antwort auf historische Gesellschaftsentwicklungen im Verlauf der politischen Machteroberung des ökonomisch erstarkten Bürgertums, die in philosophisch-soziologischer Begrifflichkeit als Prozesse der Rationalisierung und der Entfremdung thematisiert werden können.[6] Zugleich jedoch entfaltet sie sich als Widerspruchs- und Protestpotential gegen die dominante instrumentelle Vernunft und ihre Sprachregelungen, als Experimentierfeld einer Anti-Moral und einer ästhetischen Subjektivität, die nicht mehr auf einen psychologischen Modus, auf den Selbstausdruck des Subjekts oder auf eine biographisch faßbare Existenz rückführbar ist. Dieser doppelte Impuls eröffnet die Vielfältigkeit und Polyfunktionalität moderner Literatur, die Roland Barthes mit der Trias "*Mathésis, Mimésis, Sémiosis*" zu bestimmen suchte.

Mathesis soll sich dabei auf die spezifische, selbst-reflexive Wissensdimension von Literatur beziehen: "La littérature prend en charge beaucoup de savoirs"[7]; sie ist "encyclopédique" und "fait tourner les savoirs, elle n'en fixe, elle n'en fétichise aucun"[8].

Mimesis als die literarische "force de représentation"[9] kann mit Barthes verstanden werden als das Sich-Abarbeiten an der Unmöglichkeit, eine multidimensionale Ordnung — die Wirklichkeit — in das eindimensionale Medium der Sprache zu transponieren.

Semiosis schließlich benennt das anarchische Spiel, das Sich-Deplazieren und "Deterritorialisieren"[10] der sprachlichen Zeichen, ihre Dissipation zum Aufbau neuer Bild-, Artikulations- und Erkenntnisfelder:

> On peut dire que la troisième force de la littérature, sa force proprement sémiotique, c'est de *jouer* les signes plutôt que de les détruire, c'est de les mettre dans une machinerie de langage, dont les crans d'arrêt et les verrous de sûreté ont sauté, bref c'est instituer au sein même de la langue servile, une véritable hétéronymie des choses.[11]

Wird Literatur somit als eigensinnige Organisation und Produktion gesellschaftlichen Wissens und sprachlicher Signifikanz aufgefaßt, eröffnet sich eine Perspektive, die es erlaubt, die von Walter Benjamin luzide herausgearbeitete "Krisis der künstlerischen Wiedergabe" bei Baudelaire nicht nur "als integrierender Teil einer Krise in der Wahrnehmung selbst"[12] darzustellen, wie Benjamin dies unter den Leitbegriffen des Schocks und des Erfahrungsverlusts exponierte, sondern zudem als Element eines tiefgreifenden Umbruchs in der abendländischen *Ordnung der Dinge*, als "un événement dans l'ordre du savoir."[13]

Gegen Ende des 18. Jahrhunderts vollzog sich ein fundamentaler epistemologischer Bruch in der europäischen Kultur, der von Michel Foucault als Auflösung des klassischen Repräsentationsmodells und des Paradigmas der taxonomischen Ordnung der Welt beschrieben wird. An deren Stelle treten zwischen 1775 und 1825[14] der Erwerb historischer, entwicklungsgeschichtlicher und empirizistischer Denkweisen sowie die Verzeitlichung komplexer Informationsbestände. Dabei ist die Sprache, genauer ihr Problematisch-Werden zugleich Motor und Konsequenz dieser Historisierung und Dynamisierung: Die Welt der Wörter und die der Dinge beziehungsweise der sie repräsentierenden Vorstellungen koinzidieren nicht mehr und haben ihren prästabilierten Bezug verloren. War im klassischen Diskurs die Sprache ein transparentes Medium, "où l'être et la représentation trouvaient leur lieu commun"[15], nistet sich mit dem Aufkommen des historischen Bewußtseins etwas Opakes in diese Durchsichtigkeit ein; die apriorische, fundierende Kraft das klassischen Zeichenmodells[16] erlischt, und die Sprache gewinnt eine beunruhigende Selbständigkeit:

> le langage se replie sur soi, acquiert son épaisseur propre, déploie une histoire, des lois et une objectivité qui n'appartiennent qu'à lui.[17]

Mit dem Verlust der Transzendenz des klassischen Abbildungsverhältnisses werden die Sprache(n) des Menschen und sein konkretes, endliches Sprechen zum "objet de la connaissance parmi tant d'autres"[18]. Der Mensch erfährt sich als empirisches Wesen und als Gegenstand wissenschaftlicher Disziplinen, die sich mit verändertem Selbstverständnis etablieren. Zugleich jedoch rückt als Antwort auf die sich nunmehr stellende Frage, wie und wodurch die Relation zwischen symbolischen Zeichen und den Gegenständen der Welt geleistet wird, wie die sprachliche Verbindung von Ideen und Dingen zustande kommt, die synthetische Aktivität des sinnstiftenden Subjekts in den Blick[19]: Der Mensch taucht als Garant und Geltungsgrund sprachlichen Handelns, mithin als transzendentales

Wesen auf. In dieser Verdoppelung des Menschen zum empirischen *und* transzendentalen Subjekt sieht Foucault das gravierendste Phänomen des Übergangs von der Klassik zur Modernität: "l'apparition de l'homme"[20], also das Auftauchen einer radikal neuen, unser Denken bis heute prägenden Konzeption vom Menschen vollzieht sich als

> un étrange doublet empirico-transcendantal, puisque c'est un être tel qu'on prendra en lui connaissance de ce qui rend possible toute connaissance.[21]

Damit ist für Foucault das strukturelle Dilemma der modernen europäischen Kultur gesetzt, nämlich das endlose, zum Scheitern verurteilte Sich-Reiben an dem Paradox, daß der Mensch totales, unbedingtes Wissen gerade vermöge seiner Begrenzungen und seiner empirischen Bedingtheiten beansprucht.[22]

Der im Zuge der Neuverteilung der *episteme* und der Entstehung der Philologien stattfindenden Verobjektivierung der Sprache, der — laut Foucault nivellierenden — Vervielfältigung der Redeweisen nach dem Auseinanderbrechen des klassischen Diskurses[23] wird im Argumentationsgang von *Les mots et les choses* eine kompensatorische Reaktion entgegengesetzt — nämlich "l'apparition de la littérature."[24]

Diese angesichts der Tradition der abendländischen Literatur seit Homer und Sappho zunächst reichlich absurd anmutende Rede vom "Auftauchen der Literatur" im 19. Jahrhundert wird verständlicher durch Foucaults Präzisierung des Literaturbegriffs: Literatur bedeutet im Kontext seiner Studie "la littérature comme telle", verfaßt in einer einzigartigen, nur um sich selbst kreisenden Sprache, "dont la modalité propre est d'être 'littéraire'."[25] Damit wird Bezug genommen auf Mallarmés Konzeption von Literatur als reiner Selbstbezüglichkeit, als selbstreferentieller Affirmation der Existenz von Sprache.

> Au moment où le langage, comme parole répandue, devient objet de connaissance, voilà qu'il réapparaît sous une modalité strictement opposée: silencieuse, précautionneuse déposition du mot sur la blancheur d'un papier, où il ne peut avoir ni sonorité ni interlocuteur, où il n'a rien d'autre à dire que soi, rien d'autre à faire que scintiller dans l'éclat de son être.[26]

Während Foucault damit die Komplexität der ästhetischen Moderne unzulässig reduziert und nur eine Extremposition, nur eine — ebenso faszinierende wie einseitige — Ausdifferenzierung eines ihrer vielfältigen heterogenen Impulse mit der modernen Literatur selbst gleichsetzt, vertrete ich die These, daß die Literatur der Moderne in ihren Anfängen bei Baudelaire und Flaubert den oben skizzierten epistemologischen Bruch und seine Folgen nicht umgehend zu kompensieren trachtet, sondern zunächst einmal in vollem Umfang daran teilnimmt. Indem sich die Arbeit der Schriftsteller am und im Material der Sprache vollzieht, partizipiert die Literatur an der spezifisch modernen Verdoppelung des Menschen und der Sprache. Analog zum modernen Menschen, der als Subjekt und zugleich Objekt des Erkennens in Erscheinung tritt, ist der Autor bei Baudelaire nur unter der Bedingung "d'être double et de n'ignorer aucun phénomène de sa double nature" (OC II, 543) ein wirklich moderner Künstler. In der Nachfolge Poes ist der Schriftsteller bei Baudelaire das bewußt, mit poetischem Kalkül und dem Wissen um literarische Traditionen und Verfahrensweisen agierende Subjekt; gleichzeitig jedoch ist er Objekt der eigenen, imaginativ-schöpferischen Tätigkeit, "car dans la grandeur de la rêverie, le *moi* se perd vite!" (OC I, 278) Die Einbildungskraft bewirkt nicht nur eine Vervielfältigung und Intensivierung der eigenen Persönlichkeit, die bis zur Selbstauslöschung führen kann[27], sondern sie wird im Zustand der erstrebten poetischen Ekstase zu einer selbstmächtigen Größe, die das Subjekt zum passiven Medium transformiert, das bar jeglichen Einflusses und jeglicher Kontrolle ist. Bei der dem Poeten immer möglichen halluzinatorischen Identifikation mit anderen Menschen, der imaginativen Transposition in fremde Existenzen oder Gegenstände[28] kann es gar zu einem Baum-Werden, einem Vogel-Werden oder einem Pfeifenrauch-Werden des Imaginierenden kommen:

> Vous êtes assis et vous fumez; vous croyez être assis dans votre pipe, et c'est vous que votre pipe fume; c'est vous qui vous exhalez sous la forme de nuages bleuâtres. (OC I, 392)[29]

Ebenso bezeugt Baudelaires Sprachbegriff, daß die Sprache im 19. Jahrhundert noch immer als mächtiges und wirkungsvolles Medium der Darstellung und Beschreibung von Welt aufgefaßt wird, daß sie zugleich jedoch aus dem metaphysischen Netz des Repräsentationsmodells entbunden wurde und im Verlauf dieser Freisetzung an Eigenwertigkeit und Eigendynamik gewinnt. Wie stark Baudelaires Position vom erkenntnistheoretischen Umbruch hin zur Moderne durchzogen ist, läßt sich deutlich an seiner Verwendung der Metapher vom Buch der Natur ablesen.

Denn während die von Foucault favorisierte Literatur Mallarmés einen Sprachtypus zu etablieren suchte, in dem die Gegenstände der Welt und die symbolischen Zeichen in einem endlosen Netz substantieller Analogiebeziehungen vereinigt wären — was Foucault als Wiederentdeckung des seit der Renaissance verdrängten Wissens vom "Sein der Sprache" feiert —, verweigern die Texte Baudelaires derartig revisionistisch-illusionäre Ausflüchte. Mallarmé hat das cartesische *cogito* durch die subjektive Selbstbezüglichkeit des Schreibens ersetzt und mit seinem Projekt des *Livre* ein ebenso totales wie leeres Weltbuch intendiert[30]; Baudelaire dagegen — wie dem von ihm bewunderten Delacroix, von dem er die Metapher übernimmt — ist das Buch der Natur zum "'dictionnaire'" (OC II, 624), zur bloßen Materialsammlung verkommen, das erst mithilfe der neuordnenden, konstruktiven und innovativen Tätigkeit des Künstlers Sinnhaftigkeit und ästhetische Qualität erlangt.[31]

Baudelaires *Spleen de Paris* wie auch die *Paradis Artificiels* und die kunsttheoretischen Schriften stellen sich den Widersprüchen der Moderne, ohne diese sogleich wieder einer Synthese zuzuführen, wie dies noch in den *Fleurs du Mal* geschieht. Indem seine Texte die Wissens- und Repräsentationsdimension von Literatur umfassen und darüber hinaus auch das spielerische, eigendynamische Wirbeln der Zeichen und Bedeutungen exponieren, vermögen sie die heterogenen Impulse, die sich im Laufe der Moderne in ihre jeweiligen Extreme ausdifferenziert haben, am Einsatzpunkt der Moderne — vielleicht zum ersten und letzten Mal — zu bündeln. Eine derartige Vielseitigkeit — wie sie auch den Romanen Flauberts inhärent ist — kann mithin als Qualitäts- und Bewertungskriterium der ästhetischen Moderne betrachtet werden, während die Verabsolutierung eines verengten, nur auf den Aspekt der *Sémiosis* ausgerichteten Literaturbegriffs bei Foucault (oder auch bei der eingangs des Kapitels zitierten Barbara Johnson) sich der Möglichkeit begibt, eine Ästhetik der Moderne zu entwickeln. Denn die in der Mitte des 19. Jahrhunderts sich in all ihrer Prägnanz abzeichnende erkenntnistheoretische und damit auch existentialistische Krise wurde von wissenschaftlicher, philosophischer und künstlerischer Seite beantwortet durch den Versuch, die Weltsicht einer kontinuierlichen, stabilen und vor allem sinnvollen Abfolge von Ereignissen zu retten. Gleichzeitig aber nahmen insbesondere Künstler mit radikalem, innovativem Anspruch diese Situation umfassender Verunsicherung als Quelle der Inspiration, profilierte sich die moderne Ästhetik als ein Weitertreiben dieser Irritationen. Während im 19. Jahrhundert die "AUSDRUCKS-/DARSTELLUNGS-Doktrin"[32] ihren Zenit erreichte, also die Auffassung, daß Literatur vorgängige, der Sprache präexistente Aspekte des menschlichen Selbst ausdrücke und Phänomene der Welt abbilde, bezeugen die Texte Baudelaires, Flauberts oder Rimbauds und Mallarmés, daß

> Writing is no longer lodged within the limits of representation and emerges from the order of representation at the expense of the fiction of an integral self. The depersonalization of the writers is concurrent with a disintegration of the links between language, thought and things.[33]

Somit scheint es nicht ausreichend zu sein, die Entstehung und Originalität der ästhetischen Moderne auf außersprachliche Entwicklungen, insbesondere politische Veränderungen und soziologisch-gesellschaftliche Prozesse der Industrialisierung und Modernisierung zurückzuführen. Neben der von Benjamin zutreffend konstatierten — kollektiven wie individuellen — "Krise in der Wahrnehmung selbst" muß als unabdingbare Voraussetzung für die Entfaltung der Literatur der Moderne auch das Problematisch-Werden der Sprache selbst betrachtet werden. Beide Krisen, die der Wahrnehmung und der Sprache, münden bei Baudelaire in eine umfassende, den Aspekt des Körperlichen einholende Neubestimmung des Ästhetischen, die im weiteren unter anderem von Nietzsche, Kafka oder auch Barthes und Adorno thematisiert werden wird. Indem die Sprache als Material schriftstellerischer Tätigkeit einer Erschütterung und Skepsis ausgesetzt ist und zum Gegenstand künstlerischer Reflexion wird, fungiert sie als eigendynamischer Impulsgeber ästhetischer Radikalisierungen. Vor diesem Hintergrund erscheint es berechtigt, eine aus der Situation epistemologischer Unsicherheit hervorbrechende Sprachkrise als konstitutives und charakteristisches Fundament der ästhetischen Moderne zu postulieren — eine Konfiguration, die strukturanalog auch die Literatur des *fin de siècle* und die Avantgarde-Bewegungen des 20. Jahrhunderts kennzeichnet.

Die als "Provokation des Prosagedichts" herausgearbeitete Kollision literarischer und sprachlicher Codes und ihre fragmentarisch-widerspruchsreiche Neuverteilung erhellt sich mithin als Folge der historischen, sprachlich-erkenntnistheoretischen Ausgangslage der modernen Literatur, die sich nach dem Zerstäuben der *écriture classique* immer auch als "une problématique du langage"[34] konturiert, als Manifestation der Relativität und Ambiguität des schriftstellerischen Bewußtseins sowie schließlich als Vervielfältigung der Schreibweisen, Stile und Formen.

Darüber hinaus schlägt sich diese epistemologische und existentialistische Krise nieder in den Beziehungsfiguren von Ich und Welt, die der *Spleen de Paris* inszeniert und die eine radikale Fremdheit des Ich zu sich selbst, zu seiner Sprache und seiner Umgebung exponieren. Dabei wird eine schillernde Balance zwischen dem seismographischen Erfassen von Lebenslagen unter Bedingungen der Modernität und dem freigesetzten Spiel einer souveränen Imagination und Sprache etabliert. Engagement und Ästhetizismus, die eine Generation nach Baudelaire die auseinanderdriftenden Richtungen der ästhetischen Moderne angeben, prallen in den *Petits Poèmes en prose* noch auf brüske und irritierende Art und Weise aufeinander. Indem allerdings die Fremdheit und der Selbstverlust des Subjekts der Prosagedichte zu einer Form literarischer Selbsterfindung umschlägt, umfaßt Baudelaires Werk en miniature die Doppelbewegung der autonomen Institution Kunst: Sie partizipiert am gesellschaftlichen Prozeß fortschreitender Entfaltung eigenständiger Teilbereiche und Leitbegriffe und kann zugleich aufgrund ihrer ästhetischen Formgebung die Prinzipien dieser Ausdifferenzierung, die gesellschaftlich akzeptierten Kategorien von Rationalität, Subjektivität, Moral und Sozialität hinterfragen und kritisieren.[35]

2.4 Topographien der Fremdheit

Aussi ce n'est pas seulement dans l'ordre littéraire que les vrais poètes apparaissent comme des êtres fabuleux et étrangers; mais on peut dire que dans tous les genres d'invention le grand homme ici est un monstre.
(Charles Baudelaire: *Théophile Gautier*)

Die Stadt bildet ein Milieu, das die Begegnung einander fremder Menschen wahrscheinlich macht.
(Richard Sennett: *Verfall und Ende des öffentlichen Lebens*)

Fiction d'un individu (quelque M. Teste à l'envers) qui abolirait en lui les barrières, les classes, les exclusions, non par syncrétisme, mais par simple débarras de ce vieux spectre: *la contradiction logique*; qui mélangerait tous les langages, fussent-ils réputés incompatibles; qui supporterait, muet, toutes les accusations d'illogisme, d'infidélité; qui resterait impassible devant l'ironie socratique (amener l'autre au suprême opprobre: *se contredire*) et la terreur légale (combien de preuves pénales fondées sur une psychologie de l'unité!). Cet homme serait l'abjection de notre société: les tribunaux, l'école, l'asile, la conversation, en feraient un étranger: qui supporte sans honte la contradiction? (PT, 9/10)

Roland Barthes bestimmt in *Le plaisir du texte* diesen von ihm imaginierten, widerspruchsreichen Antihelden als den Leser eines Textes, in dem Moment, in dem er Lust empfindet. Dies zeigt einen grundlegenden Wechsel der Perspektive und des Gegenstandsbereichs an, der die Schriften Barthes' von denen Baudelaires unterscheidet: Das im Prozeß der Moderne als Illusion entlarvte und verabschiedete Subjekt, das — nach einer Vermutung Becketts — "unterwegs gestorben"[1] ist, kehrt als Fiktion des kreativ Lesenden zurück.[2]

Doch schon im *Spleen de Paris* existiert Barthes' "contre-héros"(PT, 10); es ist das exzentrische, beobachtende und schreibende Subjekt der Prosagedichte, die von einem Dialogfragment eröffnet werden, dessen Titel Programm ist: *L'étranger* (OC I, 278).

Die Irritation der Leserin und des Lesers der *Petits Poèmes en prose* scheint vorprogrammiert: die Vorstellung eines einheitlichen, in sich kohärenten Subjekts ist der potentiell endlosen Proliferation kaleidoskopischer Splitter von Subjektivität gewichen, die unversöhnlich fremd in einer befremdenden urbanen Umgebung schillern. Zugleich jedoch suggerieren der formale Zusammenhang der Prosagedichte und die Selbstverständlichkeit, mit der jeweils ein nicht näher spezifiziertes Ich verschiedene Begebenheiten, Stimmungen oder Reflexionen beschreibt, daß es sich um jeweils *ein*, allerdings ständig differierendes Subjekt handelt. Die Exzentrizität dieses pluralen *étranger* gerät dabei zum Emblem der Fremdheit des Ichs — oder der Ichs — zu sich selbst und lenkt den Blick auf ähnlich exzentrische Erscheinungen und Randfiguren des modernen Lebens. Das unentschiedene, durch keinerlei textuelle Anhaltspunkte zu klärende Oszillieren zwischen dem Konstrukt *eines* extrem widersprüchlichen Subjekts, das gemäß psychologischen oder soziologischen Kategorien sowohl unwahrscheinlich als auch unglaubwürdig, schlicht ein Affront wäre, und dem Eindruck, jedes Prosagedicht entwerfe eine jeweils eigene, von allen anderen unabhängige Ichfigur, markiert die beiden Endpole des Möglichkeitsspielraums, den die ästhetische Subjektivität des *Spleen de Paris* durchmißt.

Der in die Textstruktur eingelagerten Vielfalt literarischer und gesellschaftlicher Redeweisen, der Nicht-Identität des Gattungsprofils des *poème en prose* mit den zeitgenössischen bürgerlich-literarischen Diskursen entspricht auf der Ebene des Ich-Erzählers dessen Nicht-Identität und sein beständiges Rekurrieren auf das ebenso wichtige wie verdrängte "droit de se contredire"(OC II, 306).[3] Dabei vergegenwärtigt dieses gespaltene, multiple Ich nicht nur das Dilemma moderner (bürgerlicher) Subjektivität[4], das im 20. Jahrhundert von Proust, Kafka, Beckett, Benn und — mit verschärfter, geschlechtsspezifischer Akzentuierung — von Woolf, Barnes, Bachmann und vielen anderen thematisiert werden wird. Es konturiert sich zugleich als ein ästhetisches, sich imaginativ in der Ausfaltung des Möglichkeitssinns entwerfendes Subjekt, das sich den gesellschaftlichen Bedingungsverhältnissen zu entziehen versucht, indem es diese ständig ins Extrem treibt und dadurch hinter sich zu lassen trachtet. Wie jedes einzelne Prosagedicht seine immanente Poetik erst aus dem Sog der Sprache, der Dynamik des Textes entwickelt, konstituiert und profiliert sich auch das Ich erst im ästhetischen Vollzug, in der Bewegung der *écriture*. Für das sich dergestalt ästhetisch er-findende Subjekt gilt, "que l'excès en tout vaut mieux que la mesquinerie" (OC II, 665);

ihm ist die Wirklichkeit der Vorstellung dominanter und realer als die Realität, die nur durch die eingebildete Katastrophe, die imaginierte Bizarrheit oder Monstrosität[5], die das Subjekt ihr zuschreibt, interessiert.

Gegenüber dem meines Erachtens zu kurz greifenden Versuch von Karl Heinz Bohrer, die ästhetische Subjektivität radikal von einem sozialen Subjekt abzugrenzen, das psychologisch durch das Postulat der Authentizität, philosophisch durch die Kategorie der Selbsterhaltung zu bestimmen wäre[6], muß am Beispiel des Ichs der Prosagedichte das dialektische Wechselverhältnis von ästhetischer Subjektivität einerseits und den jeweiligen sozialen, politischen, kulturellen und religiösen Dominanten andererseits betont werden. Denn die sich eigendynamisch abkoppelnde ästhetische Subjektivität inszeniert sich mithilfe und inmitten eines von Gesellschaftlichkeit durchtränkten Mediums: der Sprache und den literarischen Formen. Und was in soziologischer, psychologischer oder ethischer Perspektive als Selbstverlust, als von Rimbaud explizit formuliertes Projekt der Desintegration und der Selbstverstümmelung[7] erscheint, schlägt um in eine intrikate und subversive Form der Selbsterschaffung und Selbsterhaltung des ästhetischen Subjekts.

Im folgenden soll daher — ausgehend von einer Analyse des einleitenden Prosagedichts *L'étranger* — der Protest- und Differenzcharakter des Ichs des *Spleen de Paris* gegenüber den dargestellten Verhältnissen aufgezeigt werden, da dieser gleichsam als Sprungbrett für den phantasiegelenkten Entwurf einer ästhetischen Subjektivität fungiert.

Der kurze Dialogausschnitt des *étranger*, in dem ein namenloser "homme enigmatique" (OC I, 277) von einem ebenfalls namenlosen Gesprächspartner, der sich durch seine Fragen als Repräsentant der bürgerlichen Gesellschaft erweist, nach seiner Familie, seiner Herkunft und seinen Vorlieben gefragt wird, verweist auf den zur Artikulation von Subjektivität unerläßlichen Dialogcharakter der Sprache[8] und stellt gleichsam ein Miniaturmodell von Sozialität und Intersubjektivität als Fundierungsbedingungen von Subjektivität dar.[9] Doch die Frage-Antwort-Struktur und die Anwesenheit eines insistierenden Anderen verschärfen nur den Eindruck der radikalen Inkompatibilität des Angesprochenen mit seiner Welt. Nur in der Negation "Je n'ai ni père, ni mère, ni sœur, ni frère" kann sich der *étranger* bestimmen, wobei das Herausgefallensein aus dem für die bürgerliche Gesellschaft konstitutiven Familienverbund als befremdendes Faszinosum den Gesprächspartner zu weiteren Fragen treibt. Der Fremde präsentiert sich als ständiger Widerspruch und als Differenz zum bürgerlichen Normen- und Wertsystem. Dies kulminiert im Scheitern von Kommunikation und Verständnis, denn auf Erkundungen nach seinen Freunden erwidert er: "Vous vous servez là d'une parole dont le sens m'est resté jusqu'à ce jour inconnu." Die aggressive, keineswegs kleinmütige Haltung des "étranger" bezeugt, daß sein Grenzgängertum nicht als Unvermögen oder subjektives Manko zu werten ist, sondern als bewußter und befreiender Bruch mit jeglicher menschlichen Gemeinschaft.[10] Die Provokation wird zur Existenzform.

Auf die Frage, ob er die Schönheit liebe, scheint zum ersten Mal eine positive Antwort möglich; allerdings vergegenwärtigt der Konjunktiv "Je l'aimerais volontiers", daß die Verbindlichkeit der Schönheit als "déesse et immortelle" längst problematisch geworden ist. Damit deutet sich ein künstlerisches Selbstverständnis des *étranger* an, dessen Schönheitsbegriff noch radikaler erschüttert ist, als dies schon in den *Fleurs du Mal* der Fall war. Dort wurde zwar eine Entgrenzung der *beauté* ins Häßliche, Abseitige und Pathologische vollzogen, dennoch aber war fraglos, daß sich kein Sterblicher ihrem Imperativ entziehen kann.[11]

Auch indem er das Gold, den Inbegriff materiellen Reichtums verabscheut, kann der Fremde mit dem Künstler assoziiert werden, der ebenfalls außerhalb der sich über profitorientiertes ökonomisches Handeln reproduzierenden Gesellschaft steht: "Je le (l'or; D.K.) hais comme vous haïssez Dieu." Diese Replik bezeugt, daß dem *étranger* die exemplarischen Medien der Ausbildung und Selbst-Vergewisserung romantischer wie bürgerlicher Subjektivität — die Liebe und der Glaube an eine metaphysische Instanz einerseits[12], ökonomische Besitz- und Machtverhältnisse andererseits — nicht mehr zur Verfügung stehen. Doch die Fremdheit, die immer nur immanent, in Relation zu einer Gruppe bestimmt werden kann, schließt zugleich eine Außenseiterposition, eine Exzentrizität ein, die die Chance ungewöhnlicher und unerwarteter Einblicke eröffnet: Der Fremde vermag sein Gegenüber, die Inkarnation des braven Bürgertums unvermittelt zu entlarven.

Während dem ratlos-erstaunten Gesprächspartner angesichts des "extraordinaire étranger" die Begriffe schwinden, behält dieser das letzte Wort und verkündet: "J'aime les nuages... les nuages qui passent... là-bas... là-bas... les merveilleux nuages!"(OC I, 277) Die emphatischen Wiederholungen stehen im Kontrast zur vorherigen Knappheit des Dialogs. Der *étranger* entgleitet ins Außersoziale, Un- und Übermenschliche, wobei er selbst hinter der Vorstellung der fernen Wolken verschwindet.[13] Der betonte "accent extraterrestre" (OC II, 302) — den Baudelaire als ästhetische Qualität der Erzählungen E.A. Poes rühmte — unterstreicht das Künstlerdasein des Ich der *poèmes en prose*:

> Tout amoureux de l'humanité ne manque jamais, en de certaines matières qui prêtent à la déclamation philanthropique, de citer la fameuse parole: *Homo sum; nihil humani a me alienum puto*. Un poète aurait le droit de répondre: "Je me suis imposé de si hauts devoirs, *que quidquid humani a me alienum puto*. Ma fonction est extra-humaine!" (OC II, 127/28)

Das sehnsüchtige Lob der vorüberziehenden Wolken kann vor diesem Hintergrund als Chiffre eines dynamisierten Kunstbegriffs gelesen werden. Analog zum modernen Subjekt[14] konstituiert sich das moderne Kunstwerk gerade durch seine Vergänglichkeit und seine bis zur potentiellen Selbstauslöschung gesteigerte Flüchtigkeit.[15] Der unbestimmte Richtungshinweis "là-bas... là-bas..." evoziert, daß in der unverfügbaren und unverständlichen Welt der Moderne der Ort der Kunst radikal woanders liegt: Sie bildet eine erst zu er-findende Welt des Möglichen, die quersteht zu den herrschenden gesellschaftlichen Kategorien und insofern atopisch, also begrifflich kaum positiv qualifizierbar ist:

> La Poésie est ce qu'il y a de plus réel, c'est ce qui n'est complètement vrai que dans *un autre monde*. (OC II, 59)

Seit Baudelaire lebt die moderne Literatur nur, wenn sie sich extreme, maßlose Ziele setzt, auch jenseits aller Realisierungschancen.

Kondensiert exponiert die Figur des *étranger* kennzeichnende Aspekte des Ich des *Spleen de Paris*, die von den nachfolgenden Prosagedichten immer wieder aufgenommen, modifiziert und je nach Kontext und Perspektive nuanciert werden. Das Ich der *Petits Poèmes en prose* kann nicht durch psychologische Eigenschaften, durch ein Charakterprofil oder Mentalitätszüge bestimmt werden; es oszilliert zwischen heterogensten, häufig bis aufs Äußerste gesteigerten Stimmungen und Reflexionen, die den Begriff der Identität als einer Einheit in der Mannigfaltigkeit sprengen. Überdies geben die Texte keinerlei Hinweise, die die Wahl einer der zahlreichen kaleidoskopischen Subjektivitätsfacetten zum Zentrum oder "eigentlichen Wesenskern" dieses Subjekts rechtfertigen könnten. Unvermittelt kontrastiert das unkontrollierbare, sich selbst dunkle und misanthropische Ich, das in *Le mauvais vitrier* einen Glaser schikaniert und hinterhältig ruiniert, mit dem Ich-Erzähler von *Le gâteau*, dem die Kontemplation einer großartigen Gebirgslandschaft in Rousseauscher Manier die — allerdings im weiteren frustrierte — Vorstellung nahelegt, "que l'homme est né bon" (OC I, 298). Die Erzählerfigur, die in *La solitude* offensiv das Recht auf Einsamkeit, auf "silence" und "recueillement"(OC I, 313) einfordert, steht im Gegensatz zu jenem Ich, das sich in *Le vieux saltimbanque* als "vrai Parisien" (OC I, 295) immer wieder in den Trubel des Volksfestes stürzt oder zu dessen größten "jouissances" es in *Les foules* zählt, "de prendre un bain de multitude" (OC I, 291). Nichts schließlich scheint der sozialkritische[16], offenbar humanistisch gesinnte Beobachter einiger Prosagedichte[17], der sensibel die Situation der Unterprivilegierten und die Kluft zwischen Arm und Reich wahrnimmt, mit jenem arroganten Künstler gemeinsam zu haben, der im Bewußtsein und im Ausspielen seiner männlichen Machtposition der Geliebten droht:

> "si vous me fatiguez trop souvent de vos *précieuses* pleurnicheries, je vous traiterai en *femme sauvage*, ou je vous jetterai par la fenêtre comme une bouteille vide". (OC I, 290)

Die Reihe derart inkompatibler Widersprüche ließe sich beliebig fortsetzen; weder Zynismus noch Mitleid, weder Misanthropie noch Menschenliebe, weder Aggressivität noch Zurückhaltung bilden feste Verhaltensdispositionen des Ich. Eine eigenschaftsorientierte, psychologisierende Interpretation der hier in Frage stehenden Subjektivität — die in der Baudelaire-Forschung bis heute dominiert — kann sich daher nur auf jeweils wenige Textpassagen stützen und erzwingt die eigene Stimmigkeit durch die Unterschlagung der kontrastreichen Komplexität, mit der im *Spleen de Paris* Subjektivität gestaltet wird.

Auch die Rede von den verschiedenen Rollen, die das Ich auf der Bühne der Großstadt spielt[18], verfehlt die Eigentümlichkeiten der Prosagedichte. Denn zum einen bleiben die jeweiligen Verhaltensweisen des Subjekts zu fragmentarisch und einseitig, als daß sie schon als Verkörperung oder Ausdruck einer bestimmten Rolle gewertet werden könnten. Zum anderen suggeriert der Begriff des Rollenspiels sowohl die Vorgegebenheit geregelter, klar umrissener Rollen als auch die Existenz eines in diese jeweiligen Rollen schlüpfenden subjektiven Wesenskerns. Beides jedoch sucht der Leser im *Spleen de Paris* vergeblich.

Das Subjekt der Prosagedichte kann somit weder als authentisches Abbild einer wie auch immer gearteten Innerlichkeit noch als Ensemble von Masken oder Rollen adäquat erfaßt werden. Damit ist ein entscheidender Unterschied zu den literarischen Ich-Erkundungen eines Montaigne oder Rousseau gesetzt wie auch zum Konzept des "unrettbaren Ich", das ein halbes Jahrhundert nach Baudelaire zahlreiche Autoren aus dem Umfeld der Wiener Moderne beschäftigte.[19] Sowohl die *Essais* von Montaigne als auch die *Confessions* und die *Rêveries du promeneur solitaire* von Rousseau, die als zentrale Intertexte abendländischer Subjektivitätsdarstellungen angesehen werden können, begreifen zwar das Ich als Sammelpunkt von Kontingenzen und Widersprüchen:

> Nous sommes tous de lopins, et d'une contexture si informe et diverse, que chaque piece, chaque momant, faict son jeu. Et se trouve autant de difference de nous à nous mesmes, que de nous à autruy.[20]

Dieses Urteil Montaignes über die Unbeständigkeit und Unfaßbarkeit des Menschen könnte durchaus zur Charakterisierung des *Je* der *poèmes en prose* herangezogen werden. Doch während das Ich Montaignes und Rousseaus seine Autonomie und Freiheit durch den unabdingbaren Anspruch auf Aufrichtigkeit und Selbstentblößung gewinnt[21], läßt die Figur des Baudelaireschen Spätwerks beständig Zweifel darüber aufkommen, ob es überhaupt ein dem Text vorgängiges Subjekt, einen psychischen Innenraum gibt, die es offenzulegen gelte.

Damit wird eine nicht-psychologische Bestimmung des Ich der Prosagedichte notwendig, die der konstitutiven Funktion des sprachlichen Vollzugs bei der Gestaltung des Subjekts nachgeht und nach der ästhetischen Fundierung des Ich und seiner Beziehungen zur Welt fragt. In dieser Perspektive gerät das Ich als Struktur der Differenz und als Bewegung ständiger Differenzierung in den Blick. Es gewinnt seine Existenz als Negation vorgegebener Kategorien, Situationen und Erwartungen, wobei dieses Torpedieren fixierter sprachlicher Bedeutungen als Konfliktualität, Widersprüchlichkeit und als Zerstäuben fester Sinnbestände das Subjekt und jedes einzelne Prosagedicht skandiert. So kann das Ich losgelöst von konkreten Inhalten mutmaßen: "Il me semble que je serais toujours bien là où je ne suis pas"(OC I, 356), und es identifiziert sich in seiner radikalen Unversöhnlichkeit mit sich und seiner Welt mit jenem "*incompris*"(OC I, 335), der von sich sagt:

> "Il m'a souvent semblé que mon plaisir serait d'aller toujours droit devant moi, sans savoir où, sans que personne s'en inquiète, et de voir toujours des pays nouveaux. Je ne suis jamais bien nulle part, et je crois toujours que je serais mieux ailleurs que là où je suis" (OC I, 334).[22]

Das Ich ist zum Hohlraum, zur leeren Imaginationsfolie geworden, die — sofern nur der Impetus permanenter Negativität, Provokation und Abgrenzung gewahrt bleibt — beliebig ausgestaltet werden kann. Infolgedessen können auch die traditionell verbürgten Medien der Reflexion[23], der Erinnerung[24], des Traums[25] oder des Erlebens der Natur[26] dem Subjekt keine Selbsthabe, keinen positiven Eigenbereich und keine Festigkeit mehr vermitteln.

Die alle *poèmes en prose* durchziehende Namenlosigkeit des Ich indiziert die psychologische, soziologische und lebensweltliche Reduziertheit — oder, positiv formuliert, die literarische Gemachtheit der Figur. Indem der Eigenname als elementares Kennzeichen zur Identifizierung und Identitätskonstitution einer Person fehlt[27], wird die Rolle des sprachlich-ästhetischen Vollzugs für die Erzeugung von Subjektivität hervorgehoben:

> Worauf also verweist *ich*? Auf etwas sehr Eigenartiges, das ausschließlich sprachlich ist: *ich* verweist auf den Vorgang der individuellen Rede, in der es ausgesprochen wird, und bezeichnet deren Sprecher. Es ist ein Wort, das nur in dem identifiziert werden kann, was wir (...) eine Diskursinstanz nannten, die nur eine aktuelle Referenz besitzt. Die Realität, auf die es verweist, ist die Realität des Diskurses.[28]

Wenn es keine "tiefere" oder "authentischere" Schicht des Ich gibt als die jeweils textuell gestaltete, muß nach dem Verhältnis des Subjekts zu seiner Sprache gefragt werden. Doch weit davon entfernt, sich mit der eigenen Sprache als dem zentralen Konstitutionsmedium zu identifizieren, erscheint das Ich des *Spleen de Paris* als ein Fremder in der eigenen Sprache: Gewisse Begriffe, Formulierungen oder Redensarten sind ihm nicht geläufig[29]; zudem erweist sich seine Sprache als die Sprache der Anderen, als vorgegebenes, gesellschaftlich und kulturell geprägtes Material, das selbst den Ausdruck des vermeintlich intimsten Begehrens zum sprachlichen Klischee verfestigt: "Moi, j'ai trouvé ma *tulipe noir* et mon *dahlia bleu*!"(OC I, 303) Diese unmöglichen romantischen Blumen vergegenwärtigen die konstruktive Funktion von Sprache und Literatur für die Bildung und Ausdifferenzierung von Subjektivität und Innerlichkeit[30], denn die *Schwarze Tulpe* ist der Titel eines von Alexandre Dumas père 1850 publizierten Romans und die *blaue Dahlie* gab einem Chanson von Pierre Dupont den Namen.[31]

Die Fremdheit des Ich ist auch dem Bezug zu den beiden — kantisch gesprochen — transzendentalen Anschauungsformen, der Zeit und dem Raum, eingeschrieben. Die für die Moderne paradigmatische Erfahrung der Diskontinuität von Zeit[32] ist im *Spleen de Paris* bis aufs Äußerste gesteigert — und zwar formal durch die fragmentarische Präsentation der Einzeltexte sowie thematisch durch die Allegorisierung der Zeit zum unerbittlichen Sklaventreiber, der das Ich rastlos hetzt.[33] Selbst kollektiv verbürgte Zeitpunkte wie der Neujahrstag bieten keine Orientierung mehr und verstärken in *Un plaisant* nur die Dissoziation von Erzähl-Ich und Gesellschaft.

Dies korreliert mit einer Unvertrautheit der Orte. Schon der *étranger* des einleitenden Prosagedichts wußte nicht, "sous quelle latitude"(OC I, 277) sein Vaterland liegt; in den nachfolgenden Texten wechselt das Ich ständig die Schauplätze, es ist nirgendwo zu Hause und befindet sich ohne bestimmtes Ziel auf der Flucht *N'importe où hors du monde* (OC I, 356). Im Gegensatz zu früheren und zeitgenössischen Stadtdarstellungen gelingt dem Ich keine Perspektive des Überblicks mehr[34], sondern es ist Teil der anonymen Menge, Beobachter und Protagonist großstädtischer Veränderungen in einem. Der Namenlosigkeit des Subjekts entspricht die Namenlosigkeit seiner Aufenthaltsorte. Nicht durch die Beschreibung von Straßenzügen oder Gebäuden, nicht durch die Bezeichnung von Stadtteilen figuriert Paris als unabdingbare Hintergrundfolie der *Petits Poèmes en prose*, sondern als ein Bewußtseinsphänomen, das aufgrund seiner Disparatheit, seiner Anonymität und seiner Schockqualität höchste Anforderungen an das Subjekt stellt.[35]

Konturierte sich schon der *étranger* als Künstlerfigur, so markieren im Verlauf der *poèmes en prose* explizite und implizite Charakterisierungen als Künstler und die besondere Aufmerksamkeit, die das erzählende Ich Künstlergestalten widmet, wesentlich die Topographie der Fremdheit des Subjekts.

Baudelaire konzentriert und synthetisiert in seinem Spätwerk die teilweise widersprüchlichen Ausfaltungen der romantischen, synkretistischen Aneignung früherer Gaukler- und Narrendarstellungen zur Chiffre der Künstlerexistenz und zum "auto-portrait travesti"[36] des kreativen Menschen. Dies beruht auf der soziohistorischen Voraussetzung, daß in der sich industrialisierenden und zunehmend funktional differenzierenden modernen Gesellschaft der Jahrmarkt, der Zirkus und verschiedene Formen des Schauspiels zu Inseln des Wunderbaren, der ungezwungenen Naivität und Spontaneität stilisiert wurden. Sie repräsentier(t)en Räume, die für kurze Zeit das karnevalistische Durcheinanderwirbeln bestehender Hierarchien und Ordnungen ermöglichten[37] und ästhetische Vermögen erinnerten und erfahrbar machten, die aufgrund eines konstitutiven, identitätsstiftenden Ausschlusses den Gegenpol zu der auf instrumenteller Vernunft und Selbst-Disziplinierung basierenden Gesellschaft bildeten.[38]

Die Zeichnung des Ich der Prosagedichte wie auch der von ihm beobachteten Phänomene kreist um die in der abendländischen Kultur etablierten "Zentralfiguren des Fremdartigen"[39], zu denen neben den "Narren" und den "Irren" noch das Kind und der "Wilde" zu rechnen sind.[40] Denn das *Je* definiert und imaginiert sich nicht nur über Attribute von Gaukler- und Narrenfiguren, sondern es kann als Poet und Künstler auch durch die intensive und — vermeintlich — unvorbelastete, kulturell noch nicht geprägte Wahrnehmungsfähigkeit des Kindes oder des "Wilden" charakterisiert werden, die Baudelaire in seinen theoretischen Schriften dem kreativen Genie zuschreibt:

> le génie n'est que l'*enfance retrouvée* à volonté, l'enfance douée maintenant, pour s'exprimer, d'organes virils et de l'esprit analytique qui lui permet d'ordonner la somme des matériaux involontairement amassée. (OC II, 690)[41]

Baudelaire übernimmt hier Topoi der aufklärerischen Konzeption des Genies, das jedes Erlebnis, jede Begebenheit als Impuls für die eigene Kreativität verwertet. Daß vom Genie beziehungsweise für das Genie eine uneingeschränkte Wahrnehmungsfähigkeit und Neugier postuliert wird, richtet sich sowohl gegen die klassische Tradition normativer Einschränkungen subjektiver Erfahrungen als auch gegen die spezialisierte Wahrnehmung des bürgerlichen, unter Bedingungen von Industrialisierung lebenden Menschen.[42] Gleichsam bewaffnet mit der Hypersensibilität des Kindes ebenso wie mit der Kraft und den analytisch-reflexiven Vermögen des Erwachsenen sucht der Künstler der Modernität deren flüchtige Schönheit. Damit wird keine Rückkehr zur erlebten Kindheit propagiert[43], sondern ein Imaginationsraum eröffnet. Denn die Kindheit erlangt ihre Qualität nicht als real Gewesene, sondern nur — wie Cesare Pavese in einer Tagebuchnotiz vermerkt — durch

> die Vorstellung, die wir uns davon in der Jugend machten, in der Reife etc. Deshalb erscheint sie uns als die wichtigste Epoche: weil sie am meisten durch späteres Überdenken bereichert wurde.[44]

Schließlich bestätigt die häufige (Selbst-)Bezichtigung des Erzählenden als verrückt und wahnsinnig, als "ivre de ma folie" (OC I, 287), das Prinzip der Subjektkonstitution im *Spleen de Paris*: diese verfährt nicht substantiell oder psychologisch, sondern strukturell und ästhetisch: was das Ich ausmacht, ist seine Differenzqualität.[45] Alles, was in der herrschenden bürgerlichen Kultur Frankreichs um 1850 grundlegend und anerkannt ist, wie profitorientiertes ökonomisches Handeln, Vernünftigkeit, Zurechnungsfähigkeit, Disziplin, soziale Kontrolle und ethisch-moralisches Verantwortungsbewußtsein, ist dem Ich fremd und ihm widerständig. Was hingegen tabuisiert, verdrängt, ausgegrenzt, unterdrückt wird, kann zu seiner Bestimmung beitragen. Und als wollte er sich in literarische Filiation zu Baudelaires ästhetischem Subjektivitätsentwurf in den *Petits Poèmes en prose* stellen, nimmt Roland Barthes in seinem Essay über die Photographie dessen Darstellung des Subjekts als Inkarnation alles Fremdartigen und als reine Differenz auf, um die eigene Wahrnehmungsweise zu spezifizieren:

je suis un sauvage, un enfant — ou un maniaque; je congédie tout savoir, toute culture, je m'abstiens d'hériter d'un autre regard.[46]

Das Subjekt des *Spleen de Paris* re-präsentiert die Schattenseite, das Negativbild der Gesellschaft: es ist der Lumpensammler, der als alternatives Gedächtnis der Metropole, als Archivar ihrer Hypertrophie und Verschwendung seine schmutzige Kunst aus deren Abfall konstelliert. Gleich einem Lumpensammler, "hochant la tête et butant sur les pavés, comme les jeunes poètes qui passent toutes leurs journées à errer et à chercher des rimes" (OC I, 381), findet das Ich im Kehricht der Gesellschaft, in zufällig aufgespürten und situativ erhaschten Sprachfetzen das Material, das zur seismographischen Erfassung der zeitgenössischen soziokulturellen Situation wie auch als Initial imaginativ-schöpferischer Tätigkeit dient.

Die Zeichnung des Subjekts und der als Folien halluzinatorisch-imaginativer Identifikation fungierenden Künstler-, Bettler- oder Kindergestalten betont ihr Außenseitertum, ihre labile gesellschaftliche Randstellung. Abhängig von den Gesetzen des literarischen Marktes, von der Willkür des Publikums und der jeweils Herrschenden stolpert das Künstlersubjekt fremd und unbeholfen durch die moderne Großstadt und gibt eine lächerliche Figur ab[47], wenn es seine Aureole ungeschickt im Schlamm der Straße verliert. Doch gerade dieser Verlust der Aura und die Ungültigkeit traditioneller Legitimierungen einer Sonderstellung des Künstlers bilden die unabdingbare Voraussetzung dafür, daß der Künstler sich nach diesem "loss of innocence"[48] auf allen nur denkbaren öffentlichen und obskuren Plätzen der Metropole und mit distanzierter Nähe zu den unterschiedlichsten exzentrischen Existenzen das Material seiner *modernen* Kunst einverleiben kann. In Antizipation der reduzierten, lächerlichen Antihelden der Literatur des 20. Jahrhunderts exponiert *Perte d'Auréole* einen Künstler- und Kunstbegriff, der in der Aufnahme und Thematisierung des Randständigen, Abseitigen und Verbotenen das Reflexions- und Protestpotential von Literatur zu mobilisieren sucht. Damit beginnt der Gestus radikaler Enttabuisierung, der die Kunst des späten 19. und des 20. Jahrhunderts, insbesondere die Avantgarde-Bewegungen, kennzeichnet.

— Mon cher, vous connaissez ma terreur des chevaux et des voitures. Tout à l'heure, comme je traversais le boulevard, en grande hâte, et que je sautillais dans la boue, à travers ce chaos mouvant où la mort arrive au galop de tous les côtés à la fois, mon auréole, dans un mouvement brusque, a glissé de ma tête dans la fange du macadam. Je n'ai pas eu le courage de la ramasser. J'ai jugé moins désagréable de perdre mes insignes que de me faire rompre les os. Et puis, me suis-je dit, à quelque chose malheur est bon. Je puis maintenant me promener incognito, faire des actions basses, et me livrer à la crapule, comme les simples mortels. Et me voici, tout semblable à vous, comme vous voyez! (OC I, 352)

Von den romantisch-genialischen Höhen übermenschlicher Würde und Weihe ist der Baudelairesche Künstler recht brüsk auf das Pflaster der Großstadt gefallen; mit ihm wird die Tradition der idealistisch-platonisierenden Lyrik verabschiedet, wobei der Dichtersturz auf dem Bürgersteig als gleichsam moderne Trivialform erscheint, der die zum literarischen Symbol menschlicher Existenz geronnenen Topoi katastrophaler Kutschenunfälle oder Schiffbrüche ersetzt.[49] Der Künstler der Modernität arbeitet im Bewußtsein seiner Kontingenz und Sterblichkeit in der anonymen, von akzeleriertem Verkehr und Handel geprägten Kapitale. Sein Inkognito unterläuft die in der Mitte des letzten Jahrhunderts massiv einsetzenden polizeilich-administrativen wie psychologischen Versuche, den Menschen dingfest zu machen, ihn zu normieren und zu registrieren.[50] In dieser von technisch-innovativer Dynamisierung gezeichneten Welt kann der Künstler nur dann den Effekt des Neuen, Bizarren und Erstaunlichen produzieren, wenn er höchst sensibel die Dinge im Flug erhascht und für die künstlerische Ausführung eine ebenso schnelle Ästhetik der Skizze[51] entwickelt:

il y a dans la vie triviale, dans la métamorphose journalière des choses extérieures, un mouvement rapide qui commande à l'artiste une égale vélocité d'exécution (OC II, 686).

Festzuhalten bleibt die Komplexität und Ambivalenz, mit der Baudelaire das moderne Paris und seine Auswirkungen auf die Möglichkeiten und Lebensentwürfe der Individuen beurteilt:

Il y a dans le *barathrum* des capitales, comme dans le désert, quelque chose qui fortifie et qui façonne le cœur de l'homme, qui le fortifie d'une autre manière, quand il ne le déprave pas et ne l'affaiblit pas jusqu'à l'abjection et jusqu'au suicide. (OC I, 458)

Die Metropole ist eine erschreckende, grausame und unmenschliche Hydra; gleichzeitig aber verführt sie zur Ausbildung bislang unbekannter Vermögen, kitzelt sie ungeahnte Intensitäten hervor und betört sie durch das Versprechen unvergleichlicher "jouissances fiévreuses"(OC I, 291). — Ich spiele hier bewußt auf die nicht nur für Baudelaires Stadtdarstellungen konstitutive Allegorisierung und Sexualisierung der Stadt zur Frau, ihrer Analogisierung mit dem Frauenkörper an.[52] Damit wird das Geschlecht des modernen Künstlers und des Subjekts der *Petits Poèmes en prose* als ein eindeutig männliches gesetzt und die Art des Machtverhältnisses dieses Subjekts zu seiner Welt präfiguriert.[53] Darüber hinaus werden die ambivalenten Weiblichkeitsbilder der westlichen Kultur aktiviert und die vorgeprägten Topoi und Trivialmythen für die eigene literarische Gestaltung in Anspruch genommen: Einerseits erscheint die Stadt als Mätresse und "énorme catin" (OC I, 191), deren Faszination immer auch die Gefahr des Selbstverlusts birgt; andererseits stellt die Kapitale einen gleichsam mütterlichen Raum der Selbstfindung dar, der es dem Mann erlaubt, sich wie gegenüber dem anderen Geschlecht zu situieren. Die Besonderheit und Provokation des Baudelaireschen Stadtdiskurses besteht nun darin, beide Bedeutungsdimensionen zu synthetisieren und mit einem — die bürgerliche Doppel-Moral erschütternden und zugleich einholenden — Vorzeichenwechsel zu versehen: Die Hure wird zum Ort, zum semiotischen Körper der (männlichen) Selbst(er)findung[54]. Die sublime ästhetische Erfahrung des Künstlers wird zur "sainte prostitution de l'âme"(OC I, 291).

Eine Folge der ambivalenten Bewertung urbaner Lebensverhältnisse besteht darin, daß der Blick des durch die Stadt flanierenden Künstlers hartnäckig nach dem spezifisch Neuen, dem physisch-psychischen Reiz des Bizarren, des Erstaunlichen und Überraschenden sucht. Zwar konstatiert und kritisiert Baudelaire Entfremdungs-, Vereinzelungs- und Nivellierungstendenzen moderner Gesellschaften, malt er das Schreckbild einer drohenden "*américanisation*"[55] an die Wand, doch gerinnt dies nicht zum bloß negativen, kulturpessimistischen Lamento. Zugleich nämlich wird das Leben in der Metropole als großartige Chance angesehen, experimentell Möglichkeitsspielräume zu entwerfen und zu erproben, den Imaginationshorizont ins Offene auszuziehen und die ästhetischen Fähigkeiten des Subjekts radikal zu erweitern. Im Bewußtsein der gesellschaftlich-historischen Katastrophe formuliert Baudelaire eine Kulturkritik, die sich des — verlogenen — apokalyptischen Tons[56] enthält und statt dessen die Widersprüchlichkeit und die neuartigen ästhetischen Valeurs der Modernität vergegenwärtigt. Selbst die differenzierte und nuancierte Analyse der Großstadt von seiten des "ersten Soziologen der Moderne"[57], von Georg Simmel, steht repräsentativ für das Gros soziologischer und philosophischer Bewertungen der Urbanität, insofern sie von einer "Atrophie der individuellen durch die Hypertrophie der objektiven Kultur"[58] ausgeht und konstatiert:

> dem Überwuchern der objektiven Kultur ist das Individuum weniger und weniger gewachsen. Vielleicht weniger bewußt, als in der Praxis und in den dunkeln Gesamtgefühlen, die ihr entstammen, ist es zu einer quantité négligeable herabgedrückt, zu einem Staubkorn gegenüber einer ungeheuren Organisation von Dingen und Mächten, die ihm alle Fortschritte, Geistigkeiten, Werte allmählich aus der Hand spielen und sie aus der Form des subjektiven in die eines rein objektiven Lebens überführen.[59]

Demgegenüber transformiert Baudelaire einen ähnlichen kritischen Befund zum Imperativ für die Entwicklung einer neuartigen Konzeption und *episteme* von Subjektivität, zum Movens für die schreibende Erkundung einer dezentrierten und multiplen ästhetischen Subjektivität.

Voraussetzung für diese Neubestimmung des Ästhetischen ist eine aus der strukturellen Fremdheit und Differenz des Subjekts resultierende spezifische Wahrnehmungsperspektive, die ich eine melancholische nennen möchte. Wie schon die vorher angesprochenen Attribute und Zuschreibungen des Subjekts bildet auch diese Melancholie keine feste psychische Befindlichkeit, keine psychologisch oder psychoanalytisch zu erklärende Disposition. Sie ist ein exzentrischer Blick, eine Brille und ein Filter, die die Selbst- wie Fremd-Wahrnehmung verfremden und Randständiges, Vergessenes, Verlorenes einholen. Die Ausführungen eines anderen großen Melancholikers des 19. Jahrhunderts, Gustave Flauberts, bestärken die Hypothese, daß diese "moderne Krankheit", deren Koordinatensystem durch die Begriffe *mélancolie*, *ennui* und *spleen* abgesteckt wird, insbesondere als eine umfassende körperliche Erschütterung, als Veränderung der gesamten, nicht nur psychischen Sensibilität und Wahrnehmung gedeutet werden kann und damit dem Gebiet des Ästhetischen — verstanden im etymologischen Sinne der *aisthesis* — zugeschrieben werden kann:

> Connaissez-vous l'ennui? non pas cet ennui commun, banal, qui provient de la fainéantise ou de la maladie, mais cet ennui moderne qui ronge l'homme dans les entrailles et, d'un être intelligent, fait une ombre qui marche, un fantôme qui pense. (...) On s'en croit guéri parfois, mais un beau jour on se réveille souffrant plus que jamais. Vous connaissez ces verres de couleur qui ornent les kiosques des bonnetiers retirés. On voit la campagne en rouge, en bleu, en jaune. L'ennui est de même. Les plus belles choses vues à travers lui prennent sa teinte et reflètent sa tristesse.[60]

Die melancholische Sensibilität und Perspektive des Subjekts des *Spleen de Paris* trägt folgende strukturelle Merkmale: extreme, unkontrollierbare Wahrnehmungs-, Meinungs- und Stimmungsumbrüche vor dem Hintergrund eines katastrophischen Bewußtseins, Isolation als Existenzform und schließlich Dissoziation der zwischenmenschlichen, sozialen Bezüge.

Als wandelnde Negation der Kategorien und Werte der bürgerlichen Gesellschaft mangelt dem Ich ein positiver, originärer Eigenbereich; in seiner absoluten Alterität ist es ein leerer, erst diskursiv auszufüllender, sprachlich zu gestaltender Pol ohne Bodenhaftung und Selbsthabe. Dieses Ich findet immer nur partiell, punkthaft (s)einen Ort, den es im weiteren sofort wieder verändert und verläßt. So präsentieren die Prosagedichte ein nomadisches Subjekt, dessen Macht und Besonderheit gerade darin besteht, immer auch woanders und selbst ganz anders sein zu können:

> Le poète jouit de cet incomparable privilège, qu'il peut à sa guise être lui-même et autrui. Comme ces âmes errantes qui cherchent un corps, il entre, quand il veut, dans le personnage de chacun. Pour lui seul, tout est vacant; et si de certaines places paraissent lui être fermées, c'est qu'à ses yeux elles ne valent pas la peine d'être visitées. (OC I, 291)[61]

Somit zeichnet sich das kreative Ich der *Petits Poèmes en prose* durch einen radikalisierten Möglichkeitssinn aus, denn

> Wer ihn besitzt, sagt beispielsweise nicht: Hier ist dies oder das geschehen, wird geschehen, muß geschehen; sondern er erfindet: Hier könnte, sollte oder müßte geschehn; und wenn man ihm von irgend etwas erklärt, daß es so sei, wie es sei, dann denkt er: Nun, es könnte wahrscheinlich auch anders sein. So ließe sich der Möglichkeitssinn geradezu als die Fähigkeit definieren, alles, was ebensogut sein könnte, zu denken und das, was ist, nicht wichtiger zu nehmen als das, was nicht ist.[62]

Dieses Erkunden und Ausloten des Möglichen — das nicht mehr aristotelisch an Wahrscheinlichkeit oder Notwendigkeit zurückgebunden ist[63] und insofern auch die pragmatische Konnotation des Begriffs des Möglichen in einer auf die Dominante "Zukunft" ausgerichteten Gesellschaft hinter sich läßt — bildet nach Baudelaire die Aufgabe und den gesellschaftlichen Anspruch des Künstlers:

> En décrivant ce qui est, le poète se dégrade et descend au rang de professeur; en racontant le possible, il reste fidèle à sa fonction (OC II, 139).

Den imaginativen, ästhetischen Menschen langweilt die Realität mit ihrem auf bloßer Faktizität beruhenden Wahrheitsanspruch; gegen eine didaktisierende und moralisierende Vereinnahmung der Kunst betont er:

> "Je trouve inutile et fastidieux de représenter ce qui est, parce que rien de ce qui est ne me satisfait. La nature est laide, et je préfère les monstres de ma fantaisie à la trivialité positive" (OC II, 620).

Die Abgründe der Imagination, der despotische Satanismus der "rêverie"(OC I, 285), die Ungeheuerlichkeiten der poetischen "ivresse"(OC I, 337) ebenso wie die "bizarreries" und die "monstres innocents"(OC I, 355) des urbanen Lebens dienen als Ausgangsmaterial schöpferischer Tätigkeit und werden im *Spleen de Paris* wie in Baudelaires kunstkritischen Schriften als Medien der ästhetischen Selbst-Erkundung, der schreibenden Intensivierung vorgestellt. Die Kunst Baudelaires antizipiert und praktiziert damit eine Sicht auf die Moderne, die durch Walter Benjamins luzides und ungebrochen gültiges Diktum gefordert wird: "Es ist niemals ein Dokument der Kultur, ohne zugleich ein solches der Barbarei zu sein."[64]

Die Schattenseite der Gesellschaft, die Spuren ihrer Gewaltsamkeit und Unmenschlichkeit werden als integratives Moment von den Prosagedichten eingeholt. Sie entwerfen Phantasmagorien, also die poetisch kalkulierte "idéalisation forcée"(OC II, 694) künstlerisch transformierter, imaginativ verfremdeter und entgrenzter Realitätsfragmente, die dem Subjekt eine spezifisch ästhetische Form der Selbsterhaltung eröffnen und ihm ermöglichen "à vivre, à sentir que je suis et ce que je suis"(OC I, 339).

Dabei verweist das hier angesprochene Gefühl nicht auf subjektivistisch-privatistisch Innerliches — im Gegenteil: was gesucht wird, ist eine Intensität, die erst durch künstlerische Formgebung, durch die poetische "traduction *légendaire* de la vie extérieure"(OC II, 698) entsteht und der insofern ein rationales, objektives und öffentliches Moment eignet. Mit Baudelaire beginnt sich ein Intensitätsprogramm abzuzeichnen, das erst von Nietzsche voll entfaltet werden wird.[65] Die den *Spleen de Paris* kennzeichnenden Extremzustände und der unbedingte Wille des Ich, "dans une seconde l'infini de la jouissance"(OC I, 287) zu finden — und zwar egal ob als aggressive, erotische, mitfühlende, schmerzende, melancholische, euphorische oder narzißtische Intensität — präsentieren sich als eine ästhetische Form der Selbstverständigung und der Reflexivität: Nicht als Gefühlsseligkeit oder persönliche Leidenschaftlichkeit, sondern als ein Wissen um Intensität und Sinnlichkeit, als eine bewußte, Emotionalität und Rationalität, Sensibilität und poetisches Kalkül zusammenschließende Haltung unter Bedingungen der Modernität. Im Ästhetischen und in einer Ekstatik der Kunst sucht Baudelaire nach dem Eigenen, dem Besonderen der Kunst, das zugleich eine radikale Alternative zu den zeitgenössischen gesellschaftlichen, politischen und kulturellen Dominanten wäre. Die *modernité* kann somit als künstlerischer Anspruch und als Imperativ verstanden werden, "by means of which the distinctive nature of literature can be revealed in all its intricacy."[66]

2.5 Der Flaneur als Semiologe

> L'homme s'élève au-dessus de tous les autres animaux uniquement parce qu'il sait flaner.
> (Louis Huart: *Physiologie du Flaneur*)

> Ein Rausch kommt über den, der lange ohne Ziel durch Straßen marschierte.
> (Walter Benjamin: *Das Passagenwerk*)

> On peut en effet présumer qu'il existe des écrivains, des peintres, des musiciens, aux yeux desquels un certain exercice de la structure (et non plus seulement sa pensée) représente une expérience distinctive, et qu'il faut placer analystes et créateurs sous le signe commun de ce que l'on pourrait appeler l'*homme structural*, défini, non par ses idées ou ses langages, mais par son imagination, ou mieux encore son *imaginaire*, c'est-à-dire la façon, dont il vit mentalement la structure.
> (Roland Barthes: *L'activité structuraliste*)

> Le spectacle de la vie élégante et des milliers d'existences flottantes qui circulent dans les souterrains d'une grande ville, — criminels et filles entretenues, — la *Gazette des tribunaux* et le *Moniteur* nous prouvent que nous n'avons qu'à ouvrir les yeux pour connaître notre héroïsme. (OC II, 495)

Dieser ästhetische Imperativ aus dem *Salon de 1846*, dem "Heroismus" der eigenen Gegenwart nachzuspüren, wird im *Spleen de Paris* konsequent umgesetzt. Doch um das "Heroische" des modernen Lebens zu erfassen, genügt es nicht, wie obige Textpassage suggeriert, die Augen zu öffnen — es bedarf zudem einer bestimmten Einstellung gegenüber der Aktualität und ihren Veränderungen. Der moderne Künstler, der diese Haltung paradigmatisch einnimmt, affirmiert nicht einfach die gesellschaftliche Situation, ihre Akzeleration und Dynamik, sondern er stilisiert "le transitoire, le fugitif, le contingent"(OC II, 695). Die künstlerische Praxis ist ein Experiment, das durch ästhetische Formgebung eine Transformation und Transfiguration des flüchtigen Jetzt anstrebt. Aus dem Geschichtlichen wird Poesie destilliert durch das sensible Ineinandergreifen zweier Arbeitsschritte: Einerseits die neugierige Wahrnehmung der Realität, die unersättliche "volonté de tout voir, de ne rien oublier"(OC II, 698), und andererseits die Freiheit der entgrenzten künstlerischen Imagination und Ausführung, "un feu, une ivresse de crayon, de pinceau, ressemblant presque à une fureur"(OC II, 699).

> Für die Haltung der Moderne ist der hohe Wert der Gegenwart nicht von der verzweifelten Anstrengung zu trennen, sie sich vorzustellen, sie sich anders vorzustellen als sie ist und sie zu transformieren, nicht durch Zerstörung, sondern durch ein Erfassen dessen, was sie ist. Baudelairesche Modernität ist eine Übung, in der die höchste Aufmerksamkeit dem Wirklichen gegenüber mit der Praxis einer Freiheit konfrontiert wird, die dieses Wirkliche gleichzeitig respektiert und verletzt. [1]

Nur die daraus hervorgehende relative und zeitgebundene Schönheit ist den jeweiligen "passions particulières" (OC II, 493), den historisch gewordenen und kulturell geprägten Bedürfnissen und Erwartungen des modernen Menschen angemessen und kann infolgedessen die Essenz der Moderne, ihre gesellschaftlich-moralische Verfaßtheit ästhetisch zum Ausdruck bringen.

Komplementär zur eigenen Exzentrizität sucht das Subjekt der *Petits Poèmes en prose* daher nach eben solchen Phänomenen, die den "héroïsme de la vie moderne"(OC II, 493) verkörpern können und die ähnlich partikulare und ungewöhnliche "sujets poétiques et merveilleux"(OC II, 496) darstellen wie der *étranger* selbst. Die melancholische Bewußtseinshaltung und Perspektive des Ich gerinnt zur Melancholie als dem kontemplativen Ausdruck der verfremdeten Existenzen und Dinge der Wahrnehmungswelt: sie werden zu allegorischen Figuren der Moderne verrätselt.

Nicht nur die Attribute des Subjekts der Prosagedichte kreisen um die schon erwähnten "Zentralfiguren des Fremdartigen"[2], um den "Narren", das Kind und den "Wilden"; auch die von ihm beobachteten und erzählten Typen gruppieren sich um dieses Gravitationsfeld: Der Blick fällt auf die "foule de parias" (OC I, 293) und die "éclopés de la vie" (OC I, 292), wie den *vieux saltimbanque*, den "admirable bouffon" (OC I, 319) Fancioulle[3] in *Une mort héroïque* oder die Kinder in *Le gâteau* und *Le joujou du pauvre*. Unwiderstehlich fühlt sich das Ich angezogen von den "monstres innocents"(OC I, 355) des urbanen Lebens: Von der "femme sauvage"(OC I,289) auf dem Jahrmarkt oder von *Mademoiselle Bistouri*, deren Obsession, sich ein Universum von Geliebten zu imaginieren, das aus bekannten Doktoren der Medizin besteht, explizit als verrückt bezeichnet wird.[4] Ebenso von einer armen Alten "dans sa solitude éternelle" (OC I, 278) oder von den Witwen in dem gleichnamigen Prosagedicht. Wie schon hinsichtlich der Meinungen und Stimmungen des Subjekts kann auch sein Interesse für Ausgegrenztes, Befremdendes oder Schockierendes nicht auf feste Dispositionen wie beispielsweise eine christlich-mitfühlende Anteilnahme oder ein sozialistisch-revolutionäres Bewußtsein zurückgeführt werden. Die Faszination speist sich aus der ästhetischen Differenzqualität der jeweiligen Figuren, jedoch nicht, um einen bloß ästhetizistischen Voyeurismus an dem schillernden Anderen zu exponieren. Im Gegenteil — die Alterität des Beobachteten und der Schockcharakter der Beobachtungen provozieren die bürgerliche Ordnung, vergegenwärtigen deren konstitutive Ausschlußmechanismen und konturieren ein prägnantes Negativbild der gesellschaftlichen Situation. Die von Waldenfelds skizzierte Trias des Fremdartigen muß in diesem Zusammenhang allerdings um eine wesentliche Figur erweitert werden: Für das männliche Subjekt des *Spleen de Paris* ist die Frau Inbegriff des ganz Anderen und Fremden, deren symbolische Vereinnahmung und Kontrolle zur Bestimmung der eigenen Position unerläßlich ist.[5]

Die Ungewöhnlichkeit und Unerklärbarkeit der erzählten Begebenheiten und Personen reflektiert die Alterität und Isolation des durch die großstädtische Menschenmenge flanierenden Ich. Der *étranger*, der ungreifbar und inkognito die Prosagedichte durchzieht, wird angesichts der Unlesbarkeit der urbanen Welt selbst zum Detektiv.[6] Dem Ich gelingt es aufgrund der Schockqualität der Erlebnisse in der Metropole nicht, eine kontinuierliche und stimmige Wahrnehmungs- und Erfahrungswelt aufzubauen. Diese Unvertrautheit der Welt wird durch das — unter Bedingungen der Urbanität — forcierte Fehlen sozialer Bezüge noch potenziert. Familiäre oder freundschaftliche Beziehungen sind dem Ich entweder unbekannt und unmöglich oder sie existieren nur im Modus des Mißverständnisses und des Konflikts. Zwar ist die geliebte Frau in den Träumen und Projektionen des Erzählers Objekt des Begehrens, Inbegriff erotischer Sinnlichkeit und menschlichen Glücks[7], doch ist die konkrete Zweisamkeit — "même entre gens qui s'aiment!" (OC I, 319) — geprägt von Unverständnis, Haß[8] und chauvinistisch-misogyner Verachtung.[9]

Welche Möglichkeiten stehen nun dem Subjekt der *Petits Poèmes en prose* offen, um sich in der Situation potenzierter Unlesbarkeit zu orientieren, um seine Umgebung zu dechiffrieren? Die Texte stellen zwei wesentliche, traditionell verbürgte Strategien eines sinnvollen Weltbezugs aus, allerdings nur, um deren

Obsoletheit und Dysfunktionalität unter Bedingungen der Moderne zu erweisen: Weder eine identifizierende Einfühlung in die Andere oder den Anderen noch eine hermeneutische Sinnsuche machen die Welt intelligibel.

Die zwischen 1830 und 1850 populären *Physiologies* suggerierten, alle sozialen Typen von Paris seien schon an ihrem äußeren Erscheinungsbild und ihrem Habitus erkennbar und klassifizierbar. Dem Bewohner der hermetisch-unüberschaubaren Großstadt wurde so die Illusion vermittelt, "jedermann sei, von Sachkenntnis ungetrübt, imstande, Beruf, Charakter, Herkunft und Lebensweise der Passanten abzulesen."[10] Demgegenüber geht im *Spleen de Paris* gerade das "lesende" Erfassen fremder Menschen und Situationen sowie die Einfühlung in die Bedürfnisse, Gedanken und Emotionen anderer eklatant fehl. In der unter den Leitbegriffen ökonomischer Profitmaximierung und instrumenteller Vernunft stehenden bürgerlichen Gesellschaft, in der die Menschen durch ihre "rapports d'utilité avec leurs affaires" (OC II, 697) charakterisiert werden müssen, und deren zunehmende Ausdifferenzierung auch eine verstärkte Individualisierung von Lebensmustern und Handlungsrollen mit sich bringt, erweist sich die Annahme ahistorischer anthropologischer Grundkonstanten und fester Charakterqualitäten wie Mutter- und Vaterliebe[11], Mitleid[12] oder Gnade und Güte[13] als mythisches Element bourgeoiser Ideologie. Die psychische und physische Verfaßtheit des modernen Menschen und die Lebensverhältnisse in der Metropole lassen selbst bei scheinbar eindeutigen Situationen wie dem Selbstmord eines Kindes nicht zu, unter Rekurs auf das vermeintlich elementare und "natürliche" Gefühl des "amour maternel"(OC I, 328), das konkrete Verhalten einer Mutter zu verstehen. Hatte der Erzähler zunächst angenommen, die Mutter flehe ihn aus fast wahnsinnigem "désespoir" an, ihr den Strick, mit dem der Sohn sich umgebracht hatte, als "horrible et chère relique" zu überlassen, stellt sich wenig später heraus, daß der Verkauf von Stückchen dieser "funeste et béatifique corde" eben jener "commerce" — im konkreten Sinne des Handels wie in der übertragenen Bedeutung des *comportement*, der *sociabilité* — war, "par quel (...) elle entendait se consoler." (OC I, 331)

Aufgrund des charakteristisch modernen, säkularen Pluralismus und Relativismus sind menschliche Eigenschaften und Reaktionen weder vorhersehbar noch generalisierbar. Das Einzelne, Individuelle repräsentiert nicht mehr fraglos das Allgemeine. Dies hat zur Folge, daß in den *Petits Poèmes en prose* das Modell des hermeneutischen Zugangs zur Welt ironisch destruiert wird — und zwar sowohl in bezug auf das Ich der Texte als auch auf die Lesenden. Zahlreiche Dialoge und

Selbstgespräche, zum Beispiel in *L'étranger*, *La chambre double*, *Chacun sa Chimère*, *Les yeux des pauvres*, *Le miroir* oder *Mademoiselle Bistouri*, können als Dekonstruktion und Parodie des hermeneutischen Gesprächs gelesen werden, das jede Interpretation konstituiert.[14]

Exemplarisch zeigt das Prosagedicht *Les yeux des pauvres*, daß die sympathetische Identifikation des Ich-Erzählers sowohl mit den Armen als auch mit seiner Geliebten und die Erwartung der *correspondance* ihrer und seiner Gedanken und Gefühle auf der "brutal obliteration of otherness"[15] beruhen. Das männliche Subjekt neutralisiert und negiert soziale Differenzen ebenso wie individuelle und geschlechtsspezifische Unterschiede, was schließlich in der Absicht kulminiert:

> Je tournais mes regards vers les vôtres, cher amour, pour y lire *ma* pensée; je plongeais dans vos yeux si beaux et si bizarrement doux, dans vos yeux verts, habités par le Caprice et inspirés par la Lune (OC I, 319).

Die vermeintlich soziale, mitfühlende Haltung des Erzählers wird als nivellierende, Andersheit einebnende Projektion entlarvt und zugleich zum Scheitern gebracht; die männliche Selbstbespiegelung erweist sich als Resultat unterdrückender Intoleranz. Doch die Reduktion der Frau zum ästhetisierten Echo des Mannes schlägt fehl: Sie nämlich zeigt keinerlei Mitleid mit den zerlumpten, ausgemergelten Armen, die das Paar in einem neuen, prunkvollen Café an der Ecke eines neugebauten Boulevard beobachten. Und in krassem Gegensatz zu dem Ich-Erzähler, der gehofft hatte, "que nos deux âmes désormais n'en feraient plus qu'une" (OC I, 318), schämt sich die Frau auch nicht des eigenen Luxus, sondern bemerkt ungerührt:

> "Ces gens-là me sont insupportables avec leurs yeux ouverts comme des portes cochères! Ne pourriez-vous pas prier le maître du café de les éloigner d'ici?" (OC I, 319)

Das irritierende Moment dieser Aussage besteht weniger in dem "plus bel exemple d'imperméabilité féminine" (OC I, 317). Es liegt vielmehr darin, wie die in den *poèmes en prose* häufige Struktur der Peripetie dargestellt wird. Denn die im Modus einer *idée reçue* präsentierte Haltung des Ich-Erzählers wird zwar enthüllt und entlarvt, doch geschieht dies mithilfe einer ebenso phrasenhaften Rede: "'Ces gens-là me sont insupportables avec leurs yeux ouverts comme des portes cochères!'"(OC I, 319) Weit davon entfernt, eine verläßlichere Position als die des Erzählers zu exponieren oder gar die Autormeinung zu referieren, erweist sich die Sprache der Frau als ähnlich intolerant und ideologisch wie die des Mannes. Sie ist nur einer anderen gesellschaftlichen Diskursschicht zuzuordnen, nämlich derjenigen von Aspirantinnen und Aspiranten auf den sozialen Aufstieg, die selbst aus "kleinen Verhältnissen" kommen. Jeglicher Versuch, eine — wie auch immer geartete — eindeutige soziale oder politische Aussage aus dem Prosagedicht zu pressen, wird durch die gegenseitige Erschütterung aller erzählten Stimmen und durch den Entzug einer sicheren Referenz pervertiert. Der Text benutzt Sprache nicht als Instrument von Kommunikation, weder zwischen den Figuren noch zwischen dem Text und seiner Leserin, seinem Leser, sondern er inszeniert das Scheitern und die Unmöglichkeit von Verständnis in Form von sprachlichen Fehlzündungen und Explosionen, als poetische *Fusées*, die gerade durch ihre Abweichung vom Kommunikationsmodell, durch ihren Affront und ihre Schockqualität ästhetisch interessieren.[16]

Analog zur Zerstörung hermeneutischer Haltungen innerhalb des Textes wird die Position der Rezipierenden ironisch destruiert — und zwar eben jener bourgeoisen Leserschaft der Feuilletons und der *petite presse*, die Baudelaires potentielles Publikum darstellte (sofern seine Werke veröffentlicht wurden), die zugleich aber Normen und Werte vertrat, die der Autor in aggressivem Gestus zu unterlaufen trachtete.[17]

So bildet schon das "Wir" in dem imperativischen Titel *Assommons les pauvres!* ein provokantes Skandalon für den bürgerlichen Leser, der sich von derart manifester Handgreiflichkeit und Vulgarität gerade zu distinguieren vermeint (die bürgerliche Leserin, die faktisch aufgrund gesellschaftlicher Konventionen weitgehend ausgeschlossen war, wird diskursiv vollkommen ausgegrenzt — ein Aspekt, der von der etablierten, auf das vermeintlich universelle Humane der modernen Kunst fixierten Literaturwissenschaft bis heute ausgeblendet wird[18]).

Zugleich jedoch denunzieren der Titel sowie das gesamte Prosagedicht die konstitutive Unmenschlichkeit und Gewaltsamkeit der sich konsolidierenden bürgerlich-kapitalistischen Gesellschaft. Die bestehenden Verhältnisse werden entlarvt, indem deren Ideologeme — zum Beispiel das Gleichheits- oder das Leistungsprinzip[19] — als *idées reçues* ironisch eingesetzt und bis zur Absurdität getrieben werden.

Assommons les pauvres! ist — zusammen mit *Le mauvais vitrier* und *Le gâteau* — zu einem bevorzugten Schauplatz der Positionskämpfe der Literaturwissenschaft geworden. Galt es lange Zeit als Ausdruck von Baudelaires (!) Haß gegen die Unterschicht, als peinliche, aristokratische Entgleisung und als antisozialistische — genauer antiproudhonistische — Schrift[20], betonte die soziohistorisch orientierte Forschung der letzten zwei Jahrzehnte gerade die revolutionäre politische Aussage.[21] Dolf Oehler zum Beispiel, einer der profiliertesten Repräsentanten dieser Interpretationsrichtung, unterstellt spekulativ, Baudelaire vertrete

> eine der Marxschen (...) kongeniale Position der unausweichlichen Notwendigkeit des Klassenkampfs, eine Position, der er niemals abgeschworen hat, weder unter dem Eindruck des Staatstreichs vom Dezember 1851, noch infolge der Begegnung mit den Werken Poes und de Maistres.[22]

Infolgedessen bewertet Oehler unter Mißachtung der konstitutiven Widersprüche, der zynischen Ironie und der bis ins Karikative gesteigerten Absurdität der Figuren- und Handlungszeichnung das Prosagedicht als klassenkämpferische Parabel, die polemisch intendiere, dem Bourgeois die Einsicht nahezubringen, "'Assommons les Pauvres... pour nous en faire assommer!'"[23] In unzulässiger Gleichsetzung von Autor und Ich-Erzähler wird der "Dandy" Baudelaire zum "dialektischen Materialisten" stilisiert, dessen "wahrlich satanische Luzidität" darin bestehe, "seine Theorie nicht *verbal* weiterzuverbreiten, sondern sie regelrecht *weiterzugeben*: mit Bracchialgewalt (sic!)."[24] Diese vorgebliche Eindeutigkeit resultiert aus einer interpretativen Dekontextualisierung und einer gewaltsamen Reduktion der Komplexität des Prosagedichts. Mit J.A. Hiddleston möchte ich demgegenüber unterstreichen:

> Interpretations of these poems which do not take sufficient account of the poet's irony and his desire to mystify run the grave risk of being naïvely literal.[25]

Assommons les pauvres! nämlich endet mit einer signifikanten Selbstironisierung, da der Bettler die "théorie"(OC I, 359) akzeptiert, nur derjenige sei einem anderen ebenbürtig, der dies vorher bewiesen habe. Mit der expliziten Bezeichnung als "Theorie" unterliegt die Position des Ich-Erzählers genau jenem Spott und jener Verachtung, mit der zu Beginn des Textes politische Konzepte verworfen wurden, "où il est traité de l'art de rendre les peuples heureux, sages et riches, en vingt-quatre heures" (OC I, 357) und die sexistisch als "formules de bonne femme" (OC I, 358) desavouiert wurden. Darüber hinaus ist die sprachliche Darstellung des "Kampfes" mit dem Bettler derart imaginativ und trickfilmartig verdichtet, daß diese verzerrende Übertreibung als selbstreflexives Merkmal und ästhetische Qualität beachtet werden muß: Nicht genug, daß der Erzähler dem Bettler ein blaues Auge boxt, "qui devint, en une seconde, gros comme une balle"(OC I, 358), und ihm zwei Zähne ausschlägt; er nimmt schließlich einen großen Ast zur Hand, um sein Gegenüber weichzuklopfen wie ein "beefteack" (OC I, 359). Dieser pointierte sprachliche "excès" (OC II, 665) wird noch verstärkt durch die plötzliche Wendung des Geschehens, da der Bettler, "cette antique carcasse", seinerseits den Ich-Erzähler attackiert, dessen Emphase " — ô miracle! ô jouissance du philosophe qui vérifie l'excellence de sa théorie! — " nur als Gipfel der Selbstironie, als "force de se dédoubler rapidement et d'assister comme spectateur désintéressé aux phénomènes de son *moi*"(OC II, 532) und als ästhetische Lust an der überraschenden Veränderung plausibel erscheint. Der imaginäre Charakter der Auseinandersetzung kulminiert schließlich in der verkürzten, einem Comic-Strip avant la lettre ähnelnden Beschreibung der doppelten Verletzungen, die dem Erzähler zugefügt werden:

> le malandrin décrépit se jeta sur moi, me pocha les deux yeux, me cassa quatre dents, et avec la même branche d'arbre me battit dru comme plâtre. (OC I, 359)

Wenn Oehler hier eine vermeintlich klare politische Aussage nicht verbal, sondern "mit Brachialgewalt" umgesetzt sieht, vergißt er, daß die gesamte Begebenheit nur als Text, als literarisch inszenierte und stilisierte Konfrontation existiert.[26] Diese Betonung der Textualität darf keineswegs als Erklärung der Unverbindlichkeit oder des ästhetizistischen Desinteresses des *poème en prose* an gesellschaftlichem Gehalt mißverstanden werden. Schon semantisch wird eine Vielzahl konkreter Phänomene der Lebensrealität in Paris um 1860 angesprochen (beispielsweise im gesellschaftlich-sozialen Bereich die Präsenz von Bettlern im Stadtbild oder im politischen Bereich das Kursieren politischer Konzepte, wie Louis-Napoléons *Extinction du Paupérisme* (1856), deren Tendenz der Titel *Verprügeln wir die Armen!* in aphoristischem Klartext formuliert). Die ironisch-humoristische Bezeichnung der Auseinandersetzung zwischen Ich-Erzähler und Bettler als "discussion" (OC I, 359) entblößt zudem die jeglicher Rede und jeglicher diskursiven Praxis eingeschriebenen Machtverhältnisse.[27] Gegen Oehler und die von ihm repräsentierte Forschungsrichtung möchte ich allerdings betonen, daß jenseits semantischer Oberflächenaspekte gerade die unabschließbare Dissemination von Bedeutung und die Verweigerung von Kommunikation auf der Tiefenstruktur des Textes dessen politische und gesellschaftliche Dimension enthüllt: die künstlerische Form und der polyphone, ironische Sprachgestus wirken wie ein Magnet,

> der die Elemente aus der Empirie in einer Weise ordnet, die sie dem Zusammenhang ihrer außerästhetischen Existenz entfremdet, und nur dadurch mögen sie der außerästhetischen Essenz mächtig werden.[28]

Durch die Autonomie ihrer *écriture* und durch die Eigenwertigkeit der ästhetischen Kompositionsgesetze, also gerade durch ihre Distanz und ihre Widerständigkeit gegenüber gesellschaftlichen Normen und Dominanten vermag Literatur Reales, Gesellschaftliches einzufangen. In *Assommons les pauvres!* geschieht dies, um den Bankrott politischer Theorien zu erweisen; eindeutige Aussagen und monokausale Handlungskonzepte werden unter Bedingungen der Moderne als unzulänglich, da zu wenig komplex entlarvt. Gegen die Hegemonie einer sich aufklärerisch, moralisch und human gebärdenden Rationalität und gegen die empirisch eingeschliffenen Anschauungsschemata bringt der Text beide, Vernunft und Wahrnehmung, an ihre Grenzen: Das Verwirrspiel des Ich-Erzählers, der dem Bettler zunächst emphatisch zuruft: "'Monsieur, *vous êtes mon égal*!'", jedoch schon im Nachsatz die gerade aufgehobene (soziale) Differenz re-etabliert, indem er nicht von 'nos confrères' sondern von "vos confrères" spricht, bleibt hermeneutisch unauflösbar. Das Wahrnehmungs- und Vorstellungsvermögen schließlich kollabiert, da Leser und Leserinnen etwas Unvorstellbares nachvollziehen sollen: Den eigenen Schmerz auf dem Rücken eines Anderen: "'il faut appliquer à tous vos confrères (...) la théorie que j'ai eu la *douleur* d'essayer sur votre dos.'"(OC I, 359) *Assommons les pauvres!* entlarvt die Lügenhaftigkeit politischer und moralisch-philosophischer Verbrüderungs- und Gleichheitsdiskurse. Die Unlesbarkeit der realen Welt wird als Problem der Unlesbarkeit des Textes inszeniert, die daraus resultiert, daß das Erzähl-Ich die mit der französischen Revolution konnotierten Begriffe der *égalité* und der *fraternité* ohne jegliche Referenz als bloß wirkungsvolle Signifikanten im Munde führt. Die letztlich willkürliche Besetzung der gesellschaftlichen Semantik wird als ein Problem von Macht vorgeführt — und diese Macht bleibt in der Verfügungsgewalt des männlichen, bürgerlichen Erzählers. Insofern eignet selbst der ironisch-verzerrten *écriture* von *Assommons les pauvres!* ein essentiell realistischer Zug, da kein Versprechen auf Versöhnung gegeben wird und der Hoffnung auf eine bessere Gesellschaft eine Absage erteilt wird.[29] Der so entblößten gesellschaftlichen Praxis ist jedoch ein ästhetischer Weltbezug vorgeschaltet, der eine doppelte Funktion erfüllt: Zum einen wird die reale Vielschichtigkeit und Heterogenität erfahrbar, sinnlich anschaulich und — gerade durch den Verzicht auf vorschnelle Lösungen — intelligibel gemacht. Zum anderen umfaßt das Ästhetische ein (noch zu entfaltendes) Potential der Intensivierung und Steigerung. Gleichsam en miniature vollzieht die literarische Subjektivität den Prozeß der Moderne — nämlich die Ausdifferenzierung der sie konstituierenden heterogenen Impulse in ihre jeweiligen Extreme — nach: Dem Ich geht es weder um eine konkrete Befindlichkeit, geschweige denn ein "erlebtes" Gefühl noch um ein bestimmtes moralisches, soziales oder politisches Verhalten. Was interessiert, ist die imaginativ-ästhetische Erkundung und Erfindung des Selbst unter dem Leitbegriff des "infini" (OC I, 401), der den Horizont einer Denkbewegung bildet, "où l'homme est invité à se voir en beau, c'est-à-dire tel qu'il devrait et pourrait être" (OC I, 402). Gegenüber der Dynamik, der energetischen Bewegung des Denkens und Vorstellens erscheinen die konkreten Inhalte als sekundär und austauschbar. So wird in *Assommons les pauvres!* der *honneur* des Erzählers durch den fast homophonen *douleur* ersetzt.[30]

Das provozierende Gewaltpotential, das Misanthropische und Amoralische, das Texte wie *Assommons les pauvres!*, *Le mauvais vitrier*, *Une mort héroïque* oder *La femme sauvage et la petite maîtresse* exponieren, ist — analog zu ihrer gesellschaftspolitischen Dimension — nur unzureichend durch die satanische Thematik erklärbar. Damit soll nicht bestritten werden, daß die versuchte symbolische Domestizierung bestimmter Formen von Gewalt durch philosophische und anthropologische Diskurse und durch die im 19. Jahrhundert massiv einsetzenden kriminologischen, psychologischen, phrenologischen oder physiologischen Untersuchungen dialektisch gerade die künstlerische Darstellung und Artikulation des Pathologisierten und Ausgegrenzten hervortrieb. Zur gleichen Zeit eröffnete die moderne Entritualisierung gesellschaftlicher Sanktionen, die von der Sichtbarkeit der theatralen öffentlichen Bestrafung oder gar Hinrichtung in die dunklen Hinterhöfe der Gefängnisse und Irrenanstalten verlagert wurden, Freiräume für fiktive und imaginative Besetzungen der Ästhetik des erhabenen Verbrechens.[31] Die herausragenden Vertreter einer Ästhetik des Bösen im 19. Jahrhundert — Baudelaire ebenso wie sein großes Vorbild Poe — kritisieren explizit das Schweigen der (idealistischen) Philosophie und die Unfähigkeit der Wissenschaften, jenen *Imp of the Perverse*[32], jenen unfaßbaren und geheimnisvollen Impuls zu erklären, der die Menschen zu den absurdesten oder brutalsten Taten treiben kann:

> Le moraliste et le médecin, qui prétendent tout savoir, ne peuvent pas expliquer d'où vient si subitement une si folle énergie à ses âmes paresseuses et voluptueuses, et comment, incapables d'accomplir les choses les plus simples et les plus nécessaires, elles trouvent à une certaine minute un courage de luxe pour exécuter les actes les plus absurdes et souvent même les plus dangereux. (OC I, 285)

Angesichts dieser Ratlosigkeit vermag die Kunst zunächst in zweifacher Hinsicht zu reagieren: Sie kann einerseits eine mimetische Funktion der Darstellung des in der Welt unbestreitbar vorhandenen Bösen wahren und andererseits eine kompensatorisch-therapeutische Leistung erfüllen, indem sie Freiräume zum Ausagieren affektiver Potentiale bietet, die durch den Prozeß der modernen Rationalität gefährdet sind. Die künstlerische Repräsentation scheint zumindest partiell einen gesellschaftlichen Bedarf an Ritualisierung und Stilisierung des Bösen, jenen vom Ich-Erzähler des Prosagedichts *Le mauvais vitrier* erwähnten "esprit de mystification" (OC I, 286) zu befriedigen.[33] In dieser Perspektive könnte die Präsenz des Häßlichen und Gewalttätigen in Baudelaires Texten noch als besondere Ausprägung einer Ästhetik des Erhabenen verstanden werden. Denn das emphatisch Böse und Erschreckende des *Spleen de Paris* ist mithilfe der *Philosophical Enquiry into the Origin of our Ideas of the Sublime and Beautiful* von Edmund Burke und dessen Begrifflichkeit von *terror*, *obscurity* und *infinity* durchaus als etwas Erhabenes charakterisierbar.[34] Es wäre somit nur eine rhetorische, aufgrund ihrer Differenzqualität reizvolle "neu-alte Form des ästhetisch Schönen."[35]

Die Spezifität, die "tournure d'esprit satanique"(OC I, 658) zahlreicher *poèmes en prose* scheint mir jedoch auf einem anderen Text-Niveau zu liegen, das zugleich eine entscheidende Rolle bei der Entfaltung der ästhetischen Subjektivität spielt. Indem Poe und Baudelaire gegen "the pure arrogance of the reason"[36], gegen die Ideologie des Fortschritts und schließlich gegen die Rousseausche Auffassung, daß der Mensch von Natur aus gut sei, "l'irrésistible attraction de l'horrible" (OC I, 383) betonen, weisen sie im Rahmen einer komplexen Anthropologie auf eine grundlegende Faszination des Verbotenen hin:

> I am not more certain that I breathe, than that the assurance of the wrong or error of any action is often the one unconquerable *force* which impels us, and alone impels us to its prosecution. Nor will this overwhelming tendency to do wrong for the wrong's sake, admit of analysis, or resolution into ulterior elements. It is a radical, a primitive impulse — elementary.[37]

Diese gleichsam anthropologische Erstbegründung der durch gesellschaftliche Ausschlußmechanismen erst erzeugten und angestachelten perversen Dimension menschlichen Bewußtseins[38] wird von Poe insofern mit dem Ästhetischen gekoppelt, als er die Lust am Erleben des Absurden, Ungeheuerlichen, Selbst-Zerstörerischen als ästhetische Ekstase beschreibt:

> We stand upon the brink of a precipice. We peer into the abyss — we grow sick and dizzy. Our first impulse is to shrink from the danger. Unaccountably we remain. By slow degrees our sickness, and dizziness, and horror, become merged into a cloud of unnameable feeling. By gradations, still more imperceptible, this cloud assumes shape, as did the vapor from the bottle out of which arose the genius in the Arabian Nights. But out of this our cloud upon the precipice's edge, there grows into palpability, a shape, far more terrible than any genius, or any demon of a tale, and yet it is but a thought, although a fearful one, and one which chills the very marrow of our bones with the

fierceness of the delight of its horror. It is merely the idea of what would be our sensations during the sweeping precipitancy of a fall from such a height. And this fall — this rushing annihilation — for the very reason that it involves that one most ghastly and loathsome of all the most ghastly and loathsome images of death and suffering which have ever presented themselves to our imagination — for this very cause do we now the most vividly desire it.[39]

Bei Baudelaire kehrt nicht nur jene "attirance du gouffre"(OC II, 322) wieder, er formuliert zudem im Klartext, was *The Imp of the Perverse* oder auch andere Poesche Erzählungen wie *The Black Cat* oder *Hop-frog* schon andeuten: Der Einbildungskraft selbst eignet eine Dynamik, die ständig die Überschreitung jeglicher Grenzen — auch und insbesondere der zum Bösen — anvisiert: Das Maßlose, Anarchische, Destruktive und Selbst-Zerstörerische wird als Modus der Imagination erkannt[40]: "C'est une espèce d'énergie qui jaillit de l'ennui et de la rêverie" (OC I, 285). Der *ennui*, die Passivität und Langeweile des nicht mehr sozial Integrierten, und die *rêverie*, das (tag-)träumende Vagabundieren der Vorstellungskraft, erscheinen als treibende Kräfte, als energetische Leerräume, die aus sich selbst die Durchführung und Wiederholung sinnloser Handlungen hervorbringen.[41] Im Vollzug imaginativer Tätigkeit taucht das Böse wie aus dem Nichts auf und trägt mit seiner Widerständigkeit gegenüber Vernunft und Moral, seiner Plötzlichkeit und seiner bis ins Extrem getriebenen Intensität ästhetische Züge.

Ces actions n'ont d'attrait que *parce que* elles sont mauvaises, dangereuses; elles possèdent l'attirance du gouffre. Cette force primitive, irrésistible, est la Perversité naturelle, qui fait que l'homme est sans cesse et à la fois homicide et suicide, assassin et bourreau (OC II, 322/23).[42]

Die der Bezeichnung imaginärer Exzesse als "Perversité naturelle" inhärente Gefahr der Stilisierung und Mythisierung darf keinesfalls geleugnet werden: historisch gewordene und kulturell geschaffene Phänomene, nämlich die *lustvolle* Vorstellung des Bösen, werden als Natur ausgegeben. Zwar protestiert Baudelaire damit polemisch und radikalästhetisch gegen jegliche Form von moralisch-didaktisierender oder psychologisierender, letztlich immer gemütlich-bürgerlicher Vereinnahmung und Anästhesierung von Kunst, wie sie bis heute auch in der Literaturwissenschaft dominiert.[43] Doch unterschlägt seine fundamentalanthropologische Naturalisierung des wollüstig imaginierten Bösen ihre eigenen Voraussetzungen, die ihr zugrundeliegenden gesellschaftlichen Bedingungs- und Machtverhältnisse.[44] Denn die Möglichkeit, die Ausübung von Gewalt als lustvoll zu erleben, wie dies der Ich-Erzähler von *Le mauvais vitrier* schildert, scheint nicht unwesentlich auf der Erfahrung der Möglichkeit einer Position von (gesellschaftlicher) Stärke zu beruhen: Der Machterfahrung des sozial Höherstehenden gegenüber sozial Schwächeren, der diskursiv-symbolischen wie realen Machterfahrung des Mannes gegenüber der Frau. Es ist auffällig — und meines Erachtens nur ehrlich —, daß die *Petits Poèmes en prose* bei aller Provokation gegen *diese* Asymmetrien nicht aufbegehren. Angesichts der herausragenden Rolle, die der "Schule des Bösen" eines de Sade, de Quincey, Poe, Baudelaire, Flaubert, Dostojevskij, Lautréamont, Genet, Gombrowicz bis hin zu den Futuristen und Surrealisten für die literarische Moderne zugewiesen wird, müssen sich produktions- wie rezeptionsästhetische Untersuchungen allerdings die Frage stellen, inwiefern eine pseudo-anthropologische — da letztlich bloß androzentrische — Verabsolutierung der Imagination des Bösen bestehende geschlechtsspezifische Diskriminierungen und Machtverhältnisse nur perpetuiert. Der unbestreitbar emanzipatorische Gestus der ästhetischen Moderne stößt hier auf eine nicht zufällige Grenze: So wird in dem Prosagedicht *Mademoiselle Bistouri* zwar eine Frau als Trägerin monströs-gewalttätiger und masochistischer Phantasien gezeigt, doch verbleiben die Vorstellungen der Protagonistin ganz im Rahmen einer Mimesis an die gesellschaftlichen Instanzen der Unterdrückung. Die imaginative Aktivität von Mademoiselle Bistouri ist mithin — im Gegensatz zur Einbildungskraft des männlichen Subjekts der *Petits Poèmes en prose* — eine fremdbestimmte.

Festzuhalten bleibt jedoch, daß die Baudelaireschen Texte eine Imagination vorführen, die selbst teilhat an dem Bösen, das sie darstellt. Die aus der Dynamik der Einbildungskraft resultierende Austauschbarkeit der Inhalte, die Baudelaire auch in *Mon cœur mis à nu* aphoristisch verkürzt als imaginative Lust vorführt: "Il serait peut-être doux d'être alternativement victime et bourreau" (OC I, 676), bezeugt, daß die Ästhetik des Bösen nur um der Provokation willen an den Vorstellungsinhalten interessiert ist.[45] Die Bedeutung derartiger sprachlich erzeugter Affronts und Schocks erschließt sich nur vor dem Hintergrund der Gesamtheit gesellschaftlicher Diskurse:

> Kunst muß das als häßlich Verfemte zu ihrer Sache machen, nicht länger um es zu integrieren, zu mildern oder durch den Humor, der abstoßender ist als alles Abstoßende, mit seiner Existenz zu versöhnen, sondern um im Häßlichen die Welt zu denunzieren, (...) obwohl selbst darin noch die Möglichkeit des Affirmativen als Einverständnis mit der Erniedrigung fortdauert, in die Sympathie mit den Erniedrigten leicht umschlägt.[46]

Es geht keinesfalls um die bloße Bejahung des Grausamen, Gewalttätigen, Menschenverachtenden oder Irrationalen, sondern um eine literarische Methode, die — eingedenk der Gefahr der Affirmation — als radikale Negativität die konstitutiven gesellschaftlichen Machtstrukturen und Gewaltverhältnisse zu entlarven sucht. Es geht um ein imaginatives Erkunden und um ein unvoreingenommenes, experimentelles Ausloten der Möglichkeiten der menschlichen Vorstellungskraft. Damit wird eine Art ästhetischer Anthropologie entworfen, die gerade das Abseitige und Tabuisierte thematisiert, die keine apriorischen Grenzen kennt und die in der Ekstase oder im (poetischen) Rausch wie durch ein Prisma nach neuen, noch unbekannten oder durch gesellschaftliche Normen verschütteten subjektiven Facetten sucht. Der imaginative Mensch nimmt sich selbst zum Gegenstand seiner Experimente und Erkundungen; er erzeugt bewußt, durch ästhetische Verfahrensweisen und poetisches Kalkül

> le grossissement, la déformation et l'exagération de ses sentiments habituels et de ses perceptions morales, qui présentent alors, dans une atmosphère exceptionnelle, un véritable phénomène de réfraction. (OC I, 426/27)

Diese Kunst überschreitet ständig die Universalität und Humanität heuchelnden Normen und Werte der bürgerlichen Gesellschaft; sie bricht vorsätzlich mit den Prinzipien kommunikativer Vernunft. Baudelaires programmatisch moderne Kunst gibt sich nicht damit zufrieden, Figuren und Handlungen an der Grenze des Verrückten, des "Anormalen" oder Pathologischen zu entwerfen — ihre radikalästhetische Dimension liegt vielmehr in einem "*methodisch praktizierten Wahnsinn*"[47], in der Entregelung aller Sinne durch *Paradis Artificiels.* Diese radikalästhetische Komponente der modernen Kunst erschließt eine Grenzerfahrung, die ex negativo die etablierte Kultur in ihrer Positivität enthüllt, denn

> Eine Kultur über ihre Grenzerfahrungen zu befragen, heißt, sie an den Grenzen der Geschichte über eine Absplitterung, die wie die Geburt ihrer Geschichte ist, zu befragen.[48]

Das so entgrenzte Ästhetische erinnert in seiner Dynamik und Unberechenbarkeit daran, daß das Auftauchen jeglicher symbolischen Ordnung — seien es kulturelle Codes, die Strukturen einer Gesellschaft oder das System einer Sprache — einem gewaltsamen, unmotivierten Sprung gleichkommt: Häßliches, Grausames ist bei Baudelaire nicht nur ein Dargestelltes, Repräsentiertes. Der Gestus radikaler Kunst hat selbst etwas Zerstörerisches und Gewaltsames:

> In den Formen wird Grausamkeit zur Imagination: aus einem Lebendigen, dem Leib der Sprache, den Tönen, der sichtbaren Erfahrung etwas herausschneiden. Je reiner die Form, je höher die Autonomie der Werke, desto grausamer sind sie. (...) Was Kunst im weitesten Sinn bearbeitet, unterdrückt sie, der im Spiel nachlebende Ritus von Naturbeherrschung.[49]

Angesichts der Erfahrung, daß sich unsere auf die Omnipräsenz jeweils aktuellster (Fernseh-)Bilder fixierte Kultur gerade aufgrund dieser visuellen Überfülle gegen die Wirklichkeit abzuschotten und zu verhärten scheint, kann der Vergleich mit der literarischen Imagination von Gewalt im *Spleen de Paris* medial bedingte Eigenarten und Affinitäten erhellen.

> Es scheint, als sei die Photographie, die den unverfälschten Zugang zur Wirklichkeit, eine objektive, überprüfbare Form der Erinnerung versprach, zum Schutzschild gegen die Wirklichkeit geworden; als habe sich die wahrheitsgetreue Wiedergabe der Wirklichkeit als ein besonders effektives Mittel erwiesen, die Wirklichkeit aus der Erinnerung zu löschen. Und nicht nur aus der Erinnerung zu löschen: überhaupt für die Vorstellungswelt unerreichbar zu machen.[50]

Demgegenüber können Prosagedichte wie *Assommons les pauvres!* oder *Le mauvais vitrier* die Strukturen unserer Wirklichkeitskonstruktion vergegenwärtigen, indem sie vorführen, daß die Repräsentation von Gewalt, die Symbolisierung des Bösen dieses zugleich artikuliert und reguliert, dieses entfaltet wie auch begrenzt. Eben diese ambivalente Funktion stellt die Basis jeglicher symbolischen Ordnung dar:

> ce qui est violent c'est l'irruption du symbole, la mise à mort de la substance pour qu'elle signifie. Le meurtre lui-même n'est qu'*une* des réalisations fantasmatiques et mythiques de ce moment logique inhérent à tout ordre socio-symbolique.[51]

Somit evoziert die Ästhetik des Bösen aufgrund ihrer Verfaßtheit den dialektischen und komplexen Bezug von Gewalt und Gesellschaft wie auch von Kunst und Gesellschaft. Gewalt, Kunst und Gesellschaft kommen als gleichursprüngliche Phänomene in den Blick. Die Gesellschaft jedoch versucht, diese Wechselbeziehung und mithin auch die eigene, strukturelle Gewaltsamkeit und Kontingenz auszublenden und das Ästhetische auszugrenzen, in insulare, ungefährliche Reservate auszusondern. Baudelaires ästhetisches Projekt erweist sich also als ein fundamental anthropologisches und gesellschaftliches: In der restaurativen französischen Gesellschaft, die seit 1852 die Poesie zu einer "nullité ornementale, qui ne mettait en cause aucun sujet contemporain de son temps"[52], zu reduzieren trachtete, stellte sich für ihn — ebenso wie für Mallarmé oder Lautréamont — die Frage:

> Comment trouver alors des pratiques de dépense capables d'affronter la machine, l'expansion coloniale, la banque, la science, le parlement: autant de positions maîtresses qui cachent leur violence et ne se donnent que comme légalité neutre? Retrouver la véhémence du sujet exigeait une descente jusqu'au stade le plus profond de sa position contemporaine de la position de l'ordre social; (...). Pour atteindre l'époque, il fallait atteindre la logique dont elle fait régner l'ordre, et ceci à travers cette logique même, en assumant et en dépliant sa position, ses synthèses et jusqu'aux idéologies qu'elle manipule.[53]

Insofern stellt die Freisetzung des Schocks eine wesentliche, produktions- wie rezeptionsästhetische Voraussetzung der *Petits Poèmes en prose* dar. Das schöpferische Subjekt erhält dadurch die Möglichkeit, das für urbane Lebensverhältnisse charakteristische Schockerlebnis sowohl als Impuls wie auch als Material literarischer Tätigkeit zu bearbeiten und eigene Fähigkeiten und Freiheiten selbst unter widrigsten Umständen zu bewahren oder gar erst herzustellen. Die daraus resultierende Prägnanz der Texte schockiert und provoziert wiederum das Publikum. Sie eröffnet jedoch aufgrund ihrer kalkulierten, in der ästhetischen Form objektivierten Elemente zugleich eine Chance, die im Schockerlebnis kristallisierte Essenz der Moderne bewußtzumachen. Indem die Prosagedichte Unbehagen erzeugen, die historischen, kulturellen, psychologischen Grundlagen der Rezipierenden, die Beständigkeit ihrer Werte und Vorlieben erschüttern und ihr Verhältnis zur Sprache in eine Krise bringen, thematisieren und veranschaulichen sie als "unlesbare" Texte die Unlesbarkeit der modernen Welt. Gleichzeitig aber wenden sie diese Hermetik und Unverständlichkeit produktiv zu einem Antrieb, subjektive Vermögen der Vorstellung und der Veränderung zu aktualisieren und einzubringen. Sie erfüllen somit genau jene Bedingungen, die Roland Barthes an einen "Texte de jouissance" stellt, an einen Text, dessen lustvoller Lektüregenuß wesentlich daran gekoppelt ist, daß er die Leserin und den Leser in einen Zustand des Sich-Verlierens, "en état de perte"[54] versetzt. Die Erfahrung der Agilität, Autonomie und Unbegrenztheit der Imagination und des menschlichen Veränderungswillens erzeugt die in den Prosagedichten immer wieder betonten Momente der Intensität und der sinnlich-erotischen Lust, das Begehren des Subjekts, "dans une seconde l'infini de la jouissance"(OC I, 287) zu finden.

Als Analogon und äußeres Emblem der Dynamik und Flexibilität der Vorstellungskraft wird das Ich des *Spleen de Paris* als Flaneur in Szene gesetzt, der ruhelos und hypersensibel die Metropole durchstreift. Unter der körperlichen Bewegung des Subjekts setzt die Unlesbarkeit der Stadt unwillkürlich die Laterna magica der Imagination in Gang. Baudelaire rekurriert nicht auf die literarisch vorgeprägte Dialektik von äußerer Statik und innerer, spiritueller Dynamik, wie sie Xavier de Maistres Erzählung *Voyage autour de ma chambre* (1795) oder E.T.A. Hoffmanns *Des Vetters Eckfenster* (1822) exponieren, in denen das hermetische Interieur den Ausgangspunkt für den Flug der Phantasie bildet.[55] Er greift statt dessen den zeitgenössischen, insbesondere durch die Tableaux und durch Feuilletontexte verbreiteten Topos des Flanierens als der Form ästhetischer

Erfahrung schlechthin auf.[56] So konstatierten schon die illustrierten *Tableaux des Français peints par eux-mêmes* (1840-42): "'La flânerie est le caractère distinctif du véritable homme de lettres'"[57]. Und Victor Fournels 1855 publizierte *Odyssée d'un Flaneur*[58], die als "Schlüsseltext dieser Epoche"[59] und dieses Themenbereichs gelten kann, betont den künstlerischen Doppelcharakter der Flanerie: Sie ist sowohl entzifferndes Beobachten des urbanen Lebens, ein "exercice fort intéressant de lire les occupations quotidiennes"[60], als auch imaginatives, antizipierendes Entwerfen einer Kunst-Welt, das sich an winzigen Begebenheiten, situativ erhaschten Blicken, Gesten und Wörtern entzündet:

> A l'aide d'un mot que j'entends en passant, je refais toute une conversation, toute une vie; le son et l'accent d'une voix me suffisent pour accoler le nom d'un péché capital à l'homme que je viens de coudoyer et dont j'ai entrevu le profil. Je mets enfin à toutes les poitrines la fenêtre que souhaitait Momus, et par la vitre entr'ouverte je regarde au fond de chaque cœur d'un œil curieux, et je plonge jusque dans les profondeurs de l'abîme, au risque d'avoir parfois le vertige et de reculer saisi d'épouvante. C'est ainsi que je fais chaque jour à loisir du Gall et du Lavater sous ma responsabilité personnelle. Rien n'échappe à mon regard qui perce les ténèbres les plus impénétrables; il me semble du moins, et cela me suffit. Chaque individu me fournit, pour peu que je le veuille, la matière d'un roman compliqué; et, comme Cuvier reconstituait un animal avec une dent, et un monde entier avec un animal, je reconstitue toutes ces vies éparses; je fais mouvoir, penser, agir à mon gré ce théâtre d'automates dont je deviens *l'impresario*.[61]

Die entgrenzte Imagination, die Betonung des freien, persönlichen Willens und die aus der Indifferenz gegenüber der faktischen Realität resultierende Machtposition des Protagonisten der *Odyssée* weisen schon voraus auf den ästhetischen Subjektivitätsentwurf in Baudelaires *Les foules*, *Les fenêtres* oder *Les projets*. In der zum "'abrégé de l'univers'"[62] gewordenen Metropole wird dem Flaneur alles, jeder Gegenstand und jedes Ereignis, zum "'texte d'observations'"[63]. Der perfekte Flaneur ist ein polyglotter Zeitgenosse — nicht weil er viele verschiedene Sprachen spricht, sondern weil er Gesten, Moden, Frauenkörper oder auch Schaufensterauslagen und Straßenzüge als symbolische Codes, als semiotische Systeme rezipiert:

> Le vrai flaneur a le droit d'ignorer le grec, le latin, les mathématiques et les autres superfluités scientifiques; mais il doit connaître toutes les rues, toutes les boutiques de Paris, savoir au juste quelle est la plus jolie chapelière, modiste, charcutière, limonadière, etc., etc.[64]

Kleidungen, Moden und Frisuren, Gesichter und Gesten der Stadtbewohner, aber auch Kneipen und Cafés, Plakate oder der Straßenverkehr werden als urbane Sprachen wahrgenommen. Das passionierte "Lesen" der Sprachen der Stadt, das zugleich ein Lesen, ein Aufblättern des Beobachters selbst ist, stellt für Baudelaire die erste Phase künstlerischer Aktivität dar.[65] Diese semiotische Haltung des Künstlers wird im Lauf der Moderne radikalisiert hervortreten und in eine neuartige Konzeption des Lesens münden, als deren herausragender Vertreter ein anderer hier im Zentrum stehender Autor genannt werden kann, nämlich Roland Barthes.[66] Vor dem Hintergrund einer Erweiterung des Textbegriffs, der jenseits von schriftlich Fixiertem auch auf verbale wie non-verbale Phänomene des urbanen Lebens übertragen wird, stellt das Lesen der symbolischen Codes der Metropole für Baudelaire das Material bereit, das sich durch freie und verändernde sprachliche Neuschaffung zur künstlerischen Erfahrung vervollkommnet. Demgegenüber faßt Barthes schon das jeweils an der eigenen, subjektiven Lust orientierte Lesen eines Textes als eine Form künstlerischer Produktivität auf. Gemeinsam ist beiden Autoren, daß sie unter Lesen nicht mehr eine bloß reproduzierende Tätigkeit verstehen: weder sollen die Sprachen der Großstadt und ihrer Bewohner noch die *écriture* und die Bedeutung eines Textes rekonstruiert, nachvollzogen werden, sondern das Lesen stellt für sie eine semiotische, das heißt eine konstruktive, den Sinn und den Zusammenhang von (Sprach-)Zeichen erst stiftende Aktivität dar.

Le Spleen de Paris präsentiert eine Situation absoluter Fremdheit und Unlesbarkeit, in der Subjekt, Stadt und Sprache metaphorisch konvergieren. Das Künstler-Ich flaniert durch die Metropole wie es die Sprache durchläuft, auf der Suche nach jenem “miracle d'une prose poétique, musicale sans rythme et sans rime, assez souple et assez heurtée” (OC I, 275/76), um dem Bewußtseinsstand und dem psychischen Erleben des Großstädters zu entsprechen. Dieses doppelte, urbane und sprachliche Flanieren konstituiert zugleich jenen Raum, in dem sich die Subjektivität entwirft. Die Unvorhersehbarkeit und Augenblicksverhaftetheit des Flanierens geht als Struktur der Zufälligkeit, als “accident” (OC I, 276), der jedes einzelne Prosagedicht wie auch das gesamte Ensemble prägt, in die künstlerische Komposition ein. Die Zufälligkeit großstädtischer Begebenheiten und die unvorhersehbare Eigendynamik der in einer sprachlichen Konstellation aufscheinenden Sinndimensionen und ästhetischen Valeurs steigern sich zur vollkommenen Kontingenz des Ich, das weder in sich noch in der Kapitale noch in der Sprache Halt findet. Indem die Bewegung des Flanierens der formalen Struktur, dem Sprachgestus, der Subjektivität und den Motiven der Prosagedichte eingeschrieben ist, bildet *Le Spleen de Paris* — lange vor Mallarmés Projekt des *Livre* — ein “*Kunstwerk in Bewegung*”[67], das selbstreflexiv exponiert, daß ein Kunstwerk immer offen ist für eine virtuell unendliche Reihe vielfältiger, divergierender Lesarten, je nach Perspektive, (Vor-)Wissen, Sensibilität, Neigung und Aktivität der Rezipierenden. Das Prinzip der Textproduktion — die Dynamik, Diskontinuität und Zufälligkeit der Flanerie — wird zugleich als Verfahren der Rezeption anempfohlen, ja aufgezwungen: Die Lektüre des *Spleen de Paris* kann selbst nur eine nomadische sein, und die Kontingenz des literarischen Ich färbt unweigerlich das Bewußtsein der durch das Werk flanierenden Leserinnen und Leser.

Eine derart wachgerüttelte und dynamisierte Lektürehaltung hätte sicherlich den Beifall der russischen Formalisten gefunden, die den Wert ästhetischer Erfahrung mit der ständigen Entautomatisierung der menschlichen Wahrnehmungs- und Bewußtseinsformen begründeten. Doch bei Baudelaire findet sich diese Entautomatisierung des Sehens, dieses "Verfahren, das die Schwierigkeit und Länge der Wahrnehmung steigert,"[68] schon in die Rezeptivität des Künstlers vorverlegt. Das gleichsam ungefilterte Sehen und Erfassen der Wirklichkeit zum Zwecke ihrer imaginativen Transformation wird zur Grundvoraussetzung künstlerischen Schaffens deklariert:

> Tout l'univers visible n'est qu'un magasin d'images et de signes auxquels l'imagination donnera une place et une valeur relative; c'est une espèce de pâture que l'imagination doit digérer et transformer. Toutes les facultés de l'âme humaine doivent être subordonnées à l'imagination, qui les met en réquisition toutes à la fois. (OC II, 627)

Authentische Erfahrung, wie sie noch Rousseau zu (re-)etablieren suchte, ist in einer Welt, die zum universellen Verwertungszusammenhang, zum "magasin" geworden ist, kein Thema mehr: Was der Mensch wahr- und aufnimmt, ist bloß Sekundäres und Mittelbares; Bilder und Zeichen, also Repräsentationen und Stellvertreter für Abwesendes. Daß den einzelnen Zeichen und Komponenten der Welt der Zusammenhang und somit auch die Intelligibilität fehlt, ist zum einen Resultat gesellschaftlicher Modernisierungsprozesse. Baudelaires Welt ist nicht nur zur Prosa verkommen, wie Hegel und zahlreiche Zeitgenossen an der Schwelle des 19. Jahrhunderts beklagten, sondern sie wird nurmehr als "dictionnaire" (OC II, 624) erlebt, als eine alphabetische, kontingente Auflistung von Wort-Material ohne poetische Qualität und ohne eigenständige "physionomie" (OC II, 625). Zum anderen jedoch ist die Fragmentarisierung und Zerlegung des Wahrgenommenen in einzelne Zeichen und Bestandteile eine genuine und notwendige Leistung der von Baudelaire fundamentalanthropologisch verorteten "reine des facultés"(OC II, 620), der Imagination:

> C'est l'imagination qui a enseigné à l'homme le sens moral de la couleur, du contour, du son et du parfum. Elle a créé, au commencement du monde, l'analogie et la métaphore. Elle décompose toute la création, et, avec les matériaux amassés et disposés suivant des règles dont on ne peut trouver l'origine que dans le plus profond de l'âme, elle crée un monde nouveau, elle produit la sensation du neuf. Comme elle a créé le monde (on peut bien dire cela, je crois, même dans un sens religieux), il est juste qu'elle le gouverne. (OC II, 621)

Gleich einem Röntgenauge setzt sich die Imagination über etablierte Grenzen und Strukturen hinweg. Der künstlerisch-kreative Mensch erlangt so eine fast unantastbare, unzerstörbare Freiheit und Mächtigkeit, da er sich mittels Einbildungskraft von den Fesseln des Faktischen und von der Hegemonie der aufklärerisch verkümmerten, instrumentellen Vernunft emanzipiert. Zugleich wird damit dem traditionellen ästhetischen Programm der Mimesis, der zu Lebzeiten Baudelaires dominanten und durch die Entwicklung der Photographie verstärkten Doktrin des "'Copiez la nature; ne copiez que la nature'" (OC II, 619)[69] eine klare Absage erteilt.

Mit der Verabsolutierung der Imagination zur "faculté *cardinale*" (OC II, 623) revolutioniert Baudelaire die aufklärerische Anthropologie und die auf ihr fußende klassische Ästhetik, die beide versuchten, den Spielraum des künstlerischen Enthusiasmus zu begrenzen und die potentiell zerstörerische, unbezähmbare und terroristische Einbildungskraft in den Dienst der Vernunft zu stellen.[70] Im Gegensatz dazu weist die Ästhetik der *modernité* der Vernunft eine noch immer essentielle, zugleich aber paradoxe Funktion zu. In *Le Peintre de la vie moderne* wird zwar programmatisch erklärt: "Tout ce qui est beau et noble est le résultat de la raison et du calcul" (OC II, 715). Doch Vernunft und Kalkül werden nur eingesetzt, um ihre eigenen Grenzen zu sprengen, um ein reflexiv gesteuertes Delirium zu generieren:

> le principe de la poésie est, strictement et simplement, l'aspiration humaine vers une beauté supérieure, et la manifestation de ce principe est dans un enthousiasme, une excitation de l'âme, — enthousiasme tout à fait indépendant de la passion qui est l'ivresse du cœur, et de la vérité qui est la pâture de la raison. (OC II, 334)

Rausch und Ekstase, die *ivresse* "De vin, de poésie ou de vertu, à votre guise"(OC I, 337), sind Chiffren einer bewußt produzierten Entregelung aller Sinne, eines artifiziell hergestellten Zustands jenseits des Normalen und Gewöhnlichen, jenseits des Schicklichen und Vernünftigen. Trunkenheit und Wahnsinn werden als willentlich und mit poetischem Kalkül erzielte Ausnahmezustände zu künstlerischen Arbeitsmethoden nobilitiert. So mutmaßt Baudelaire, obwohl er weiß, daß Poe —

der neben Delacroix[71] eine wesentliche Bezugsfigur seines radikalästhetischen Experiments darstellt — an seinem Alkoholkonsum zugrunde ging,

> je crois que dans beaucoup de cas, non pas certainement dans tous, l'ivrognerie de Poe était un moyen mnémonique, une méthode de travail, méthode énergique et mortelle, mais appropriée à sa nature passionnée. Le poète avait appris à boire, comme un littérateur soigneux s'exerce à faire des cahiers de notes. (OC II, 315)

Da nur die Imagination "positivement apparentée avec l'infini" (OC II, 621) ist, kann die Kunst dank ihrer Schubkraft und ihren Gestaltungsprinzipien etwas vollkommen Neues, schlechthin Inkommensurables anvisieren. Denn "l'inattendu, la surprise, l'étonnement sont une partie essentielle et la caractéristique de la beauté" (OC I, 656), ebenso wie "l'invisible" und "l'impalpable", "ce je ne sais quoi de mystérieux"(OC II, 744), das den Autor an den Bildern von Delacroix so fasziniert.

Indem Baudelaire die Imagination zum wesentlichen Agens künstlerischer Praxis erhebt und durch ein Experiment mit der Einbildungskraft eine zugleich ekstatische wie visionäre Erfahrung anstrebt, kann seine Ästhetik der *modernité* in Zusammenhang gebracht werden mit dem modernen Versuch einer Neukonzeptualisierung des "göttlichen Wahnsinns" als Impuls, Motiv und Stilprinzip poetischer Rede.

> Als das Andere der Vernunft steht die *mania* jetzt nicht mehr im Zeichen des Göttlichen, noch auch agiert sie als allgewaltige Naturkraft. Vielmehr wird man sie im Bannkreis einer aus allen Bezügen freigesetzten Subjektivität aufzusuchen haben — ist es doch das metaphysisch wie sozial heimatlos gewordene Individuum, das seit der Romantik das Experimentierfeld abgibt, auf dem die Kunst sich in der Erprobung und Modellierung einer neuen poetischen Sprache übt.[72]

In Antizipation von Mallarmés Ideal der symbolistischen Evokation setzen das dynamisch-energetische Potential der Imagination und deren komplementäres Zusammenspiel von Dekomposition und Kompostion eine Eigendynamik und Selbstreflexivität des künstlerischen Materials frei:

> La grammaire, l'aride grammaire elle-même, devient quelque chose comme une sorcellerie évocatoire; les mots ressuscitent revêtus de chair et d'os, le substantif, dans sa majesté substantielle, l'adjectif, vêtement transparent qui l'habille et le colore comme un glacis, et le verbe, ange du mouvement, qui donne le branle à la phrase. (OC I, 431)[73]

Die entfesselte Imagination wird weder von der Vernunft noch von gesellschaftlichen oder moralischen Normen begrenzt; einzig ästhetische Belange sind geeignet, sie zu kontrollieren: literarische Formen, künstlerische Gestaltungsgesetze und Techniken sowie eine schnelle und präzise Ausführung des Kunstwerks[74] fassen den potentiell unendlichen Möglichkeitsspielraum der Vorstellungskraft ein.

Das imaginative Oszillieren von Zerstörung und Neukombination affiziert auch das Subjekt, das vom souveränen Träger selbst zum Material der Imagination geworden ist. Die Erfahrungen poetischer *rêverie* und Imagination, um deren Ergründung und um das Ausloten von deren äußersten Möglichkeiten auch die *Paradis Artificiels* kreisen, koinzidieren mit den dort beschriebenen Ekstasen des Drogenrausches: Beide Ausprägungen der *ivresse* manifestieren ein Bestreben, die eigene Individualität hinter sich zu lassen, um zu einer "multiplication de l'individualité"(OC I, 377), zur Erfindung einer metaphorischen "troisième personne" und eines "homme supérieur" (OC I, 387) zu gelangen. Dieses ekstatische Zersplittern der Individualität mündet schließlich in eine aus dem "développement excessif de l'esprit poétique" hervorgehende Entpersönlichung, eine an Flauberts *impassibilité* gemahnende "impersonnalité" (OC I, 396) des Subjekts und seiner *écriture*. In Ablehnung romantischer Positionen offenbart Baudelaires Ästhetik Welt nicht mehr als Ausdruck eines integren, einzigartigen Subjekts, sondern sie inauguriert ein gänzlich entgegengesetztes Programm: "Das Schreiben als Mittel, ein mehr als lediglich individuelles Leben hervorzubringen..."[75] Als Folge der Steigerung und Divergenz der Imagination notiert Baudelaire in den *Paradis Artificiels*:

> Il arrive quelquefois que la personnalité disparaît et que l'objectivité, qui est le propre des poètes panthéistes, se développe en vous si anormalement, que la contemplation des objets extérieurs vous fait oublier votre propre existence, et que vous vous confondez bientôt avec eux. (OC I, 419)

Unter dem Eindruck eines derartigen Außer-Sich-Seins und eines bewußt erzeugten Selbstverlustes exklamiert das Künstlersubjekt des *Confiteor de l'artiste*: "dans la grandeur de la rêverie, le *moi* se perd vite!"(OC I, 278)

Auf die Parallelen zwischen der ästhetischen Transformation der Wirklichkeit durch den Baudelaireschen Künstler und dem literarischen Verfahren der Allegorie haben unter anderem Benjamin, Hess, Jauß und Bürger hingewiesen:

> Baudelaires Behandlung der Wirklichkeit entspricht den wesentlichen Bestimmungen von Benjamins Allegoriebegriff, den dieser zwar am barocken Trauerspiel expliziert hat, der aber eine geheime Beziehung zur modernen Literatur unterhält: 1. Der Allegoriker reißt ein Element aus der Totalität des Lebenszusammenhangs heraus. Er isoliert es, beraubt es seiner Funktion. Die Allegorie ist daher wesenhaft Bruchstück und steht damit im Gegensatz zum organischen Symbol. 2. Der Allegoriker fügt die so isolierten Realitätsfragmente zusammen und stiftet dadurch Sinn. Dieser ist gesetzter Sinn, er ergibt sich nicht aus dem ursprünglichen Kontext der Fragmente. 3. Benjamin deutet die

Tätigkeit des Allegorikers als Ausdruck der Melancholie. "Wird der Gegenstand unterm Blick der Melancholie allegorisch, läßt sie das Leben von ihm abfließen, bleibt er als toter, doch in Ewigkeit gesicherter zurück, so liegt er vor dem Allegoriker, auf Gnade und Ungnade ihm überliefert. Das heißt: eine Bedeutung, einen Sinn auszustrahlen, ist er von nun an ganz unfähig; an Bedeutung kommt ihm das zu, was der Allegoriker ihm verleiht" (GS I-1, 359).[76]

Diese Charakterisierung trifft wesentliche Aspekte von Baudelaires Ästhetik und künstlerischer Praxis. Dem exzessiven Gebrauch majuskeltragender Substantive in den *Fleurs du Mal* und im *Spleen de Paris* kommen dabei vielfältige Funktionen zu:

vom stilistischen Gebrauch der Hervorhebung einzelner oder wiederkehrender Schlüsselwörter (an der Spitze in den *Fleurs du Mal*: "La Mort", dann "Enfer/Ciel", in den *Poèmes en prose*: "Le Temps") über eine (nicht selten ironische) Sakralisierung oder Erhebung der Dinge ins Kultische bis zur Remythisierung von Begriffen (...), die oft durch eine persönliche Emblematik Baudelaires verrätselt sind[77].

Darüber hinaus scheint die Allegorie, die gemäß Benjamin ein gesetzter Verweisungszusammenhang von Signifikanten ohne Referenz und ohne Signifikat ist[78], paradigmatisch für die sprachliche Verfaßtheit und Eigendynamik von Baudelaires *surnaturalisme* zu stehen. Letzterer sucht keine Einheit von sinnlicher Erscheinung und metaphysischer Wahrheit mehr zu etablieren, sondern die Entgrenzung und Intensivierung der Eindrücke, Perzeptionen und Vorstellungen durch eine bewußt, artifiziell gesteigerte und imaginativ erweiterte Wahrnehmung und Darstellung. Das Resultat dieses poetischen Kalküls ist:

les choses renaissent sur le papier, naturelles et plus que naturelles, belles et plus que belles, singulières et douées d'une vie enthousiaste comme l'âme de l'auteur. (OC II, 693/4)

Die Baudelairesche, moderne Allegorie betont wie kaum ein anderes literarisches Verfahren — vergleichbar höchstens mit der Ironie in der Nachfolge Friedrich Schlegels — die Abwesenheit von Transzendenz, die Enthierarchisierung und Fragmentarisierung der Welt. Indem zahlreiche Texte insbesondere die in der romantischen Lyrik verschmähte allegorisierende Personifikation wiederbeleben, deren poetische Funktion meist in der Versinnlichung von Abstraktem besteht, deuten sie in antizipierender Überschreitung psychoanalytischer Konzepte an, daß es Instanzen (wie beispielsweise die Sprache) gibt, die dem Ich und dem Selbstbewußtsein vorgängig sind und ihnen die Priorität im seelischen Haushalt streitig machen:[79]

L'intelligence de l'allégorie prend en vous des proportions à vous-même inconnues; nous noterons en passant que l'allégorie, ce genre si *spirituel*, que les peintres maladroits

> nous ont accoutumés à mépriser, mais qui est vraiment l'une des formes primitives et les plus naturelles de la poésie, reprend sa domination légitime dans l'intelligence illuminée par l'ivresse. (OC I, 430)

Gerade in der willentlich gesuchten Ekstase kann die Allegorie aufgrund ihrer — vor Baudelaire zumeist verachteten — Reflexivität und Spiritualität zu einem bevorzugten literarischen Verfahren avancieren. Denn sie stattet den intensiven sinnlichen Eindruck der Trunkenheit mit einer Form von Bewußtheit aus und führt umgekehrt erst durch den sinnlichen Taumel zur vollkommenen Selbstillumination: "l'intelligence illuminée par l'ivresse."

Doch im Blick auf die Prosagedichte scheint mir die Allegorie, wie sie in *La chambre double*, *Chacun sa Chimère*, *Le Thyrse*, *Enivrez-vous* oder *Le galant tireur* anzutreffen ist, nur eine besondere, ins Auge springende Ausprägung von Baudelaires literarischer Technik zu sein. Um die Verfaßtheit des gesamten Spektrums seiner Fantasmagorien zu charakterisieren, die "le fantastique réel de la vie" (OC II, 697) erkunden und produzieren wollen, bietet sich Roland Barthes' Beschreibung der *activité structuraliste* an.[80] Barthes' Darlegung der Vorgehensweisen wie auch der Funktionen dieser Tätigkeit liest sich wie eine leicht veränderte Neuauflage, eine aus dem Gedächtnis vorgenommene *ré-écriture* derjenigen Kapitel des *Salon de 1859*, die der Imagination gewidmet sind.[81] Der 1963 veröffentlichte Essay *L'activité structuraliste* indiziert somit in seinen Grundgedanken wie in einzelnen Schlüsselwörtern die geheime Verwandtschaft von ästhetischer Moderne und postmoderner, poststrukturalistischer Theorie, die für die innere Verklammerung der beiden Hauptteile der vorliegenden Arbeit zentral ist. In *L'activité structuraliste* kommt die (neo-)strukturalistische Theorie selbst als Form der kreativen Rezeption und Neu(be)schreibung der künstlerischen Praxis der Moderne in den Blick. Vergleichbar mit Baudelaires Bestimmung des kreativen Menschen definiert Barthes den

> *homme structural* (...) par son imagination, ou mieux encore son *imaginaire*, c'est-à-dire la façon dont il vit mentalement la structure.[82]

Zudem konvergieren die Baudelairesche Imagination und die strukturalistische Arbeitsweise in den Methoden, mit denen sie ihr Material behandeln und transformieren. Denn auch die "activité structuraliste comporte deux opérations typiques: découpage et agencement."[83] Ziel dieser Verfahren, die explizit im Interferenzpunkt von Kunst und Wissenschaft verortet werden,

> est de reconstituer un "objet", de façon à manifester dans cette reconstitution les règles de fonctionnement (les "fonctions") de cet objet. (...) L'homme structural prend le réel, le décompose, puis le recompose[84].

Die Zerlegung der Welt in einzelne Fragmente und deren komplementäre Neukombination produzieren etwas Neues, etwas bislang nicht Wahrgenommenes oder noch nicht Existentes, "et ce nouveau n'est rien moins que l'intelligible général"[85]. Der Wert der strukturalistischen Tätigkeit liegt nicht im Neu-Formulieren einer vorgegebenen Erkenntnis, sondern im Vollzug einer Veränderung, einer Modifikation der Realitäten und des Wissens von ihnen. Wie in der Baudelaireschen Ästhetik geht es auch hier nicht um die Imitation und Nachbildung der vorhandenen Welt, sondern es interessiert der *Prozeß* der "fabrication véritable d'un monde"[86]. Erst dadurch wird die Welt verstehbar, da sie mit der Subjektivität und mit den Kombinations- und Assoziationsregeln gesellschaftlicher Strukturen und Diskurse, also mit einer Form vermittelt ist. Entgegen weitverbreiteten Mißverständnissen umfaßt die strukturalistische Aktivität eine entscheidende anthropologische Dimension, denn die von ihr erstrebte Erkennbarkeit der Welt ist das Ergebnis des

> intellect ajouté à l'objet, et cette addition a une valeur anthropologique, en ceci qu'elle est l'homme même, son histoire, sa situation, sa liberté et la résistance même que la nature oppose à son esprit.[87]

Dieser Wissensanspruch ist dem Erkenntniswillen des imaginativen Menschen analog, dem Baudelaire die Worte in den Mund legt: "'Je veux illuminer les choses avec mon esprit et en projeter le reflet sur les autres esprits.'"(OC II, 627) Indem der Mensch vermöge seiner Einbildungskraft frei und produktiv mit den für sich sinnlosen Gegenständen einer ebenso sinnlosen und kontingenten Welt umgeht, schafft er sich *seine* Welt. Die sich ständig modifizierende, Intellektualität und Sinnlichkeit, "esprit critique"(OC II, 623) und "sensibilité"(OC II, 620/21) zusammenschließende Aktivität der Imagination "crée un monde nouveau, elle produit la sensation du neuf."(OC II, 621)

Welche bislang unbekannten Bereiche und Räume der Subjektivität im Verlauf dieser imaginativen Produktion von Neuem aufgestoßen werden, soll Gegenstand des folgenden Kapitels sein. Baudelaires wie auch Barthes' Konzept des Imaginären hat wenig gemein mit der zumeist gebräuchlichen, stark psychoanalytisch gefärbten Bedeutung dieses Begriffs als etwas Spekulares und Spiegelhaftes. Im Gegenteil: beide betrachten die Einbildungskraft als elementares Potential, als Souverän einer poetischen Praxis, die dem desillusionierten Individuum halluzinatorische und visionäre Bilderwelten und Gedankenfluchten eröffnet, die weder gesellschaftlich-institutionell noch sozial noch ethisch-religiös rückgebunden und reglementiert sind. "Le gouvernement de l'imagination"(OC II, 623), das Baudelaire und Barthes im Medium des Ästhetischen hinsichtlich der Dimensionen von Subjektivität erkunden, findet sein gesellschaftspolitisches Pendant in Cornelius Castoriadis' ebenso fundamentaler Rückführung von Gesellschaftlichkeit und sozialer Organisation auf das Imaginäre:

> Wer vom "Imaginären" spricht und darunter das "Spiegelhafte", die Widerspiegelung oder gar das "Fiktive" versteht, wiederholt nur — meist unwissentlich — die Behauptung, die ihn auf ewig an irgendeinen Winkel der berühmten Höhle festkettet: die Behauptung nämlich, daß (diese Welt) notwendig — Bild *von etwas* sei. Das Imaginäre, von dem ich spreche, ist kein Bild *von*. Es ist unaufhörliche und (gesellschaftlich-geschichtlich und psychisch) wesentlich *indeterminierte* Schöpfung von Gestalten/Formen/Bildern, die jeder Rede *von* "etwas" zugrundeliegen. Was wir "Realität" und "Rationalität" nennen, verdankt sich überhaupt erst ihnen.[88]

2.6 Das Er-Finden des Subjekts

> La poésie est un moyen de se mettre en danger sans courir de risque, un mode de suicide, de destruction de soi, qui laisse place commodément à la plus sûre affirmation de soi.
> (Maurice Blanchot: *L'échec de Baudelaire*)

> Les aventures sont dans les livres.
> (Jean-Paul Sartre: *La nausée*)

> La beauté sera CONVULSIVE ou ne sera pas.
> (André Breton: *Nadja*)

Baudelaires Ästhetik der Modernität erfordert eine besondere Form der (künstlerischen) Wahrnehmung und Imagination und zugleich ein spezifisches Selbstverhältnis des Subjekts. Die obsessive Suche nach der *modernité* erschöpft sich nicht in der passiven Perzeption und Reproduktion von Vorhandenem, sondern sie muß als imaginativ-kreative Transformation der Elemente der Wahrnehmungswelt deren Modernität im dynamischen Vollzug subjektiver Aktivität erst herstellen. Die *modernité* ist immer Produkt einer schöpferischen Anstrengung des Subjekts. Der ästhetische Anspruch auf Modernität impliziert mithin den Anspruch auf Modernität, auf Modern-Sein — genauer: Modern-Werden des Subjekts selbst.[1] Die künstlerische Illumination der Welt, die deren moderne, bizarre Schönheit erst erhellt, schließt das Subjekt mit ein: Es ist Objekt imaginativ-experimenteller Erkundungen und kreativer Transformationen; gleichzeitig wird es als Subjekt der Imagination von deren Prozessualität affiziert und dynamisiert. Indem die Verfaßtheit der Modernität als "le transitoire, le fugitif, le contingent" (OC II, 695) charakterisiert werden kann, setzt Baudelaires Ästhetik nicht nur die Gegenstände, Materialien und Techniken von Kunst in Bewegung, sondern auch das dargestellte und ausführende Subjekt selbst.

Um im ästhetischen Vollzug die *modernité* als Signatur der großstädtischen Welt zu extrahieren, bedingen sich neuartige künstlerische Wahrnehmungs- und Produktionsformen und der Impetus auf Modernität des Subjekts gegenseitig:

> Qu'est-ce que l'art pur suivant la conception moderne? C'est créer une magie suggestive contenant à la fois l'objet et le sujet, le monde extérieur à l'artiste et l'artiste lui-même. (OC II, 598)

Die moderne Erfahrung des *monde extérieur* kann dabei nicht ausschließlich inhaltlich, durch die Gegenstände der Wahrnehmung festgelegt werden. Natürlich markieren die Bedingungen der Industrialisierung und der Urbanität ebenso wie die politischen Auseinandersetzungen um 1848 und die nachfolgende Restauration im Frankreich des 19. Jahrhunderts den historischen und gesellschaftlichen Ort Baudelaires. Doch genau die gleichen Gegebenheiten galten auch für andere zeitgenössische Pariser Künstler; sie reichen daher nicht aus, um die Spezifität der im Bewußtsein der Katastrophe entworfenen Ästhetik der Modernität zu bestimmen. Auch eine individualpsychologische oder psychoanalytische Rückführung dieser Besonderheit auf Kindheitstraumata, Mentalitätsstrukturen oder individuelle Dispositionen des Autors halte ich für ungenügend. Denn derartige Untersuchungen zentrieren sich um die unausgesprochene Prämisse einer idealen Subjektautonomie, deren Schwinden beziehungsweise deren Unmöglichkeit Baudelaire längst reflektiert. Anstatt die Texte auf die in ihnen kondensierten Erfahrungen hin zu prüfen und die Lektüre selbst als eine Erfahrung an und mit Literatur zu wagen, laufen psychologisierende Deutungen Gefahr, den literarischen Text zum bloßen Dokument vorgängiger psychologischer oder psychoanalytischer Kenntnisse zu reduzieren.

Zu präzisieren wäre das programmatisch Moderne der künstlerischen Wahrnehmung bei Baudelaire demgegenüber als eine Veränderung der Wahrnehmung selbst[2], die sich im sprachlichen Ausdruck reflektiert. Die Struktur der Wahrnehmung wird geöffnet hin auf einen Begriff von *aisthesis* im etymologischen Sinn des Wortes; Sinnlichkeit und Erkenntnis, sensibilisierte Leiblichkeit und geschärfte Intellektualität werden untrennbar ineinander verschmolzen:

> L'étude du beau est un duel où l'artiste crie de frayeur avant d'être vaincu. (OC I, 279)

Zur Charakterisierung dieser schmerzhaften künstlerischen Erfahrung eignen sich Begriffe, die im Verlauf des ausgehenden 19. und des 20. Jahrhunderts zu Kategorien der modernen Kunst selbst avancierten. Als deren wichtigste seien nur genannt: Die bis zum Schockerlebnis intensivierte Zeitstruktur des Diskontinuierlichen und Plötzlichen; die unabdingbare Reflexivität der Wahrnehmung, die im Begriff der *étude du beau* aufscheint; die Semiotisierung des Körpers zum Ort, an dem sich die Spuren des künstlerischen *duel* einschreiben; sowie schließlich die *frayeur* — Schrecken, Angst und Trauer, die weniger als individuelle Emotionalität, sondern vielmehr als analytisches Moment der Situation des modernen Subjekts zu verstehen sind.[3]

Eine frühe und enthusiastische Würdigung von Baudelaires Œuvre durch Paul Verlaine erlaubt, eine erste Eingrenzung des neuartigen, spezifisch *modernen Subjekts*, wie es im *Spleen de Paris*, in den *Paradis Artificiels* oder dem *Peintre de la vie moderne* auftaucht, vorzunehmen:

> La profonde originalité de Charles Baudelaire, c'est à mon sens, de représenter puissamment et essentiellement l'homme moderne; et par ce mot, l'homme moderne, je ne veux pas (...) désigner l'homme moral, politique et social. Je n'entends ici que l'homme physique moderne, tel que l'ont fait les raffinements d'une civilisation excessive, l'homme moderne, avec ses sens aiguisés et vibrants, son esprit douloureusement subtil, son cerveau saturé de tabac, son sang brûlé d'alcool, en un mot, le *bilionerveux* par excellence, comme dirait M. Taine.[4]

Verlaines Urteil setzt den modernen Menschen der Baudelaireschen Schriften explizit von pragmatischen Ansprüchen, von moralischen, politischen und sozialen Kategorien ab und öffnet sich in Richtung auf einen primär ästhetischen Subjektbegriff, auf eine physiologische Ästhetik. Damit ist — entgegen einem weitverbreiteten Mißverständnis — keine gegenaufklärerische Affirmation von Irrationalität verbunden, was Baudelaires Insistieren auf dem unabdingbaren "esprit analytique" (OC II, 690) des Künstlers und auf der Imagination als einem zugleich analytischen, synthetischen und kritischen Vermögen[5] hinreichend belegt. Auch Verlaine betont am Beispiel der Liebe, daß sich die moderne Erfahrung durch ein reflexives Selbstverhältnis auszeichnet:

> L'amour, dans les vers de Ch. Baudelaire, c'est bien l'amour d'un Parisien du XIXe siècle, quelque chose de fiévreux et d'analysé à la fois; la passion pure s'y mélange de réflexion[6].

Der charakteristisch moderne Zuwachs an Reflexivität und Bewußtheit modifiziert die Struktur der Wahrnehmung selbst und eröffnet Horizonte einer eigensinnigen Ausdifferenzierung affektiver Potentiale. Gesellschaftliche und kulturelle Phänomene — wie Rationalisierungs- und Säkularisierungsprozesse oder der Pluralismus und Relativismus von Werten und Orientierungen — haben sich in den Blick des einzelnen eingefressen: die traditionelle Syntax der Wahrnehmung ist aufgebrochen, erfaßt werden nurmehr Bruchstücke, Partikel, kaleidoskopische Splitter.[7]

In der ihres Sinnzusammenhangs und ihrer Kohärenz beraubten Welt wird die Kunst zum hervorgehobenen Ort der Konstruktion von Bedeutung und der Selbstverständigung der Individuen. Diese Sinnstiftung affiziert auch das Subjekt, das Agens und zugleich Gegenstand imaginativer Transformationsleistungen ist:

> Der moderne Mensch ist für Baudelaire nicht derjenige, der sich auf die Entdeckung seiner selbst begibt, seiner Geheimnisse und seiner versteckten Wahrheit; sondern der, der sich selbst zu erfinden versucht. Dies ist keine Modernität der "Befreiung des Menschen zu seinem eigenen Sein"; sie zwingt ihn, sich der Aufgabe der Ausarbeitung seiner selbst zu stellen.[8]

Baudelaires lebensweltlich inszenierter Dandysmus kann als eine Form dieser Ausarbeitung seiner selbst zu einem artifiziellen Produkt gedeutet werden und müßte unter den Leitbegriffen der (künstlerischen) Freiheit und der Revolte weiterverfolgt werden. Das Dandytum manifestiert einen aristokratischen Gestus der *distinction*[9] und verwirklicht ein ästhetisches Programm, das den naturhaften Körper durch Künstlichkeit und perfekte, ständige Selbstkontrolle zu transzendieren sucht. Mit der Überführung der eigenen Lebenspraxis in Kunst bereitet das disziplinierte Projekt des Dandys einen wesentlichen Aspekt der historischen Avantgarde-Bewegungen zu Beginn des 20. Jahrhunderts vor. Im folgenden möchte ich jedoch keine biographisierende Argumentation verfolgen, sondern untersuchen, welche Erfahrungen und Potentiale von Subjektivität die Prosatexte Baudelaires freisetzen, welche Formen und Funktionen die Inszenierung einer ästhetisch gewordenen Subjektivität annimmt.

Als erstes, distinktives Merkmal der eigensinnigen, selbstreferentiellen Subjektivität, wie sie in Baudelaires ästhetischen Konstrukten aufscheint, kann eine besondere Dimension von Zeitlichkeit festgehalten werden. Gegen gesellschaftlich-soziale, administrativ-polizeiliche, philosophische oder psychologische Festlegungen entwirft sich das Subjekt der *Petits Poèmes en prose* als heterogene, ständig changierende Prozessualität. Um diese Dynamik in Bewegung zu halten, setzt es sich irritierend-befremdenden Situationen aus oder provoziert es "une action d'éclat" (OC I, 286). Die erstrebte poetische Ekstase ermöglicht den Ausbruch aus dem gesellschaftlichen Diktat des linearen, fortschrittsorientierten Zeitkontinuums:

> "Pour n'être pas les esclaves martyrisés du Temps, enivrez-vous; enivrez-vous sans cesse! De vin, de poésie ou de vertu, à votre guise". (OC I, 337)

Diese ästhetisch-imaginativen Zustände sinnlichen Taumels protestieren gegen das gesellschaftliche, ökonomischen Erfordernissen angepaßte Zeitkorsett und blenden die Endlichkeit des Menschen aus; sie vermitteln dem Subjekt darüber hinaus ein vollkommen neuartiges Erleben von Zeit:

> les proportions du temps et de l'être sont complètement dérangées par la multitude et l'intensité des sensations et des idées. On dirait qu'on vit plusieurs vies d'homme en l'espace d'une heure. (OC I, 420) [10]

Die Trunkenheit wird als Medium der — erst von Rimbaud explizit geforderten — Entregelung der Sinne wahrgenommen. Momente der punkthaften Verdichtung und Konzentration der Zeit ebenso wie die dazu konträre Dehnung, "l'accroissement monstrueux du temps et de l'espace" (OC I, 432), oder auch der Eindruck totaler Zeitlosigkeit[11] entgrenzen die eingeschliffenen Schemata der Anschauung und der Erfahrung.

Komplementär zu dieser literarischen Aufsplitterung und Ausdifferenzierung der transzendentalen Anschauungsform der Zeit existiert auch das Subjekt selbst nur in einem spezifischen Modus von Zeitlichkeit — dem des *Werdens*. Das ästhetische Subjekt des *Spleen de Paris* oder der *Paradis Artificiels* ist somit weder mithilfe idealistischer Positionen faßbar, die eine potentielle Selbstpräsenz des Subjekts unterstellen[12], noch kann es mithilfe der psychoanalytischen Konzeption Lacans erklärt werden, die sich als radikale Kritik an dem idealistischen Glauben eines teleologisch zu sich kommenden Selbstbewußtseins versteht. Dabei scheinen die Lacanschen Ausführungen auf den ersten Blick durchaus geeignet zu sein, die Besonderheiten des Ich des *Spleen de Paris* zu bestimmen. So erinnert die Exzentrizität und Alterität des durch die Prosagedichte flanierenden *étranger* zunächst an die nach Lacan nicht eigenschaftlich qualifizierbare und nicht fixierbare *ex-sistence* des *Je* als dem "sujet véritable"[13]. Zudem bietet sich Lacans explizite Rückführung der Möglichkeit von Subjektivität auf die symbolische Ordnung der Sprache, auf den Prozeß der Zeichenstiftung und Artikulation als attraktives Erklärungsmodell an für das schreibende Entwerfen und Er-Finden von Subjektivität im Vollzug künstlerischer Tätigkeit. Doch diese Entsprechungen finden ein jähes und entscheidendes Ende in dem psychoanalytischen Dogma der Vertikalität, demgemäß den (psychischen wie textuellen) Tiefenstrukturen eine besondere Authentizität zugemessen wird — bei Lacan ist dies das irreflexive und unartikulierbare *Je*, das als "subjectivité absolue"[14] gegenüber dem reflexiven und mit einem essentiellen Mangel behafteten *moi* ausgezeichnet wird. Während jenes *Je* bei Lacan aufgrund seiner Exzentrizität zur Selbstverkennung, zum "méconnaître essentiel au me connaître"[15] führt, erweist sich die Exzentrizität des ästhetischen Subjekts der Baudelaireschen Texte gerade als dessen "Wahrheit".

Ein weiterer zentraler Unterschied beider Subjektivitätsentwürfe liegt in der dem Subjekt zugeordneten Zeitform. Zwar schreibt Lacan der Sprache nicht primär die Funktion zu, zu informieren, "mais d'évoquer"[16], was zumindest partiell mit Baudelaires assoziativ-dynamischer *écriture* konvergiert, die die Rezipientinnen und Rezipienten schockieren und durch den bizarren Eindruck moderner Schönheit erschüttern will. Ähnlich der Situation des Baudelaireschen *étranger* hat auch in Lacans Konzeption das Subjekt keine bestimmbare, feste Position inne, sondern es erscheint als sprachlicher "*Ort einer Frage ohne Antwort*"[17], dem allerdings — im Unterschied zu den *Petits Poèmes en prose* — die Zeitform der antizipierten Nachträglichkeit zugeordnet wird:

> Ce que je cherche dans la parole, c'est la réponse de l'autre. Ce qui me constitue comme sujet, c'est ma question. Pour me faire reconnaître de l'autre, je ne profère ce qui fut qu'en vue de ce qui sera. Pour le trouver, je l'appelle d'un nom qu'il doit assumer ou refuser pour me répondre. Je m'identifie dans le langage, mais seulement à m'y perdre comme un objet. Ce qui se réalise dans mon histoire, n'est pas le passé défini de ce qui fut puisqu'il n'est plus, ni même le parfait de ce qui a été dans ce que je suis, mais le futur antérieur de ce que j'aurai été pour ce qui je suis en train de devenir.[18]

Während also nach Lacan die immer unsichere Vermutung des Subjekts: "ich werde wohl gewesen sein", dessen Zeitform bestimmt, existiert das Subjekt der Baudelaireschen Prosatexte jeweils nur aspekthaft und erinnerungslos im dynamischen Prozeß, in der verändernden Bewegung. So kulminieren die ekstatischen Rauschzustände der *Paradis Artificiels* mit ihren vielfältigen Metamorphosen, Pluralisierungen und Intensivierungen des Subjekts in dem Erlebnis: "L'homme est *passé* dieu" (OC I, 394), und in der Erfahrung, seine "personnalité aux quatre vents du ciel" (OC I, 395) geschleudert zu haben. Auch die *Petits Poèmes en prose* exponieren Geschichten der Transformation und der Verwandlung, die häufig um einen plötzlichen, dramatischen Umschlag der erzählten Atmosphäre oder Handlung zentriert sind und bei denen es weniger um das Ergebnis einer Veränderung als um diesen Prozeß selbst geht. Baudelaires Schriften praktizieren radikal, was Friedrich Schlegel schon für die romantische Poesie und mithin auch für das poetische Subjekt postuliert hatte: beide entstehen progressiv und sind als Konstruktionsprojekte zu einem Werden gezwungen, das kein bestimmtes Ziel anvisiert, sondern sich in der (sprachlichen) Bewegung selbst verwirklicht:[19]

> que devient alors le sujet? Telle est la question qui persiste. Le sujet n'*est* jamais, le *sujet* n'est que le *procès de la signifiance* et ne se présente que comme *pratique signifiante*,

c'est-à-dire lorsqu'il s'absente *dans la position* à partir de laquelle se déploie l'activité sociale-historique-signifiante[20].

Die Literatur verwandelt sich in dem Maße in eine Negation, in ein Anderes der Realität und der Natur, wie sie sich weigert, das Subjekt als präsentes und konsistentes Zentrum kultureller wie sprachlicher Strukturen zu denken. So setzt der Fürst in dem Prosagedicht *Une mort héroïque* den Hofkünstler Fancioulle einem Experiment "d'un intéret *capital*" aus, um zu prüfen

jusqu'à quel point les facultés habituelles d'un artiste pouvaient être altérées ou modifiées par la situation extraordinaire où il se trouvait (OC I, 320).

Diese Passage kann metareflexiv auf das ganze Ensemble des *Spleen de Paris* bezogen werden, denn die *poèmes en prose* konturieren im Medium des Ästhetischen außergewöhnliche Zustände, Situationen äußerster Exponiertheit unter Maßgabe der Erweiterung und Entgrenzung der "facultés habituelles" des Subjekts. Die Erkundung imaginativer Potentiale läßt sich dabei nicht als Produktion bloßer Phantasie- und Traumgespinste abtun oder auf das triebgeleitete Durchbrechen sedimentierter sprachlicher und gesellschaftlicher Strukturen reduzieren, wie Julia Kristeva dies am Beispiel Lautréamonts und Mallarmés vorgeführt hat; sie kann gewertet werden als die "*Durchführung eines Experiments, das unsere Fähigkeit zur Vorausschau übersteigt*"[21] — Schreiben wird zur Produktivität, die aus sich selbst die Erfindung und Ausdifferenzierung von Subjektivität hervortreibt.[22] Literatur erweist sich als ein machtvolles Medium, das unauslotbare, zugleich aber sorgfältig inszenierte Symbolisierungen und Semiotisierungen hervorbringt, die in einen unabschließbaren Prozeß der ständigen Selbsttranszendierung von Subjektivität münden. Foucaults These von der "Erfindung" des modernen Menschen durch dessen Verdoppelung in ein Subjekt-Objekt-Verhältnis scheint an den Baudelaireschen Texten direkt nachprüfbar. Darüber hinaus jedoch führen der Inszenierungscharakter, das poetische Kalkül und die ironische Brechung dieser Texte — in Erweiterung von Foucaults Analyse des Produziertseins des modernen Menschen durch das Äußere von Diskursen, Disziplinarprozeduren und Machttechnologien —

die bewußte und gewollte Programmatik der Erfindung jener 'Tiefe' des selbstbezüglichen Subjekts — und entsprechender Textformen — vor Augen, die Foucaults Rede von einer Demiurgie der Geschichte im Wechsel von Epistemen dementiert.[23]

Une mort héroïque beispielsweise exponiert zugleich den Prozeß der Selbsterschaffung des Künstlers im ästhetischen Vollzug, in der theatralischen Präsentation unter den Blicken des gespannten Publikums, und parallel dazu die Profilierung des Ich-Erzählers im Schreibakt. Fancioulle findet erst in dem Moment zu seiner Bestimmung als Künstler, in dem ihn die "ivresse de l'Art" in einer paradoxen Steigerung zum Inbegriff sowohl des sich-selbst-genügenden, aktiven Subjekts als auch des den kritischen Blicken unter existentiellen Bedingungen ausgesetzten Objekts gemacht hat:[24]

> Fancioulle fut, ce soir-là, une parfaite idéalisation, qu'il était impossible de ne pas supposer vivante, possible, réelle. Ce bouffon allait, venait, riait, pleurait, se convulsait, avec une indestructible auréole autour de la tête, auréole invisible pour tous, mais visible pour moi, et où se mêlaient, dans un étrange amalgame, les rayons de l'Art et la gloire du Martyre. Fancioulle introduisait, par je ne sais quelle grâce spéciale, le divin et le surnaturel, jusque dans les plus extravagantes bouffonneries. (...) Fancioulle me prouvait, d'une manière péremptoire, irréfutable, que l'ivresse de l'Art est plus apte que toute autre à voiler les terreurs du gouffre; que le génie peut jouer la comédie au bord de la tombe avec une joie qui l'empêche de voir la tombe, perdu, comme il est, dans un paradis excluant toute idée de tombe et de destruction. (OC I, 321)

Fancioulles Präsentation des "art pur" (OC II, 598) erweitert den Raum künstlerischer Möglichkeiten, indem sie traditionell bestehende Kategorisierungen und Grenzziehungen sprengt und in einer widersprüchlichen Koinzidenz Materialität und Idealität, Sinnlichkeit und Metaphysik, Menschlichkeit, Surnaturalität und Göttlichkeit verschmilzt. Der Pantomime wird erst in der Aufführung zum vollkommenen Künstler, zu dessen modernen Zügen — trotz der mittelalterlich-feudalen Kulisse, welche das Prosagedicht entwirft — zu zählen ist, daß der Moment höchster Kunst ineins fällt mit der Auslöschung und dem Tod des Künstlers selbst.

In ähnlicher Weise wie Fancioulle bringt sich auch der Ich-Erzähler erst im Akt der Schreibens selbst hervor. Vermöge einer sensiblen Balance zwischen halluzinatorischer Identifikation mit dem Schauspieler und gleichzeitiger Distanzierung[25] erschreibt sich das Ich seine Besonderheit und seine außergewöhnliche Sensibilität.[26] Ebenso scheint die Intensität des Ereignisses durch den Schreibprozeß noch potenziert zu werden:

> Ma plume tremble, et des larmes d'une émotion toujours présente me montent aux yeux pendant que je cherche à vous décrire cette inoubliable soirée. (OC I, 321)

Das schreibende Ich präsentiert sich den Leserinnen und Lesern zugleich als Subjekt wie als Gegenstand der Erzählung; es findet erst in dieser diskursiven Verdopplung sein Gesicht. Indem sich der Ich-Erzähler imaginativ in die Situation und Befindlichkeit Fancioulles versetzt, ohne dabei die notwendige Distanz zur kritischen Beobachtung von Schauspieler, Fürst und Publikum zu verlieren, tritt er als Paradigma des "poète actif et fécond" auf, den das einzigartige Vermögen auszeichnet, "à sa guise (...) lui-même et autrui" (OC I, 291) sein zu können. Das programmatisch die Aufzeichnungen von *Mon cœur mis à nu* einleitende Diktum: "De la vaporisation et de la centralisation de *Moi*. Tout est là" (OC I, 676), kann vor diesem Hintergrund als präzise Beschreibung der Subjektivität des modernen Künstlers als eines gleichsam "dezentrierten Zentrums" interpretiert werden.

Die Prozesse der Transformation und der Selbsterschaffung sowohl des Narren als auch des Ich-Erzählers in *Une mort héroïque* können als exemplarisch für die vielfältigen Veränderungen und Verwandlungen, die die Prosagedichte protokollieren, gesehen werden. Diese Dynamik reicht von extremen Stimmungsschwankungen[27] über unkontrollierbare, satanische Handlungsausbrüche[28], über das Im-Kreis-Taumeln und Sich-Verlieren im Labyrinth des eigenen Denkens[29] bis hin zum langsamen Verschwinden des Künstlers während und in seiner künstlerischen Tätigkeit in *Le désir de peindre*:

> Malheureux peut-être l'homme, mais heureux l'artiste que le désir déchire! Je brûle de peindre celle qui m'est apparue si rarement et qui a fui si vite, comme une belle chose regrettable derrière le voyageur emporté dans la nuit. Comme il y a longtemps déjà qu'elle a disparu! (OC I, 340)

Das Subjekt ist ganz Begehren — nämlich das zerreißende und zerrissene Begehren, die unbeschreibliche Schönheit, diesen Inbegriff der flüchtigen und bizarren *beauté moderne* zu repräsentieren. Die Bewegungskurve dieses dezentrierenden Begehrens kulminiert — in Vorwegnahme von Mallarmés "disparition élocutoire du poëte"[30] — in dem extremen Bedürfnis, im Angesicht der Schönheit zu verschwinden; Selbstauslöschung als Selbst-er-findung:

> Il y a des femmes qui inspirent l'envie de les vaincre et de jouir d'elles; mais celle-ci donne le désir de mourir lentement sous son regard. (OC I, 340)[31]

Diese Passage aus *Le désir de peindre* zeigt deutlich, daß sich das Baudelairesche Intensitätsprogramm, diese simultane, sich wechselseitig potenzierende Steigerung und Entgrenzung von Sinnlichkeit und Bewußtheit, die Gottfried Benn ein Jahrhundert später unter dem Begriff des "provozierten Lebens"[32] suchen wird, nicht in der Dynamisierung des Subjekts erschöpft, das nur als potentiell unabschließbare Dissemination sprachlich artikulierter Bedeutung existiert.

Denn die vielschichtigen Ausfaltungen der befremdend-faszinierenden Begehren, die das Subjekt durchziehen, bilden einen weiteren Schwerpunkt, um den das radikalästhetische Projekt kreist und den es immer neu sprachlich einzufangen sucht. Die in der Ästhetik der *modernité* implizierte Selbst-er-findung des Subjekts erstreckt sich auch auf eine bislang nicht gekannte Semantisierung und Semiotisierung von Körperlichkeit und Emotionalität.

Das Subjekt wird von seinem unstillbaren Verlangen, alles zu sehen, alles wahrzunehmen und künstlerisch zu transformieren, pluralisiert und gleichsam aufgesogen: es existiert nurmehr als ständig sich erneuerndes, ständig Neues in den Blick nehmendes Begehren. Die Aufforderung an den kreativen Menschen: "'enivrez-vous; enivrez-vous sans cesse'"(OC I, 337), ebenso wie die Constantin Guys in den Mund gelegte Behauptung: "'J'aime passionément la passion'"(OC II, 691), betonen den körperlichen Aspekt der Baudelaireschen Ästhetik; hier wird die etymologische Bedeutung von *aisthesis* als einer sinnlichen, an den Leib gebundenen Erfahrung und Erkenntnis (wieder) freigelegt. Diese Semiotisierung des Körpers inauguriert eine damit verbundene Erotisierung beschriebener Situationen und Erlebnisse, die dem Subjekt erlaubt, vorgegebene Rollenmuster und Verhaltenserwartungen — seien sie pragmatischer, gesellschaftlich-sozialer, geschlechtsspezifischer, altersbedingter oder ethisch-moralischer Art — zu sprengen.[33] Gleichzeitig und partiell in widersprüchlicher Opposition zu diesen expliziten Grenzverwischungen inszeniert die Erotisierung den Bezug von Ich und Welt in Analogie zum Geschlechterverhältnis, so daß sich das männliche Subjekt in einer feminisierten Umgebung entwerfen und behaupten kann.

Um die sprachlichen Konturen dieser Sexualisierung, wie sie in *Les foules* oder im *Peintre de la vie moderne* in nuce hervortritt, herauszuarbeiten und um zu prüfen, welche diskursiven Funktionen ihr zukommen, scheint der Vergleich zu der 1855 in der *Revue de Paris* publizierten *Odyssée d'un Flaneur* von Victor Fournel besonders erhellend zu sein. Fournels Text kann als zentraler Intertext für Baudelaires Konzeption der *flânerie* und für seine Darstellung des Mengenerlebnisses gewertet werden. Die Odyssée bündelt zeitgenössische Auffassungen zur Kunst des Flanierens und antizipiert wesentliche strukturelle wie thematische Aspekte von *Les foules* oder von dem *L'artiste, homme du monde, homme des foules et enfant* überschriebenen Kapitel des *Peintre*.

Fournels *Voyage d'observation et de découverte à travers les rues de Paris* — so der Untertitel des Essays — exponiert von Beginn an die sexuelle Aufladung des Flanierens, das als ästhetische Erfahrung schlechthin präsentiert wird. Durch die einleitende Anrufung der "Muse der Flanerie" reiht sich Fournel nicht nur in eine renommierte literarische Tradition ein; er aktualisiert zudem im trivialmythischen Klischee der träumenden, nur körperlich präsenten Frau mit offenem

Haar und aufgeknotetem Gürtel das männliche Phantasma der "jungfräulichen" und dennoch gefügigen, allzeit bereiten Frau:

> Muse de la flânerie, vierge rêveuse aux bras ballants, à la chevelure flottante, à la ceinture dénouée, aimable et facile compagne de Sterne et de Topffer, de Nodier et de Xavier de Maistre, de Wilhem Hoffmann et de Jean de la Fontaine, c'est toi que j'invoque aujourd'hui![34]

Leitmotivisch zieht sich diese Erotisierung durch den gesamten Text, der als eine einzige *défense et illustration de la flânerie* konzipiert zu sein scheint. Sie trägt entscheidend dazu bei, den Eindruck zu erwecken, das Flanieren zeichne sich durch ein außergewöhnliches, sinnlichen Taumel und "science"[35] verschmelzendes Lebensgefühl aus. Der Exklamation des Erzählers: "Quelle bonne et douce chose que la flânerie, et comme le métier de badaud est plein de charmes et de séductions!"[36] folgt die Erklärung, wer einmal vom Genuß des Flanierens gekostet habe, könne nicht mehr davon ablassen "et y revient sans cesse, comme on revient, dit-on, à ses premiers amours."[37] Schließlich markiert die Leseransprache unzweideutig, daß das mittels Flanerie eröffnete Feld der Aktivität, der Entdeckung und Verführung nur bestimmten Personen vorbehalten ist, nämlich den "Messieurs"[38].

Die in den zeitgenössischen Schriften zur Flanerie entwickelte und perpetuierte sexuelle Konnotation kehrt bei Baudelaire in der Perspektive wie in den Motiven des *Peintre de la vie moderne* wieder, in dem die Frau als Objekt voyeuristischer Beurteilung und Kommentierung fungiert.[39] Darüber hinaus wird das Flanieren als Akt der sinnlich-erotischen Ekstase und der "jouissances" vorgeführt; die feminisierte Menschenmenge oder das nach dem freien Willen des männlichen Subjekts auserwählte Gegenüber werden in einer "ineffable orgie" gleichsam penetriert:

> Le poète jouit de cet incomparable privilège, qu'il peut à sa guise être lui-même et autrui. Comme ces âmes errantes qui cherchent un corps, il entre, quand il veut, dans le personnage de chacun. Pour lui seul, tout est vacant; et si de certaines places paraissent lui être fermées, c'est qu'à ses yeux elles ne valent pas la peine d'être visitées. (OC I, 291)[40]

Die bei einem antibourgeoisen Autor wie Baudelaire zunächst irritierende, bürgerlich-gemütliche Metapher vom Flanieren als einem "*épouser la foule*" (OC II, 691)[41] entfaltet eine schillernde Brisanz, indem sie auf die sexuelle Vereinigung von Mann und Frau anspielt und dem Flaneur genau jene Privilegien zuschreibt, die in Frankreich um 1850 einem Mann durch Heirat einer Frau offenstanden: Die Menge wird zu einem ständig changierenden, immer neue Reize freigebenden

Besitz- und Herrschaftsgebiet, zur "domaine" (OC II, 691) des Flaneur, in der dieser nach Lust und Laune agieren kann und eine Folie zur Bestätigung seiner Individualität findet. In paradoxer Steigerung der durch die Metapher der Heirat assoziierten bürgerlichen Haushalts- und Existenzgründung genießt der Flaneur als "une immense jouissance (...) d'élire domicile dans le nombre, dans l'ondoyant, dans le mouvement, dans le fugitif et l'infini." (OC II, 691) Was auf den ersten Blick als befremdende Bestätigung der bürgerlichen Ideologie und ihrer Familienapologie erscheint, schlägt um in eine intrikate Kritik und Subversion der verkrusteten, die Individuen beengenden gesellschaftlichen Strukturen. In Hegels *Ästhetik* leistete die bürgerliche Haushalts- und Familiengründung noch die "nötige Korrektion"[42] und Einbindung der unermeßlichen Ziele, Ideale und Sehnsüchte des Individuums in die gesellschaftliche Ordnung, auch wenn Hegel ohne Beschönigung resümiert:

> Mag einer auch noch soviel sich mit der Welt herumgezankt haben, umhergeschoben worden sein, zuletzt bekommt er meistens doch sein Mädchen und irgendeine Stellung, heiratet und wird ein Philister so gut wie die anderen auch; die Frau steht der Haushaltung vor, Kinder bleiben nicht aus, das angebetete Weib, das erst die Einzige, ein Engel war, nimmt sich ungefähr ebenso aus wie alle anderen, das Amt gibt Arbeit und Verdrießlichkeiten, die Ehe Hauskreuz, und so ist der ganze Katzenjammer der übrigen da.[43]

Bei Baudelaire, ebenso wie in Flauberts *Madame Bovary* (1857), sind nur noch der Katzenjammer, die Statik und Langeweile geblieben. Genau diese jedoch durchbricht und vermeidet der Flaneur, indem er zwar den mit der Ehe verbundenen Aspekt der Erotik und der männlichen Entscheidungs- und Verfügungsgewalt evoziert, den Ort des Erlebens aber vom bürgerlichen Wohn- und Schlafzimmer in die Öffentlichkeit der Großstadtboulevards transponiert und das feste Heim mit der vielfältigen, flottierenden Menschenmenge vertauscht. Gerade in der Abkopplung der eigenen Weltwahrnehmung und Wirklichkeitskonstruktion von pragmatischen, gesellschaftlich-sozialen oder moralischen Regulativen entfalten sich subjektive Freiräume der Lust und des Begehrens:

> *L'Homme des foules* se plonge sans cesse au sein de la foule; il nage avec délices dans l'océan humain. (OC II, 277)

Das Erlebnis der Menge wird zum exemplarischen ästhetischen Akt, bei dem sich die Phantasietätigkeit als "Produktionsform authentischer Erfahrung"[44] erweisen kann, indem sie die anonyme Menschenmasse in eine rätselhaft-schillernde Quelle der Lust transformiert und das Subjekt mit seinen unstillbaren Begehren dynamisiert und dezentriert.

Die schon erwähnten Parallelen zwischen der semiotischen Haltung des Baudelaireschen Künstlers, der die Sprachen der Metropole dechiffriert, und der Haltung des lustvoll Lesenden in der Auffassung von Roland Barthes[45] zeigen sich auch in der metaphorischen Beschreibung des Mengen- beziehungsweise Leseerlebnisses. Während der *Mann der Menge* mit souveräner Indifferenz und erotischer Wollust in dem großstädtischen Meer von Menschen schwimmt, verschafft sich der Barthessche Leser eine vergleichbare *jouissance*, wenn er sich durch die Illusionen und Verführungen der Sprache treiben läßt:

> Le plaisir du texte n'est pas forcément de type triomphant, héroïque, musclé. Pas besoin de se cambrer. Mon plaisir peut très bien prendre la forme d'une dérive. La dérive advient chaque fois que *je ne respecte pas le tout*, et qu'à force de paraître emporté ici et là au gré des illusions, séductions et intimidations de langage, tel un bouchon sur la vague, je reste immobile, pivotant sur la jouissance *intraitable* qui me lie au texte (au monde). Il y a dérive, chaque fois que le langage social, le sociolecte, *me manque* (comme on dit: *le cœur me manque*). Ce pour quoi un autre nom de la dérive, ce serait: *l'Intraitable* — ou peut-être encore: la Bêtise.[46]

Die Ablehnung der sozialen Konstruktion von Wirklichkeit zugunsten eines subjektivierten, lustorientierten und von gesellschaftlich-moralischen Diskursen befreiten Entwurfs einer ästhetischen Wirklichkeit bei Baudelaire wird von Barthes noch radikalisiert: Seine scheinbar willenlos driftenden Ideal-Leserinnen und Ideal-Leser zeigen eine ausgeprägte Widerständigkeit und Souveränität gegenüber gesellschaftlichen Lektüreregeln und literarischen Konventionen. Dies korreliert mit einem Protest gegen jegliche Form von kommunikativer Sprache, da Barthes paradoxerweise *mit* der Sprache eine Erfahrung zu etablieren sucht, die *aus* der Sprache *heraus*, ins sprachliche Vakuum zielt: Ein Lesen, das in den Bereich des Unsagbaren vorstößt und *l'Intraitable* einholt.

Die suchende Sprachbewegung, mit der im *Peintre de la vie moderne* die Außergewöhnlichkeit und der sinnliche Taumel des Erlebens der Menge eingefangen werden und völlig neue, ungeahnt intensive Handlungs- und Erfahrungsräume aufgeschlossen werden, treibt den binären Schematismus, der sprachliche ebenso wie gesellschaftliche und kulturelle Codes konstitutiv strukturiert, beständig an seine Grenzen. Das paradoxe Wechselspiel, das die Beziehung zwischen *flâneur* und *foule* charakterisiert, wiederholt sprachlich die Bewegung und den Möglichkeitsspielraum der frei oszillierenden Imagination:

> Etre hors de chez soi, et pourtant se sentir partout chez soi; voir le monde, être au centre du monde et rester caché au monde, tels sont quelques-uns des moindres plaisirs de ces esprits indépendants, passionnés, impartiaux, que la langue ne peut que maladroitement définir. (OC II, 692)[47]

Unter Bedingungen der Modernität und der vielfältigen Gefährdungen des Individuums werden hier noch einmal Aspekte der aufklärerisch-idealistischen Vorstellung bemüht, das Subjekt als Zentrum der Welt zu denken — doch weist Baudelaire der Literatur und Philosophie der Moderne und Postmoderne schon dadurch den Weg, daß er die brüchig und prekär gewordene Zentralität des Subjekts als eine Abwesenheit und Nichtfaßbarkeit bestimmt. So werden die gegensätzlichen Zuschreibungen des Subjekts nicht in einer Synthese aufgehoben, sondern als Simultanität einer unversöhnten, brüsken Koinzidenz präsentiert, die eine sprachliche Lücke, eine Leere, "que la langue ne peut que maladroitement définir" (OC II, 692), zu füllen sucht. Im Einsatzpunkt der ästhetischen Moderne und der literarischen Ausdifferenzierung von Subjektivität ist in Baudelaires Texten schon eine untergründige Bewegung des Subjekts als einer unaufhörlichen *différance* am Werk.

Die literarisch erschriebene Macht des Flaneurs bleibt jedoch nicht auf die mit der Heirat verbundene Familiensphäre beschränkt, was sich schon mit der großstädtischen Menschenmenge als der "Partnerin" des *homme des foules* andeutet. Seine Position übersteigt den Bereich des Privaten und Persönlichen und wird mit einem aristokratischen gesellschaftlichen Führungs- und Machtanspruch identifiziert: "L'observateur est un *prince* qui jouit partout se son incognito." (OC II, 692)[48] Neben dem gesellschaftlich-politischen Aspekt umfaßt diese Dominanz auch eine numinose, quasi-religiöse Dimension:

> Le promeneur solitaire et pensif tire une singulière ivresse de cette universelle communion. (...) Ce que les hommes nomment amour est bien petit, bien restreint et bien faible, comparé à cette ineffable orgie, à cette sainte prostitution de l'âme qui se donne tout entière, poésie et charité, à l'imprévu qui se montre, à l'inconnu qui passe. (OC I, 291)

Die Heiligkeit jener *universelle communion* aber verweist nicht mehr auf einen transzendenten, metaphysischen Bereich, sondern untermauert in ihrer leeren Idealität[49] und ihrer betonten Sinnlichkeit die Immanenz als den Ort des Subjekts. Religiös-mystisches Vokabular einerseits und Elemente des hedonistisch-sexuellen Diskurses andererseits werden von Baudelaire dekontextualisiert und in provozierender Verbindung eingesetzt, um der ästhetischen Selbst-er-findung des Subjekts unbegrenzte Spielräume und neuartige Vorstellungsfelder zu eröffnen.

> L'artiste ne relève que de lui-même. Il ne promet aux siècles à venir que ses propres œuvres. Il ne cautionne que lui-même. Il meurt sans enfants. Il a été *son roi, son prêtre et son Dieu*. (OC II, 581)

Dieser polemisch-überspitzte Gestus der Selbststilisierung zum *poète maudit* weist natürlich auf den im 19. Jahrhundert vollzogenen Bruch zwischen Künstler und Gesellschaft hin, der als Folge der gesellschaftlichen Ausdifferenzierung und des damit verbundenen Funktionswandels der Kunst präzisiert werden kann.[50] Baudelaire transformiert jedoch diese existentielle Situation zu einem produktiven Impuls: Das künstlerische Subjekt affirmiert sein Auf-Sich-Selbst-Gestellt-Sein, seine Exzentrizität und Selbstbezüglichkeit als eine Chance, sich in eigener Verantwortung und gemäß den subjektiven Neigungen und Bedürfnissen einen Macht- und Autonomiebereich zu sichern (der Künstler ist *sein eigener König*), eine autonome Ethik zu entwerfen (der Künstler ist *sein eigener Priester und Beichtvater*) und schließlich in die Sphäre eines Absoluten vorzustoßen, das weder christlich noch metaphysisch-ontologisch, sondern nurmehr ästhetisch zu situieren ist: der Künstler ist *sein eigener Gott*; er wird in der Ekstase zum "homme-dieu" (OC I, 426).

Diese Mächtigkeit des Subjekts tritt als eine spezifische Relation zur Sprache in Erscheinung: Das Subjekt durchbricht souverän diskursive Regeln und Formationen, was in der betont schockierenden Formulierung der künstlerischen Praxis als einer "sainte prostitution de l'âme" (OC I, 291) kulminiert. Der Affront, den derartige Sätze für das zeitgenössische Publikum darstellten, ist integraler Bestandteil von Baudelaires Ästhetik des Schocks, die er auch in den *Fusées* in zahlreichen Aphorismen wiederholt: "Qu'est-ce que l'art? Prostitution."(OC I, 649) Solche Aussagen haben die Forschung zu endlosen Kommentaren angeregt, die jedoch meist über eine Paraphrasierung der Texte nicht hinauskommen oder aber zum Begriff der Prostitution hilflos-verschämt konstatieren: "Le mot s'explique par le contexte"[51] — was es eben nicht tut, da es ein endloses Spiel mit sprachlichen Kontexten und Polysemien entfacht. Aktualisiert werden sowohl die Bedeutung von Prostitution als dem Verkauf — zumeist weiblicher — sexueller Dienstleistungen als auch die Begriffstradition der französischen Illuminaten, die darunter eine seelisch-geistige Selbstpreisgabe, ein "unerlaubtes Ablassen vom geistigen Schicksal"[52] verstanden. Doch begnügt Baudelaire sich nicht damit, diese beiden Bedeutungsdimensionen unauflösbar in der Schwebe zu halten; er verändert zudem die in beiden Diskursreihen manifeste negative Bewertung: was bislang als materiell-körperliche oder als geistige Selbstaufgabe getrennten Lebens- und Erfahrungsweisen zugeordnet, aber gleichermaßen verpönt war, wird zur faszinierend-erhabenen Selbstentgrenzung des künstlerischen Menschen nobilitiert:

> Ce que les hommes nomment amour est bien petit, bien restreint et bien faible, comparé à cette ineffable orgie, à cette sainte prostitution de l'âme (OC I, 291).

Karlheinz Biermann hat den Versuch unternommen, das Mengenerlebnis von *Les foules* im Rückgriff auf die Tradition des religiösen Sozialismus von 1848 als "eine Art Mystik der Massen"[53], als "'unio mystica'"[54] zu deuten, die Surrogat der real nicht stattfindenden Kommunikation mit den Massen und Chiffre eines utopischen Gesellschaftsentwurfs sei. Neben der gewaltsamen Reduktion des Textes auf *eine*, in sich stimmige politische Aussage[55] impliziert Biermanns Lesart noch eine Konzeption von Kunst als Mimesis, die Baudelaire mit seiner Betonung des eigendynamischen, kreativen Transformationspotentials der Imagination längst hinter sich gelassen hat. Der Baudelairesche Künstler ist kein Persönlichkeitschamäleon,

> das sich so einfach identifiziert mit beliebigen Objekten, Subjekten seiner Erfahrungswelt, nein, er läßt Identifikation nur als bewußtes entwerfendes Imaginieren fremder Existenzen zu[56].

Die erstrebte Fähigkeit des Künstlers, "qu'il peut à sa guise être lui-même et autrui"(OC I, 291), ist kein mimetisches Aufgehen im Anderen. Wie Poe verachtet auch Baudelaire *the intoxication of the heart*[57] und sucht statt dessen nach Formen halluzinatorischer Identifikation, deren gesteigertes Maß an Bewußtheit und Reflexivität immer auch eine Distanz zu den Dingen wahrt: In der anonymen Menschenmenge sichert der Künstler seine dandyhaft-aristokratische Überlegenheit, indem er seine Umwelt und sein Gegenüber nur als materiell-sinnlichen Impuls für kreative Transformationen, für die Extraktion des Heroischen auffaßt und mit souveräner Indifferenz gegenüber konkreten Phänomenen, Begebenheiten oder Schicksalen seine Vorstellungen flottieren läßt. Die Umwelt wird zum sinnlichen Anstoß für die künstlerische Selbstaffektion und Selbstillumination, deren erster Schritt mit der *Konstruktion* des Wahrgenommenen beginnt:

> Par-delà des vagues de toits, j'aperçois une femme mûre, ridée déjà, pauvre, toujours penchée sur quelque chose, et qui ne sort jamais. Avec son visage, avec son vêtement, avec son geste, avec presque rien, j'ai refait l'histoire de cette femme, ou plutôt sa légende, et quelquefois je me la raconte à moi-même en pleurant. Si c'eût été un pauvre vieux homme, j'aurais refait la sienne tout aussi aisément. (OC I, 339)

Das Eingedenken des Subjekts dient nicht zur Vermittlung und Bewahrung einer gewesenen Realität, sondern zur Intensivierung der eigenen Erlebnis- und Erkenntnismöglichkeiten. So kann der Erzähler auf den antizipierten Lesereinwand: "'Es-tu sûr que cette légende soit la vraie?'" erwidern: "Qu'importe ce que peut être la réalité placée hors de moi, si elle m'a aidé à vivre, à sentir que je suis et ce que je suis?" (OC I, 339) Die explizite Irrealisierung fremder Existenzen korreliert mit einer Irrealisierung des Subjekts selbst. In *Le mauvais vitrier* zum Beispiel werden unfaßbare, amoralische und (selbst-)zerstörerische Handlungen auf folgende Motive zurückgeführt: "*pour voir, pour savoir, pour tenter la destinée*" (OC I, 285). Baudelaires ästhetisches Intensitätsprogramm wirkt nicht nur auf die schon erwähnten Bereiche der Wahrnehmung und des Wissens, sondern es eröffnet darüber hinaus ein Spielen mit der eigenen Existenz und dem eigenen Schicksal.

Das halluzinatorische, Identifikation und Distanzierung in einer komplexen Bewegung gegeneinandersetzende Entwerfen fremder Gestalten und Existenzen bei Baudelaire unterscheidet sich — trotz zahlreicher Entsprechungen — deutlich von der romantischen Konzeption des identitätslosen Poeten, wie sie uns bei Keats vor Augen tritt:

> As to the poetical Character itself, (...) it is not itself — it has no self — it is every thing and nothing — It has no character — it enjoys light and shade; it lives in gusto, be it foul or fair, high or low, mean or elevated — (...) What shocks the virtuous philosopher, delights the camelion Poet... A Poet is the most unpoetical of any thing in existence; because he has no Identity — he is continually in for — and filling some other Body — The Sun, the Moon, the Sea and Men and Women who are creatures of impulse are poetical and have about them an unchangeable attribute — the poet has none; no identity — he is certainly the most unpoetical of all God's Creatures[58].

Im Gegensatz zur proteushaften Verfaßtheit des poetischen Charakters bei Keats, dessen wahrnehmungspsychologisch-sensualistische Konzeption letztlich dazu dienen soll, durch emotionale Einfühlung die erlittene Entfremdung mit der Natur und mit dem eigenen Selbst noch einmal in einer Einheit aufzuheben[59], akzeptiert Baudelaire diese Entfremdung und die daraus resultierende reflektive Distanz gerade als Bedingungen der Möglichkeit ebenso wie als Movens für moderne Kunst. Während der Poet bei Keats durch Empathie und durch den (Um-)Weg der Intersubjektivität sich seiner Subjektivität versichert[60], exponiert Baudelaire das jeweilige Gegenüber als eine Konstruktion des wahrnehmenden Subjekts, die virtuell immer schon in der entgrenzten Imagination ruht. Die Abwendung von jeglicher vermeintlichen Natürlichkeit gilt daher als Ausweis der Ästhetik der Modernität: selbst Gefühle und Stimmungen sind bewußt kalkuliert und artifiziell konstruiert. Auch für die Bereiche der Körperlichkeit und der Emotionalität gilt mithin, was das gesamte radikalästhetische Projekt Baudelaires kennzeichnet —

die *modernité* der Welt und des Subjekts ist nicht vorgegeben, sondern muß im ästhetischen Vollzug erst hergestellt und semiotisiert werden. In Anlehnung an sein großes Vorbild Poe kann auch der Baudelairesche Künstler von sich sagen:

> *les sentiments ne lui sont jamais venues du cœur, et les passions lui sont toujours venues de l'esprit*. (OC II, 281)[61]

Baudelaires schreibendes Er-Finden einer ästhetischen Subjektivität umfaßt eine imaginative Diskursivierung und Semiotisierung des Körpers, auf deren Funktionen der Erotisierung und Sexualisierung — darin den späten Schriften Roland Barthes' vergleichbar — ich schon hingewiesen habe. Als unabdingbares, konkretes Medium, als Produktions- wie Rezeptionsraum ästhetischer Erfahrung rückt der Körper als Ort intensivierender Einschreibungen in den Mittelpunkt des Interesses. So wird die Aktivität des durch die Metropole flanierenden Künstlers mit pantomimischer Eindringlichkeit als "duel" (OC I, 279) und als "fantasque escrime"(OC I, 83) beschrieben. Die körperliche Fundierung künstlerischer Tätigkeit bezieht sich sowohl auf den Wahrnehmungsprozeß des zum "*œil d'aigle*" (OC II, 693), zum puren Auge gewordenen Künstlers als auch auf die Ausführung und Herstellung eines Kunstwerks. So finden wir den *Peintre de la vie moderne*, Constantin Guys,

> penché sur sa table, dardant sur une feuille de papier le même regard qu'il attachait tout à l'heure sur les choses, s'escrimant avec son crayon, sa plume, son pinceau, faisant jaillir l'eau du verre au plafond, essuyant sa plume sur sa chemise, pressé, violent, actif, comme s'il craignait que les images ne lui échappent, querelleur quoique seul, et se bousculant lui-même. (OC II, 693)

Die anthropologisch-leibliche Basis der Baudelaireschen Ästhetik eröffnet zum einen die Möglichkeit, den Körper als einen vielgestaltigen, sprachlich erst noch auszulotenden Spielraum literarischer Erkundungen und imaginativer Transformationen zu schreiben; zum anderen leistet sie einen wesentlichen Beitrag zu der Verknüpfung von Rationalität und Sinnlichkeit, von Idealität und Materialität, die schon Walter Benjamin als charakteristisch für die Kunst der Modernität bezeichnete. Die mit Baudelaire explizit selbstreflexiv gewordene Tätigkeit der Künstler, ihre vom Bewußtsein der eigenen Gesellschaftlichkeit und Historizität geprägte Arbeit geht einher mit einer gleichzeitigen "Geistesabwesenheit"[62]. Diese fungiert als unabdingbares Moment, um die künstlerische Aktivität nicht in einen bloßen Rationalismus oder in leere Kombinatorik abgleiten zu lassen und demgegenüber mit dem — charakteristisch modernen — Paradox einer potenzierten, surnaturalen, da artifiziellen "Natürlichkeit" auszuzeichnen. Die harte, auf steter Übung beruhende Arbeit des Künstlers kann daher in Analogie zu unbewußten körperlichen Stoffwechselprozessen gedacht werden, so daß die Elemente ästhetischer Erfahrung nicht mehr metaphysisch, sondern anthropologisch-leiblich begründet werden:[63]

> Rien ne ressemble plus à ce qu'on appelle l'inspiration, que la joie avec laquelle l'enfant absorbe la forme et la couleur. J'oserai pousser plus loin; j'affirme que l'inspiration a quelque rapport avec la *congestion*, et que toute pensée sublime est accompagnée d'une secousse nerveuse, plus ou moins forte, qui retentit jusque dans le cervelet. (OC II, 690)

Dieser — für die aufklärerisch-idealistische Tradition bizarre — Nexus von Materialität und Spiritualität, der im 20. Jahrhundert, beispielsweise von Artaud, noch weitergetrieben werden wird, setzt sich auch bei der konkreten Anfertigung eines Kunstwerks fort: Der Künstler eignet sich alle nur denkbaren Techniken an, er erstrebt

> si ardemment de s'approprier tous les moyens d'expression, pour que jamais les ordres de l'esprit ne soient altérés par les hésitations de la main; pour que finalement l'exécution, l'exécution idéale devienne aussi inconsciente, aussi *coulante* que l'est la digestion pour le cerveau de l'homme bien portant qui a dîné. (OC II, 699)

Die partiell an Artauds *Athlétisme affectif*[64] gemahnende produktionsästhetische Semiotisierung des Körpers zum unabdingbaren, zugleich hochsensiblen und hart disziplinierten, reflexiv kontrollierten und unbewußten Träger künstlerischer Gestaltungsprozesse findet ihr rezeptionsästhetisches Pendant in der Betonung der sinnlich-körperlichen Aspekte ästhetischen Erlebens. Der Schock, die Irritation oder das Erstaunen sind nicht nur Impuls für kreative Tätigkeit, sie sollen auch als Effekte und Eindrücke bei den Rezipierenden erzeugt werden. Die Lust am Schreiben, "le plaisir d'écrire" (OC II, 333), korrespondiert mit dem legitimen künstlerischen "désir d'étonner et d'être étonné" (OC II, 616), dem "désir de créer un événement dans la vie"(OC I, 324) — Schreiben und Ästhetik werden für Produzenten wie Rezipienten zu Medien der Unterbrechung planer Kontinuität durch ein Ereignis. Die Wahrnehmung und Erfahrung von Kunst soll eine psychophysische Erschütterung, einen *trouble profond* auslösen, dessen Intensität und Prägnanz für den Leser Möglichkeiten der Selbstaffektion und Selbstillumination eröffnet, die der poetischen Ekstase des Künstlers vergleichbar sind. Lesen wird zum riskanten Wagnis, zur wollüstigen Suspension bestehender Sicherheiten und Gewißheiten. Die im Laufe bürgerlicher Sozialisation verinnerlichte Trennung von Emotionalität und Verstandesarbeit wird unterlaufen, indem die Kunstwahrnehmung etwas Schockierendes, Befremdendes, Überraschendes vor Augen führt und den Rezipierenden zugleich ein spontanes Bewußtsein von diesen Irritationen und diesem Überraschtsein vermittelt. Das Lesen eines Textes, der dem Baudelaireschen Programm der notwendigen "*étrangeté*" (OC II, 336) des Schönen verpflichtet ist, eröffnet somit einen fremden, dezentrierenden Blick der Lesenden auf sich selbst. Weit davon entfernt, eine — im Gegensatz zur "unmittelbaren" Welterfahrung — sekundäre oder nachgeordnete Erfahrung zu sein, avanciert die Lektüre im Lauf der Moderne zu einer primordialen und existentiellen Erfahrung. So formuliert Franz Kafka in einem Brief an Oskar Pollak vom 27. Januar 1904 eine Rezeptionsästhetik, die Baudelaires Ästhetik des Schocks konsequent aufnimmt und weiterführt:

> Ich glaube, man sollte überhaupt nur solche Bücher lesen, die einen beißen und stechen. Wenn das Buch, das wir lesen, uns nicht mit einem Faustschlag auf den Schädel weckt, wozu lesen wir dann das Buch? Damit es uns glücklich macht, wie du schreibst? Mein Gott, glücklich wären wir eben auch, wenn wir keine Bücher hätten, und solche Bücher, die uns glücklich machen, könnten wir zur Not selber schreiben. Wir brauchen aber die Bücher, die auf uns wirken wie ein Unglück, das uns sehr schmerzt, wie der Tod eines, den wir lieber hatten als uns, wie wenn wir in Wälder vorstoßen würden, von allen Menschen weg, wie ein Selbstmord, ein Buch muß die Axt sein für das gefrorene Meer in uns.[65]

Die von Kafka hervorgehobene Dimension der Trauer und des Schmerzes, die mit der melancholischen Wahrnehmungsweise und der "frayeur" (OC I, 279) des Baudelaireschen Künstlers korrespondiert, birgt ein essentiell analytisches Moment der ästhetischen Erfahrung: Die moderne Schönheit wird aus dem Schmerz und der Trauer geboren, ihr Erleben weckt mit der intensiven sinnlichen Erschütterung zugleich den Impuls zur Selbsterforschung und zur Selbstreflexion des Subjekts. In nuce tritt dieses Bedingungsverhältnis in *Le vieux saltimbanque* vor Augen, in dem der Anblick des alten Gauklers beim Ich-Erzähler eine Körperreaktion auslöst, die an der Grenze des gesellschaftlich Akzeptierten und Tolerierten, an der Schwelle zwischen Normalität und Verrücktheit oszilliert und das männliche Subjekt durch die drohende Nähe der Hysterie — die ja eine nur Frauen zugeschriebene Krankheit ist — eigentümlich feminisiert:

> Je sentis ma gorge serrée par la main terrible de l'hystérie, et il me sembla que mes regards étaient offusqués par ces larmes rebelles qui ne veulent pas tomber. (OC I, 296)

Gerade die Heftigkeit dieses Erlebnisses treibt den Erzähler zur Analyse seiner Betroffenheit und zur Reflexion der in der Figur des alten Gauklers allegorisierten Situation von Kunst und Gesellschaft. Er formuliert schließlich eine Sicht der Moderne als einen Zustand der Trauer ohne Aussicht auf Versöhnung:

> Et, m'en retournant, obsédé par cette vision, je cherchai à analyser ma soudaine douleur, et je me dis: Je viens de voir l'image du vieil homme de lettres qui a survécu à la génération dont il fut le brillant amuseur; du vieux poète sans amis, sans famille, sans enfants, dégradé par sa misère et par l'ingratitude publique, et dans la baraque de qui le monde oublieux ne veut plus entrer! (OC I, 297)[66]

"Die Kategorie des Ästhetischen ist (...) eine der Erkenntnis"[67] — was Adorno hier im Hinblick auf Kierkegaard formuliert, gilt uneingeschränkt auch für Baudelaire. Diese Erkenntnis nimmt zwar im gesellschaftlich geprägten Material der Wahrnehmungswelt und der Sprache ihren Ausgang, findet jedoch ihre Eigentümlichkeit und Relevanz erst in der — gegen die Herrschaft des Faktischen und gegen die etablierten, dominanten Diskurse gerichteten — Freiheit und Virtualität der unter dem Leitbegriff des Unendlichen stehenden literarischen Erkundungen. Baudelaire inauguriert mit der poetischen "exaspération de (l)a personnalité" (OC I, 389), also der Irritation und zugleich Intensivierung des Subjekts ein radikalästhetisches Projekt, das Rimbaud weitertreiben wird:

> Le Poète se fait *voyant* par un long, immense et raisonné *dérèglement* de *tous les sens*. Toutes les formes d'amour, de souffrance, de folie; il cherche lui-même, il épuise en lui tous les poisons, pour n'en garder que les quintessences. Ineffable torture où il a besoin de toute la foi, de toute la force surhumaine, où il devient entre tous le grand malade, le grand criminel, le grand maudit, — et le suprême Savant! — Car il arrive à l'*inconnu*![68]

Rimbaud wie Baudelaire wählen dabei als Medium dieser kalkulierten Sinnessteigerung, dieses gleichzeitigen Forcierens sinnlicher Erlebnisfähigkeit und intellektueller Bewußtheit die Sprache. Die Transformationen und Metamorphosen des Subjekts werden als sprachliche, textuelle Veränderungen inszeniert[69] und sind diskursiv vorgeprägt: "N'êtes-vous pas alors semblable à un roman fantastique qui serait vivant au lieu d'être écrit?" (OC I, 420) Mithin keimt schon im Einsatzpunkt der ästhetischen Moderne ein Bewußtsein davon auf, daß Subjektivität maßgeblich aus einer vielschichtigen Vernetzung von Signifikantenmaterial resultiert. Dieser Aspekt der Baudelaireschen Subjektivitätsvorstellung kann nahtlos in postmoderne Redefiguren vom Selbst als einer multiplen Kombination verbaler wie non-verbaler Sprachen überführt werden. So schreibt Italo Calvino in seinen *Sechs Vorschlägen für das nächste Jahrtausend* anläßlich der Apologie des offenen, enzyklopädischen Romans:

> Man könnte hier den Einwand erheben, je mehr das Werk zur Vervielfachung der Möglichkeiten tendiere, desto mehr entferne es sich von jenem Unikum, welches das Selbst des Schreibenden ist, seine innere Aufrichtigkeit, die Entdeckung der eigenen Wahrheit. Im Gegenteil, antworte ich, wer sind wir denn, wer ist denn jeder von uns, wenn nicht eine Kombination von Erfahrungen, Informationen, Lektüren und Phantasien? Jedes Leben ist eine Enzyklopädie, eine Bibliothek, ein Inventar von Objekten, eine Muster-

kollektion von Stilen, worin alles jederzeit auf jede mögliche Weise neu gemischt und neu geordnet werden kann.[70]

Literatur wird zur Möglichkeit, aus der begrenzten Perspektive des individuellen Ich auszubrechen, nicht nur um sich in andere, ähnliche oder grundverschiedene Existenzen zu entwerfen, sondern auch, um vollkommen ichfremdes, sogar nichtmenschliches Terrain zu erobern: Der Künstler als "moi unsatiable du *non-moi*" (OC II, 692) treibt das Spektrum imaginativer Selbstentgrenzungen bis zum Baum-Werden, bis zum Vogel-Werden[71] oder bis zum Pfeifenrauch-Werden, bei dem materielle, kategoriale und diskursive Grenzen gesprengt werden:

> Je vous suppose assis et fumant. Votre attention se reposera un peu trop longtemps sur les nuages bleuâtres qui s'exhalent de votre pipe. L'idée d'une évaporation, lente, successive, éternelle, s'emparera de votre esprit, et vous appliquerez bientôt cette idée à vos propres pensées, à votre matière pensante. Par une équivoque singulière, par une espèce de transposition ou de quidproquo intellectuel, vous vous sentirez vous évaporant, et vous attribuerez à votre pipe (dans laquelle vous vous sentez accroupi et ramassé comme le tabac) l'étrange faculté de *vous fumer*. (OC I, 420)

Die literarische Entgrenzung bestehender Werte und Kategorien, die Irrealisierung der eigenen Existenz, die Erkundung bislang tabuisierter und verdrängter Bereiche ebenso wie die Eröffnung neuartiger Denk- und Vorstellungsräume vertrauen sich dem Gestus der Sprache, ihrer "sorcellerie évocatoire" (OC I, 431) an. In einer Zeit, in der Flauberts künstlerischer Anspruch in die Utopie eines in einer vollkommen selbstbezüglichen Sprache geschriebenen *livre sur rien* mündet, zeigt sich auch Baudelaire sensibel für die spezifische Dynamik und Eigenwertigkeit des Sprachsystems, die er — gleichsam als Surrealist avant la lettre — in sein ästhetisches Programm zu integrieren sucht:

> Début d'un roman, commencer un sujet n'importe où et, pour avoir envie de le finir, débuter par de très belles phrases. (OC I, 663)[72]

Die eigensinnige Sprachbewegung und nicht mehr eine der Artikulation als vorgängig erachtete Geschichte oder Begebenheit scheint im Zentrum des künstlerischen Interesses zu stehen: "la langue et (...) l'écriture, prises comme opérations magiques, sorcellerie évocatoire." (OC I, 658) In der Sprache selbst und im Vollzug des Schreibens sind die Potentiale der ästhetischen Selbst-er-findung virtuell immer schon eingeschlossen. Im Kontext der modernen Ästhetik des Schocks, zu deren Elemente Baudelaire "l'irrégularité", "l'inattendu, la surprise" und "l'étonnement" (OC I, 656) zählt, blitzen gerade in der ungewöhnlichen sprachlichen Konstellation, in der Verzerrung oder Abweichung von etablierten Diskursen, in den verbalen *Fusées* ebenso wie im Schweigen neuartige Facetten des ästhetischen Subjekts wie auch neue Anforderungen an die Rezipientinnen und Rezipienten auf.

Mit diesem Erproben der Suggestivität und Evokationskraft von Sprache und mit dem Ausloten ihres Beitrags zur Konstruktion von Welt bereitet Baudelaire wesentliche Schritte für die symbolistische Lyrik eines Mallarmé oder Verlaine vor. Mallarmé war es auch, der darauf hingewiesen hat, inwiefern eine derart veränderte Sprachkonzeption Verschiebungen in der Position des Subjekts, Transformationen in der menschlichen Selbstreferenz mit sich bringt:

> L'œuvre pure implique la disparition élocutoire du poëte, qui cède l'initiative aux mots, par le heurt de leur inégalité mobilisés; il s'allument de reflets réciproques comme une virtuelle traînée de feux sur des pierreries, remplaçant la respiration perceptible en l'ancien souffle lyrique ou la direction personnelle enthousiaste de la phrase.[73]

Diese *disparition élocutoire* darf allerdings nicht als ein Schwinden von Subjektivität schlechthin mißverstanden werden. Im Gegenteil: Das Zurücktreten der biographischen Person, die Abkehr von klassischen und romantischen (Selbst-)Einschätzungen des Künstlers als der sich im Werk *ausdrückenden* und *mitteilenden* Gestalt eröffnen jenseits pragmatischer Realisierungschancen durch eine radikale Verfremdung und Dezentrierung der Perspektiven Freiräume zur schreibenden Konturierung einer ästhetischen Subjektivität. Wie am Beispiel der Prosaschriften Baudelaires dargelegt wurde, muß die künstlerische wie philosophische Rede vom "Tod des Subjekts" also als eine Verabschiedung *bestimmter* historischer Subjektivitätsbegriffe präzisiert und zugleich hinsichtlich ihrer dialektischen Freisetzung von Ekstasen ästhetischer Subjektivität befragt werden.[74]

Seismographisch notieren Baudelaires Schriften ein ausgeprägtes Bewußtsein von der Relativität und Kontingenz des eigenen Selbst, der Sprache, ebenso wie der gesellschaftlichen, politischen, moralischen oder ästhetischen Normen. Gerade im Erkennen, im Ausstellen und Verändern dieser Kontingenzen entdeckt Baudelaire jedoch ungeahnte Chancen zur Freiheit, die darin bestehen, die heteronomen Zuschreibungen und Diskurse durch die Produktion und Proliferation eigener, alternativer Selbst-Beschreibungen und Entwürfe zu ersetzen. Die literarische Erweiterung des Vokabulars geht einher mit der Erweiterung subjektiver Perspektiven, Vermögen und Möglichkeiten.

Lange vor Nietzsches und Freuds Großangriffen auf die kulturellen Selbstverständlichkeiten moderner europäischer Gesellschaften entwirft Baudelaire im Medium des Ästhetischen ein vergleichbar radikales Zerstörungsprojekt. Vor Nietzsches philosophischem Perspektivismus, der das Subjekt als eine grammatikalische Fiktion und die "Wahrheit" als ein "bewegliches Heer von Metaphern"[75] entlarvte, und vor Freuds psychoanalytischer Dezentrierung des Selbst zu einer mittelpunktlosen Zufallsgruppierung kontingenter und idiosynkratischer Bedürfnisse[76], wendet sich Baudelaires Programm der *modernité* gegen eine philosophisch-moralische Metaphysik der Substanz und der Präsenz ebenso wie gegen eine Psychologie des empirischen Subjekts. Das Autonomwerden der modernen Literatur führt zu einer Binnendifferenzierung und affiziert sowohl literarische Formen als auch zentrale ästhetische Kategorien.

Mit den *Petits Poèmes en prose*, mit den zwischen künstlerischer und theoretischer *écriture* oszillierenden *Paradis Artificiels* und der *Critique d'Art* schafft Baudelaire diskursive Bedingungen, um seine Poetik der Skizze, der *étrangeté* und des Schocks umsetzen zu können und um das Ästhetische als ein Zusammenspiel von Sinnlichkeit und Rationalität physiologisch zu fundieren. Baudelaires "miracle d'une prose poétique"(OC I, 275), seine zwischen Miniatur-Roman und *poème critique* angesiedelten "Denkbilder" synthetisieren die von Friedrich Schlegel im Begriff der Arabeske gefaßte Verknüpfung von Reflexion und Enthusiasmus mit Poes Weiterentwicklung dieses Begriffs zu einer grotesken Verfremdung.

Dieser Sprachgestus infiziert auch die Kategorie der Subjektivität. Das Subjekt stellt keine fixe, substantielle Entität dar, sondern es entsteht prozessual aus sich ständig modifizierenden, diskontinuierlichen und widersprüchlichen Diskursen — ein Palimpsest, an dem man herummodeln kann. Baudelairesche Kunst ist nicht an philosophischen, psychologischen oder moralischen Wissensbeständen und "Wahrheiten" interessiert und will keine kommunikativen Aussagen treffen; das Subjekt ebenso wie die Texte verwirklichen sich nur als Konstruktionsprojekte im potentiell unabschließbaren ästhetischen Vollzug. Damit regt die Literatur Wünsche, Begehren, Träume und Phantasien an, ohne diese jemals ganz zu befriedigen. Im Gegenteil: Sie erfüllt Vorstellungen und Bedürfnisse nur in dem Maße, wie sie zugleich neue Begehren entfacht. Genau dadurch aber erweist sie sich als ein Bereich radikaler Freiheit, als Manifestation jenes — gegen das Realitätsprinzip ankämpfenden — "GOUT DE L'INFINI" (OC I, 401), der die Menschen auszeichnet.

3. Roland Barthes und Theodor W. Adorno: Das zerstreute Subjekt

3.1 Am Indifferenzpunkt der Moderne

> Das Moderne ist wirklich unmodern geworden.
> (Theodor W. Adorno: *Minima Moralia*)

> Geschichte tangiert die Sprache nicht nur, sondern ereignet sich mitten in ihr.
> (Theodor W. Adorno: *Minima Moralia*)

Die von Charles Baudelaire selbst gebrauchte Metapher des Kaleidoskops erlaubt eine erste Annäherung an seine Texte, da sie im literarischen Bild gleichsam ein Profil der ästhetischen Moderne entwirft. Darüber hinaus vermag sie wesentliche Züge der literarischen Subjektivität und der Textform des *Spleen de Paris* einzufangen. In ähnlicher Weise scheint das Kaleidoskop geeignet, auch die Subjektivitäts- wie Textstrukturen von Roland Barthes' Schriften zu charakterisieren. Denn statt der "idée d'un sujet unitaire", also der Vorstellung,

> que ma vie de travail a eu un sens, une évolution, un but et qu'elle trouverait en lui sa vérité (...), je préfère le jeu du kaléidoscope: on donne une secousse, et les verreries se mettent dans un autre ordre... (GV, 193)

Was sich in dieser Interviewaussage von Roland Barthes als nebensächliche, persönliche Vorliebe präsentiert, führen seine Texte anschaulich vor: *Le plaisir du texte*, *roland BARTHES par roland barthes*, *Fragments d'un discours amoureux* ebenso wie *Sade, Fourier, Loyola*, *L'Empire des signes* oder die *Leçon* betitelte Antrittsvorlesung am Collège de France setzen ein heterogenes und plurales Subjekt in Szene, das sich in permanenter Bewegung und Veränderung befindet und das — als sei es durchs Kaleidoskop gesehen — eher als potentiell endlose, strukturierte (Zufalls-)Kombination vorgegebener Formen erscheint, denn als psychologisches, sich seiner selbst gewisses Subjekt mit einer individuellen Geschichte.

Derartige Subjektivitätsentwürfe Barthes' basieren auf einer epistemologischen Position, die — trotz der von beiden Autoren bemühten Metapher des Kaleidoskops — eine entscheidende Differenz zwischen Baudelaire und Barthes, zwischen dem Einsatzpunkt der ästhetischen Moderne und ihren ausgefransten und widersprüchlichen Weiterführungen oder Abdankungen seit den sechziger Jahren dieses Jahrhunderts markiert. Die Facetten des Baudelaireschen Subjekts tragen noch die Spuren und Wunden der Auseinandersetzung mit den Lebensbedingungen in der modernen Großstadt; die Ästhetik des Schocks versucht, die sich entziehende urbane Wirklichkeit im Schock (wieder-)erfahrbar zu machen. Text und Welt sind zwar aufeinander bezogene, sich gegenseitig bedingende und beeinflussende, gleichwohl aber getrennte Bereiche. Bei Barthes hingegen *ist* der Text die Welt[1], ebenso wie die Welt immer sprachlich verfaßt ist:

> Il n'y a aucun lieu sans langage: on ne peut pas opposer le langage, le verbal et même le verbeux à un espace pur, digne, qui serait l'espace du réel et de la vérité, un espace hors langage. Tout est langage, ou plus précisément le langage est partout. Il traverse tout le réel; il n'y a pas de réel sans langage. (GV, 153)[2]

Während das exzentrische Subjekt des *Spleen de Paris* durch das sich modernisierende Paris flaniert, durchquert das Barthessche Subjekt nurmehr Sprach- und Diskursräume; die Welt, in der es sich bewegt, ist ein endloser Spiegelsaal des Textes.

Da jegliche (Selbst-)Beschreibung als Mensch, jegliche (Selbst-)Bestimmung als Subjekt die Existenz einer symbolischen Ordnung immer schon voraussetzt, betrachtet Barthes in Fortführung strukturalistischer wie psychoanalytischer Konzepte das Subjekt nicht als primordiale Ursache, sondern als späten Effekt der anthropologischen Sprachlichkeit des Menschen: "*le sujet n'est qu'un effet de langage*" (RB, 82); "ce n'est pas l'homme qui constitue le symbolique, mais c'est le symbolique qui constitue l'homme" (GV, 91). Nicht der Mensch schafft sich nach Maßgabe seiner Bedürfnisse und Vorstellungen kulturelle Codes, sondern es ist ganz im Gegenteil "le langage qui enseigne la définition de l'homme" (BL, 23).[3]

Damit wird das traditionelle Bedingungsverhältnis von Leben und Kunst — daß nämlich das Leben der Kunst vorgängig sei — um die eigene Achse gedreht. Barthes denkt den — insbesondere von den Avantgarde-Bewegungen reflektierten und problematisierten — Zusammenhang von Kunst und Leben neu und bringt auf den Begriff, was die Schreib- und Lebenspraxis eines Flaubert, Proust oder Kafka längst exponiert hat: "la vie ne fait jamais qu'imiter le livre, et ce livre lui-même n'est qu'un tissu de signes, imitation perdue, infiniment reculée."(BL, 65)

Angesichts der von Barthes betonten Interdependenz von symbolischer Form und Subjektivität eignet sich das Kaleidoskop jedoch nicht nur, um die verschiedensten Figuren von Subjektivität einzufangen; auch die Texte selbst präsentieren sich — wie schon bei Baudelaire — als "kaléidoscope"[4]. *Le plaisir du texte*, *roland BARTHES par roland barthes* und *Fragments d'un discours amoureux* zeichnen sich bei aller Unterschiedlichkeit durch folgende strukturelle Merkmale aus: Sie sind betont achronologische und asystematische Fragment- und Aphorismensammlungen; die sprunghaft-assoziativen Reflexionen, Denkbilder und Prosa-(bruch)stücke werden von keinem Handlungsfaden, keiner narrativen Synthesis und keiner psychologischen Motivierung umklammert:

> Aucune logique ne lie les figures, ne détermine leur contiguïté: les figures sont hors syntagme, hors récit; ce sont des Erinyes; elles s'agitent, se heurtent, s'apaisent, reviennent, s'éloignent, sans plus d'ordre qu'un vol de moustiques. (FDA, 10)

Die Abfolge und Montage der verschiedenen Redefiguren und Sprachbilder reflektieren ein epistemologisches wie ästhetisches Problem. Der Autor wählt für *Le plaisir du texte*, *roland BARTHES par roland barthes* und *Fragments d'un discours amoureux* jeweils "un ordre *absolument insignifiant*" (FDA, 11), nämlich das Alphabet, das er in einem Kommentar zu Michel Butors *Mobile* als "un moyen d'institutionnaliser le degré zéro des classements"(EC, 179) bezeichnet.[5] Doch dieser vermeintliche Nullpunkt der Klassifizierung ist in einem literarischen Werk hochgradig signifikant: zum einen durch die Abkehr von einer linearen Geschichte mit einer inneren Handlungslogik; zum anderen — auf der konnotativen Ebene — durch die Anregung, mit Assoziationsreihen zu spielen und bei der Lektüre Bedeutungsbezüge zu konstruieren. So suggeriert die alphabetische Anordnung von *Le plaisir du texte*, daß hier eine wissenschaftlich-sachliche Darlegung der Leselust zu finden sei. Zugleich allerdings unterminieren die Willkürlichkeit und die Heterogenität der Stichworte diesen Eindruck, wie schon der Beginn des Inhaltsverzeichnisses zeigt:

> Affirmation, 9.
> Babel, 9.
> Babil, 11.
> Bords, 14.
> Brio, 24.
> Clivage, 25.
> Communauté, 26.
> Corps, 29.
> Commentaire, 30. (sic!) (PT, 107)

Die *Fragments d'un discours amoureux* wirken durch die alphabetische Gliederung zunächst wie eine Enzyklopädie der affektiven Kultur, ein Lexikon der (Sprach-)Regungen des einsam Verliebten. Daß der Katalog der Figuren jedoch einsetzt mit dem Zugrundegehen — "S'ABIMER" (FDA, 15) —, provoziert die letztlich unbeantwortbare Frage, ob es sich hierbei um eine List des Alphabets oder des Autors handelt.[6]

In *roland BARTHES par roland barthes* schließlich ist die alphabetische Reihung derart aufgebrochen, daß sie zur Suche nach den Gründen und möglichen Bedeutungen der zahlreichen Inkonsequenzen anregt: Das Wortpaar "Actif/réactif" wird unter A, "Tactique/stratégie" unter S und "Actif/passif" unter N eingeordnet. Unter dem Buchstaben D findet sich gar folgende Wortliste: "— Au piano, le doigté...: 74. — Le mauvais objet: 75. — Doxa/paradoxa: 75. — La Papillonne: 76. — Amphibologies: 76." (RB, 191)

Unter der vermeintlich starren und neutralen Ordnung des Alphabets entfalten Barthes' Texte eine Schreibbewegung, die insistierend um sich selbst kreist. Zwar tauchen in manchen Passagen noch einzelne, distinkte Facetten von Subjektivität auf, wie das — vermeintlich — universale Ich des Wissenschaftlers, das fiktive Ich einer Erzählerfigur oder das personale Ich einer Autobiographie, doch diese treten hinter der endlosen Geschichtetheit und Montiertheit der literarischen Subjekte zurück[7] und werden in den eigendynamischen Sog einer *écriture* hineingerissen, deren spiralförmige Bewegung eine Wiederholung in der Differenz produziert.

> Le symbolisme de la spirale est opposé à celui du cercle; le cercle est religieux, théologique; la spirale, comme cercle déporté à l'infini, est dialectique: sur la spirale, les choses reviennent, *mais à un autre niveau*: il y a retour dans la différence, non ressassement dans l'identité (pour Vico, penseur audacieux, l'histoire du monde suivait une spirale). La spirale règle la dialectique de l'ancien et du nouveau; grâce à elle, nous ne sommes pas contraints de penser: *tout est dit*, ou: *rien a été dit*, mais plutôt rien n'est premier et cependant tout est nouveau (OO, 199).[8]

Wie die wechselnden Bilder beim Blick ins Kaleidoskop ähneln sich die ständig variierten Denkbilder und Fragmente von Barthes' Werken und sind doch jeweils ganz neu und gänzlich voneinander verschieden.

Die bisherigen Ausführungen haben gezeigt, daß sich das Kaleidoskop als durchaus geeignete Metapher zur Beschreibung der Barthesschen Subjektivitäts- wie Textformen erweist. Somit scheint es möglich, Roland Barthes — ebenso wie Charles Baudelaire — "im Kaleidoskop der Moderne"[9] zu verorten. Bildhaft evoziert das Kaleidoskop die folgenden gesellschaftlichen Bedingungen von Baudelaires Ästhetik der Modernität: die Dominanz technischer Medien, die Betonung von Visualität, das mediale Auseinandertreten von Ich und Welt, die Dynamisierung, Akzeleration und Fragmentarisierung individueller wie gesellschaftlicher

Lebensprozesse sowie schließlich ein wachsendes Bewußtsein von deren Kontingenz. Diese Phänomene bestimmen in ungebrochener, ja radikalisierter Weise auch den Hintergrund der Ästhetik von Roland Barthes. Doch darf angesichts dieser Übereinstimmungen nicht vergessen werden, daß Barthes' Schreiben im Bewußtsein der Historizität der ästhetischen Moderne und der Avantgarde-Bewegungen des 20. Jahrhunderts seinen Ausgang nimmt. Um die geistesgeschichtliche wie literarische Einordnung von Roland Barthes nicht mit dem "Passepartoutbegriff"[10] der Postmoderne zu verunklären, werde ich im folgenden die Haltung des Autors zur Moderne aus seinen Schriften heraus entwickeln.

"Etre moderne, c'est savoir *ce qui n'est plus possible*."(OO, 211) Wie selbstverständlich geht Barthes in dieser 1973 publizierten Aussage davon aus, daß den Künstler noch immer der Impetus des Modern-Seins, der Wille zum Modern-Werden antreibt. Zugleich verkehrt das hier formulierte, melancholische Bewußtsein der Moderne den Innovations- und Potenzierungsgestus der Avantgarde-Bewegungen in sein Gegenteil: Unmöglich und verloren ist seit der klassischen Moderne nicht nur ein positives und affirmatives Verhältnis zur Tradition; unmöglich und versperrt sind auch all diejenigen Formen der Negation und der Überwindung des Bestehenden, die die Kunst gegen Ende des letzten und zu Beginn dieses Jahrhunderts auszeichneten.[11] Mit Barthes heißt Modern-Sein auch, zu wissen, daß es unmöglich ist, nicht zu erben, nicht im Magnetfeld der Tradition und des unmittelbar Vergangenen zu stehen. Paradoxerweise öffnet jedoch genau diese Erkenntnis ungeahnte Freiheitsbereiche. War Rimbauds paradigmatischer Anspruch: "Il faut être absolument moderne"[12] im Laufe der Moderne in einen sich unablässig steigernden, letztlich paralysierenden "Zwang zum Refus"[13] eingemündet, so siedelt sich Barthes weder in der Affirmation noch in der Negation dieses Impulses an, sondern genau an dessen Indifferenzpunkt: "Tout d'un coup, il m'est devenu indifférent de ne pas être moderne" (BL, 408), wird in einem programmatisch "Délibération" betitelten Essay von 1979 verkündet. Diese Befreiung ist eine doppelte, eine potenzierte Befreiung. Barthes unterminiert die Bewegungslogik der modernen und avantgardistischen Revolte, nicht um diese ungeschehen zu machen — was ein so illusorisches wie regressives Projekt wäre —, sondern um diese mit vergrößerten Spielräumen und Handlungsmöglichkeiten weiterzuschreiben. Sowohl eine Rückkehr zur Tradition und ihren Werten als auch eine nochmalige Potenzierung der modernen Ideologie der Überwindung wären dem Etablierten, dem zum Stereotyp Geronnenen verhaftet. Barthes hingegen sprengt das starre, dualistische Gegensatzpaar *Moderne* versus *Tradition*, *Neues* versus *Altes* von innen auf. Er hält die konträren Positionen in der Schwebe, spielt sie gegeneinander aus und entfacht ein Begriffskarussell, das bestehende Bedeutungen zerstäubt: "Je suis à l'arrière-garde de l'avant-garde" (GV, 142). Konstruktiv ist diese Implosion bislang gültiger Denkmuster, insofern gerade dadurch das nuancierte (wissenschaftliche wie) künstlerische Selbstverständnis des Autors aufscheint. Wer sich als Nachhut der Vorhut, als Nachzügler der Avantgarde bezeichnet, ist mit bestehenden Kategorien und im Rahmen binärer Logik nicht zu fassen. Die eigentümliche Doppelbelichtung sich ausschließender Begriffe, nämlich *ancien* und *moderne* in einem zu sein, zerstört nicht einfach die existierenden Normen und Hierarchien, sondern nimmt sie auf und reflektiert sie, um sie zu verschieben, zu desorientieren und schließlich vollends zu entwerten. Barthes nennt dieses — für seine Texte und seinen Sprachgestus konstitutive — Verfahren eine subtile Subversion; mit Adorno könnte man es auch als eine negative, entfesselte Dialektik bezeichnen[14]:

> J'entends (...) par *subversion subtile* celle qui ne s'intéresse pas directement à la destruction, esquive le paradigme et cherche un *autre* terme: un troisième terme, qui ne soit pas, cependant, un terme de synthèse, mais un terme excentrique, inouï. Un exemple? Bataille, peut-être, qui déjoue le terme idéaliste par un matérialisme *inattendu*, où prennent place le vice, la dévotion, le jeu, l'érotisme impossible, etc.; ainsi, Bataille n'oppose pas à la pudeur la liberté sexuelle, mais... *le rire*. (PT, 87)[15]

Welche erkenntnistheoretischen, gesellschaftspolitischen und kulturellen Bedingungen zu Barthes' Suche nach dem Indifferenzpunkt der Moderne führten, ist Gegenstand der nun folgenden Überlegungen.

Roland Barthes' Schreiben, insbesondere sein Spätwerk, kann am Überschneidungspunkt dreier Diskursreihen angesiedelt werden, welche in jeweils unterschiedlicher Weise zu den großen Dezentrierungsströmungen zählen, die das 20. Jahrhundert erschütter(te)n. Mit diesen Diskursen verbinden sich die Namen Friedrich Nietzsche, Sigmund Freud und Jacques Lacan sowie Ferdinand de Saussure.

In einem Interview mit Stephen Heath betonte Roland Barthes 1971 sein "sentiment de participer (de vouloir participer) à une phase historique que Nietzsche appelle le 'nihilisme'." (GV, 126) Dieses Epochenbewußtsein und die Bezugnahme auf Nietzsche, die der Autor unter anderem mit Jacques Derrida, Michel Foucault und zahlreichen Vertretern der Gruppe TEL QUEL teilt, tritt insbesondere in Barthes' letzten Schriften immer deutlicher hervor.[16] Mit dem Nihilismus als der Umwertung aller Werte bringt Nietzsche den Zusammenbruch eben jenes metaphysischen und christlichen Kraftfelds auf den Begriff, das über zwei Jahrtausende hin der europäischen Wirklichkeit Kontur und Halt gegeben hatte. Dieser Einsturz führt zu einer negativen, destruktiven Dialektik, deren radikale Ambivalenz durch keine bestimmte Negation und keine systematische Aufhebung — wie noch bei Hegel — gebändigt werden kann.[17] Nietzsche setzt an die Stelle des preisgegebenen philosophischen Wahrheitsbegriffs die enthusiastische Affirmation des apollinischen Scheins von Kunst und Leben. Mit dieser "Aufwertung der Ausdrucksebene"[18] gegenüber der Inhaltsebene und mit der Behauptung, daß der dynamische "Trieb zur Metapherbildung"[19], den Nietzsche als Grundlage menschlichen Denkens und Sprechens auffaßt, selbst durch die — bestimmten Macht-Interessen dienende — Setzung starrer Begrifflichkeiten und Bedeutungen nicht sistiert werden kann, nimmt Nietzsche entscheidende Aspekte von Barthes' Betonung des Signifikanten vorweg. Schließlich wirkten Nietzsches Thesen vom "Subjekt als Vielheit"[20], seine Demaskierung des Subjekts als einer (sprachlichen) Fiktion und Illusion und seine im Medium poetischer Schreibweise exponierte Physiologie der Kunst nachhaltig auf die Ästhetik von Roland Barthes. Nietzsches Philosophie ist ihrer Bewegungsform nach auf den Leib, und zwar insbesondere auf den tanzenden, den ekstatischen Leib bezogen. Guter Stil — den zu fordern Nietzsche nicht müde wird — besteht für ihn darin, die Zustände und Sprachen des Körpers in die Gesten der Schrift zu übertragen: "alle Gesetze der Periode sind Kunst der Gebärde"[21]. Der Leib ist — wie die Sprache — polyphon; unterschiedliche Stile und Schreibweisen sind für Nietzsche nur jeweils verschiedene Auslegungen des vielfachen Subjekts. Inwiefern Nietzsches "Semantik des Sprachleibs"[22] sowohl in Barthes' Begriff der *écriture* als auch in die Essayistik der Kritischen Theorie und in die Textgestalt der *Minima Moralia* eingeflossen ist, gehört zu den zentralen Fragen, die die vorliegende Arbeit zu beantworten sucht.[23]

Neben dem Nihilismus Nietzsches bildet die Psychoanalyse, wie sie Freud und Lacan mit jeweils unterschiedlichen Akzenten entwickelt haben, einen weiteren fundamentalen Bezugspunkt von Barthes' literarischer Tätigkeit. Das psychoanalytische Modell der menschlichen Psyche beinhaltet eine Schwächung und Entmächtigung des bewußten Subjekts zugunsten des Unbewußten. Letzteres darf dabei nicht als "brodelnde Masse inartikulierter instinkthafter Kräfte"[24] mißverstanden werden:

> Das Neue an Freuds Auffassung des Unbewußten ist seine Behauptung, daß das unbewußte Ich kein stummes, störrisches, torkelndes Tier ist, sondern das intellektuell ebenbürtige Gegenüber des bewußten Ich und dessen möglicher Gesprächspartner.[25]

Damit eröffnet sich eine Perspektive, in der das Unbewußte als sprachlich organisiert aufgefaßt werden kann: "l'inconscient est structuré comme un langage"[26]. Zudem tangiert die psychoanalytische Bestimmung der Einbildungskraft künstlerische und ästhetische Fragestellungen. Phantasie und phantasmatische Tätigkeit gelten der Psychoanalyse als affektiv stark besetzte "Abenteuer der *Wunschwelt*"[27] und als "eine innere Dramaturgie, die von der Libido belebt wird."[28] Diese Auffassung impliziert eine neuartige Betrachtung und Betonung des erotischen und sexuellen Körpers, die maßgeblich in Barthes' ästhetische Konzepte wie *Le plaisir du texte* oder *Le grain de la voix* (OO, 236-245) eingegangen sind. Hinsichtlich des Einflusses der Psychoanalyse auf Roland Barthes wird schließlich zu fragen sein, inwiefern die Neubestimmung der Lektüre, die Barthes' Schriften zugleich fordern und vorführen, als literarische Umsetzung und Radikalisierung des (psycho-)analytischen Lesens verstanden werden kann:

> il faut être attentif à démystifier les apparences, à débusquer le signifié transcendantal, idéaliste. Il doit y avoir une pensée éthique de la sémiologie, qui dirait comment la sémiologie peut rendre plus efficace l'esprit critique. La psychanalyse, quant à elle, peut apprendre à lire, *là où cela n'était pas attendu*. On lit en remarquant ce qu'il n'était pas attendu de remarquer. La psychanalyse apprend à lire *ailleurs*. (GV, 228)

Als dritte Diskursreihe, die auf Barthes ausstrahlte, müssen noch die Linguistik Ferdinand de Saussures und die daraus hervorgehenden (neo-)strukturalistischen und semiotischen Forschungen genannt werden. Saussures *Cours de linguistique générale* betrachtet die Sprache zum einen als eine Form und nicht als eine Substanz und betont zum anderen die Arbitrarität des Zeichens. Sprache wird als System differentieller Beziehungen aufgefaßt, wobei die Relation eines Zeichens zu seiner Referenz in der Welt ebenso wie die Beziehung zwischen Signifikant und Signifikat als nicht motiviert, als kontingent angesehen wird. Saussures Überlegungen ermöglichen ein neuartiges Denken am Leitfaden der Sprache und implizieren damit zugleich eine Modifikation des menschlichen Selbstverständnisses. Sprache wird mit Saussure zum privilegierten, selbstreflexiven Gegenstand wissenschaftlicher wie philosophischer Reflexion:

> Moment lourd de conséquences dont la première serait qu'il permet à l'homme de ne plus se prendre pour une entité souveraine et indécomposable, mais de s'analyser comme un système parlant — comme un *langage*. Peut-être pourrions-nous dire que, si la Renaissance a substitué au culte du Dieu médiéval celui de l'Homme avec une majuscule, notre époque amène une révolution non moins importante en effaçant tout

culte, puisqu'elle remplace le dernier, celui de l'Homme, par un *système* accessible à l'analyse scientifique: le langage. L'homme comme langage, le langage à la place de l'homme, ce serait le geste démystificateur par excellence, qui introduit la science dans la zone complexe et imprécise de l'humain, là où s'installent (habituellement) les idéologies et les religions.[29]

Die Diktion und die ideologiekritische Ausrichtung dieser längeren Passage aus Kristevas *initiation à la linguistique* — so der Untertitel des Buches — verweisen auf den Zeitpunkt ihrer Entstehung beziehungsweise Veröffentlichung: das Ende der sechziger Jahre, insbesondere Mai 1968.

Durch die Schreckenserfahrung des Zweiten Weltkriegs und den "traumatisme de l'après-guerre"[30] wurden die drei bislang getrennt voneinander angesprochenen Diskursreihen in nicht gekannter Weise herausgefordert und mündeten in ein spezifisches, geistiges wie historisch-politisches Selbstverständnis, das trotz seiner heterogenen Impulse und Tendenzen als *La pensée 68* bekannt wurde. Dieses "Denken von 68" zeichnet sich durch eine scharfe Kritik am philosophischen Humanismus und Universalismus aus, durch eine Abkehr vom traditionellen Wahrheitsbegriff, durch eine Bevorzugung der genealogischen Methode in der Nachfolge Nietzsches gegenüber geistesgeschichtlichen Erklärungsweisen sowie schließlich durch den Versuch, alle bisherigen Formen von Philosophie für überholt und beendet zu deklarieren. Die heterogenen Positionen des Denkens von 1968, dessen Spektrum von einem dogmatischen Marxismus bis hin zu einer von Nietzsche, Heidegger und Freud inspirierten Dekonstruktion der abendländischen Rationalität reicht, verbindet ein zentraler Angriffspunkt:

Le motif fondamental réside clairement dans le projet de mener une critique radicale de la subjectivité: un tel projet réunit en effet sans peine les forces en présence, puisque la subjectivité se trouve par elles assimilée tantôt à l'égoïsme monadique bourgeois, tantôt à la conception de l'homme développée par la métaphysique moderne (comme métaphysique de la subjectivité, installant l'homme en position de fondement et de terme d'évaluation pour toute réalité).[31]

Dem humanistisch-aufklärerischen Begriff von Subjektivität und der Vorstellung von der Autonomie des Individuums wurde der Prozeß gemacht: im philosophischen und historischen Bereich (Derrida, Foucault), im politisch-soziologischen (Althusser, Bourdieu) ebenso wie im psychoanalytischen (Lacan).

Obwohl Barthes' wissenschaftliche wie künstlerische Tätigkeit stark von den Ereignissen um Mai 68 geprägt wurde und er in wesentlichen Zügen als ein Vertreter der *pensée 68* gelten kann, unterscheidet sich seine Position doch in einem erheblichen Punkt von den damals dominanten Strömungen: Während die Politisierung der Intellektuellen und ihrer Diskurse gegen Ende der sechziger und zu Beginn der siebziger Jahre im kulturellen Bereich zu einer Preisgabe der spezifisch ästhetischen Vermittlung und zu einer soziohistorischen, ideologiekritischen Vereinnahmung von Literatur führte, knüpft Barthes' Kunstverständnis gerade an die autonomen und akommunikativen Tendenzen von Literatur an, wie sie von Baudelaire, Mallarmé, Gide, Valéry, Bataille, Blanchot oder Kafka entwickelt worden waren:

> Nous sortons d'un moment, celui de la littérature engagée. La fin du roman sartrien, l'indigence imperturbable du roman socialiste, le défaut d'un théâtre politique, tout cela, comme une vague qui se retire, laisse à découvert un objet singulier et singulièrement résistant: la littérature. (EC, 138)

Der Blick wird frei für die Literatur und das ihr genuin Eigene, das Barthes am Beispiel von Kafkas Prosa folgendermaßen bestimmt: "*l'être de la littérature n'est rien d'autre que sa technique*" (EC, 140). Damit wird — hartnäckigen Mißverständnissen zum Trotz — keine ästhetizistische Unverbindlichkeit inauguriert, sondern im Gegenteil eine Neukonzeption des Ästhetischen wie Ethischen intendiert: Es geht um die "responsabilité de la forme" (L, 24)[32], die aus der Einsicht erwächst, daß sich ein Schriftsteller nicht durch seine Themen, sondern durch seine Sprache "engagiert". Nicht bestimmte Inhalte, sondern die jeweils spezifische Haltung zur Sprache, die Art und Weise, mit dem Material umzugehen, entscheiden über den ästhetischen wie gesellschaftspolitischen Stellenwert eines Kunstwerks.[33]

In diesem Punkt konvergiert Barthes' Kunst- und Literaturbegriff mit Adornos Auffassung von Kunst. Auch dieser geht von einem radikalen Bruch mit gesellschaftlicher Kommunikation aus und verortet die Chance von Kunst in der Form.[34] Ebenfalls mit Blick auf Kafka erklärt die *Ästhetische Theorie*:

> Gesellschaftlich entscheidet an den Kunstwerken, was an Inhalt aus ihren Formstrukturen spricht. Kafka, in dessen Werk der Monopolkapitalismus nur entfernt erscheint, kodifiziert am Abhub der verwalteten Welt getreuer und mächtiger, was den Menschen unterm totalen gesellschaftlichen Bann widerfährt, als Romane über korrupte Industrietrusts. Daß Form der Ort des gesellschaftlichen Gehalts sei, ist bei Kafka zu konkretisieren an der Sprache. (ÄT, 342)

Diese Passagen aus der späten, unvollendet gebliebenen *Ästhetischen Theorie* schließen einen Bogen zum frühen Adorno, der schon in den Anfang der dreißiger Jahre entstandenen *Thesen über die Sprache des Philosophen* betonte, daß zeitgemäßes Philosophieren immer auch als "Sprachkritik"[35] statthaben und die "*ästhetische* Dignität der Worte"[36] als Kriterium nehmen müßte. Die *Minima Moralia* zeigen sich ebenfalls äußerst sensibel für die "Form des Urteils selber" (MM,

101), und sie betonen den notwendigen Konstruktionscharakter alles Geschriebenen. Selbstreflexiv fordern sie die unablässige Arbeit am Stil, das Feilen an der präzisen Formulierung.[37] Da die *Minima Moralia* vor dem Hintergrund existentieller Bedrohtheit durch den Zweiten Weltkrieg und unter den leidvollen Bedingungen des Exils verfaßt wurden, könnte man durchaus einen Text erwarten, der die politische, gesellschaftliche und ethische Aussage eindeutig gegenüber den Problemen der sprachlichen Darstellung in den Vordergrund rückt. Doch gerade weil die *Minima Moralia* Einspruch erheben und sich engagieren wollen, gerade weil sie den subjektiven Standpunkt des "Intellektuellen in der Emigration"(MM, 11) einzufangen suchen[38], ist der Adornosche Intellektuelle Künstler und Gelehrter in einem.[39] Adornos und Barthes' Selbstverständnis stimmen insofern überein, als auch für Barthes der Kritiker ein Künstler[40] und der Artist zugleich ein Semiologe ist.[41]

Da beide Autoren die sprachlichen Bedingungen und die Gemachtheit von Kunst betonen, ist es nur konsequent, daß eine Analyse, die den ästhetischen Charakter der Werke ernst nimmt und zu erfassen sucht, die hier im Zentrum stehenden Texte selbst auf ihre Form hin befragt. Der Schriftsteller Roland Barthes ebenso wie der Schriftsteller Theodor W. Adorno sind erst noch zu entdecken.

Zwar hat Roland Barthes immer wieder bekundet: "Je voudrais beaucoup être un écrivain" (GV, 302), und von sich gesagt, "je me définis comme 'celui qui veut écrire'" (BL, 323), doch gibt es bislang — mit Ausnahme kleinerer Beiträge[42] — keine Untersuchung, die Barthes' (Spät-)Werk konsequent *als Literatur* liest. Obwohl der Hinweis auf die literarische, stark stilisierte *écriture* in der Forschung allgegenwärtig ist, wird der Autor noch immer nur bzw. primär als — außergewöhnlicher — Semiologe rezipiert.[43]

Stärker noch als Roland Barthes wird Theodor W. Adorno bis heute vor allem als Philosoph, Gesellschaftskritiker und Sozialwissenschaftler rezipiert. Obgleich die *Minima Moralia* allenthalben als herausragendes Werk gelobt werden, sind die konkreten Auseinandersetzungen damit — verglichen beispielsweise mit der Forschungslage zur *Dialektik der Aufklärung*, zur *Negativen Dialektik* oder zur *Ästhetischen Theorie* — eher spärlich und beschränken sich darauf, die *Minima Moralia* gleichsam als noch unentwickelte Keimzelle der wichtigsten Themen und Perspektiven von Adornos Philosophie aufzufassen.[44]

Im folgenden Kapitel werden deshalb *Le plaisir du texte, roland BARTHES par roland barthes, Fragments d'un discours amoureux* sowie die *Minima Moralia* hinsichtlich ihrer Gattungsmerkmale, möglicher Gattungszuordnungen und hinsichtlich ihrer formalen Qualitäten untersucht. Soll sich die in der Einleitung dieser Arbeit skizzierte These einer zunehmenden Konvergenz von Wissenschaft und Literatur, eines unauflöslichen Ineinanders von analytischer Reflexion einerseits und künstlerischer Spontaneität und Subjektivität andererseits als begründet erweisen, müßte sich dies nicht zuletzt in der Textform der Werke Barthes' und Adornos niederschlagen.

3.2 Text-Mobile

Form ist Antithese.
(Novalis: *Fragmente*)

Ich halte episodische Kürze für durchaus angemessen der Rolle, die heute der Schriftstellerei zukommt. (...) kürzeste Linie von Punkt zu Punkt heißt das Gebot der fliehenden Stunde. Auch das ästhetische.
(Alfred Polgar: *Orchester von oben*)

Nach der Textform der Werke Barthes' und Adornos zu fragen, wird nicht nur durch die Insistenz provoziert, mit der beide Autoren das Problem sprachlicher Darstellung thematisieren, sondern auch durch die konkrete Gestalt ihrer Schriften selbst. *Le plaisir du texte*, *roland BARTHES par roland barthes*, *Fragments d'un discours amoureux* und die *Minima Moralia* präsentieren sich als offene, dezentrierte Textgewebe. Die Unverbundenheit einzelner heterogener Aphorismen und Fragmente ebenso wie die assoziativ-musikalische Verknüpfung anderer Textpassagen erschüttern gewohnte Lese- und Deutungsmuster. Diese Irritation setzt schon damit ein, daß die Werke nicht in das traditionelle Gattungsgefüge eingeordnet werden können. Wie die Texte Baudelaires, Nervals, Prousts oder Musils zeichnet sie "une certaine indécision des genres" (BL, 315) aus; sie oszillieren zwischen den Polen der Erzählung und des Romans einerseits sowie des Essays, des Kommentars und der kritischen Analyse andererseits.

Keines der drei Werke von Roland Barthes trägt eine Gattungsbezeichnung, und mancher Buchhändler, der sich nicht entscheiden konnte, ob er die *Fragments d'un discours amoureux* unter die Rubrik 'Romane' oder in der Abteilung 'Literaturwissenschaft/Literaturkritik' einstellen sollte, mag mit dem Gedanken gespielt haben, dafür eine eigene Rubrik einzurichten.[1] Diese Nicht-Klassifizierbarkeit resultiert aus einem bewußt "polygraphen", quer zu den Prinzipien kulturindustrieller Vermarktung stehenden "travail de brouillage"(GV, 304). Dieser "bouleversement croissant des genres traditionnels (poème, récit, critique, essai)"(BL, 20) geht von der Überholtheit — mit John Barth könnte man sagen der *exhaustion*[2] — bestehender Gattungen aus und wurde vor Barthes insbesondere von Nietzsche, Gide und Sartre in die Wege geleitet.

> Aujourd'hui, on va vers une sorte de péremption ou de suppression des genres traditionnels d'écriture, mais ce brouillage n'est pas bien suivi par le commerce éditoral qui a encore besoin de classification. (GV, 304)

Die hochgradig verdichteten, alphabetisch geordneten Aphorismen und Fragmente von *Le plaisir du texte* erwecken zunächst den Eindruck, eine rezeptionsästhetische Reflexion über den Genuß einer Lektüre zu entfalten. Diese Einschätzung wird dadurch gestützt, daß der Autor sich zum Beleg seiner Argumentation und zur Veranschaulichung seiner Gedankenführung auf Werke und Autoren aus dem etablierten literarischen Kanon bezieht[3], daß er sich mit literaturwissenschaftlichen, soziohistorischen, philosophischen und psychoanalytischen Konzepten auseinandersetzt und schließlich in seinen Text eine Reihe philologischer und semiotischer Fachbegriffe integriert.[4]

Doch diese wissenschaftlich-theoretischen Elemente sind verwoben mit einem breiten Spektrum spielerisch-ästhetischer Momente: Gleichsam selbstreflexiv und mimetisch — denn die Passagen handeln auch davon, daß "tout texte sur le plaisir ne sera jamais que dilatoire" (PT, 32), — fallen die "Commentaire" (PT, 107) betitelten Fragmente aus der alphabetischen Ordnung heraus und sind erst nach *Communauté* und *Corps* angeführt; Begriffe werden bewußt mehrdeutig und widersprüchlich verwendet; darüber hinaus sind die Fragmente von Vermutungen und gewagten Spekulationen durchsetzt und enden häufig mit einer offenen Frage. Die Mikrostruktur des Textes zeichnet sich durch elliptische, anaphorische und rhythmisch-lautmalerische Partien ebenso wie durch allusive, metaphorische und metonymische Figuren aus.[5] Die *écriture* von *Le plaisir du texte* produziert eine beständige Dissemination des Sinns und vollzieht sich als assoziativ-parataktisches Wuchern der Sätze:

> *Plaisir/Jouissance*: terminologiquement, cela vacille encore, j'achoppe, j'embrouille. De toute manière, il y aura toujours une marge d'indécision; la distinction ne sera pas source de classements sûrs, le paradigme grincera, le sens sera précaire, révocable, réversible, le discours sera incomplet. (PT, 10)

Derartigen poetisch-literarischen Verfahrensweisen korrespondiert auf der Makroebene des Textes die Unverbundenheit der Ausführungen, die lose an die Tradition der französischen Moralistik anknüpft. Weder ein kohärenter Argumentationsgang noch resümierbare Ergebnisse oder Erkenntnisse noch eine einheitliche Perspektive verklammern die Fragmente. Der Gebrauch der Personalpronomina schwankt zwischen dem über weite Strecken dominierenden *je*, dem distanzierten *il*, dem unpersönlichen *on* bis hin zum *nous*, das eine imaginäre Gemeinschaft des Schreibenden mit den Lesenden suggeriert, und verweist auf den unklaren, flottierenden Status des Subjekts, das hier spricht. Diese Faktoren werden noch potenziert durch die Insertion von utopischen Entwürfen[6], Minidialogen[7], Kürzesterzählungen und persönlich gefärbten Notizen oder Erfahrungsberichten. Die literaturkritischen Überlegungen von *Le plaisir du texte* und die originellen, zum Zeitpunkt der Veröffentlichung durchaus innovativen Konzepte (wie Dissemination, Dekonstruktion, Intertextualität, wollüstige Lektüre) präsentieren sich selbst im Medium des Literarischen. Friedrich Schlegels Diktum: "Poesie kann nur durch Poesie kritisiert werden"[8], findet in *Le plaisir du texte* eine vollendete Umsetzung.

Die Tatsache, daß *roland BARTHES par roland barthes* in der renommierten Reihe *écrivains de toujours* publiziert wurde, verweist auf das hohe Ansehen, das der Autor in der kulturellen Szene Frankreichs genießt, und weckt die Erwartung, biographische Informationen über ihn zu erhalten. Konzipiert nach dem Schema *X par lui-même*, versucht die Buchreihe, eine Auswahl aus den Schriften und Selbstzeugnissen eines Autors für sich sprechen zu lassen und mithin ein möglichst "authentisches" Bild zu vermitteln. Barthes' Werk allerdings entfacht ein ineinandergeschachteltes Spiel mit gewohnten Gattungszuweisungen und Autorrollen.

Wie kein Zweiter verwirklicht Barthes das Programm der Serie, denn der dargestellte Schriftsteller — *roland BARTHES* — ist vom darstellenden Autor — *roland barthes* — nur graphisch unterschieden. Der Buchtitel suggeriert eine unvermittelte, direkte Beschreibung und weist doch zugleich darauf hin, daß das Schreiben eines Subjekts immer eine Spaltung impliziert, nämlich das Auseinandertreten in (be-)schreibendes und be- oder erschriebenes Subjekt. Zudem hinterfragt Barthes — paradoxerweise, indem er die Serienkonzeption wörtlich nimmt und *über sich selbst* schreibt —, was *par lui-même* eigentlich bedeutet: Wer ist dieses Subjekt, das sich hier selbst reflektiert? Mit welchen sprachlichen oder literarischen Mitteln geht dieses Schreiben seiner selbst vonstatten und welchen Bedingungen unterliegt es? Was genau heißt in diesem Kontext "Selbst"?

Doch die Irritation, daß der Name des dargestellten Autors mit dem Verfasser dieser Darstellung identisch ist und das Werk somit unentscheidbar zwischen Autobiographie und Biographie zu oszillieren scheint, wird beim Aufblättern des Buches auf die Spitze getrieben: "Tout ceci doit être considéré comme dit par un personnage de roman", steht auf der geschwärzten Innenseite des Einbands; nicht in entindividualisierten Druckbuchstaben, sondern in der schwer lesbaren Handschrift von Roland Barthes, deren arabeske weiße Linie den visuellen Aspekt und den körperlich-gestischen Charakter der Schrift in den Vordergrund rückt. Die Auto-Biographie deklariert sich als Roman, genauer gesagt als Simulation der Redeweisen einer Romanfigur. Das Motto des Buches aber, das später unter der Überschrift "Le livre du Moi"(RB, 123) wieder aufgenommen und erweitert wird, wird konterkariert durch die brüchige alphabetische Abfolge kurzer, autobiographisch gefärbter Prosafragmente, denen Kindheits- und Familienphotos von Roland Barthes inklusive Kommentare vorangestellt sind. Ungreifbar pendelt der Text zwischen autobiographischen Diskursfiguren einerseits, poetisch verdichteter, handlungsarmer bis handlungsloser Prosa andererseits sowie schließlich analytischen, kritischen und kommentierenden Passagen. Dementsprechend exponiert der "cercle des fragments" (RB, 96) von *roland BARTHES par roland barthes* ein plurales Subjekt, das einmal als *je*, ein anderes Mal distanziert als *il*, schließlich kafkaesk verkürzt als *R.B.* auftaucht, niemals jedoch — ähnlich dem *étranger* des *Spleen de Paris* — einen Namen trägt. Das Buch entrollt einen mittelpunktslosen Text[9], der weder um eine Handlung noch um ein spezifisches Ereignis noch um eine Person oder deren Perspektive zentriert ist, sondern in immer neuen Anläufen um das Schreiben selbst kreist.

> Aimant à trouver, à écrire des *débuts*, il tend à multiplier ce plaisir: voilà pourquoi il écrit des fragments: autant de fragments, autant de débuts, autant de plaisirs (RB, 98).

Mit dieser Betonung der Lust am Schreiben verdeutlicht Barthes, daß sein Werk nicht nach einer wissenschaftlichen Erkenntnis, nicht nach philosophischer Wahrheit und auch nicht nach einer moralischen Selbstbeurteilung strebt. Es entfesselt statt dessen eine an den Körper rückgebundene Schreibbewegung, die sich an ästhetischen, insbesondere musikalischen Werten orientiert:

> Le fragment a son idéal: une haute condensation, non de pensée, ou de sagesse, ou de vérité (comme dans la Maxime), mais de musique: au "développement", s'opposerait le "ton", quelque chose d'articulé et de chanté, une diction: là devrait régner le *timbre*. *Pièces brèves* de Webern: pas de cadence: quelle souveraineté il met à *tourner court*! (RB, 98)

Die literarisch-rhetorische Tradition der französischen Moralistik wird im Begriff der Maxime als Bezugspol gesetzt, um sich desto klarer davon abzugrenzen. Barthes' Ideal einer fragmentarischen Prosa ist als reine Performanz, als Sprachaktivität konzipiert, die die Bewegung des Körpers, der Stimme, der schreibenden Hand einzuholen sucht. Wie das Baudelairesche Prosagedicht sprengen auch Barthes' essayistisch-aphoristische Fragmente das etablierte Gattungsgefüge. Doch während das *poème en prose* im Bereich literarischer Diskurse und sprachlicher Register seine provokative Entgrenzungsleistung entfaltet, gehen die Texte von Roland Barthes noch einen Schritt weiter, indem sie die Schranken zwischen gesellschaftlich etablierten und institutionalisierten Disziplinen und Künsten einreißen: Sie nähern zum einen literarisch-poetische und wissenschaftlich-theoretische Sprache einander an und intendieren zum anderen eine — an romantische Vorstellungen erinnernde[10] — Ästhetisierung und Musikalisierung der Sprache. Barthes' Sprachutopie ist "Celle d'une musique du sens" (BL, 94), die zugleich eine "Verleiblichung", ein Körper-Werden der Sprache mit sich bringt: "Car *chanter*, au sens romantique, c'est cela: jouir fantasmatiquement de mon corps unifié."(OO, 255)

Eine Passage aus *roland BARTHES par roland barthes* reflektiert die eigene Verfahrensweise:

> Me commenter? Quel ennui! Je n'avais d'autre solution que de me *ré-écrire* — de loin, de très loin — de maintenant: ajouter aux livres, aux thèmes, aux souvenirs, aux textes, une autre énonciation, sans que je sache jamais si c'est de mon passé ou de mon présent que je parle. Je jette ainsi sur l'œuvre écrite, sur le corps et le corpus passés, l'effleurant à peine, une sorte de *patch-work*, une couverture rapsodique faite de carreaux cousus. (RB, 145)

Mit dem von Friedrich Schlegel und Charles Baudelaire gleichermaßen geschätzten Begriff des Rhapsodischen charakterisiert Barthes die Zusammenstellung der Fragmente.[11] Zwar lassen sich partiell thematische Bezüge zwischen einzelnen Textstücken erkennen[12], doch bestimmen in weitaus höherem Maße die ästhetischen Prinzipien des Kontrasts und des Bruchs ebenso wie die musikalischen Strukturen der variierenden Wiederholung und der kontrapunktischen Ausführung die Abfolge der Aphorismen. So legt Barthes zum Beispiel in immer neuen, spiralförmigen Anläufen dar, daß sein Denken und Schreiben zumeist bei Gegensatzpaaren ansetzt:

> Tout semble indiquer que son discours marche selon une dialectique à deux termes: l'opinion courante et son contraire, la Doxa et son paradoxe, le stéréotype et la novation, la fatigue et la fraîcheur, le goût et le dégoût: *j'aime/je n'aime pas*. Cette dialectique

binaire, c'est la dialectique même du sens (*marqué/non marqué*) et du jeu freudien (*Fort/Da*): la dialectique de la valeur.
Cependant, est-ce bien vrai? En lui, une autre dialectique se dessine, cherche à s'énoncer: la contradiction des termes cède à ses yeux par la découverte d'un troisième terme, qui n'est pas de synthèse, mais de *déport*: toute chose revient, mais elle revient comme Fiction, c'est-à-dire à un autre tour de la spirale. (RB, 73)[13]

Barthes' Schreibbewegung basiert auf — zumeist wertbesetzten[14] — Begriffsoppositionen, die gesetzt, jedoch zugleich in der Schwebe gehalten oder ins Gegenteil verkehrt werden. Die Trennschärfe der Begriffe verschwimmt und exponiert die Artifizialität binärer Strukturen und Klassifizierungen.[15] Einzelne Äußerungen und aktualisierte Bedeutungen scheinen nurmehr flüchtige Etappen auf einem Weg zu sein, Punkte zwischen den Vektoren des niemals einhaltenden Schreibens. An den beständig verwendeten Gegensatzpaaren interessiert weder ihre Differenzierungsqualität noch ihre denotative oder deskriptive Potenz, sondern ihre Fähigkeit, gleichsam als "*figures de production*"(RB, 95) die "machine de l'écriture" (RB, 114) in Gang zu halten. Die wissenschaftliche Attitüde des Unterscheidens, Definierens und Klassifizierens wird ins Gegenteil gewendet, indem die Begriffspaare gleich einer Wünschelrute eine spielerisch-assoziative Sprachdynamik zutage fördern:

Tel une baguette de sourcier, le concept, surtout s'il est couplé, *lève* une possibilité d'écriture: ici (...) gît le pouvoir de dire quelque chose. (RB, 114)[16]

Die Texte erwecken den Eindruck von Präzision, als rängen sie um genaue Begrifflichkeit und um Aufklärung. Gleichzeitig jedoch fächern sie einzelne Worte und Formulierungen polysemisch auf, spielen sie mit Doppel- oder Mehrdeutigkeiten und Widersprüchen. An anderer Stelle wiederum verbleiben sie betont im Vagen, Metaphorischen und Unbegrifflichen und fordern aufgrund dieser literarischen Qualitäten eine ästhetische Rezeptionshaltung: "Usually terse, dense and elliptical, each polished fragment has to be read as one would read a prose poem."[17] Die zahlreichen diskurs- wie literaturtheoretischen Äußerungen von *roland BARTHES par roland barthes* unterminieren somit durch die Art der Präsentation ihren theoretischen Status.

Gemeinsam ist fast allen Fragmenten, daß sie andere, vorgängige Texte und Äußerungen reflektieren und deren sprachliche Bedingungen und Wirkungen zu erklären suchen. Durch explizite wie implizite (Selbst-)Zitate, die kommentiert, erläutert oder modifiziert werden, und durch die Darlegung der eigenen Denkweisen und Schreibverfahren exponiert Barthes die sprachliche Verfaßtheit, hinterfragt er die Konstruiertheit seiner atopischen[18] *écriture* "en dérive"(RB, 53).

Ce livre n'est pas un livre de "confessions"; non pas qu'il soit insincère, mais parce que nous avons aujourd'hui un savoir différent d'hier; ce savoir peut se résumer ainsi: ce que j'écris de moi n'en est jamais *le dernier mot*: (...) Ouverts (et comment feraient-ils autrement?) sur ces différents avenirs, mes textes se déboîtent, aucun ne coiffe l'autre; celui-ci n'est rien d'autre qu'un texte *en* plus, le dernier de la série, non l'ultime du sens: *texte sur texte*, cela n'éclaircit jamais rien. (RB, 124)

Der Autor benennt und erklärt den von ihm produzierten literarischen Effekt. Dadurch zerstört — oder zumindest modifiziert — er dessen Wirkung. Doch bei Barthes wird gerade

diese Zerstörung des gesuchten Effekts selbst wiederum zum Prinzip seiner Textgestaltung. Der Text baut sich dann aus einer Aneinanderreihung von zerstörten Effekten auf, so eine Wirkung zweiter Potenz erzeugend.[19]

Adorno führt in der *Ästhetischen Theorie* die Autonomie und Eigensinnigkeit von Kunst darauf zurück, daß das Kunstwerk ein "Sein zweiter Potenz" (ÄT, 14) darstelle. Barthes' Texte verwirklichen diesen Seinsmodus konsequent im Medium der Sprache. Sie sind eine Literatur zweiten Grades; über Literatur sprechend, produzieren sie Literatur.[20] Dieser spezifische Literaturbegriff basiert zum einen auf Barthes' epistemologischer Position der grundlegenden sprachlichen Verfaßtheit der Welt. Zum anderen setzt Barthes damit eine maßgebliche Tendenz der ästhetischen Moderne in radikalisierter Weise fort, nämlich die selbstreflexive Thematisierung und Problematisierung des Schreibens, wie sie in den Werken Prousts, Joyces oder Becketts zu finden ist.

Barthes' Literatur zweiten Grades integriert ein hohes Maß an Bewußtheit und Reflektiertheit. Zugleich jedoch erscheint sie als besonders geeignetes Medium, die Sprache zu entfesseln und im Freilauf treiben zu lassen:

Nous pouvons même devenir des maniaques du second degré: rejeter la dénotation, la spontanéité, le babil, la platitude, la répétition innocente, ne tolérer que des langages qui témoignent, même légèrement, d'un pouvoir de déboîtement: la parodie, l'amphibologie, la citation subreptice. Dès qu'il se pense, le langage devient corrosif. A une condition cependant: qu'il ne cesse de le faire *à l'infini*. Car si j'en reste au second degré, je mérite l'accusation d'intellectualisme (...); mais si j'ôte le cran d'arrêt (de la raison, de la science, de la morale), si je mets l'énonciation *en roue libre*, j'ouvre alors la voie d'une déprise sans fin, j'abolis *la bonne conscience du langage*. (RB, 71)[21]

Die Literatur zweiter Potenz verfährt nach der Maxime *larvatus prodeo*: sie spricht parodistisch, ironisch, doppeldeutig und in verfremdeten Zitaten; sie spricht indirekt und benennt gleichzeitig ihre Vermitteltheit, weist mit diskretem und gewitztem Finger auf die eigene (Sprach-)Maske hin: "La vérité de notre littérature (...) est un masque qui se montre du doigt." (EC, 107) Ausgehend von linguistisch-semiotischen, diskursanalytischen und psychoanalytischen Konzepten betrachtet Barthes das Streben nach unmittelbarem und authentischem Ausdruck des Subjekts als Illusion, als unerfüllbare Utopie.[22] Für ihn gibt es kein unverstelltes, kein direktes Sprechen. Angesichts dieser Diagnose bieten paradoxerweise einzig die Verstellung, die Imitation und das Reden mit geborgten Worten die Möglichkeit, eine eigene Stimme und einen eigenen Ausdruck zu finden:

> en littérature comme dans la communication privée, si je veux être le moins "faux", il faut que je sois (...) le plus "indirect". (EC, 12)[23]

Barthes unterstellt eine irreduzible Vermitteltheit allen Denkens und Sprechens. Dies liegt zum einen an der Vorgängigkeit der symbolischen Ordnung gegenüber dem Subjekt: das kleine Menschenkind wächst in die schon existente Sprache hinein, muß sich deren Normen und Regeln anpassen. Zum anderen bezieht sich Barthes auf Lacans Modell des Imaginären, das als Instanz konstitutiver Selbstverkennung aufgefaßt werden kann. Der einzig mögliche Raum der Selbsterkenntnis ist nach Lacan immer auch ein Raum der Selbstverfehlung.[24]

> Tout ceci doit être considéré comme dit par un personnage de roman — ou plutôt par plusieurs. Car l'imaginaire, matière fatale du roman et labyrinthe des redans dans lesquels se fourvoie celui qui parle de lui-même, l'imaginaire est pris en charge par plusieurs masques (*personae*), échelonnés selon la profondeur de la scène (et cependant *personne* derrière). Le livre ne choisit pas, il fonctionne par alternance, il marche par bouffées d'imaginaire simple et d'accès critiques, mais ces accès eux-mêmes ne sont jamais que des effets de retentissement: pas de plus pur imaginaire que la critique (de soi). (RB, 123/24)

Peter Bürger mutmaßt in seinem anregenden Beitrag *Roland Barthes: Schriftsteller*, die eigentümliche Textgestaltung der Zerstörung eines produzierten Effekts verdanke sich

> einer schlecht unterdrückten Dialektik des Begehrens (...): der literarische Ausdruck ist Gegenstand des Begehrens, zugleich aber das Verbotene.[25]

Vor dem Hintergrund meiner bisherigen Ausführungen möchte ich demgegenüber argumentieren, daß Barthes' Schreiben keine unterdrückte, sondern im Gegenteil eine sich ihrer selbst bewußte und sich selbst reflektierende Dialektik des Begehrens exponiert: der literarische Ausdruck ist Gegenstand des Begehrens, der Schriftsteller zeichnet sich durch seinen "désir d'écrire" (BL, 313) aus. Doch er weiß zugleich, daß dieses Bedürfnis ein unmögliches, ein uneinholbares ist und sich — analog dem Lacanschen Subjekt — ständig verfehlen muß. Barthes' Antwort hierauf versucht dieser konstitutiven Paradoxie Rechnung zu tragen: er optiert für eine exzentrische und exzessive *écriture*, die listig, räuberisch und unverfroren mit der Sprache umgeht. Ein Schreiben, das Sinn und Bedeutung unablässig zerstreut und verschiebt und ein Immer-Weiter-Driften, einen "*déport*" (RB, 73) der Rede erzeugt.[26] Seine Texte sind daher idealiter unabschließbar und gleichen einem "escalier qui ne s'arrête pas."(RB, 177)[27]

Die traditionellen Kriterien von Wissenschaft und Philosophie — Wahrheit und Wirklichkeit — treten bei Barthes in den Hintergrund zugunsten einer "*pensée des effets*"(RB, 94).[28] Die abendländischen Wissensbestände werden als Produkte und Konstrukte der symbolischen Ordnung, genauer: als Spracheffekte, untersucht. Es interessiert nicht mehr die (semantische) Aussage, sondern die Art und Weise, wie etwas gesagt und wie etwas sprachlich erzeugt wird:

> Selon le discours de la science (...), le savoir est un énoncé; dans l'écriture, il est une énonciation. L'énoncé, objet ordinaire de la linguistique, est donné comme le produit d'une absence de l'énonciateur. L'énonciation, elle, en exposant la place et l'énergie du sujet, voire son manque (qui n'est pas son absence), vise le réel même du langage; elle reconnaît que le langage est un immense halo d'implications, d'effets, de retentissements, de tours, de retours, de redans; elle assume de faire entendre un sujet à la fois insistant et irrepérable, inconnu et cependant reconnu selon une inquiétante familiarité: les mots ne sont plus conçus illusoirement comme de simples instruments, ils sont lancés comme des projections, des explosions, des vibrations, des machineries, des saveurs: l'écriture fait du savoir une fête. (L, 28/30)

Barthes' *écriture* versteht sich gleichsam als Selbsterkundung der Sprache und ihrer Möglichkeiten, als Reflexion auf die Konstruiertheit und Vielstimmigkeit *jeder* Äußerung.[29] Der Autor reklamiert hierfür "un *nouvel art intellectuel*" (RB, 94), dessen Beschreibung deutlich vom Einfluß Bertolt Brechts geprägt ist:

> Avec les choses intellectuelles, nous faisons à la fois de la théorie, du combat critique et du plaisir (RB, 94).[30]

Dieser komplexe Anspruch, der die Dialektik des Schreibbegehrens einzufangen sucht und — wie das Denkbild — Rationalität und Sinnlichkeit miteinander verschmilzt, erfordert eine neuartige, synkretistische Textform: "*une tierce forme*" (BL, 316). Diese ist — wie Prousts *Recherche* — unentscheidbar zwischen Roman und Essay anzusiedeln, sie nimmt die beiden Gattungen in sich auf und übersteigt sie zugleich. So kann der Autor in bezug auf *roland BARTHES par roland barthes* erklären:

> La substance de ce livre, finalement, est donc totalement romanesque. L'intrusion, dans le discours de l'essai, d'une troisième personne qui ne renvoie cependant à aucune créature fictive, marque la nécessité de remodeler les genres: que l'essai s'avoue *presque* un roman: un roman sans noms propres. (RB, 124)[31]

Wenn ich also oben argumentiert habe, Barthes' *écriture* verstehe sich als Selbsterkundung der Sprache, so kann bezüglich *roland BARTHES par roland barthes* präzisiert werden: als Erkundung der Sprache und der Sprechweisen des Romans, worauf ja das einleitende Motto schon hinweist — "Tout ceci doit être considéré comme dit par un personnage de roman." Das Buch bietet eine literarische Untersuchung derjenigen Spracheffekte, die der Gattung des bürgerlichen Romans wesentlich sind. Barthes' Literatur zweiten Grades zielt auf eine Entgrenzung des Roman- und Fiktionsbegriffs, die nicht nur die im Lauf der neuzeitlichen Entwicklung klar geschiedenen Bereiche der wissenschaftlichen Theoriebildung, der Kritik und des ästhetischen Genusses synthetisieren soll, sondern immer schon von dem Wissen ausgeht, daß sich der moderne Roman "seine eigene Möglichkeit nicht als Fiktion von Realitäten, sondern als *Fiktion der Realität von Realitäten* zum Thema gemacht"[32] hat.

Da Roland Barthes sich selbst als "romancier, non du roman mais du romanesque" (GV, 210) bezeichnet, muß zunächst geklärt werden, was unter dem Romanhaften zu verstehen sei. Das Romanhafte ist ein spezifisches (literarisches) Diskursregister, ein Darstellungsmodus, der sich für Situationen und Personen des alltäglichen Lebens interessiert. Es unterscheidet sich vom Roman, insofern es jegliche Geschichte, jegliche narrativ-syntagmatische Verkettung sowie jeglichen handlungsmotivierenden Charakter ablehnt.[33] *Romanesque* im Sinne des Autors ist keine statische Eigenschaft, kein bestimmtes Thema oder Motiv eines Romans, sondern gerade eine Arbeit der Zerstreuung und des Aufbrechens klassischer Romanintrigen und -verläufe.[34] Wie gezeigt, verzichtete Baudelaire bewußt auf den "fil interminable d'une intrigue superflue" (OC I, 275) und entwickelte mit dem Prosagedicht eine Textform, die als kondensierter, von jeglichem epischen Überschuß befreiter Roman gelesen werden kann (wie dies des Esseintes in *A rebours* tut). In vergleichbarer Weise sucht Barthes — schreibend wie lesend —, das Romanhafte herauszulösen, indem er sich auf einzelne Faszinationskerne, auf die "lieux brûlants de l'anecdote" (PT, 21) konzentriert. Der Totalitätsanspruch des Romans wird zugunsten einiger weniger herausragender "'moments de vérité'"(BL, 323) aufgegeben; gerade die Lückenhaftigkeit und Brüchigkeit des Textverlaufs von *roland BARTHES par roland barthes*, die "suite pure d'interruptions"(RB, 98), scheint das Romanhafte hervorzutreiben:

> il faudrait (...) accepter d'émietter le "tout" de l'univers romanesque, ne plus placer l'essence du livre dans sa structure, mais au contraire reconnaître que l'œuvre émeut, vit, germe, à travers une espèce de "délabrement" qui ne laisse debout que certains moments, lesquels en sont à proprement parler les sommets, la lecture vivante, concernée, ne suivant en quelque sorte qu'une ligne de crête: les moments de vérité sont comme les points de *plus-value* de l'anecdote. (BL, 323)

Was Barthes hier wie auch in *Le plaisir du texte* als ideale Lektüre postuliert, praktiziert er schreibend in seinen späten Schriften, wodurch nicht zuletzt die Vergleichbarkeit, ja Austauschbarkeit von Schreiben und Lesen als kreativen Prozessen bestätigt wird. Der oft pauschalisierend als Strukturalist oder Poststrukturalist (ab-)qualifizierte Autor entpuppt sich plötzlich als "*anti-* and *counter*-structuralist"[35]. Der Roman konnte im 18. und 19. Jahrhundert zur paradigmatischen Kunstform avancieren, da er ein kohärentes, nachvollziehbares Welt- und Geschichtsmodell anbot. Mit der Ausbildung eines Wirklichkeitsbegriffs, der als "*Realisierung eines in sich einstimmigen Kontextes*"[36] nurmehr mit dem Realitätswert der vorgegebenen Wirklichkeit konkurrierte, konnte der Roman die Spuren erfahrenen Lebens festhalten und zugleich immer souveräner seinem "immanenten ästhetischen Imperativ"[37] zunehmender Verschriftlichung nachgehen.

> Wirklichkeit kann nicht mehr eine den gegebenen Dingen gleichsam anhaftende Qualität sein, sondern der Inbegriff eines einstimmigen Sichdurchhaltens einer *Syntax von Elementen*. Wirklichkeit stellt sich immer schon und immer nur als eine Art von Text dar, der dadurch als solcher konstruiert wird, daß er bestimmten Regeln der inneren Konsistenz gehorcht.[38]

Gerade die sukzessive, kausal oder psychologisch motivierte Verkettung der Ereignisse in der erzählten Geschichte scheint maßgeblich das Heraustreten des modernen Individuums "aus der Fessel, aber auch aus der Prothese der großen Institutionen"[39] befördert zu haben. Für Barthes nun ist eben dieses narrative Syntagma zu einem Panzer verkommen, der nicht mehr der Emanzipation, sondern gerade der Beschränkung und Beschneidung des Einzelnen dient. Die etablierten Erzählmuster und Geschichtsstrukturen kritisiert er als Instrumente der sozialen Befriedung, als Medien, die "toute force excessive"(FDA, 11) individuellen Begehrens lähmen und absorbieren.[40] Betrachtet man den Roman als *die* Form der "récupération sociale" (GV, 282), so wird das Aufbrechen und Mißachten der herkömmlichen Roman- und Geschichtsstrukturen zum anarchischen und subversiven Akt.[41]

Barthes' Ziel ist es, damit die der Sprache inhärente (bürgerliche) Ideologie zu entlarven, "porter le soupçon sur l'ideologie même de notre parole" (ES, 16), und die in die Sprache eingeschriebene Macht und Unterdrückung[42] zu unterlaufen. Um den zwangsläufig assertorischen und oppressiven Charakter der Sprache zu durchkreuzen oder wenigstens zu vermindern, schlägt er Verfahren der Diskontinuität vor:

> l'opération fondamentale de cette méthode de déprise, c'est, si l'on écrit, la fragmentation, et, si l'on expose, la digression, ou, pour le dire d'un mot précieusement ambigu: l'*excursion*. J'aimerais donc que la parole et l'écoute (...) soient semblables aux allées et venues d'un enfant qui joue autour de sa mère, qui s'en éloigne, puis retourne vers elle (L, 64).

Sprechen und Schreiben erscheinen hier als Transpositionen körperlicher Bewegungen und Begehren, analog dem neugierigen und zugleich vorsichtigen Experimentieren eines Kindes, das seine Welt erkundet.

roland BARTHES par roland barthes erhöht als "roman sans noms propres" (RB, 124) die Sprache zum eigentlichen Akteur:

> Les livres de Barthes ne sont pas des exposés d'idées mais des gestes verbaux, de l'*action writing*; ils comptaient intransitivement, par l'acte même de leur production.[43]

Unter der Metakategorie der Performanz und der Produktivität sprengt Barthes die Grenzen zwischen Autobiographie und Fiktion, zwischen Fiktion und kritischer Analyse, zwischen Essay und Roman.[44] Schreiben wird zum — utopischen — Projekt, das Begehren, den Willen zu schreiben wie auch die Widerstände dagegen zu erkunden.

Die Texte exponieren "le romanesque sans les personnages" und eröffnen so die Möglichkeit einer "écriture de la vie"(GV, 124), die nicht mehr auf ein Signifikat bezogen ist, sondern den Bereich des Signifikanten ausspielt. Das Subjekt dieser *écriture* probiert Redeweisen und Diskurse wie Kleider aus und erschafft sich wie sein Leben kraft dieser Sprachhandlung[45]:

> We assume that life *produces* the autobiography as an act produces its consequences, but can we not suggest, with equal justice, that the autobiographical project may itself produce and determine the life and that whatever the writer *does* is in fact governed by the technical demands of self-portraiture and thus determined, in all its aspects, by the resources of his medium?[46]

Barthes' Schreiben seiner selbst erzeugt ein heterogenes und zusammengesetztes Sprachkleid, das zugleich als Anagramm des Körpers, als Sprachgeste im konkreten Sinn in den Blick kommt:

> Ecrire le corps.
> Ni la peau, ni les muscles, ni
> les os, ni les nerfs, mais le reste: un ça
> balourd, fibreux, pelucheux, effiloché,
> la houppelande d'un clown. (RB, 182)

Auch die *Fragments d'un discours amoureux* können als Literatur zweiten Grades, als eine verdoppelte und hochgradig inszenierte Sprechweise gelesen werden. "C'est donc/ un amoureux/ qui parle/ et qui dit:"(FDA, 13), ist den einzelnen Textfiguren programmatisch vorangestellt. Damit wird angekündigt, daß die Fragmente um einen spezifischen Modus der Subjektivität, nämlich die Befindlichkeiten und Stimmungen eines verliebten, eines liebenden Subjekts kreisen. Zudem legt das Buch damit gleichsam seine Karten auf den Tisch: Weder eine Beschreibung noch eine — philologische, philosophische oder psychologische — Untersuchung oder gar Systematisierung der Sprachen der Liebe ist zu erwarten, sondern die Simulation verliebten Sprechens:

> On a donc substitué à la description du discours amoureux sa simulation, et l'on a rendu à ce discours sa personne fondamentale, qui est le *je*, de façon à mettre en scène une énonciation, non une analyse. (FDA, 7)

Barthes' Text befragt im Medium des Literarischen die Bedingungen sprachlicher Äußerung; er macht die eigentümliche Dialektik transparent, durch die sich das Subjekt einer Rede zugleich präsentiert und verhüllt, durch die es abwesend (indem es sich den vorgegebenen Zeichen und Regeln überläßt) *und* anwesend ist (indem es seine Lust und sein Begehren dem Text einschreibt).[47]

Durch die alphabetische Ordnung, durch das den einzelnen Fragmenten jeweils explikativ-beschreibend vorangestellte "argument" (FDA, 9), durch die Numerierung der zu einer Sprachfigur zusammengefaßten Passagen sowie schließlich durch Fußnoten und Verweise auf literarische oder philosophische Werke und Autoren erwecken die *Fragments* zunächst einen wissenschaftlichen Eindruck. Sie beginnen mit einer in die drei Abschnitte *Figures*, *Ordre* und *Références* untergliederten Einleitung, die wie ein wissenschaftliches Vorwort, wie eine Leseanleitung für den nachfolgenden Text erscheint. Doch schon der Titel dieser Einführung — "Comment est fait ce livre"(FDA, 7) — betont den Aspekt der Artifizialität und erinnert zudem an einen exzentrischen französischen Schriftsteller der ästhetischen Moderne: an Raymond Roussel und dessen Werk *Comment j'ai écrit certains de mes livres.*[48] Der intertextuelle Hinweis auf Roussels experimentelle und forciert sprachspielerische Prosa sensibilisiert für weitere künstlerisch-ästhetische Elemente in den *Fragments d'un discours amoureux*. So heißt das Literaturverzeichnis, welches das Buch in wissenschaftlicher Manier beschließt, irritierenderweise "Tabula gratulatoria" (FDA, 279). Diesbezüglich erklärt der Autor in der Einleitung:

> Ce qui vient des livres et des amis fait parfois apparition dans la marge du texte, sous forme de noms pour les livres et d'initiales pour les amis. Les références qui sont ainsi données ne sont pas d'autorité, mais d'amitié: je n'invoque pas des garanties, je rappelle seulement, par une sorte de salut donné en passant, ce qui a séduit, convaincu, ce qui a donné un instant la jouissance de comprendre (d'être compris?). (FDA, 12)

Was in *Le plaisir du texte* noch als utopische Vorstellung einer "*Société des Amis du Texte*" (PT, 26) formuliert wurde, scheint Wirklichkeit geworden zu sein. Der Autor flaniert durch eine imaginäre, fast intime Gemeinschaft, die sich aus literarischen, historischen, philosophischen oder auch musikalischen Diskursen sowie aus Gesprächen mit Freunden und Bekannten zusammensetzt. Es geht ihm nicht um philologische Belege oder um eine autoritative Stütze seiner Ausführungen, sondern die "parfois" und überdies "dans l'état souvent incertain, inachevé"(FDA, 12) gegebenen Verweise bezeugen einen spielerischen, nicht-hierarchischen und emotionalen Umgang mit Texten. Die Auseinandersetzung mit vorgängigen Werken und Diskursen gestaltet sich nicht systematisch und diszipliniert, sondern als hochgradig affektive Relation, als erotisches Erlebnis der Verführung. Als Fußnote vermerkt wird nur "ce qui a séduit, convaincu, ce qui a donné un instant la jouissance de comprendre (d'être compris?)"(FDA, 12). Während Baudelaires Flaneur Wollust beim Bad in der großstädtischen Menge empfindet, taucht der Barthessche Flaneur in ein Universum von Texten ein und erlebt dort Faszination, Verführung und Ekstase.

Die Splitterhaftigkeit der Ausführungen und Redefiguren, die Unbestimmtheit und Unabgeschlossenheit des Geschriebenen — "qui convient à un discours dont l'instance n'est rien d'autre que la mémoire des lieux (livres, rencontres) où telle chose a été lue, dite, écoutée"(FDA, 12) — verweisen mit dem Gedenken an Orte und Situationen vorsichtig auf Kunstwerke, die als Folie und Intertext für die *Fragments* fungiert haben. Neben Prousts *A la Recherche du temps perdu* müssen hier auch romantische Liederzyklen wie Schuberts *Winterreise* genannt werden. Die Welt der *Fragments* ist — wie die des romantischen Gesangs[49] — die Welt der Liebe, genauer: das Sprachgewitter im Kopf des liebenden Subjekts:

> *Dis-cursus*, c'est, originellement, l'action de courir çà et là, ce sont des allées et venues, des "démarches", des "intrigues". L'amoureux ne cesse en effet de courir dans sa tête, d'entreprendre de nouvelles démarches et d'intriguer contre lui-même. Son discours n'existe jamais que par bouffées de langage, qui lui viennent au gré de circonstances infimes, aléatoires. (FDA, 7)

Wie romantische Liederzyklen arbeiten auch die *Fragments d'un discours amoureux* in kurzen, intensiven, sich variierend wiederholenden Fragmenten mit schwankender Stellung eine ständig neue Rede, immer neue imaginierte Gesprächssituationen heraus.

> Prenez le *Voyage d'hiver*: *Bonne Nuit* dit le don que l'amoureux fait de son propre départ, don si furtif que l'être aimé n'en sera même pas incommodé, et je me retire moi aussi, mes pas dans les siens. *Les Larmes glacées* disent le droit de pleurer; *Gel*, ce froid

> si spécial de l'abandon; le *Tilleul*, le bel arbre romantique, l'arbre du parfum et de l'endormissement, dit la paix perdue; *Sur le fleuve*, la pulsion d'inscrire — d'écrire — l'amour parfait; le *Joueur de vielle* rappelle, pour finir, le grand ressassement des figures du discours que l'amoureux se tient. (OO, 257)

In vergleichbarer Weise produziert und phantasiert der *amoureux* der *Fragmente* endlose Dialogszenen und Selbstansprachen, die vom jubilierenden *ich-liebe-dich* bis zur verzweifelten "envie de suicide" (FDA, 259) reichen. Wie schon *plaisir du texte* und *roland BARTHES par roland barthes* sperrt sich auch die hier entfesselte Phantasietätigkeit des Liebenden der Zähmung durch das narrative Syntagma, tauchen die Redefiguren zufällig und ungeordnet auf, ohne Ziel und ohne Transzendenz, außerhalb jeder rationalen Logik, jedes Systems und jeder Geschichte:

> Chaque figure éclate, vibre seule comme un son coupé de toute mélodie — ou se répète, à satiété, comme le motif d'une musique planante. (FDA, 10)[50]

Nicht nur jedes einzelne Textfragment, auch die Gesamtstruktur des Buches folgt musikalischen Prinzipien:

> Quoi, lorsqu'on met des fragments à la suite, nulle organisation possible? Si: le fragment est comme l'idée musicale d'un cycle (*Bonne Chanson, Dichterliebe*): chaque pièce se suffit, et cependant elle n'est jamais que l'interstice de ses voisines: l'œuvre n'est faite que de hors-texte. L'homme qui a le mieux compris et pratiqué l'esthétique du fragment (avant Webern), c'est peut-être Schumann; il appelait le fragment "intermezzo"; il a multiplié dans ses œuvres les *intermezzi*: tout ce qu'il produisait était finalement *intercalé*: mais entre quoi et quoi? Que veut dire une suite pure d'interruptions? (RB, 98)

Wie schon *roland BARTHES par roland barthes* ziehen auch die *Fragments* die kontingente alphabetische Reihung der syntagmatischen Verkettung vor und protestieren somit gegen die gesellschaftlich etablierten Muster konsequenter, kausaler Entwicklung und Erzählung. Statt dessen werden die flüchtigen Assoziationen und imaginären Kapriolen im Kopf eines Subjekts diskursiviert, und wird dessen — durchaus romantisch verstandene — Phantasietätigkeit in Szene gesetzt: "*Fantasieren*: à la fois imaginer et improviser: bref, fantasmer, c'est-à-dire produire du romanesque sans construire un roman."(OO, 257) Darüber hinaus aktualisiert und modernisiert Barthes den romantischen Fragmentbegriff, dem zufolge das in sich vollendete, sich selbst genügende Fragment durch Selbstreflexion ins Unendliche weiterschreitet: Das metaphysisch aufgeladene romantische Unendliche wird gleichsam materialisiert und in den konkreten Bereich der Sprache und des Textes zurückgeholt. Als Bezugspunkt fungiert keine übersinnliche Instanz mehr, sondern andere — vorgängige oder nachfolgende — Text-Fragmente dienen als Sinnmatrix. Jedes einzelne Fragment erhält seine Bedeutung nur aus den differentiellen Beziehungen zu weiteren Fragmenten; Sinn entsteht als Effekt eines strukturierten Ensembles, einer "suite pure d'interruptions"(RB, 98). Ferdinand de Saussures linguistische Aussage: "*dans la langue il n'y a que des différences*"[51], wird von Barthes auf die Ebene der Relation einzelner Texte zueinander transponiert. Gerade die Lückenhaftigkeit einer Gedankenführung, die Brüchigkeit eines Textes erscheint vor diesem Hintergrund als Ausweis seiner Aussagekraft. Barthes' Auffassung kommt hier der Essayistik der Kritischen Theorie auffallend nahe. So vermerkt Walter Benjamin in den *Denkbildern*:

> Nicht der Fortgang von Erkenntnis zu Erkenntnis ist entscheidend, sondern der Sprung in jeder einzelnen Erkenntnis selbst. Er ist die unscheinbare Echtheitsmarke, die sie von aller Serienware unterscheidet, die nach Schablone gefertigt ist.[52]

Auch Adorno fordert in den *Minima Moralia* explizit "Lücken"(MM, 99) in der Argumentation und Darstellung, denn

> der Wert eines Gedankens mißt sich an seiner Distanz von der Kontinuität des Bekannten. (...) Texte, die ängstlich jeden Schritt bruchlos nachzuzeichnen unternehmen, verfallen denn auch unweigerlich dem Banalen und einer Langeweile, die sich nicht nur auf die Spannung bei der Lektüre, sondern auf ihre eigene Substanz bezieht. (MM, 99/100)[53]

Der mäandernde Diskurs der *Fragments d'un discours amoureux*, der aus Miniaturdialogen, aus Kürzestdramen und Selbstgesprächen montiert ist, verbirgt seine Konstruiertheit nicht. Im Gegenteil — der insistierend um den Prozeß des Redens beziehungsweise Schreibens selbst kreisende Text fängt das Hin- und Her-Irren des Diskurses im Kopf des Liebenden auch durch graphische und visuelle Elemente ein: Durch die vielen *blancs* zwischen den einzelnen Passagen werden die *Fragmente* selbst zum "hors-texte"(RB, 98) und ahmt das Buch gleichsam die kurzen Atem- und Denkpausen des Subjekts nach. Schließlich können nicht nur die Sprachfiguren — mit Todorov — als verbale Gesten gelesen werden; auch die Komma-, Strichpunkt- und Doppelpunktketten zielen auf eine gestische Interpunktion, die den Eindruck verstärkt, daß hier Sprache im Sinne Nietzsches zu einer Auslegung des Körpers, seiner Triebe und Regungen geworden ist. Barthes' Ästhetik zielt auf eine Physiologie des Textes, die zugleich eine Physiologie des begehrenden, sexuellen Subjekts ist. "Le texte a une forme humaine, c'est une figure, un anagramme du corps? Oui, mais de notre corps érotique." (PT, 30)

Zu Barthes' leichtfüßiger, musikalisch strukturierter Prosa scheinen Adornos *Minima Moralia* mit ihrem ganzen Einsatz philosophischer Reflexion den vollkommenen Kontrast, quasi den Gegen-Text zu bieten.

Der lateinisierende Titel gibt den eigenen historischen Standpunkt innerhalb der Tradition abendländischer Philosophie an. Denn Philosophie "im Angesicht der Verzweiflung" (MM, 333), das heißt angesichts eines im Faschismus und im Zweiten Weltkrieg totalitär gewordenen Verwertungszusammenhangs und angesichts einer vollends pervertierten Aufklärung, ist eine "traurige Wissenschaft" (MM, 7) geworden. Sie kann längst nicht mehr mit dem Anspruch auftreten, "die Lehre vom richtigen Leben" (MM, 7) zu vertreten, wie dies in den Anfängen der Philosophie, beispielsweise mit Aristoteles' *Ethika megala* (*Magna Moralia*), der Fall war. Unter den Bedingungen der Dissoziation des Individuums setzt der vorsichtig tastende Blick der *Minima Moralia* "nicht nur mit schlechtem Gewissen" (MM, 11) am Bereich subjektiver Erfahrung an. Adornos umständliche und zögerliche Formulierung weist schon darauf hin, daß es ihm um eben jenen Bereich geht, den die philosophische Tradition bislang verschmähte:

> Philosophie hat, nach dem geschichtlichen Stande, ihr wahres Interesse dort, wo Hegel, einig mit der Tradition, sein Desinteressement bekundete: beim Begriffslosen, Einzelnen und Besonderen; bei dem, was seit Platon als vergänglich und unerheblich abgefertigt wurde und worauf Hegel das Etikett der faulen Existenz klebte. (ND, 19/20)

Hier wird ein philosophisches Programm mit den Kategorien der ästhetischen *modernité* legitimiert. Denn das Besondere, Vergängliche und Unerhebliche ist als "élément relatif, circonstanciel"(OC II, 685) und als "le transitoire, le fugitif, le contingent"(OC II, 695) der thematische wie strukturelle Kern der Baudelaireschen Modernität.

Schon der Untertitel der *Minima Moralia* — "Reflexionen aus dem beschädigten Leben" — betont die subjektive Perspektive, der jedoch gerade aufgrund ihrer Leiderfahrung ein eminent überindividuelles und objektives Moment zukommt:

> Das Bedürfnis, Leiden beredt werden zu lassen, ist Bedingung aller Wahrheit. Denn Leiden ist Objektivität, die auf dem Subjekt lastet; was es als sein Subjektivstes erfährt, sein Ausdruck, ist objektiv vermittelt. (ND, 29)[54]

Bemerkenswert an dieser Passage ist nicht nur die modifizierende Aneignung der Begriffe "subjektiv" und "objektiv" für den eigenen Gedankengang. Präzisiert werden muß darüber hinaus auch, was Ausdruck hier bedeuten kann. Ausdruck beruht für Adorno nicht auf der Mitteilung einer Information oder Haltung, nicht auf dem Austausch einer subjektiven Stimmung oder Verfassung. Die kommunikative und signifikative Rede gilt ihm gerade als ausdruckslos, da er sie den heteronomen Zwecken einer entfremdeten Gesellschaftsordnung unterworfen sieht, die jeglichen Eigensinn von Menschen und Dingen vernichte.[55]

> Als begriffliche und prädikative steht Sprache dem subjektiven Ausdruck entgegen, nivelliert das Auszudrückende auf ein je schon Vorgegebenes und Bekanntes vermöge ihrer Allgemeinheit. Dagegen begehren die Dichter auf. Ohne Unterlaß möchten sie der Sprache, bis zu deren Untergang hin, das Subjekt und seinen Ausdruck einverleiben. (NL, 477)

In Ablehnung von Sprache als einem sozialen Vehikel erscheint die ästhetische Rede als eine betont ausdrucksvolle, da sie auf Mitteilung und Kommunikation verzichtet und keine fixierten, stereotypisierten Bedeutungen zuläßt.[56] Was Adorno der künstlerischen Produktion und Intention zuschreibt, charakterisiert auch sein eigenes Unterfangen. Er möchte — darin Roland Barthes vergleichbar — Denken und Schreiben an den Körper rückbinden, leibliche Sensibilität und Fülle in die Sprache einlassen. "Insofern ist das ästhetische Moment (...) der Philosophie nicht akzidentell"(ND, 26), und das Problem verbalen Ausdrucks und sprachlicher Darstellbarkeit ist ein integraler Aspekt von Adornos Reflexionen.

Trotz dieser Gemeinsamkeiten von Kunst und Philosophie betont Adorno allerdings immer wieder, daß Philosophie nicht in Kunst aufgehen dürfe[57] und sich ihrer spezifisch begrifflichen Anstrengung, nämlich "über den Begriff durch den Begriff hinauszugelangen" (ND, 27), nicht entledigen dürfe.

Ob der Primat der Philosophie, wie er in der *Negativen Dialektik* oder auch in der gemeinsam mit Max Horkheimer verfaßten *Dialektik der Aufklärung* zutage tritt, auch für die *Minima Moralia* gilt, scheint trotz des im Titel gesetzten philosophischen Anspruchs fragwürdig und muß durch eine genaue Textbetrachtung erst erwiesen werden. Zwar entfaltet das Werk eine enorme reflexive Kraft, ringen die Aphorismen, Denkbilder und Miniaturessays um kritische und diagnostische Erkenntisse eines durchaus "weiteren gesellschaftlichen und anthropologischen Umfangs"(MM, 11). Doch muß gleichwohl gefragt werden, ob sich Adornos "Entfesselte Dialektik" (ND, 48) in den *Reflexionen aus dem beschädigten Leben* nicht durch primär ästhetische, literarische Verfahren auszeichnet und — ähnlich dem Essay — zumindest im Grenzbereich von wissenschaftlich-philosophischen und künstlerischen Diskursen anzusiedeln ist.

Deshalb schlage ich im folgenden eine ästhetische Lektüre vor, die gegenüber dem Gros der bisherigen, philosophisch-soziologisch ausgerichteten Adornorezeption eine andere Akzentuierung vornimmt.[58] Repräsentativ für die etablierte Adorno-Forschung kann die Auffassung von Jürgen Habermas stehen, der die Aphorismensammlung der *Minima Moralia* als Adornos "Hauptwerk" bezeichnete, die getrost, "als sei sie eine Summe, studiert werden"[59] darf, und der mithin keine literarische, sondern eine systematische und analytische Lesehaltung anempfahl.

Unbestritten ist der Anspruch der *Minima Moralia*, unter dem Mikroskop der Vernunft die Dinge zu sezieren und zur Aufklärung über die Situation des modernen Individuums, über das Wechselverhältnis von Ich und Welt, über den Krieg und seine Folgen, über das Exil oder über Fragen der Wissenschaft und der Kunst beizutragen. Die Aphorismen und Denkbilder sind in drei Teile gegliedert, die — mit wenigen Ausnahmen — den jeweiligen Entstehungszeiträumen, nämlich 1944 für den ersten, 1945 für den zweiten und schließlich 1946-47 für den dritten Teil, entsprechen.[60] Die numerierten und mit einer emblematischen Überschrift versehenen Texte setzen in jedem Teil bei der Lage des Intellektuellen, seiner Sozialisation und seinen spezifischen Erfahrungen an, um — nach der Ausweitung der Reflexion auf den Krieg, den Zustand der Gesellschaft oder auf Fragen der Ästhetik — wieder kreisförmig in Ausführungen über die Aufgabe und Praxis des sich als Künstler-Philosoph verstehenden Intellektuellen zu münden. Obgleich sich durchaus thematische Bezüge zwischen einzelnen Denkbildern und Textblöcken erkennen lassen[61], verweigert "das Lose und Unverbindliche der Form" (MM, 12) eine stringente, argumentative oder gar kausale Verkettung, sucht die Leserin oder der Leser vergeblich nach einem zielgerichteten Fortschritt der Darlegungen. Systematischer Zusammenhang und der (philosophische) Anspruch auf Totalität sind — wie gut 25 Jahre später für Barthes — schon für Adorno fragwürdig geworden; "Geschichte" als Erzählung wie als Historie, das heißt als gesellschaftlich-existentielles Syntagma wird "in einer von der Ambivalenz des Tauschwerts geprägten Welt"[62] zum Problem. Wie der moderne Roman seit Beginn dieses Jahrhunderts revoltieren auch die *Minima Moralia* gegen das syntagmatisch-systematische Prinzip, und zwar sowohl durch eine inhaltliche Kritik an narrativer Verknüpfung und Geschlossenheit als auch durch die eigene Textgestalt: Die in "einem Buch fast unabdingbare Folge des Erst-Nachher" (ÄT, 541), die Barthes durch die Kontingenz alphabetischer Anordnung zu unterlaufen trachtet, versucht Adorno durch eine heterogene und brüchige Montage zu umgehen, in der alle Teilkomplexe gleichgewichtig sind und "gleich nahe zum Mittelpunkt stehen."(MM, 86) Adornos Schreibweise verfährt betont assoziativ und parataktisch, gegen die starre Festlegung und kommunikative Vereinnahmung der Wörter setzt sie Bildlichkeit, Polysemie und Spekulation.

> Meine älteste Erinnerung an Brahms, und gewiß nicht nur meine, ist "Guten Abend, gut' Nacht". Vollkommenes Mißverständnis des Textes: ich wußte nicht, daß Näglein ein Wort für Flieder oder in manchen Gegenden für Nelken ist, sondern stellte mir kleine Nägel, Reißnägel darunter vor, mit denen die Gardine vorm Himmelbettchen, meinem eigenen, ganz dicht zugesteckt sei, so daß das Kind, in seinem Dunkel vor jeder Lichtspur geschützt, unendlich lange — "bis die Kuh ein' Batzen gilt", sagt man in Hessen — ohne Angst schlafen könne. Wie bleiben die Blüten zurück hinter der Zärtlichkeit solcher Vorhänge. Nichts steht uns für die ungeschmälerte Helle ein als das bewußtlose Dunkel; nichts für das, was wir einmal sein könnten, als der Traum, wir wären nie geboren. (MM, 264/65)

Der essayistischen und undogmatischen *écriture* Adornos stehen alle sprachlichen und diskursiven Register zur Verfügung; sie integriert vom philosophischen Zitat über die kritische und wissenschaftliche Analyse, die nüchterne Beschreibung ebenso wie die scharfe Polemik, die poetisch-literarische Formulierung bis hin zur umgangssprachlichen Wendung alle verbalen Ausdrucksmuster, ohne jedoch deren Heterogenität glattzubügeln. Der offene und vielschichtige Sprachgestus der *Minima Moralia* fängt Einzelnes, Randständiges, Individuelles auf; er beachtet — darin dem Essay nahe — besonders "das Wechselnde, Ephemere"(NL, 17), das seit Baudelaire als Essenz der Modernität gilt. Begriffe werden in der Schwebe gehalten, sie ergänzen, korrigieren oder widersprechen sich:

> Zwischen "es träumte mir" und "ich träumte" liegen die Weltalter. Aber was ist wahrer? So wenig die Geister den Traum senden, so wenig ist es das Ich, das träumt. (MM, 252)

> Die Subjektlosen, kulturell Enterbten sind die echten Erben der Kultur. (MM, 195)

Weit ausladende, bis zum Zerreißen gespannte Perioden kontrastieren mit aphoristisch knappen, erratisch hervorstechenden Kurzsätzen, die zuweilen lakonisch-klar, zuweilen metaphorisch-rätselhaft ausfallen. Inversionen, Antithesen und ebenso abrupte wie paradoxe Zusammenführungen sich widersprechender Gedankenglieder wechseln mit ruhig geführten, dahinfließenden Passagen, die die Spuren subjektiver Erfahrung und Erinnerung zu vergegenwärtigen suchen. Was Adorno als "das beste Verhalten" angesichts universeller Verwertungszusammenhänge empfiehlt, nämlich "ein unverbindliches, suspendiertes" (MM, 41), führen seine Texte selbst vor: Verbindlicher Sinn ist aufgehoben, die dialektischen Pole werden bis ins Extrem ausdifferenziert, ohne daß einem der Vorzug gegeben wird und ohne daß der Rückzug ins bloß Relative und Privatistische angetreten wird.

> Die Kunst bestünde darin, in Evidenz zu halten und auszudrücken, daß das Privateigentum einem nicht mehr gehört (...); daß man aber dennoch Eigentum haben muß, wenn man nicht in jene Abhängigkeit und Not geraten will, die dem blinden Fortbestand des Besitzverhältnisses zugute kommt. Aber die Thesis dieser Paradoxie führt zur Destruktion, einer lieblosen Nichtachtung für die Dinge, die notwendig auch gegen die

> Menschen sich kehrt, und die Antithesis ist schon in dem Augenblick, in dem man sie ausspricht, eine Ideologie für die, welche mit schlechtem Gewissen das Ihre behalten wollen. Es gibt kein richtiges Leben im falschen. (MM, 42)

Ähnlich der *écriture* Barthes' setzen Adornos Texte Aussagen und Behauptungen, die im weiteren modifiziert, angereichert, dialektisch ins Gegenteil verkehrt werden, um schließlich in etwas völlig anderes, Drittes umzuschlagen. Diese Verfahrensweise wird im Verlauf des Buches beständig reflektiert und kommentiert, wodurch sich Parallelen zu Barthes' Literatur zweiten Grades eröffnen. Die Dialektik der *Minima Moralia* bewegt sich

> durch die Extreme und treibt den Gedanken durch äußerste Konsequenz zum Umschlag, anstatt ihn zu qualifizieren. Die Besonnenheit, die es verbietet, in einem Satz zu weit sich vorzuwagen, ist meist nur Agent der gesellschaftlichen Kontrolle und damit der Verdummung. (MM, 107)

Adornos *Reflexionen* exponieren eine Dialektik der Übertreibung und der Transgression[63], die den herrschenden — philosophischen, wissenschaftlichen wie gesellschaftlich-ökonomischen — Identitätszwang von innen aufsprengen will und der Eigenart menschlicher Erkenntnis gerecht zu werden sucht.

> Erkannt wird (...) in einem Geflecht von Vorurteilen, Anschauungen, Innervationen, Selbstkorrekturen, Vorausnahmen und Übertreibungen, kurz in der dichten, fundierten, aber keineswegs an allen Stellen transparenten Erfahrung. (MM, 100)

Die nicht zuletzt im Begriff Geflecht evozierte ästhetische Textur von Erkenntnisprozessen bestätigt Adorno an anderer Stelle im expliziten Rückgriff auf musikalische Vergleichsmomente:

> An Philosophie bestätigt sich eine Erfahrung, die Schönberg an der traditionellen Musiktheorie notierte: man lerne aus dieser eigentlich nur, wie ein Satz anfange und schließe, nichts über ihn selber, seinen Verlauf. Analog hätte Philosophie nicht sich auf Kategorien zu bringen sondern in gewissem Sinn erst zu komponieren. Sie muß in ihrem Fortgang unablässig sich erneuern, aus der eigenen Kraft ebenso wie aus der Reibung mit dem, woran sie sich mißt; was in ihr sich zuträgt, entscheidet, nicht These oder Position; das Gewebe, nicht der deduktive oder induktive, eingleisige Gedankengang. Daher ist Philosophie wesentlich nicht referierbar. (ND, 44)

Gerade die Nicht-Referierbarkeit, die Adornos *Minima Moralia*, Barthes' späte Schriften und Baudelaires *Spleen de Paris* verbindet, ist ein Merkmal ihrer Literarizität. Adorno stellt nicht eine Aussage, nicht eine These oder Position ins Zentrum, sondern den Text selbst als ein Ereignis, eine Prozessualität. Wichtig ist, "was in ihm sich zuträgt", also eine eigendynamische, vielschichtig komponierte Denk- und Sprachbewegung. Adornos kompositorisches Schreiben ist dabei weniger als Spiel mit sprachlichen Klängen und Melodien zu verstehen als vielmehr — vergleichbar dem Ideal des Musikalischen bei Barthes — als eine Art struktureller Komposition in Sprache[64]:

> Übliche Sprachgestaltung schreitet von Satz zu Satz fort, drückt also den Gedankengang aus oder zeichnet eine Sache nach. Komponieren verfährt weniger einlinig; heißt verschiedene Vorgänge gestalten und in Beziehung setzen. Wohl werden auch hier Fortsetzungen gebildet und kommt es auf logischen Progreß an. Außerdem arbeitet Komposition mit Variationen und Kontrasten, überhaupt mit Umgestaltungen (Verkürzungen, Erweiterungen), die in mannigfache Richtungen führen. Entscheidend aber ist das zeitliche Element: daß Prozesse entstehen und auf Zukünftiges verwiesen oder an Zurückliegendes erinnert wird; wie überhaupt im Verlauf einer Komposition ein Beziehungsnetz entsteht, worin Vergangenes neue Aspekte gewinnt und Ahnungen von Kommendem sich einstellen.[65]

Adornos Ideal eines komplex ge- und verwebten Textes[66] impliziert die Ästhetisierung und Musikalisierung von Sprachhandlungen. Darüber hinaus protestiert es gegen erkenntnistheoretische und philosophische Dominanten: Das Ideal artistischer Gestaltung revoltiert gegen systematische Geschlossenheit, gegen Hierarchisierungen jeder Art sowie schließlich gegen eine vereinzelte, von Kontexten und gesellschaftlich-historischen Einbettungen abstrahierende Perspektive. Die Sprachkompositionen Adornos bringen die Sprache in Fluß, lösen feststehende Zuordnungen und Reglementierungen auf.[67] Eine solche Freisetzung von Worten und Bezügen trotzt selbst dem präzise und diszipliniert Formulierten ein Rhapsodisches ab[68], läßt Sprache im gestischen Ausdruck aufgehen.[69] Damit wird genau jene spezifisch semiotische Kraft entfaltet, die Roland Barthes als Essenz der Literatur bestimmt:

> de *jouer* les signes plutôt que de les détruire, c'est de les mettre dans une machinerie de langage, dont les crans d'arrêt et les verrous de sûreté ont sauté, bref c'est instituer au sein même de la langue servile, une véritable hétéronymie des choses. (L, 40)

Barthes' Semiosis, das Durcheinanderwirbeln, Dynamisieren und Entgrenzen der Zeichen, findet ihr Pendant in Adornos Dialektik der Transgression, die ebenfalls einen so spielerischen wie absurd-existentiellen Kampf mit den Worten ficht:

> Sprachliche Don Quixoterie ward zum Gebot, weil jedes Satzgefüge beiträgt zur Entscheidung darüber, ob die Sprache als solche, zweideutig von Urzeiten her, dem Betrieb verfällt und der geweihten Lüge, die zu diesem gehört, oder ob sie zum heiligen Text sich bereitet, indem sie sich spröde macht gegen das sakrale Element, aus dem sie lebt. Die asketische Abdichtung der Prosa gegen den Vers gilt der Beschwörung des Gesangs. (MM, 297)

Die kulturkritische Diagnose von Adorno und Barthes konvergiert in wesentlichen Zügen. Mit jeweils unterschiedlichen Akzentuierungen richten sich beide Autoren gegen die zweckrationale, entfremdende, entindividualisierende und in Mythos umschlagende bürgerliche Ideologie. Diese Frontstellung führt beide Autoren zu durchaus vergleichbaren Lösungsansätzen.

Die erkenntistheoretische Position der grundlegenden sprachlichen Verfaßtheit der Welt veranlaßt Roland Barthes zu der Einsicht:

> il est dérisoire de vouloir contester notre société sans jamais penser les limites mêmes de la langue par laquelle (rapport instrumental) nous prétendons la contester (ES, 13).

Gesellschaftskritik und die Aufgabe von Intellektuellen und Künstlern, "de décomposer l'idéologie bourgeoise (et petite-bourgeoise)" (GV, 187), muß sich demnach als Sprachkritik vollziehen, gleichsam Risse in die symbolische Ordnung schlagen. Zu beginnen wäre also damit, sich "l'idéologie même de notre parole" (ES, 16) bewußt zu machen, diese zu exponieren und zu unterlaufen. Die Subversion der bestehenden symbolischen Ordnung kann nicht durch einen direkten Angriff auf die Sprache, nicht durch eine Zerstörung ihrer Syntax, ihrer Grammatik oder Lexik erreicht werden.[70] Denn Barthes sieht sich als "écrivain, dont l'action peut de plus en plus se définir comme une critique du langage" (BL, 22), dem Paradox ausgesetzt, "de critiquer le langage bourgeois sous le règne même de la bourgeoisie"(GV, 187). Er optiert folglich dafür, die Sprache zu stehlen, gewitzt mit ihr umzugehen und sie zu überlisten.[71]

> En fait, il n'y a aujourd'hui aucun lieu de langage extérieur à l'idéologie bourgeoise: notre langue vient d'elle, y retourne, y reste enfermé. La seule riposte possible n'est ni l'affrontement ni la destruction, mais seulement le vol: fragmenter le texte ancien de la culture, de la science, de la littérature, et en disséminer les traits selon des formules méconnaissables, de la même façon que l'on maquille une marchandise volée. (SFL, 15)

Dadurch wird — wie schon bei Baudelaire — die ästhetische Praxis aufgewertet und als dem Bereich des Politischen oder des gesellschaftlich-sozialen Engagements vorgelagert betrachtet.

> L'intervention sociale d'un texte (qui ne s'accomplit pas forcément dans le temps où ce texte paraît) ne se mesure ni à la popularité de son audience ni à la fidélité du reflet économico-social qui s'y inscrit ou qu'il projette vers quelques sociologues avides de l'y recueillir, mais plutôt à la violence qui lui permet d'*excéder* les lois qu'une société, une idéologie, une philosophie se donnent pour s'accorder à elles-mêmes dans un beau mouvement d'intelligible historique. Cet excès a nom: écriture. (SFL, 16)[72]

Vergleichbar der Haltung von Barthes möchte auch Adorno in einer gesamtgesellschaftlichen Situation, die "'Nach Weltuntergang'"(MM, 63) heißen müßte, durch eine spezifische Form negativer, entfesselter Dialektik Freiheitsräume jenseits der herrschenden binären Logik eröffnen.

Freiheit wäre, nicht zwischen schwarz und weiß zu wählen, sondern aus solcher vorgeschriebenen Wahl herauszutreten. (MM, 172)

Will sich Barthes "tel un bouchon sur la vague"(PT, 32) an den Exzeß der *écriture* verlieren, so fordert Adorno, sich an eine Dialektik der Übersteigerung und der Transgression "zu verlieren"(MM, 333). Seine Texte versuchen, die Bewegung der Begriffe und die dynamische Polyphonie der Sprache nicht zu sistieren. Die Überschreitung bestehender Normen ins Andere, Fremde, "Exzentrische" (MM, 266) wird angesichts des vollkommen pervertierten und verstörten Weltlaufs zur letzten Chance.

Vernunft kann es nur in Verzweiflung und Überschwang aushalten; es bedarf des Absurden, um dem objektiven Wahnsinn nicht zu erliegen. Man sollte es den beiden Hasen (aus dem Lied *Zwischen Berg und tiefem, tiefem Tal*; D.K.) gleichtun; wenn der Schuß fällt, närrisch für tot hinfallen, sich sammeln und besinnen, und wenn man noch Atem hat, von dannen laufen. (MM, 266)

Barthes' und Adornos Texte sprechen nicht im Namen der Norm, des Gesetzes oder der Gewalt. Ihr Impetus ist weder ein politischer noch ein wissenschaftlicher, philosophischer oder religiös-moralischer, sondern ein ästhetischer,

si l'on prévoit de faire subir peu à peu à cette vieille catégorie une légère torsion qui l'éloignera de son fond régressif, idéaliste, et l'approchera du corps, de la dérive. (RB, 87)

Jenseits der idealistisch-regressiven Besetzung des Ästhetischen zielt Adornos wie Barthes' literarische Praxis — darin der Philosophie Nietzsches verpflichtet — auf die Erkundung neuer Wahrnehmungs- und Denkmuster, auf die Einbindung idiosynkratischer und sinnlicher Momente in den "Leib der Sprache"(ND, 66). Welche Auswirkungen dies für die Inszenierung von Subjektivität in ihren Texten mit sich bringt, ist Gegenstand des folgenden Kapitels.

3.3 Im Prisma der Sprache

> Denn die Sprache ist ein selbständiges, den Menschen ebensowohl leitendes, als durch ihn erzeugtes Wesen.
> (Wilhelm von Humboldt: *Thesen zur Grundlegung einer Allgemeinen Sprachwissenschaft*)

> (U)n livre est le produit d'un autre moi que celui que nous manifestons dans nos habitudes, dans la société, dans nos vices.
> (Marcel Proust: *Contre Sainte-Beuve*)

"(L)e langage est ce paradoxe: l'institutionnalisation de la subjectivité."(EC, 154) Jedem sprachlichen Handeln, erst recht jedem literarischen Text, ist somit eine prekäre und widersprüchliche Subjektivität eingeschrieben. Paradox ist die Relation von Sprache und Subjektivität aus zwei Gründen. Zum einen schließen sich die Begriffe "Subjektivität" und "Institution" in gewissem Maße gegenseitig aus; während Institutionen das Allgemeine, Allgemeingültige und Objektive repräsentieren (sollen), verbinden sich mit Subjektivität die dazu konträren Vorstellungen von individuellen Vermögen und Präferenzen.

Adornos Sprachauffassung stimmt in diesem Punkt mit derjenigen von Barthes überein, wenn er vermerkt:

> die Sprache ist selber ein Doppeltes. Sie bildet durch ihre Konfigurationen den subjektiven Regungen gänzlich sich ein; ja wenig fehlt, und man könnte denken, sie zeitigte sie überhaupt erst. Aber sie bleibt doch wiederum das Medium der Begriffe, das, was die unabdingbare Beziehung auf Allgemeines und die Gesellschaft herstellt. (NL, 56)

Neben dieser grundsätzlichen Dialektik ist zum anderen die der Sprache, insbesondere der literarischen Sprache, inhärente Subjektivität in sich widersprüchlich und instabil.

> Pour l'écrivain (...) le langage est un lieu dialectique où les choses se font et se défont, où il immerge et défait sa propre subjectivité. (GV, 102)[1]

Adorno wie Barthes betrachten es als das Signum moderner Literatur, daß das Subjekt Kontur gewinnt, nicht indem es sich ausdrückt und Sprache als Vehikel von Expression und Expressivität betrachtet, sondern indem es sich der Sprache und ihrer Eigenbewegung überläßt, sich dem dynamischen Prozeß des intransitiven Schreibens anvertraut:

> écrire, c'est aujourd'hui se faire centre du procès de parole, c'est effectuer l'écriture en s'affectant soi-même, c'est faire coïncider l'action et l'affection (BL, 28/9).

Infolgedessen schlägt Barthes vor, die geläufige französische Formulierung *j'ai écrit* zu ersetzen durch

> *je suis écrit*, comme on dit *je suis né*, *il est mort*, *elle est éclose*, etc., expressions dans lesquelles il n'y a bien entendu, en dépit du verbe *être*, aucune idée de passif, puisqu'on ne pourrait transformer, sans forcer les choses, *je suis écrit*, en: *on m'a écrit*. (BL, 29)

Damit wird kein pauschaler Tod des Subjekts verkündet, sondern es wird nachdrücklich betont, daß das lebensweltliche Ich des Autors, das konkret schreibende Subjekt zurücktritt zugunsten einer schreibend erst erzeugten Subjektivität: "le *je* qui écrit le texte n'est jamais (...) qu'un *je* de papier"(BL, 75), reformuliert Barthes eine Einsicht, die schon Proust ins Zentrum seiner Streitschrift *Contre Sainte-Beuve* stellte: "le moi de l'écrivain ne se montre que dans ses livres"[2].

Barthes diagnostiziert keine Auslöschung des Subjekts im Text; doch er sieht die Subjektivität durch den Akt der Verschriftlichung subtilen Transformations- und Differenzierungsprozessen unterworfen. Darüber hinaus unterstreicht er die Eigenständigkeit sprachlicher Subjektivität, die als ein strukturelles Erfordernis und als Produkt der Sprache selbst in den Blick kommt: "Toute énonciation suppose son propre sujet" (BL, 17). Diese Setzung eines Subjekts, die zum Funktionieren von Sprache unabdingbar ist, geschieht in romanischen wie auch indogermanischen Sprachen vor allem mit Hilfe der Personalpronomina. Letztere jedoch sind weit entfernt, individueller Ausdruck der konkret Sprechenden oder Schreibenden zu sein — sie sind für Barthes in der Nachfolge Benvenistes

> de leurres purement grammaticaux, variant simplement la façon dont le sujet se constitue dans le discours, c'est-à-dire se donne, théâtralement ou fantasmatiquement, aux autres; ils désignent donc tous des formes de l'imaginaire. (BL, 18)

Sprech- oder Schreibakte, die "d'une façon apparemment directe" (BL, 17) auf ein Subjekt verweisen, indem sie *ich* sagen, bringen mithin ein "*je* de l'écriture" (GV, 267) hervor, das nicht als "Wahrheit" oder "Essenz", sondern als Imaginationsform des Subjekts aufzufassen ist.[3] Dieses ge- und erschriebene Ich, das außerhalb der Sprache leer ist[4], darf nicht mit der — biographischen, historischen, psychologischen — Person (der Autorin, des Autors) gleichgesetzt werden. Ebensowenig konvergiert es mit dem gelesenen Ich, denn "le *je* de celui qui écrit *je* n'est pas le même que le *je* qui est lu par *tu*"(BL, 27).

Der intrikaten Dialektik der textuellen Zerstörung *und* Setzung von Subjektivität hat Barthes eine kunstvoll-metaphorische Passage der Vorrede zu *Sade, Fourier, Loyola* gewidmet:

> Car s'il faut que par une dialectique retorse il y ait dans le Texte, destructeur de tout sujet, un sujet à aimer, ce sujet est dispersé, un peu comme les cendres que l'on jette au vent après la mort (...): si j'étais écrivain, et mort, comme j'aimerais que ma vie se réduisît, par les soins d'un biographe amical et désinvolte, à quelques détails, à quelques goûts, à quelques inflexions, disons: des "biographèmes", dont la distinction et la mobilité pourraient voyager hors de tout destin et venir toucher, à la façon des atomes épicuriens, quelque corps futur, promis à la même dispersion; une vie trouée, en somme, comme Proust a su écrire la sienne dans son œuvre, ou encore un film, à l'ancienne manière, duquel toute parole est absente et dont le flot d'images (...) est entrecoupé, à la façon de hoquets salutaires, par le noir à peine écrit de l'intertitre, l'irruption désinvolte d'un *autre* signifiant (SFL, 14).

Diese — von einem zweifellos lebendigen Autor geschriebenen — Zeilen beherbergen zwei Tote. Zum einen tritt der konkret Schreibende, indem er sich der Sprache, ihren Regeln und ihrer Dynamik überläßt, zurück zugunsten einer pluralen und partikularen Subjektivität, die allerdings mit dem Ich des Schreibenden nur soviel gemein hat, wie die Asche eines Toten mit dem Lebenden. "Ihr Status ist metaphorisch: Subjekt-Asche."[5] Zum anderen imaginiert sich Barthes als toter Schriftsteller, von dessen Leben nur einzelne Brennpunkte und Splitter — von ihm (in Analogie zu Morphem oder Mythem) Biographeme genannt — diskursiv weiterleben. Diese Biographeme stehen in einem ähnlichen Bezug zum Autor und zu seinem Leben wie die vorher genannte Asche sich zum Lebenden verhält. Das literarische Bild, das Barthes hier anführt, betont den diffusen, prekären *Prozeß der Transformation* von Gegenständen und Phänomenen in signifikante Materie: zur Asche der Toten, die so beredt, so wahr wie unausdeutbar ist; in Biographeme des Lebens, die zwar brüchig und unvollständig sind, die jedoch mit desto größerer, gleichsam körperlicher Signifikanz — wie ein heilsamer Schluckauf — Facetten von Subjektivität festhalten, gerade indem sie die Bereiche des Subjektiven und des Objektiven unauflöslich ineinander verweben.

Was Barthes hier wie an anderer Stelle exponiert, ist ein Subjekt der literarischen Praxis, das nicht mehr psychologisch, soziologisch oder philosophisch gedacht und situiert werden kann.

> L'écriture pose donc un autre sujet, pour la première fois définitivement anti-psychologique car ce qui le détermine en *dernière instance* n'est pas la problématique de la *communication* (rapport à l'autre) mais celle de l'excès du "moi" dans une *expérience*, pratique nécessaire.[6]

Vor diesem Hintergrund kann das Verhältnis eines Schriftstellers oder einer Schriftstellerin zur Sprache als ein existentielles und exzentrisches bezeichnet werden. Dabei geht es nicht um eine wie auch immer geartete Form des Selbstausdrucks, sondern um das Aktualisieren bestimmter Funktionen innerhalb eines Diskurses, das Eröffnen und Besetzen von Imaginationsräumen:

> le problème, pour l'écrivain, n'est en effet ni d'exprimer ni de masquer son *Je* (...), mais de l'*abriter*, c'est-à-dire à la fois de le prémunir et de le loger. Or c'est en général à cette double nécessité que correspond la fondation d'un code: l'écrivain ne tente jamais rien d'autre que de transformer son *Je* en fragment de code. (EC, 16)

Auch Adorno weiß um die Eigenschaft der Sprache, als schützende Wohnung fungieren zu können:

> In seinem Text richtet der Schriftsteller häuslich sich ein. Wie er mit Papieren, Büchern, Bleistiften, Unterlagen, die er von einem Zimmer ins andere schleppt, Unordnung anrichtet, so benimmt er sich in seinen Gedanken. Sie werden ihm zu Möbelstücken, auf denen er sich niederläßt, wohlfühlt, ärgerlich wird. Er streichelt sie zärtlich, nutzt sie ab, bringt sie durcheinander, stellt sie um, verwüstet sie. Wer keine Heimat mehr hat, dem wird wohl gar das Schreiben zum Wohnen. (MM, 108)

Doch die unvermeidliche Produktion von "Abfall und Bodenramsch" infolge dieses Wohnens in der Sprache, sowie die Gefahr zu vergessen, "vom Abhub sich zu trennen", bis schließlich das Denken und Schreiben "leer weiterläuft" (MM, 108), bewirken letztlich, daß der Dichter selbst in dieser metaphorischen und unsicheren Heimat keine Ruhe findet. "Am Ende ist es dem Schriftsteller nicht einmal im Schreiben zu wohnen gestattet." (MM, 109) Seine Sprache ist höchstens ein "habitacle en dérive"(RB, 53).

Das Wohnen in der Sprache ist unmöglich, weil der Text — trotz seiner fixierten, scheinbar starren Materialität — ein Eigenleben und eine Dynamik entwikkelt, deren Sog auch das Subjekt mit sich reißt.

> Anständig gearbeitete Texte sind wie Spinnweben: dicht, konzentrisch, transparent, wohlgefügt und befestigt. Sie ziehen alles in sich hinein, was da kreucht und fleucht. Metaphern, die flüchtig sie durcheilen, werden ihnen zur nahrhaften Beute. Materialien kommen ihnen angeflogen. Die Stichhaltigkeit einer Konzeption läßt danach sich beurteilen, ob sie die Zitate herbeizitiert. Wo der Gedanke eine Zelle der Wirklichkeit aufgeschlossen hat, muß er ohne Gewalttat des Subjekts in die nächste Kammer dringen. Er bewährt seine Beziehung zum Objekt, sobald andere Objekte sich ankristallisieren. Im Licht, das er auf seinen bestimmten Gegenstand richtet, beginnen andere zu funkeln. (MM, 108)

Der Text wird zum beweglichen, sich verändernden Geflecht, dessen gleichsam magisches und illuminatives Potential ihm einen eigenen Subjektstatus verschafft, während sich das schreibende menschliche Subjekt im Netz der Sätze verliert.

> *Texte* veut dire *Tissu*; mais alors que jusqu'ici on a toujours pris ce tissu pour un produit, un voile tout fait, derrière lequel se tient, plus ou moins caché, le sens (la vérité), nous accentuons maintenant, dans le tissu, l'idée générative que le texte se fait, se travaille à travers un entrelacs perpétuel; perdu dans ce tissu — cette texture — le sujet s'y défait, telle une araignée qui se dissoudrait elle-même dans les sécrétions constructives de sa toile. Si nous aimions les néologismes, nous pourrions définir la théorie du texte comme une *hyphologie* (*hyphos*, c'est le tissu et la toile d'araignée). (PT, 100/101)

Das Bild der filigranen, präzise gearbeiteten Spinnwebe, die alles in ihr Netz zieht, dient Adorno und Barthes zur Charakterisierung ihrer Idealvorstellung vom Text. Beide betonen die Eigenständigkeit und Prozessualität eines Textes und erwähnen das Subjekt nur ex negativo. Bei Barthes dekomponiert sich das Subjekt selbst zugunsten des Textgewebes; bei Adorno greift es überhaupt nicht mehr in den Fluß der Sprache ein. Das Subjekt verschwindet und taucht zugleich als ein transformiertes wieder auf: als *écriture*.

Im folgenden möchte ich deshalb untersuchen, welche Auswirkungen die oben skizzierte Dialektik sprachlicher Subjektivität in den Werken Roland Barthes' und Theodor W. Adornos zeitigt. Mich interessiert zunächst, welche Formen, Ausprägungen und Facetten von Subjektivität in *Le plaisir du texte*, *roland BARTHES par roland barthes*, *Fragments d'un discours amoureux* und in den *Minima Moralia* in Szene gesetzt werden, wie sich die mobile und transgressive Textform dieser Werke auf die Zeichnung einer ästhetischen Subjektivität auswirkt, bevor in Kapitel 3.4 der gleichsam anthropomorphisierte, hochgradig erotisierte *texte* als neuartiges Subjekt im Zentrum der Ausführungen stehen wird.

Das Subjekt der drei hier im Mittelpunkt stehenden Schriften von Roland Barthes "*n'est qu'un effet de langage*" (RB, 82), es ist ein textuell erzeugtes und montiertes. Nicht mehr eingebettet in eine psychologische, biographische, gesellschaftlich-soziale oder politische Matrix, entwirft und konturiert es sich mit Hilfe von Diskursbruchstücken, "comme on palpe des vêtements, et choisit"(RB, 159).

Den Rezipientinnen und Rezipienten tritt das Subjekt von Barthes' Werken nur als ein sprachhandelndes gegenüber; es präsentiert sich lesend[7], schreibend[8], ein anderes Mal von obsessiven und unstillbaren "bouffées de langage" (FDA, 7) durchzogen. Auch ist sich der lustvoll lesende Protagonist von *Le plaisir du texte* vollkommen darüber im klaren, daß jegliche sinnstiftende Aktivität gekoppelt ist an die Existenz eines Textes — hier das Werk Marcel Prousts:

Proust, c'est ce qui me vient, ce n'est pas ce que j'appelle; ce n'est pas une "autorité"; simplement *un souvenir circulaire*. Et c'est bien cela l'inter-texte: l'impossibilité de vivre hors du texte infini — que ce texte soit Proust, ou le journal quotidien, ou l'écran télévisuel: le livre fait le sens, le sens fait la vie. (PT, 59)

Nicht zuletzt durch das virtuose Spiel mit den Personalpronomina nutzt Barthes die ganze sprachliche Bandbreite, seinen Texten verschiedenste Ausprägungen und Facetten von Subjektivität einzuschreiben. Dies führt zu einer Pluralisierung der Figuren von Subjektivität, die untereinander zudem ebenso verschachtelte wie dynamische Relationen und Reflexionsverhältnisse aufbauen. So mobilisiert ein kurzes Fragment aus *BARTHES par lui-même* gleich drei verschiedene, partiell inkompatible Subjektivitätsformen:

La jeune fille bourgeoise
En plein trouble politique, il fait du piano, de l'acquarelle: toutes les fausses occupations d'une jeune fille bourgeoise au XIXe siècle. — J'inverse le problème: qu'est-ce qui, dans les pratiques de la jeune fille bourgeoise d'autrefois, exédait sa féminité et sa classe? Quelle était l'utopie de ses conduites? La jeune fille bourgeoise produisait inutilement, bêtement, pour elle-même, mais *elle produisait*: c'était sa forme de dépense à elle. (RB, 56)

Das schreibende Ich denkt über seine Betätigungen während des Zweiten Weltkriegs nach.[9] Die Identifikation ist gebrochen, denn das Ich spricht nur in der distanzierten dritten Person von jenem jungen Mann, der sich inmitten der Kriegswirren dem Klavierspiel und der Aquarellmalerei widmen konnte. Zudem wird der Beschriebene mit einem anderen Geschlecht und einer anderen Zeit assoziiert: der da in der Mitte des 20. Jahrhunderts, "en plein trouble politique", Klavier spielt, gleicht einer "jeune fille bourgeoise au XIXe siècle"(RB, 56). Das Subjekt trägt Züge des 19. wie des 20. Jahrhunderts, weibliche wie männliche Aspekte in sich und kann — ohne die Fähigkeit, ich zu sagen, einzubüßen — über sich selbst wie über eine fremde, dritte Person reden. Doch damit nicht genug: was zunächst als gesellschaftsferner, irrelevanter Müßiggang erscheint, schlägt um in eine subversive Praxis, eine Existenzform, die Geschlechts- wie Klassenzugehörigkeiten hinter sich läßt: die zwecklose Verausgabung und Produktion, die jeder instrumentellen und ökonomischen Rationalität widerstrebt. Barthes rekuperiert heterogenste Zuschreibungen und enorme Imaginationsräume für das Subjekt oder die Subjekte seiner Werke. Zugleich bestätigt diese Pluralisierung und Zerstreuung gerade im souveränen Durchprobieren sprachlicher Möglichkeiten das kreative Wirken von Subjektivität.

Wie den *étranger* des *Spleen de Paris* zeichnet auch das namenlose Ich der Werke Barthes' "*une extrême solitude*" (FDA, 5) aus; es ist keinem Kollektiv, keiner Ideologie und keiner Moral verbunden. Diese Einsamkeit ist keine individuelle, sondern eine systematische Einsamkeit, die aus der Alterität und Exterritorialität des Subjekts resultiert. Als Grenzgänger, als "*out-sider* intermittent"(RB, 135) steht es — vergleichbar dem Baudelaireschen *homme des foules* — gleichzeitig innerhalb und außerhalb von Situationen und Kontexten, oszilliert es ungreifbar und "selon mon humeur" zwischen den Polen der "insertion" und der "distance"(RB, 135).

Das Subjekt unterwirft sich keinen sozialen Normen, keinen gesellschaftlichen Zwängen; es ist radikal nur sich selbst verpflichtet. So kann der Liebende der *Fragments* seine "singularité" folgendermaßen erklären:

> je n'habite aucun autre espace que le duel amoureux: pas un atome de dehors, donc pas un atome de grégarité: *je suis fou*: non que je sois original (ruse grossière de la conformité), mais parce que je suis coupé de toute socialité. (FDA, 143)

Das Subjekt von *Le plaisir du texte, roland BARTHES par roland barthes* und den *Fragments* ist ein asoziales, skandalöses und revolutionäres Subjekt.[10] Nicht weil es seine Mitmenschen verachtet oder politische Agitation betreibt, sondern da es in lockerer Verwandtschaft zu Nietzsche "un renversement de valeurs"(FDA, 207) innerhalb der symbolischen Ordnung vornimmt. Der lustvolle Leser von *Le plaisir du texte* zum Beispiel erscheint als "une 'contradiction vivante'" (PT, 36), "un sujet deux fois clivé, deux fois pervers" (PT, 26), denn er genießt die Konsistenz seiner Kultur, die Beständigkeit seines Ich und zugleich deren Zerfall.

> Texte de plaisir: celui qui contente, emplit, donne de l'euphorie; (...) Texte de jouissance: celui qui met en état de perte, celui qui déconforte (...), fait vaciller les assises historiques, culturelles, psychologiques, du lecteur, la consistance de ses goûts, de ses valeurs et de ses souvenirs, met en crise son rapport au langage. (PT, 25/26)

Die Suche nach der flottierenden, ständig weiterdriftenden Lust ebenso wie die Weigerung, sich einem "lieu (intellectuel)" und einer "résidence de caste (sinon de classe)"(RB, 53) zuordnen zu lassen, stehen quer zu allen sozialen Ansprüchen und moralischen Normen. Darüber hinaus begehren der Schreibende, der Lesende und der Liebende gegen die gesellschaftliche Unterdrückung des Körpers auf, da sie ihn zum exponierten Medium der Sinnstiftung erklären:

> Où l'amoureux prend-il le droit de pleurer, sinon dans un renversement des valeurs, dont le corps est la première cible? Il accepte de retrouver le corps enfant. (FDA, 213)[11]

Schreibendes, lesendes wie liebendes Subjekt brechen aus den gesellschaftlich oktroyierten Dualismen aus. Sie praktizieren eine Logik des *und*, eine Logik des *tertium datur* "hors du vrai et du faux, hors du réussi et du raté" (FDA, 30): Sie sind zugleich Erwachsene und Kinder, Mann und Frau, zeitgemäß und altmodisch, geistesgegenwärtig und kopflos, "à la fois et contradictoirement heureux et malheureux"(FDA, 29). Mit ihren Strategien der Verausgabung, ihrem "travail de déplacement" (L, 24) unterlaufen sie die etablierten Dominanten und institutionalisierten Hierarchien, nicht indem sie diese attackieren und zerstören, sondern — gemäß der Maxime der "*subversion subtile*"(PT, 87) — suspendieren und in der Schwebe halten: "je choisis obstinément de ne pas choisir; je choisis la dérive" (FDA, 75).[12]

> je n'affronte ni ne conteste: simplement, je ne dialogue pas: avec les appareils de pouvoir, de pensée, de science, de gestion, etc.; je ne suis pas forcément "dépolitisé": ma déviance, c'est de ne pas être "excité". En retour, la société me soumet à un refoulement bizarre, à ciel ouvert: pas de censure, pas d'interdiction: je suis seulement suspendu *a humanis*, loin des choses humaines, par un décret tacite d'insignifiance: je ne fais partie d'aucun répertoire, d'aucun asile. (FDA, 251/52)

Der un(be)greifbare *étranger* des *Spleen de Paris* zeichnet sich durch einen "accent extraterrestre"(OC II, 302) aus und kann nach Art des modernen Künstlers behaupten: "'Ma fonction est extra-humaine!'"(OC II, 128) Auch der Barthessche "contre-héros" (PT, 10) entzieht sich allen humanen Zuschreibungen oder Kategorien und hält sich in außermenschlichen Gefilden auf. Diese Existenzform der forcierten Alterität kommt als sprachliches Problem in den Blick, zugleich aber auch als eine Chance zur Freiheit, die überhaupt erst durch die Existenz von Sprache und symbolischen Codes möglich wird.

Die Alterität wird als sprachliches Problem thematisiert, da das einsame Subjekt nicht nur von der Gesellschaft entfremdet ist, sondern sich darüber hinaus der Sprache enteignet sieht. Zufällig erlebt es das Ende einer kleinbürgerlichen Hochzeitszeremonie vor der Kirche Saint-Sulpice und fühlt sich — trotz seiner Geringschätzung für dieses "plus imbécile des spectacles" (RB, 88) — radikal ausgegrenzt:

> Car aux exclusions simples que cet épisode lui représentait, s'ajoutait un dernier éloignement: celui de son langage: il ne pouvait assumer son trouble dans le code même du trouble, c'est-à-dire *l'exprimer*: il se sentait plus qu'exclu: *détaché*: toujours renvoyé à la place du *témoin*, dont le discours ne peut être (...) que soumis à des codes de détachement: ou narratif, ou explicatif, ou contestataire, ou ironique: jamais *lyrique*, jamais homogène au pathos en dehors duquel il doit chercher sa place. (RB, 89)[13]

Diese melancholische Beschreibung gibt ein Motiv für Barthes' Entwicklung einer Literatur zweiten Grades an und kann zudem als Erklärung dafür herangezogen werden, weshalb Baudelaire mit seinen *poèmes en prose* die Dekonstruktion des lyrischen Paradigmas einleitet: Der *Spleen de Paris* wurde unter gesellschaftlichen und kulturellen Bedingungen verfaßt, in denen eine Ästhetik der Repräsentation und der Expression, eine Poetik des "authentischen" Sprechens fragwürdig, ja unmöglich geworden sind. Dieses Bewußtsein von der Unmöglichkeit einer unvermittelten Rede kennzeichnet auch noch die Ästhetik von Roland Barthes; der lyrische Ausdruck wird von ihm nurmehr als unerreichbares Objekt des Begehrens diskursiviert, so daß die unstillbare körperliche Sehnsucht zum Movens wird für die Suche nach einer literarischen Form, für das Schreiben eines Textes.

Das Ausgeschlossensein von den dominanten symbolischen Systemen, das anläßlich der oben erwähnten Hochzeitsszene als ein bloß situatives erscheinen mag, markiert die Existenzbedingungen des Barthesschen Subjekts: seine Sprache — insbesondere die Sprache der Lust und des Begehrens —

> est complètement abandonné des langages environnants: ou ignoré, ou déprécié, ou moqué par eux, coupé non seulement du pouvoir, mais aussi de ses mécanismes (sciences, savoirs, arts). (FDA, 5)[14]

Doch die diskursive Marginalisierung bietet nur wenig Anlaß zur Klage, da sie dem Schreibenden, Lesenden und Liebenden gleichzeitig ungeahnte Freiräume eröffnet. Diese erschüttern alle Grundfesten der Gesellschaft, angefangen vom biblischen Mythos. Zudem bietet die Pluralisierung der Sprachen und die Vervielfältigung von Sinn dem Subjekt neuartige Wahrnehmungs- und Erlebnispotentiale: "La jouissance est une *infinitisation* du sens"[15]. Nach dieser Maxime liest — und das heißt auch: lebt — der wollüstige Leser in *Le plaisir du texte*:

> Alors le vieux mythe biblique se retourne, la confusion des langues n'est plus une punition, le sujet accède à la jouissance par la cohabitation des langages, *qui travaillent côte à côte*: le texte de plaisir, c'est Babel heureuse. (PT, 10)

Barthes' glückliches Babel ist eine Sprachutopie, genauer eine Sprachatopie: die ersehnte Sprache ebenso wie das Subjekt, beziehungsweise die Subjekte, die sich durch sie konstituieren, sind nicht oder immer nur unzureichend benennbar, nicht klassifizierbar: "tout attribut est faux, douloureux, gaffeur, gênant"(FDA, 44).[16]

Analog der Alterität des *étranger* der *Petits Poèmes en prose* ist auch die kaleidoskopische Streuung und "*diffraction*" (RB, 146) des Subjekts von *Le plaisir du texte*, *BARTHES par lui-même* und den *Fragments* weder auf psychologische Dispositionen und Charaktereigenschaften noch auf eine inhaltlich bestimmbare Moral oder auf eine gesellschaftspolitische Ideologie zurückzuführen. Das Prinzip, nach dem sich das Subjekt entwirft, lautet: "Moi seul je diffère des autres hommes"(FDA, 252), wodurch es sich in literarische Filiation stellt zum Ich der

Essais Montaignes, zum *promeneur solitaire* Rousseaus, zu Diderots *neveu de Rameau* ebenso wie schließlich zum *je* Valérys.[17] Das Subjekt konstituiert sich als fortgesetzte, radikale Differenz — und zwar sowohl gegenüber sich selbst (indem vorher vertretene Positionen negiert werden) als auch gegenüber herrschenden gesellschaftlichen Ansprüchen, frei nach dem Diktum von Diderots *neveu*:

> Ce sont des dissonances dans l'harmonie sociale qu'il faut savoir placer, préparer et sauver. Rien de si plat qu'une suite d'accords parfaits; il faut quelque chose qui pique, qui sépare le faisceau, et qui en éparpille les rayons.[18]

So prägt der Modus des Unzeitgemäßen die Existenz- und Sprachform des *contre-héros*. Seine Umwertung der Werte beginnt damit, dem aus der Mode Gekommenen höchste Aktualität und Dringlichkeit zuzuweisen.

Während Baudelaires Ästhetik der *modernité* gerade die Bedeutung des flüchtigen Jetzt hervorhebt, setzt Barthes gut ein Jahrhundert später an einem anderen Punkt der gesellschaftlichen und kulturellen Entwicklung an. Inzwischen ist das Aktuelle und Neue zum bloßen "Kultus des Neuen", zur "Immergleichheit der maschinenproduzierten Güter"(MM, 316) und zum Stereotyp geronnen. In dieser Situation rückt gerade das Altmodische und Randständige als Medium einer neuerlichen Überschreitung und Provokation, als "transgression de la transgression"(RB, 70) ins Zentrum des Interesses. Konnte es noch bis zu Beginn dieses Jahrhunderts als revolutionär gelten, sexuelle Freizügigkeit und Promiskuität zu propagieren, so irritiert und brüskiert nach der Thematisierung von Sexualität durch die Psychoanalyse, nach der sogenannten "sexuellen Befreiung" im Zuge der "rupture de mai 1968" (L, 48) und schließlich angesichts der Sexualisierung der Diskurse in den Massenmedien und der Werbung gerade das Gegenteil:

> Renversement historique: ce n'est plus le sexuel qui est indécent, c'est le *sentimental* — censuré au nom de ce qui n'est, au fond, qu'une *autre morale*. (FDA, 209)[19]

Während sich der fiktive Herausgeber von Goethes "Geschichte des armen Werthers"[20] der Anteilnahme seiner Zeitgenossen sicher sein konnte[21], mangelt es dem postmodernen Nachfahren von Goethes Werther — Barthes' *amoureux* — gerade deswegen an gesellschaftlichem Halt und Raum, weil er ein inzwischen diskreditiertes "*brin de sentimentalité*" (RB, 70) zuläßt.

Die gleiche Denkfigur führt auch bei der intellektuellen Künstlerfigur der *Minima Moralia* zu einem Sich-Spröde-Machen und Sich-Verweigern gegenüber herrschenden Meinungen, so daß sich das Subjekt der Schriften Barthes' und dasjenige von Adornos Werk hinsichtlich ihrer provokativen "*affirmation*"(FDA, 5)[22] des jeweils Unzeitgemäßen ähneln.

> In einer Ordnung, die das Moderne als rückständig liquidiert, kann solchem Rückständigen, ist es einmal vom Urteil ereilt, die Wahrheit zufallen, über die der historische Prozeß hinwegrollt. Weil keine Wahrheit ausgedrückt werden kann, als die das Subjekt zu füllen vermag, wird der Anachronismus zur Zuflucht des Modernen. (MM, 296)

Die hartnäckige und aufklärerische Zuflucht zum Anachronismus veranschaulicht der namenlose Protagonist der *Minima Moralia*, darin dem Barthesschen *amoureux* verwandt, vorzugsweise am Beispiel des Umgangs mit Sexualität und diesbezüglichen Moralvorstellungen:

> Die asketischen Ideale schließen heute ein größeres Maß an Widerstand gegen den Wahnsinn der Profitökonomie ein als vor sechzig Jahren das sich Ausleben gegen die liberale Repression. (MM, 122)[23]

Das Subjekt der Werke Barthes' ist ein widersprüchliches und dialektisches. Simultan genießt es sowohl die Beständigkeit als auch die Subversion bestimmter Regeln oder Codes, so daß es nur im ekstatischen Selbstverlust entstehen und existieren kann:

> Caractère asocial de la jouissance. Elle est la perte abrupte de la socialité, et pourtant il ne s'ensuit aucune retombée vers le sujet (la subjectivité), la personne, la solitude: *tout* se perd, intégralement. Fond extrême de la clandestinité, noir de cinéma. (PT, 63)

"Das Subjekt bringt sich ins Spiel, indem es sich aufs Spiel setzt"[24] — dies gilt für denjenigen, der schreibt, für das innertextuelle Subjekt ebenso wie schließlich für die Rezipientinnen und Rezipienten eines Textes von Barthes. Ermöglicht wird dieser paradoxe und prekäre Subjektstatus durch eine spezifische Haltung zur Sprache, die ich als künstlerische bezeichnen möchte. Sprache wird nicht als Medium sozialen Verhaltens, nicht als Vehikel von Kommunikation aufgefaßt, sondern als Potential von Veränderungen. Insofern kann argumentiert werden, daß das — lesende, diskurrierende, schreibende — Subjekt von *Le plaisir du texte*, *BARTHES par lui-même* und den *Fragments* die psychoanalytische, insbesondere von Lacan entwickelte, Vorstellung von Sprache kreativ fortführt:

> für Lacan ist die Sprache (auch seine eigene) etwas ganz anderes als eine Liste von Begriffen, die man beherrschen kann. Viel eher handelt es sich um eine Liste von Begriffen, von denen man verändert werden kann, eine Liste von Begriffen, in die wir uns einschreiben oder in die wir uns übersetzen sollen.[25]

Indem die Sprache als Möglichkeitsraum gesehen wird, sich selbst zu modeln und zu transformieren, existiert das Subjekt nur nach Maßgabe eines primär ästhetischen Imperativs. Damit praktiziert es genau das, was ein Zeitgenosse von Roland

Barthes, Michel Foucault, die "Künste der Existenz" genannt und zum Gegenstand seiner Forschungen gemacht hat.

> Par là il faut entendre des pratiques réfléchies et volontaires par lesquelles les hommes, non seulement se fixent des règles de conduite, mais cherchent à se transformer eux-mêmes, à se modifier dans leur être singulier, et à faire de leur vie une œuvre qui porte certaines valeurs esthétiques et réponde à certains critères de style.[26]

Mit Blick auf die Texte von Roland Barthes bedeutet eine derartige Ästhetik der Existenz, daß das Wort beim Schreiben und Lesen als polyphones Palimpsest aufgefächert und imaginativ entgrenzt wird:

> le mot est vu comme un palimpseste: il me semble alors que j'ai des idées *à même la langue* — ce qui est tout simplement: écrire (je parle ici d'une pratique, non d'une valeur). (RB, 88)

Indem die Vieldeutigkeit einer Formulierung und die verschiedenen etymologischen Aspekte eines Wortes gleichzeitig aktualisiert werden, realisieren Barthes' Texte Mallarmés Ideal einer selbstreferentiellen Poetik.

> L'œuvre pure implique la disparition élocutoire du poëte, qui cède l'initiative aux mots, par le heurt de leur inégalité mobilisés; ils s'allument de reflets réciproques comme une virtuelle traînée de feux sur des pierreries, remplaçant la respiration perceptible en l'ancien souffle lyrique ou la direction personnelle enthousiaste de la phrase.[27]

Die *disparition élocutoire* des Subjekts jedoch, das sich der sprachlichen Eigendynamik überläßt und insofern als frei und autonom handelndes zurücktritt, bewirkt parallel dazu, daß das Subjekt als ein zerstreutes und partikulares allgegenwärtig ist: Nicht bloß widersprüchlich und konträr, nein vielgesichtig und vielgestaltig präsentiert sich der Barthessche *contre-héros*, wie zum Beispiel der eifersüchtig Liebende.

> Comme jaloux, je souffre quatre fois: parce que je suis jaloux, parce que je me reproche de l'être, parce que je crains que ma jalousie ne blesse l'autre, parce que je me laisse assujettir à une banalité: je souffre d'être exclu, d'être agressif, d'être fou et d'être commun. (FDA, 173)[28]

Die idealistische Philosophie ebenso wie die klassische Literatur wußten schon um die Gespaltenheit und Zerrissenheit des Subjekts, das von sich sagen konnte: "Zwei Seelen wohnen, ach, in meiner Brust." Dieser Widerstreit wurde allerdings in letzter Instanz versöhnt in einem (metaphysisch fundierten) Sinn des Menschen. Zur Beschreibung des Subjekts der Schriften Barthes' jedoch kann nicht mehr auf jenen "sens de l'Homme" rekurriert werden und reicht die binäre Logik nicht hin:

> c'est une *diffraction* qui est visée, un éparpillement dans le jeté duquel il ne reste plus ni noyau principal ni structure de sens: je ne suis pas contradictoire, je suis dispersé. (RB, 146)

Analog den Lichtstrahlen, die sich in einem Glasprisma brechen, durchläuft das Subjekt — aufgefächert durch das Prisma der Sprache — "toutes les franges du spectre" (RB, 147), vereinigt es in sich vollkommen unterschiedliche, sich gegenseitig ausschließende Eigenschaften und Züge.

Das Subjekt erscheint als enormer sprachlicher Widerhallraum[29], in dem es sich den verbalen Verfahren der Verschiebung und der Dissemination überläßt und schließlich entgrenzt wird zum "chambre d'échos" (RB, 78) oder zum "lieu public" (PT, 79), dessen Koordinaten von verschiedenen Diskursen markiert werden. Der postmoderne Autor Thomas Pynchon kritisiert in seinen Werken mit spielerischer Ironie die fatalen psychischen wie gesellschaftlichen Folgen der virulenten Vorstellung vom pluralen, multiplen Subjekt. So taucht eine Figur mit dem sprechenden Namen Mucho Maas in *The Crying of Lot 49* (1966) nurmehr als "a whole roomful of people"[30], "a walking assembly of men"[31] auf und löst sich schließlich — zu jeder Form beruflichen oder privaten Sozialkontakts unfähig geworden — in ein identitätsloses musikalisches Stimmenspektrum auf. Auch das atopische, radikal fremde und exzentrische Subjekt von *Le plaisir du texte, roland BARTHES par roland barthes* und *Fragments d'un discours amoureux* wird als Versammlung verschiedenster Meinungen und Positionen, als "marqueterie de réactions"(RB, 146) und als endloses Stimmengewirr gezeichnet. Doch nimmt Barthes dies nicht zum Anlaß, vor möglichen psychischen oder gesellschaftlichen Auswirkungen zu warnen, sondern er affirmiert diese Heterogenität, da sie die Prophetie vom "anderen" Leben, vom Leben in Stimmungen, Assoziationen und "Bündeln von Intensitäten"[32] einschließt. Der Autor sucht den "anderen Zustand" Musils, den er — durchaus vergleichbar den Rauschzuständen der Baudelaireschen *Paradis Artificiels* — mit Begriffen wie *jouissance*, Ekstase, Epiphanie oder Satori umreißt[33]:

> je m'écris comme un sujet actuellement mal placé, venu trop tard ou trop tôt (ce *trop* ne désignant ni un regret ni une faute ni une malchance, mais seulement invitant à *une place nulle*): sujet anachronique, en dérive. (PT, 99)

Diese Suche möchte die Bedingungen und Strukturen symbolischer Sinnstiftung erhellen und das Bedürfnis, die Welt als signifikante wahrzunehmen, ergründen.

> Barthes called the life of the mind desire, and was concerned to defend "the plurality of desire." Meaning is never monogamous.[34]

Infolgedessen entfalten seine Texte eine intensive, nicht hierarchische *écriture*, die eine sich ständig verschiebende Grenze bildet, an der Subjektives und Objektives zugleich getrennt und vereinigt werden. Der Prozeßcharakter dieser *écriture* schließlich erlaubt es, körperliche Regungen und Triebe — also das Semiotische im Sinne Kristevas[35] — zu integrieren.

> Peut-être pourrait-on poser que pour Barthes "désir" semble signifier la reconnaissance d'un hétérogène par rapport au symbolique: l'espace d'une contradiction matérielle où l'"autre" est un autre *topos* du sujet, une autre *pratique* de sens; par conséquent, il y aura "désir" entre langage et écriture, mais aussi "désir" entre écriture et savoir-critique, etc. On construit ainsi non pas une hiérarchie de métalangues enchevêtrées l'une dans l'autre, mais le système mobile de dispositions signifiantes libres, éveillées, en état d'initiative perpétuelle.[36]

Vor diesem Hintergrund stellen das Grenzgängertum und "la dérive"(PT, 33) des Lesenden in *Le plaisir du texte*, die Trunkenheit und Sprachwut des Liebenden in den *Fragments* ebenso wie die hedonistische Selbstbespiegelung in *BARTHES par lui-même* zwar Extremzustände dar, doch sie repräsentieren zugleich paradigmatisch menschliche Verhaltensweisen: die Suche und Konstruktion von Sinn, die Auslegung der Welt als einer sinnhaften sowie die Faszination durch symbolische Zeichen.

So steckt der *amoureux* im Glutbecken des Sinns; ihm wird alles zum Zeichen, er entfaltet eine exzessive Deutungsarbeit, bei der die "normalen", das heißt etablierten, gesellschaftlich akzeptierten Interpretationskriterien abhanden gekommen sind. Werther, dieser Prototyp des passioniert und emphatisch Liebenden, "crée du sens, toujours, partout, de rien, et c'est le sens qui le fait frissonner" (FDA, 81).[37] Im Liebenden — wie im modernen Künstler — wühlt "une folie du langage" (GV, 237)[38], er ist "le sémiologue sauvage à l'état pur"(GV, 282), das heißt, er bringt endlos Zeichen, Modelle und Fiktionen hervor, um sich die Welt und das, was in ihm und um ihn herum passiert, zugänglich zu machen und zu erklären.

Ebenso respektiert der Barthessche *lecteur* nicht ehrfürchtig einen vorgegebenen Text, sondern er verändert diesen kreativ, greift nach seinen Neigungen in den Zusammenhang ein. Je nach Text und Kontext liest er manchmal penibel und genau, manchmal oberflächlich und einige Seiten überblätternd, wodurch er zum Beispiel das narrative Syntagma eines Romans von Zola aufbricht und zerschneidet. *Plaisir du texte* heißt nicht, den Sinn einer Proposition oder gar die Intention des Autors zu re-konstruieren; ganz im Gegenteil bedeutet es, die eigene Bewußtseins- und Assoziationsaktivität in den Vordergrund zu rücken und dem eigenen Rhythmus von Neugier, Gebanntsein oder Abneigung, der sich anläßlich eines Textes entspinnt, zu folgen:

> Ce que je goûte dans un récit, ce n'est donc pas directement son contenu ni même sa structure, mais plutôt les éraflures que j'impose à la belle enveloppe: je cours, je saute, je lève la tête, je replonge. (PT, 22)

Gemessen an etablierten hermeneutischen und philologischen Ansprüchen wirkt Barthes' Ideal einer lustvollen Lektüre ausgesprochen skandalös. Da der Autor jedoch das Lesen als eine künstlerische Tätigkeit emanzipieren und dem Schreiben gleichstellen will, scheint es gefordert, seine Konzeption mit künstlerischen Lektüremodellen zu vergleichen. Indem Barthes beabsichtigt, "de faire du lecteur, non plus un consommateur, mais un producteur du Texte"(SZ, 10)[39], kann sein *plaisir du texte* als Weiterführung des Lektürebegriffs seines großen schriftstellerischen Vorbilds Marcel Proust gedeutet werden. Dieser betont in *Journées de lecture*:

> Un esprit original sait subordonner la lecture à son activité personnelle. (...) La puissance de notre sensibilité et de notre intelligence, nous ne pouvons la développer qu'en nous-mêmes, dans les profondeurs de notre vie spirituelle. Mais c'est dans ce contact avec les autres esprits qu'est la lecture, que se fait l'éducation des "façons" de l'esprit.[40]

Proust und Barthes lehnen die Vorstellung von Lektüre als einem dialogischen, kommunikativen Verhältnis zwischen einem Text und seinen Lesern ab[41] und betonen demgegenüber die eigensinnige Geistestätigkeit, die den konkreten Text nurmehr als "incitation"[42] begreift, von dem man sich lesend und imaginierend gegebenenfalls beträchtlich entfernen kann. Wissensvermittlung ist hierbei sekundär, im Zentrum steht das lesende Erleben intensiver, rauschhafter Zustände. Während Proust durch manche Sätze, die er sich mit "exaltation" wiederholt, in eine "véritable ivresse" versetzt wird[43], feiert Barthes den *plaisir* und die unwortbare, alle Regeln und Normen ausklinkende *jouissance*. Möglich werden diese Ekstasen, da die Lektüre des Lesenden, der "soliloque" (FDA, 11) des Liebenden und die *écriture* des Schreibenden eine reine Verausgabung, "une profération répétée"(FDA, 175), "une dépense"(FDA, 179) symbolischer Zeichen und Formen darstellen:

> Passé le premier aveu, "*je t'aime*" ne veut plus rien dire; il ne fait que reprendre d'une façon énigmatique, tant elle paraît vide, l'ancien message (qui peut-être n'est pas passé par ces mots). Je le répète hors de toute pertinence; il sort du langage, il divague, où? (FDA, 175)

Indem es die Sprache nicht als Mittel zu einem (kommunikativen oder sozialen) Zweck betrachtet, sondern als selbstreferentielles Material, als eigenwillige Maschinerie, in deren Freilauf es sich treiben läßt, präsentiert sich das Subjekt der Schriften Barthes' als Künstler par excellence.

> L'amoureux est donc artiste, et son monde est bien un monde à l'envers, puisque toute image y est sa propre fin (rien au-delà de l'image). (FDA, 159)

Das Erzähl-Ich versteht sich selbst als Künstler und kann von sich sagen: "Toujours 'artiste', je fais de la forme même un contenu."(FDA, 168) Neben der ästhetischen Wahrnehmung zeichnet sich sein Künstlerstatus dadurch aus, daß es Fiktionen produziert und auf künstlerisch geprägte Formen rekurriert, wie zum Beispiel beim phantasiegelenkten, theatralisierten Durchspielen verschiedener Trennungsszenen im Falle einer "crise amoureuse."(FDA, 169)

> En *imaginant* une solution extrême (c'est-à-dire définitive, c'est-à-dire encore définie), je produis une fiction, je deviens artiste, je fais un tableau, je peins ma sortie; l'Idée *se voit*, tel le moment prégnant (doué d'un sens fort, choisi) du drame bourgeois: c'est tantôt une scène d'adieu, tantôt une lettre solennelle, tantôt, pour bien plus tard, un revoir plein de dignité. L'*art* de la catastrophe m'apaise. (FDA, 170)[44]

Das Künstlersubjekt von *plaisir du texte*, *BARTHES par lui-même* und den *Fragments* konvergiert somit — wie schon erwähnt — mit dem Semiologen, wie ihn Barthes in seiner Antrittsvorlesung am Collège de France charakterisiert:

> Le sémiologue serait en somme un artiste (ce mot n'est ici ni glorieux ni dédaigneux: il se réfère seulement à une typologie): il joue des signes comme d'un leurre conscient, dont il savoure, veut faire savourer et comprendre la fascination. (L, 58)

Wie die Literatur von Roland Barthes eine Literatur zweiten Grades, Fiktion über Fiktionen ist, so ist auch der Künstler-Semiologe dieser Texte ein Künstler zweiten Grades:

> Ses objets de prédilection, ce sont les textes de l'Imaginaire: les récits, les images, les portraits, les expressions, les idiolects, les passions, les structures qui jouent à la fois d'une apparence de vraisemblable et d'une incertitude de vérité. J'appellerais volontiers "sémiologie" le cours des opérations le long duquel il est possible — voire escompté — de jouer du signe comme d'un voile peint, ou encore: d'une fiction. (L, 58/60)

Virtuos wird dieses Künstlertum zweiten Grades zu Beginn von *roland BARTHES par roland barthes* vorgeführt. Spielerisch und kreativ werden Texte und Photographien (auch Familienportraits oder Bilder von Örtlichkeiten, an denen Barthes gelebt hat) unterschiedslos als Fiktionen behandelt, was nur möglich ist, da Barthes vollkommen Lacans Position teilt: "Il n'y a pas de métalangage."[45]

Auf der Innenseite des Einbands ist, wie bereits erwähnt, folgende "Leseanleitung" in Barthesscher Handschrift gedruckt: "Tout ceci doit être considéré comme dit par un personnage de roman." Mit ihrem weißen, arabesken Schriftzug auf dem schwarzen Hintergrund wirkt diese Seite wie das Negativ des sich nunmehr entwickelnden Buches. Der Satz stellt die literarische Gemachtheit des Werks aus und führt zugleich eine prekäre Aussageinstanz ein. Wer hier spricht und was gesagt wird, muß gelesen werden, *als ob* eine Romanfigur spreche. Während der moderne, bürgerliche Roman die eigene Fiktion zumeist präsentierte, *als ob* sie Wirklichkeit sei, scheint sich dieses Bedingungsverhältnis bei Barthes vollkommen verkehrt zu haben: Nicht mehr die Realität, sondern der Roman gibt die Matrix vor, an der sich das Buch orientiert — und dies, obwohl der Titel wie auch die Editionsreihe die Erwartung nähren, hier eine Auto-Biographie anzutreffen. Allerdings bewirkt gerade jene Ausrichtung und Konzentration auf literarische Verfahrensweisen, die von einer referenzlosen, eigenwertigen *écriture* gleichsam verdoppelt werden, daß *BARTHES par lui-même* durch die Betonung der Diskursivität jeglicher Realitäts-, Geschichts- oder Subjektivitätsbegriffe, also in der partiellen Negation gesellschaftlicher Realität, diese ungleich schärfer und genauer treffen kann als durch vermeintlich "realistische" Abbildung: "Cervantes, Proust ont écrit des livres qui ont rencontré le monde en recherchant le Livre"[46]. Auch Adorno unterstreicht, daß Kunst

> gerade durch Zurücktreten in die Imagination, der Übermacht der Realität das Ihre gibt, und doch nicht zur Anpassung resigniert, nicht die Gewalt des Auswendigen in der Deformation des Inwendigen fortsetzt. (MM, 286)

Blättert der Leser oder die Leserin in *roland BARTHES par roland barthes* weiter, so potenziert sich die bislang entstandene Verwirrung. Die unpaginierte zweite Seite zeigt die sehr verschwommene und unscharfe Photographie eines Menschen, der sich auf einem Feld oder an einem Strand befindet und auf den Betrachtenden zukommt. Auf der diesem Bild gegenüberliegenden Seite steht nochmals der Titel des Buches. Auf den ersten Blick ist man infolgedessen versucht, das Bild auf der Linken als Photo von Roland Barthes zu deuten. Bei genauerer Betrachtung jedoch erweist sich die abgebildete Person, insbesondere aufgrund ihres Sommerkleides, als Frau, so daß die Lesenden im Ungewissen darüber gelassen werden, welche Bild-Text-Relation hier vorliegt. Sehen wir Barthes als Frau ge- oder verkleidet (wodurch zugleich ironisch mit dem Wissen um Barthes' Homosexualität gespielt wird)? Stellt das Photo seine Mutter oder (s)eine Freundin dar?[47]

Die unkommentierte Zusammenführung von Bild und Buchtitel deutet nonverbal an, daß eine Selbstbeschreibung oder ein Selbstkommentar nicht ausreicht, um dieses "Selbst" zu finden: Der Weg zum Ich führt über Umwege, er führt über andere Personen. Die Genese der eigenen Subjektivität erfordert ein Netz von intersubjektiven Bezügen; sie kann sich — psychoanalytisch formuliert — nur im und als Begehren des Anderen, primär der Mutter, vollziehen. Barthes aktualisiert die psychoanalytische Konzeption der Mutter-Kind-Dyade als ein mögliches Modell der Selbstbeschreibung. Doch damit wird der Psychoanalyse keine übergeordnete analytische oder erklärende Dimension zugestanden — im Gegenteil: "c'est une fiction" (PT, 93), deren Funktion darin besteht, die Narration anzustoßen, Initial für vielfältige Erzählungen zu sein:

> Comme fiction, l'Œdipe servait au moins à quelque chose: à faire de bons romans, à bien raconter (ceci est écrit après avoir vu *City Girl* de Murnau). (PT, 76)

Die komplizierten Über-Kreuz-Bezüge von *BARTHES par lui-même* werden auch im weiteren fortgesetzt. Auf den Seiten 4 bis 46 folgen Bilder von Roland Barthes, seiner Familie und seinen Wohnorten, die jeweils mit stark assoziativen Kommentaren versehen sind. Der Text beginnt mit einem Vergnügen, das sich der Autor nach Beendigung seines Projekts gönnt:

> Voici, pour commencer, quelques images: elles sont la part du plaisir que l'auteur s'offre à lui-même en terminant son livre. (RB, 5)

Der Anfang des Buches fällt in eins mit dem Ende des Schreibens. Zudem scheint der Autor sein privilegierter, sein erster Leser zu sein. Nicht dem Publikum, sondern sich selbst bereitet er eine Freude, die er als "assez égoïste" (RB, 5) einschätzt. Die Leserinnen und Leser werden diskursiv aus der intimen Selbstbespiegelung ausgeschlossen, jedoch nur, um letztlich eine desto exzeptionellere Position einzunehmen: schließlich dürfen sie an der persönlichen Bilderschau des Autors teilhaben. Derartige Paradoxien sind in *BARTHES par lui-même* Legion. Zum Beispiel gibt Barthes vor, nur solche Bilder zu präsentieren, die ihn verblüfft, ihn sprachlos gemacht haben.[48] Gleichzeitig aber entfachen diese Photos eine assoziative, immer neu einsetzende Flut von Formulierungen und Aphorismen.

Die Exposition der (Kindheits-)Bilder pflegt — vergleichbar dem Begriff der *enfance* bei Baudelaire — keine "nostalgie d'un temps heureux", sondern der Ich-Erzähler will sich mittels dieser visuellen Medien "en rapport avec le 'ça' de mon corps" (RB, 5) setzen. Dieses Etwas, dieses unbestimmte Es des Körpers verweist auf die psychoanalytische Instanz des "unerkannt und unbewußt"[49] bleibenden Es und erinnert darüber hinaus an die gebräuchliche semiotische Abkürzung für Signifikant, Sa. Die Bilder und fragmentarischen Textsplitter von *BARTHES par lui-même* lassen den Körper zur Sprache kommen, zeigen ihn beredt und vielstimmig. Der Leib ist zwar abwesend, aber dennoch als begehrender, nach Sinn dürstender in der Schrift präsent. Kreisförmig kehrt denn auch die Schlußpassage des Buches wieder zum Anfang zurück: "Ecrire le corps."(RB, 182) Und obwohl es zu Ende ist, betont das Buch seinen vorläufigen und momentanen Charakter: Auf der letzten Seite des Einbands steht, wie zu Beginn, ein weißer Schriftzug des Autors auf schwarzem Grund, der die Unstillbarkeit des Schreibbegehrens manifestiert:

> Et après?
> — Quoi écrire, maintenant? Pourrez-vous encore écrire quelque chose?
> — On écrit avec son désir, et je n'en finis pas de désirer.

Barthes' Literatur zweiten Grades fiktionalisiert nicht nur — eigene wie fremde — wissenschaftliche, historische oder (auto-)biographische Aussagen und Texte, auch die Familienphotos werden als Schrift, als Fiktion gelesen und gleichsam als visueller Roman gedeutet: Die Portraits der Großmütter und Großväter regen zu Reflexionen darüber an, wer in den Familien den Diskurs bestimmte[50]; anläßlich eines Schuldscheins wird über die Funktion der Schrift als "garantie d'un échange" (RB, 22), als Siegel der Repräsentation nachgedacht, und ein Photo der Straßenbahn von Bayonne, wo Barthes seine Kindheit verlebt hat, bietet die Gelegenheit, in einer poetischen Wendung zugleich die Sprache des Kindes zu evozieren: "Le museau blanc du tram de mon enfance" (RB, 20) lautet der Kommentar zu diesem Bild. Ein Familienportrait trägt die lakonische, auf Freud anspielende Überschrift "Le roman familial" (RB, 23), und ein Kinderbild von Barthes schließlich veranlaßt den Autor zur Frage nach den eigenen Zeitgenossen. Die Antwort hierauf verweist auf einen zentralen Intertext von *BARTHES par lui-même* und parallelisiert zudem zwei körperliche Tätigkeiten, nämlich Laufen und Schreiben: "Je commençais à marcher, Proust vivait encore, et terminait la *Recherche*."(RB, 27)[51] Die Lebenswirklichkeit wird durch literarische Muster und Interpretationsmodelle strukturiert, sie wird erst dank dieser symbolischen Codes lesbar. Der Begriff "Realität" selbst kann sich nach Roland Barthes' Ansicht nur aufgrund der Existenz von Diskursen und Texten entwickeln; Realität ist ein — immer schon konstruierter, autonomer — Text, dessen Zeichen partiell modifiziert und neu kombiniert werden können. Der Schriftsteller verhält sich zu diesen Zeichen "semiotrop"[52], das heißt, er konzentriert sich auf das Zeichen, läßt sich von ihm in Bann schlagen und imitiert es bei Bedarf "comme un spectacle imaginaire"(L, 58). Semiologische und künstlerische Aktivität werden so identisch.[53]

In Baudelaires *Spleen de Paris* ebenso wie in Barthes' späten Schriften tritt das Subjekt in der Gestalt des Künstlers in Erscheinung. Auch die *Minima Moralia* von Theodor W. Adorno präsentieren eine intellektuelle Künstlerfigur, der zugleich eine exemplarische Subjektivität zugewiesen werden kann. Denn

> Der Künstler, der das Kunstwerk trägt, ist nicht der je Einzelne, der es hervorbringt, sondern durch seine Arbeit, durch passive Aktivität wird er zum Statthalter des gesellschaftlichen Gesamtsubjekts. (NL, 126)

Diese Statthalterschaft wird von Adorno insofern aporetisch gedacht, als ihr keine Aussicht auf Erfolg beschieden ist. "Der Künstler als *Artist* läßt das eigentlich Unmögliche eben noch einmal als möglich erscheinen"[54], nämlich die Utopie vom "richtigen Leben der Menschen."(NL, 126) Während Barthes eine referenzlose und gestische, zum bloßen Signifikantenmaterial transformierte *écriture* sucht, hält Adorno an der Möglichkeit fest, mit Hilfe der verbalen, signifikativen Sprache über diese selbst hinauszugelangen und zum mimetischen Ausdruck vorzustoßen. Dem sprachlich erzeugten und konstruierten Subjekt der *Minima Moralia* kommt infolgedessen die dialektische Funktion zu, sowohl die Spur individueller Erfahrung nachzuzeichnen als auch überindividuelle Gültigkeit zu besitzen. Letztere resultiert insbesondere aus der Thematisierung von Leid, das als "Objektivität (...) auf dem Subjekt lastet"(ND, 29), und aus den dafür verwendeten ästhetischen Verfahrensweisen.

Der Künstler-Intellektuelle der *Reflexionen aus dem beschädigten Leben*, der zuweilen in Ich-Form, zuweilen in Er-Form auftritt, stellt wie der Baudelairesche *étranger* und der Barthessche *contre-héros* ein ausgegrenztes, isoliertes und radikal fremdes Subjekt dar. Allerdings gewinnt die eher metaphorisch konnotierte Fremdheit des Großstadtflaneurs im *Spleen de Paris* oder des sprachwütigen *amoureux* der *Fragments* bei Adorno eine zusätzliche Dimension: sie ist grundiert und geprägt von einer realen Exilerfahrung, die zur Signatur der modernen Existenz schlechthin erweitert wird.[55] So schreibt Adorno in seinem Vortrag *Die Wunde Heine* 1956:

> Heines stereotypes Thema, hoffnungslose Liebe, ist Gleichnis der Heimatlosigkeit, und die Lyrik, die ihr gilt, eine Anstrengung, Entfremdung selber hineinzuziehen in den nächsten Erfahrungskreis. Heute, nachdem das Schicksal, das Heine fühlte, buchstäblich sich erfüllte, ist aber zugleich die Heimatlosigkeit die aller geworden; alle sind in Wesen und Sprache so beschädigt, wie der Ausgestoßene es war. (NL, 100)

Auch das Text-Subjekt der *Minima Moralia* ist zweifach isoliert: zum einen als Künstler und Intellektueller; zum anderen als Ausgestoßener, als — faktisch wie metaphorisch — Exilierter. Der Intellektuelle wird von seiner bürgerlichen Umgebung und Gesellschaft als Fremdkörper angesehen[56], selbst unter Seinesgleichen findet er keine Gemeinschaft[57]; und auch das Verhältnis zur eigenen Familie "beginnt traurig, schattenhaft sich zu verwandeln" (MM, 16), es wird problematisch und paralysierend:

> Mit der Familie zerging, während das System fortbesteht, nicht nur die wirksamste Agentur des Bürgertums, sondern der Widerstand, der das Individuum zwar unterdrückte, aber auch stärkte, wenn nicht gar hervorbrachte. Das Ende der Familie lähmt die Gegenkräfte. (MM, 17)

Der "Intellektuelle in der Emigration" führt eine scheinhafte, irreale Existenz, denn er befindet sich "immerzu (...) in der Irre"(MM, 32). Keiner Gruppe oder Gruppierung rechnet er sich zugehörig, da er deren jeweilige moralische oder ideologische Werte nicht unhinterfragt übernehmen kann.[58] Schon ein Anflug von Umgänglichkeit und Einverständnis mit seinen Mitmenschen scheint ihm Verrat und "Teilhabe am Unrecht"(MM, 21) zu sein.

Gleichzeitig jedoch weiß sich Adornos namenloser Protagonist in einer ausweglosen Paradoxie gefangen: In genau jene gesellschaftlichen Prozesse und Zusammenhänge, die er auf Distanz halten will und negiert, ist er unentrinnbar verstrickt. Seine Position erweist sich als hochgradig aporetisch und exzentrisch:

> Für den Intellektuellen ist unverbrüchliche Einsamkeit die einzige Gestalt, in der er Solidarität etwa noch zu bewähren vermag. Alles Mitmachen, alle Menschlichkeit von Umgang und Teilhabe ist bloße Maske fürs stillschweigende Akzeptieren des Unmenschlichen. (MM, 22)

Die Isolation scheint — wie bei Baudelaires *étranger* aus dem gleichnamigen, den *Spleen de Paris* programmatisch einleitenden Prosagedicht — total zu sein: Entfremdet der Gesellschaft und den Mitmenschen, entfremdet aber auch der eigenen Herkunft und Vergangenheit, selbst der eigenen (Mutter-)Sprache, lebt die intellektuelle Künstlerfigur in ständiger Negation und irreduzibler Einsamkeit. "Enteignet ist seine Sprache und abgegraben die geschichtliche Dimension, aus der seine Erkenntnis die Kräfte zog"(MM, 32), — wobei es zur konstitutiven Paradoxie des Textes gehört, gegen das Schwinden und Fremdwerden der eigenen Sprache ebenso souverän wie beredt aufzubegehren.

Das zur Chiffre der ausgesetzten Existenz schlechthin gewordene Exil entzieht dem Subjekt nicht nur physisch vertraute Orte und Verhältnisse, sondern es raubt ihm auch in geistig-seelischer Hinsicht die identitätsstiftende eigene Geschichte: "Das Vorleben des Emigranten wird bekanntlich annulliert" (MM, 52). Seine Zeiterfahrung pendelt zwischen leerem, hoffnungslosem Warten[59] einerseits und qualvoller Augenblicklichkeit andererseits, in der das Leben "zum Nichts verfällt"(MM, 217), hin und her.

Die im Begriff des Exils potenzierte Kluft zur Gesellschaft, zur Vergangenheit wie auch zum eigenen "Selbst" wird dem Ich im Fremdwerden der Sprache, im unscheinbaren verbalen Lapsus bewußt — ein Phänomen, das uns schon aus den Schriften Baudelaires und Barthes' vertraut ist:

> An einem Abend der fassungslosen Traurigkeit ertappte ich mich über dem Gebrauch des lächerlich falschen Konjunktivs eines selber schon nicht recht hochdeutschen Verbs, der dem Dialekt meiner Vaterstadt angehört. Ich hatte die zutrauliche Mißform seit den ersten Schuljahren nicht mehr vernommen, geschweige denn verwandt. Schwermut, die unwiderstehlich in den Abgrund der Kindheit hinunterzog, weckte auf dem Grunde den alten, ohnmächtig verlangenden Laut. Wie ein Echo warf mir die Sprache die Beschämung zurück, die das Unglück mir antat, indem es vergaß, was ich bin. (MM, 142)

Die Sprache bewahrt ein geheimes, labyrinthisch verschlungenes Band zur eigenen Kindheit. Vergleichbar der Melancholie des *étranger* der *Petits Poèmes en prose* löst auch die Schwermut des Icherzählers der *Minima Moralia* eine besondere Sensibilität aus, schärft sie den Blick für Außen- und Innenwelt. Die in dieser Passage manifeste melancholische Wahrnehmungsperspektive entbindet die Sprache zum selbständigen Akteur und zugleich zum Reflexionsmedium, durch welches das Subjekt seiner Entfremdung und seines Objektcharakters gewahr wird. Nicht das Subjekt klagt sich hier des Vergessens an, sondern es zieht das unbestimmte und unbestimmbare "Unglück" zur Verantwortung. Was auf den ersten Blick als Rückfall in fatalistisches Denken erscheinen mag, erweist sich im Zusammenhang der *Reflexionen aus dem beschädigten Leben* als Integration individueller Hilflosigkeit und Ohnmacht. Gleichsam ex negativo tragen diese Zeilen dazu bei, "mit der Kraft des Subjekts den Trug konstitutiver Subjektivität zu durchbrechen."(ND, 10) Darüber hinaus wird die Tendenz moderner westlicher Gesellschaften unterlaufen, gesellschaftlich erzeugte Probleme (wie Krieg, Exil, Arbeitslosigkeit) zu individualisieren und deren Lösung in den privaten und persönlichen Bereich der heillos überforderten Betroffenen zu verweisen.[60]

In der Situation potenzierter Entfremdung tritt der namenlose Protagonist offensiv die Flucht nach vorne an: "Nur Fremdheit ist das Gegengift gegen Entfremdung."(MM, 118)[61] Der Intellektuelle — ob "als Künstler oder Gelehrter" (MM, 15) — sucht und affirmiert die ständige Differenz; er verfährt mithin nach dem gleichen — ästhetischen wie existentiellen — Prinzip wie das kaleidoskopische Subjekt des *Spleen de Paris* oder das zerstreute Subjekt von *Le plaisir du texte*, *BARTHES par lui-même* und *Fragments d'un discours amoureux*. Adorno optiert für eine Haltung des fortgesetzten Widerspruchs und der unablässigen Negation, um die gesellschaftlichen, ökonomischen, kulturellen und ethischen Dominanten von innen aufzusprengen. Er rückt — wie Barthes — das "Quere, Undurchsichtige, Unerfaßte" ebenso wie "Anachronistisches"(MM, 200)[62], das sich gängigen Bewertungen verweigert und deren Gültigkeit suspendiert, in den Vordergrund, da es aufgrund seiner scheinbaren Unwesentlichkeit und Skurrilität "die herrschende Gesellschaft transzendiert."(MM, 200) Dieser Versuch, "den Zwangscharakter der Logik mit deren eigenen Mitteln zu durchbrechen" (MM, 199), fordert einen dialektischen Prozeß der Absonderung heraus, in dessen Verlauf sich das Subjekt exponiert und aufs Spiel setzt, um sich zugleich in der Negation, als Differenz zu konstituieren. Ein Prozeß der Absonderung schließlich, der sich zwar im Medium der Sprache vollzieht und manifestiert, gleichwohl aber ins Akommunikative, diskursiv Nicht-Mitteilbare tendiert, sich also — positiv formuliert — der künstlerischen Sprache nähert.[63]

Das Different-Sein als grundlegender Existenzmodus des Subjekts prägt sowohl das Gesellschafts- und Menschenbild der *Minima Moralia* als auch die vom Ich eingenommene Perspektive.

Hinsichtlich der (Ideal-)Vorstellung von gesellschaftlichem Zusammenleben hält der Text zwar die Utopie einer anderen und besseren Ordnung aufrecht, doch hütet er sich — als Vorsichtsmaßnahme gegen Vereinnahmungen jeglicher Couleur — davor, diese inhaltlich zu fixieren und durch Rekurs auf — anthropologische oder gesellschaftlich errungene — unverbrüchliche Menschenrechte zu bestimmen. Den utopischen besseren Zustand denkt Adorno als einen, "in dem man ohne Angst verschieden sein kann."(MM, 131)[64] Angesichts der real erfahrenen Gefahr, daß der republikanisch-demokratische Wert der *égalité* in Gleichmacherei umschlägt und daß Toleranz unterm gesellschaftlichen Druck zur Unterdrückung gerät, propagieren Adorno und Barthes eine Vervielfältigung und Vermehrung der Differenzen auf allen Ebenen:

> un peu de différence mène au racisme. Mais beaucoup de différences en éloignent, irrémédiablement. Egaliser, démocratiser, massifier, tous ces efforts ne parviennent pas à expulser "la plus petite différence", germe de l'intolérance raciale. C'est pluraliser, subtiliser, qu'il faudrait, sans frein. (RB, 74)[65]

In bezug auf das Menschenbild impliziert die radikale Protesthaltung in den *Minima Moralia* vor allem die Ablehnung der traditionellen, philosophischen, wissenschaftlichen wie lebensweltlichen Trennung von Geist und Körper. Adornos philosophierender Künstler nobilitiert das Begehrungsvermögen, die

Sinnlichkeit ebenso wie die Phantasie zu kreativen Potentialen und kritischen Erkenntnisvermögen.[66] In einer an Baudelaires Lob der Imagination als der "reine des facultés"(OC II, 620) erinnernden Passage wird die Einbildungskraft als integrales, ja fundierendes Moment von Erkenntnis ausgewiesen:

> Phantasie, heute dem Ressort des Unbewußten zugeteilt und in der Erkenntnis als kindisch urteilsloses Rudiment verfemt, stiftet allein jene Beziehung zwischen Objekten, in der unabdingbar alles Urteil entspringt: wird sie ausgetrieben, so wird zugleich das Urteil, der eigentliche *Erkenntnisakt*, exorziert. (MM, 159)[67]

Darüber hinaus betonen die *Reflexionen* die unauflösliche Verwobenheit von affektiven, emotionalen Bedürfnissen und analytischen, verstandesmäßigen Leistungen, die jedoch von einer sich aufgeklärt und rational dünkenden Gesellschaft beständig verdrängt und negiert werde.

> Weil noch die fernsten Objektivierungen des Denkens sich nähren von den Trieben, zerstört es in diesen die Bedingung seiner selbst. Ist nicht das Gedächtnis unabtrennbar von der Liebe, die bewahren will, was doch vergeht? Ist nicht jede Regung der Phantasie aus dem Wunsch gezeugt, der übers Daseiende in Treue hinausgeht, indem er seine Elemente versetzt? Ja ist nicht die einfachste Wahrnehmung an der Angst vorm Wahrgenommenen gebildet oder der Begierde danach? (MM, 158)

Angesichts dieser Auffassung scheint es nur konsequent, daß das Individuum als "Reflexionsform des gesellschaftlichen Prozesses"(MM, 307) gerade durch den — von Sympathie wie auch von Antipathie geprägten — Blick auf Randständiges, Entlegenes und Ephemeres, gerade durch das Thematisieren von Idiosynkrasien versucht, sich die Möglichkeit von Erfahrung und Erkenntnis zu bewahren. Die Betonung des Anderen und Exzentrischen fügt sich schwerlich dem gesellschaftlichen Primat der Fungibilität und wird als Gegengift gegen die totale Nivellierung von Menschen und Dingen zu bloßen Tauschobjekten eingesetzt. Intellektuelle und Künstler stehen nach Adorno quer zum gesellschaftlichen Verwertungszusammenhang, da sie Verdrängtes und Tabuisiertes ans Licht holen und eine Produktivität vorführen, die sich kaum zur Zirkulation in der Waren- und Konsumsphäre eignet. "Wer ein Unikum anbietet, das niemand mehr kaufen will, vertritt, selbst gegen seinen Willen, die Freiheit vom Tausch." (MM, 82)

Die Situation des Subjekts der *Minima Moralia* ist nicht zuletzt aufgrund seines forcierten künstlerischen Anspruchs paradox: Um an seiner Subjektivität festzuhalten, muß es diese als ein Objektives ausweisen, muß es ständig den Durchgang durch Subjektives und Objektives versuchen. Um dies zu erreichen, sprengt die philosophierende Künstlerfigur die binäre Logik und verhält sich "weder stur noch souverän, weder blind noch leer, weder atomistisch noch konsequent"(MM, 91), sondern entwickelt eine Logik des *und*, die all diese konträren Zuschreibungen in sich aufnimmt und transzendiert. Als Beispiel für eine derart aporetische Erfahrung, die sich und die eigenen Bedingungen gleichsam selbst durchstreicht, wird mit Bedacht die Rezeption eines Kunstwerks angeführt:

> Wer jemals aus der Kraft seines präzisen Reagierens im Ernst der Disziplin eines Kunstwerks, dessen immanentem Formgesetz, dem Zwang seiner Gestaltung sich unterwirft, dem zergeht der Vorbehalt des bloß Subjektiven seiner Erfahrung wie ein armseliger Schein, und jeder Schritt, den er vermöge seiner extrem subjektiven Innervation in die Sache hineinmacht, hat unvergleichlich viel größere objektive Gewalt als die umfassenden und wohlbestätigten Begriffsbildungen etwa des "Stils", deren wissenschaftlicher Anspruch auf Kosten solcher Erfahrung geht. (MM, 84/5)

Der Ort des sich so erlebenden und exponierenden Subjekts kann nur als ein unmöglicher bezeichnet werden. Wie das Barthessche Subjekt ist der exilierte Intellektuelle atopisch, nimmt er "*une place nulle*"(PT, 99) ein; wie der Baudelairesche Flaneur befindet er sich zugleich inmitten der Dinge und mit emotionaler wie kritischer Distanz zu ihnen.

Die Imaginationsgeschichte des modernen Künstlers als einer immer auch lächerlichen Figur, die zumeist in Affinität zum Narren oder zum Kind gesehen wird, ergänzt Adorno um eine weitere traurige Gestalt. War in Baudelaires *Perte d'Auréole* nur die Aureole in den Straßenschlamm gefallen, so steckt nunmehr das Ich bis zum Hals im Sumpf und fühlt sich als Münchhausen des 20. Jahrhunderts:

> Vom Denkenden heute wird nicht weniger verlangt, als daß er in jedem Augenblick in den Sachen und außer den Sachen sein soll — der Gestus Münchhausens, der sich an dem Zopf aus dem Sumpf zieht, wird zum Schema einer jeden Erkenntnis, die mehr sein will als entweder Feststellung oder Entwurf. Und dann kommen noch die angestellten Philosophen und machen uns zum Vorwurf, daß wir keinen Standpunkt hätten. (MM, 91)

Die komplexe Erfahrung des zugleich Ausgegrenzt- und Beteiligtseins, die widersprüchliche Haltung von Distanz und gleichzeitiger Nähe führen die Fragmente und Aphorismen der *Minima Moralia* mimetisch vor. Dies wird ereicht durch das Sich-Verlieren an die Prozesse des Denkens und Schreibens, durch eine Dialektik der Transgression, die jeglicher deduktiven oder induktiven Kontrolle der Argumentation und jeglichem "Rechtbehaltenwollen"(MM, 85) eine Absage erteilt.

Während Roland Barthes' Literatur zweiten Grades Spracheffekte ausstellt und kommentiert, so daß ein endlos verflochtenes, nichthierarchisiertes Stimmengewirr entsteht, durchlaufen die Denkbilder Adornos ein breiteres Spektrum. Gleich einem Spinnennetz fangen sie selbst Konträres, Entlegenstes und bislang Unbeachtetes ein. Die *Minima Moralia* versuchen, im mimetischen Ausdruck die historisch und gesellschaftlich erreichte Heterogenität und Disparatheit zu erfassen und im Text, als Text zu manifestieren. Die Komplexität und Widersprüchlichkeit moderner Verhältnisse ebenso wie der "Doppelcharakter des Fortschritts, der stets zugleich das Potential der Freiheit und die Wirklichkeit der Unterdrückung entwickelte" (MM, 193), wird simultan von den verschiedensten Seiten und aus einer häufig überraschenden, irritierenden Perspektive beleuchtet. Durch dialektische Volten, durch das Entfalten begriffsimmanenter Differenzen, durch das Hinüberspielen eines Gedankens in sein Gegenteil und durch die Verknüpfung nicht zusammengehöriger, scheinbar inkompatibler Phänomene führen Adornos Texte die Janusköpfigkeit von Kultur und Gesellschaft sprachlich vor.

> A valid theory could only be one which thinks against itself, undoes its every act, achieves a frail evocation of that which its own discursivity denies.[68]

Adornos idiosynkratischer, mikrologischer Blick vergegenwärtigt nicht nur die Dimensionen moderner Entfremdung, sondern mobilisiert diese zugleich als Potential von Negativität, die eine jenseits des Signifikativen liegende Bedeutung aufzuschließen vermag und zu "*ästhetischen Erweiterungen moderner Subjekt-Autonomie*"[69] beitragen kann. Während die auf "Abschaffung des Unterschieds von These und Argument" (MM, 86) zielende *écriture* der *Reflexionen aus dem beschädigten Leben* die auseinanderstrebenden Bestandteile einer Situation oder eines Gegenstandes in der sprachlichen Konstellation noch einmal verklammert und textuell in Szene setzt, so daß die Leserinnen und Leser zum reflexiven Nachvollzug und Durchgang durch die Extreme angeregt, manchmal fast gezwungen werden, setzt Barthes immer schon auf der Ebene zweiter Potenz ein. Sein Textprinzip der Benennung und Zerstörung eines produzierten literarischen Effekts führt anschaulich die Einsicht vor, daß die Sprache unser wohl wichtigstes Medium zur *Produktion von Gedanken* darstellt.

3.4 Das Denken des Körpers im Zustand der Sprache

(...) faire du langage un sujet, et cela à travers le langage même, constitue encore un tabou très fort (dont l'écrivain serait le sorcier).
(Roland Barthes: *Drame, poème, roman*)

In place of a hermeneutics we need an erotics of art.
(Susan Sontag: *Against Interpretation*)

Der Leib ist eine grosse Vernunft.
(Friedrich Nietzsche: *Also sprach Zarathustra I*)

Rien de plus déprimant que d'imaginer le Texte comme un objet intellectuel (de réflexion, d'analyse, de comparaison, de reflet, etc.). Le Texte est un objet de plaisir. (SFL, 12)

Für Adorno und Barthes geht ein Text niemals in seinem Sinn auf. Jede sprachliche Formulierung reicht über das bewußt Gemeinte und Intendierte und über bloß kommunikative Zwecke hinaus. Adornos entfesselte Dialektik ebenso wie Barthes' exzessive *écriture* integrieren den Körper als unabdingbares Fundament, als Ausgangs- wie Zielpunkt symbolischer Handlungen. Die hermeneutische Relation von Sprache und Sinn tritt in den Hintergrund zugunsten einer Betonung und Aufwertung der konkret körperlichen Aspekte des Schreibens.

L'écriture, c'est la main, c'est donc le corps: ses pulsions, ses contrôles, ses rythmes, ses pesées, ses glissements, ses complications, ses fuites, bref, non pas *l'âme* (peu importe la graphologie), mais le sujet lesté de son désir et de son inconscient. (GV, 184)

Während das (sich seiner selbst) bewußte, denkende und meinende Subjekt eines Autors oder einer Autorin nur bedingt in den Zeichenprozeß einfließen kann, geht Barthes von einer untergründigen Affinität (unbewußter) Triebe und Körperregungen — also dem Semiotischen im Sinne Kristevas — zur Sprache aus. Das Erstellen eines Textes verdankt sich dem "travail du corps qui est en proie au langage"

(GV, 190). Die erst noch zu entwickelnde Ästhetik der Textlust schließt nach Barthes die "*écriture à haute voix*" (PT, 104) ein. Diese wird — in Anlehnung an orientalische Theaterkonzepte — als "l'art de conduire son corps" präzisiert und läßt sich vom "*grain* de la voix, qui est un mixte érotique de timbre et de langage" (PT, 104), leiten. Barthes entwirft eine Semiologie des Körpers, die "tout le corps (les yeux, le sourire, la mèche, le geste, le vêtement)"(ES, 18) als Träger signifikanter Handlungen beachtet und in Schrift transformiert. Eine Schrift, die "das voreilige Verstehenwollen und die Zuordnung vorgewußter Bedeutungen suspendiert"[1], um demgegenüber die Materialität der Zeichen und die Erotizität des Zeichenprozesses zu betonen: "Qu'est-ce que la signifiance? C'est le sens *en ce qu'il est produit sensuellement.*"(PT, 97)

Die Verquickung von Sprache und Körper fundiert Barthes anthropologisch. Beide sind gleich ursprünglich — "Emmêlement du corps et du langage: lequel commence?"(RB, 95) — und durch den Verlauf der menschlichen Evolution miteinander verwoben. Der Anthropologe André Leroi-Gourhan hat in seiner Schrift *Hand und Wort* darauf aufmerksam gemacht, daß der evolutionäre "Erwerb der Zweifüßigkeit" neben der "Befreiung der Hand"[2] und somit der Voraussetzung zur Entwicklung von Werkzeugen und Technik auch eine Befreiung des Mundes von der Funktion des Zugreifens mit sich brachte. Nun konnte der Mund zur Herausbildung von Sprache eingesetzt werden. Barthes übernimmt und erweitert Leroi-Gourhans These, indem er feststellt, der aufrechte Gang ermögliche nicht nur das Sprechen, sondern auch das Küssen:

> Car l'appareil phonatoire est aussi l'appareil osculaire. Passant à la station debout, l'homme s'est trouvé libre d'inventer le langage et l'amour: c'est peut-être la naissance anthropologique d'une double perversion concomitante: la parole et le baiser. A ce compte-là, plus les hommes ont été libres (de leur bouche), plus ils ont parlé et embrassé; et logiquement, lorsque par le progrès les hommes seront débarrassés de toute tâche manuelle, ils ne feront plus que discourir et s'embrasser! (RB, 144)

Diese beflügelte anthropologische Spekulation stilisiert die Sprachfähigkeit des Menschen zum zweckfreien, lustvollen Akt; Sprechen scheint nur eine andere Form des Küssens zu sein. Barthes' Interesse für den Körper als Ort der Entstehung und der Artikulation von Sprache konzentriert sich auf bestimmte Körperaspekte: auf den begehrenden, erotischen "corps de jouissance"(PT, 29); auf den Leib, der verführen und seinerseits verführt werden will.

Aus der anthropologischen Begründung des Nexus von Körper und Sprache ebenso wie aus Barthes' Emanzipation des Lesens zum kreativen und produktiven

Akt, zum *Ecrire la lecture* (BL, 33), ergibt sich, daß auch die Lektüre — in Analogie zum Schreiben — als körperliche Tätigkeit in den Blick kommt. Stellt das Schreiben für Barthes eine materialisierte Gebärde des Körpers dar, eine chiffrierte Spur der Bewegung der Hand, die den Stift führt, so betrachtet er auch die Lektüre als eine Körpergeste:

> lire, c'est faire travailler notre corps (on sait depuis la psychanalyse que ce corps excède de beaucoup notre mémoire et notre conscience) à l'appel des signes du texte, de tous les langages qui le traversent et qui forment comme la profondeur moirée des phrases. (BL, 35)[3]

Gegen den abendländischen Topos der zeitweiligen, fiktiven Entleibung des Lesers, der qua Lektüre in eine Welt fremder Bedeutungen eintritt, durch die ihn "die vertrauten Worte wie Seelenführer geleiten"[4], setzt Barthes "*le corps qui bat* (qui jouit)."(OO, 143) Vor dem Hintergrund der eher leibfeindlichen neuzeitlichen Philosophie und Wissenschaft trägt diese Haltung ein irritierendes und verfremdendes Moment in sich, das den Blick in durchaus kritischer Intention auf einen blinden Fleck von Philosophie, Linguistik und Ästhetik lenkt und auf bislang Ausgegrenztes und Tabuisiertes aufmerksam macht.[5] In einer Welt zunehmender Ungreifbarkeit und *Immaterialität*[6], in der nicht zuletzt die Kommunikations- und Computertechnik eine radikale Veränderung der Bedingungen von Textproduktion wie -rezeption herbeiführen, betont Barthes gerade das, was vollends verlorenzugehen droht: den Körper als Resonanzboden des Sinns.

Der Lesende, der Schreibende und der Liebende sind die idealen Protagonisten der Bücher von Roland Barthes, nicht nur weil alle drei jeweils obsessiv um Zeichen- und Sinnstiftungsprozesse kreisen, sondern weil sie darüber hinaus Figuren von Subjektivität vorführen, die im Banne des — partiell unkontrollierbaren und unbewußten Körpers — agieren:

> Le plaisir du texte, c'est ce moment où mon corps va suivre ses propres idées — car mon corps n'a pas les mêmes idées que moi. (PT, 30)[7]

Auch Theodor W. Adornos transgressive Dialektik zielt auf eine Befreiung des Körpers von den Mechanismen gesellschaftlicher Repression und unterstreicht die Vernetzung von Sinnlichkeit und Sinn.

> All Marxist philosophers are supposed to be dialectical thinkers; but with Adorno one can feel the sweat and strain of this mode alive in every phrase, in a language rammed up against silence where the reader has no sooner registered the one-sidedness of some proposition than the opposite is immediately proposed.[8]

Ästhetische Erfahrung, wie sie die reflexive Prosa der *Minima Moralia* vermittelt, kann präzisiert werden als der Versuch, dem Denken und Schreiben körperliche Fülle, Sensibilität und Reizbarkeit zu verleihen. Möglich wird dies, indem Adorno der Sprache zwei spezifische Eigenschaften zuweist. Zum einen sieht er sie als dynamisches kollektives Gedächtnis, in dem sich überindividuelle geschichtliche Entwicklungen und Ereignisse niederschlagen[9]; zum anderen gesteht er ihr — wie Barthes — eine besondere, von der Psychoanalyse herausgearbeitete Verbindung zu semiotischen (im Sinne Kristevas) Impulsen und Triebregungen zu. Sprechen und Schreiben stellen demnach Transpositionen körperlicher Bedürfnisse dar. Sie fungieren als Ersatz für das Sich-Einverleiben von Nahrung oder objektivieren sexuelles Begehren:

> Die proletarische Sprache ist vom Hunger diktiert. Der Arme kaut die Worte, um an ihnen sich sattzuessen. Von ihrem objektiven Geist erwartet er die kräftige Nahrung, welche die Gesellschaft ihm verweigert; er nimmt den Mund voll, der nichts zu beißen hat. So rächt er sich an der Sprache. Er schändet den Sprachleib, den sie ihn nicht lieben lassen, und wiederholt mit ohnmächtiger Stärke die Schande, die ihm selber angetan ward. (MM, 129)

In dieser intellektuellen Spekulation beziehungsweise Projektion erscheint die Sprache als Gegenstand einer Transsubstantiation: Sie wird zum Leib Brot und zugleich zum — weiblichen — Körper, der als Ort gesellschaftlicher, genauer: männlicher Machtkämpfe mißbraucht wird. Die sexuelle Dimension der Sprache wird in einem anderen Fragment der *Minima Moralia* explizit hervorgehoben:

> *On parle français*. — Wie innig Sexus und Sprache sich verschränken, lernt, wer in einer fremden Sprache Pornographie liest. Bei der Lektüre Sades im Original braucht man kein Dictionnaire. Noch die entlegensten Ausdrücke fürs Unanständige, deren Kenntnis keine Schule, kein Elternhaus, keine literarische Erfahrung vermittelt, versteht man, nachtwandelnd, wie in der Kindheit die abseitigsten Äußerungen und Beobachtungen des Geschlechtlichen zur rechten Vorstellung zusammenschießen. Es ist, als sprengten die gefangenen Leidenschaften, von jenen Worten beim Namen gerufen, wie den Wall der eigenen Unterdrückung so den der blinden Worte und schlügen gewalttätig, unwiderstehlich in die innerste Zelle des Sinnes, der ihnen selber gleicht. (MM, 54)

Hier manifestiert sich ein fast (blasphemisch-)religiöser Glaube an die magische, befreiende Kraft des Wortes und der Benennung. Das Lesen ohne Wörterbuch schließt im Körper ruhende vor- und überindividuelle Erfahrungs- und Wissensbestände auf, die sich in der Sprache sedimentiert haben und deren Kenntnis keine gesellschaftliche Institution vermittelt. Adorno vertraut keiner starren, definitorisch festgelegten Semantik, sondern der Dynamik und dem polysemischen Potential der Sprache.

Mithin ist das Lesen ohne Lexikon die geeignete Rezeptionsform für Texte, die ebenfalls "ohne Diktionär" geschrieben sind, wie der Autor sein Ideal am Beispiel des Essays darlegt:

> Wie der Essay die Begriffe sich zueignet, wäre am ehesten vergleichbar dem Verhalten von einem, der in fremdem Land gezwungen ist, dessen Sprache zu sprechen, anstatt schulgerecht aus Elementen sie zusammenzustümpern. Er wird ohne Diktionär lesen. Hat er das gleiche Wort, in stets wechselndem Zusammenhang, dreißigmal erblickt, so hat er seines Sinnes besser sich versichert, als wenn er die aufgezählten Bedeutungen nachgeschlagen hätte, die meist zu eng sind gegenüber dem Wechsel je nach dem Kontext, und zu vag gegenüber den unverwechselbaren Nuancen, die der Kontext in jedem einzelnen Fall stiftet. (NL, 21)

Schreiben und Lesen ohne Wörterbuch bedeutet bei Adorno und Barthes nicht, vorgängige Gedanken und Aussagen nachzuvollziehen, sondern sich einer offenen und unsicheren Erfahrung auszusetzen. Wer schreibt oder liest, "macht sich zum Schauplatz geistiger Erfahrung" (NL, 21), er exponiert sich dem Irrtum und der Ungewißheit. Doch dieser Mangel an Sicherheit wird aufgewogen durch die Chance, Unerwartetes und Neues zu entdecken, größere Zusammenhänge ebenso wie filigrane Details zu erfassen und sich einem Erfahrungsprozeß zu stellen, von dem zu Beginn kaum angegeben werden kann, in welche Richtung(en) und auf welche Fährten er führen wird.

Beide Autoren setzen den Umgang mit Sprache und mit Texten in Analogie zur nicht vorhersehbaren Faszination und zur nicht kontrollierbaren erotischen Anziehung, die sich zwischen zwei Menschen entwickeln kann. Damit wird keine naive Hypostasierung des Emotionalen intendiert, sondern im Gegenteil eine kritische, das "Andere der Vernunft" einholende Selbstaufklärung des Denkens und Schreibens. Das "Interesse am Körper" speist sich aus dem Erkenntniswillen, "(u)nter der bekannten Geschichte Europas (...) eine unterirdische"[10] auszugraben. Adorno wie auch Barthes stehen hier in der Tradition Friedrich Nietzsches, dessen *Zarathustra* (1883-1886) den abendländischen "Verächtern des Leibes" entgegenhielt: "Der Leib ist eine grosse Vernunft"[11].

> Gegen die Abspaltung des Gedankens hilft nicht die Synthese der einander entfremdeten psychischen Ressorts, nicht die therapeutische Versetzung der ratio mit irrationalen Fermenten, sondern die Selbstbesinnung auf das Element des Wunsches, das antithetisch Denken als Denken konstituiert. (MM, 264)

Nimmt man wie Adorno das Begehrungsvermögen, "Liebe", "Angst" oder "Begierde" (MM, 158), als unabdingbares Fundament für jegliche Form von Verstandestätigkeit, dann ist es nur konsequent, die traditionelle Trennung von Körper und Geist, von Leib und Seele abzulehnen und hinsichtlich der Relation des Menschen zu seiner Sprache nicht Kommunikation, Informationsaustausch und Bedeutungsübermittlung in den Vordergrund zu rücken, sondern das idiosynkratische, immer auch sinnliche Reagieren auf Worte, das Sich-(Ver-)Führen-Lassen durch die Sprache.

So erwähnt Adorno — mit ausdrücklichem Hinweis auf die Namenphantasien des Ich-Erzählers in Prousts *Recherche* — das "Versprechen des Glücks", das Dorfnamen "wie Otterbach, Watterbach, Reuenthal, Monbrunn"(ND, 366) in sich tragen.[12] In einer frappierend ähnlichen, den Aspekt der Lust akzentuierenden Formulierung stellt auch Barthes fest: "le nom est alors la promesse d'un plaisir" (RB, 133), womit er zum einen auf die auratische und sinnliche Besetzung der Namen bei Proust anspielt und zum anderen ein Diktum Stendhals modifiziert. Während dieser in *De l'Amour* erklärt: "La beauté n'est que la *promesse* du bonheur"[13], setzt Barthes an die Stelle der *beauté* (einer Frau) die Auffassung, "qu'un mot est beau" (RB, 133), und verändert zudem die mit diesem Versprechen verknüpfte Utopie. Der umfassende, die ganze Existenz tangierende Anspruch auf Glück bei Stendhal ist der Betonung der flüchtigen Sinnenlust gewichen, deren Verheißung von einzelnen Namen und Wörtern ausgeht.

> Ce n'est pas seulement une linguistique des noms propres qu'il faut; c'est aussi une érotique: le nom, comme la voix, comme l'odeur, ce serait le terme d'une langueur (RB, 55).[14]

Die erotische Dimension von Worten steht auch im Zentrum von Adornos Aufsatz *Wörter aus der Fremde*, den der Autor als Antwort auf die Flut von Protestbriefen schrieb, der er sich "wegen des angeblich übertriebenen Gebrauchs von Fremdwörtern nach der Radiosendung der Kleinen Proust-Kommentare" (NL, 216) konfrontiert sah. Zwar insistiert Adorno in dieser Schrift auf den im Gebrauch eines Fremdworts liegenden "Sprengstoff der Aufklärung" (NL, 221), den er folgendermaßen präzisiert: Erstens habe ein Fremdwort oft eine irritierende oder gar schockierende Wirkung und weise darauf hin, "daß Unmittelbares nicht unmittelbar zu sagen, sondern nur durch alle Reflexion und Vermittlung hindurch noch auszudrücken sei."(NL, 221) Zweitens impliziere die Verwendung beziehungsweise Nicht-Verwendung bestimmter Worte und Formulierungen zumeist eine gesellschaftspolitische Dimension: "Die Fremdwörter bildeten winzige Zellen des Widerstands gegen den Nationalismus im Ersten Krieg." (NL, 218) Doch beide Aspekte erachtet Adorno als sekundär; weder politische Erwägungen noch aufklärerische Intentionen veranlassen zum Gebrauch von Fremdwörtern, sondern primär deren erotisches Funkeln:

> wie, zumindest für den Typus des ausdrucksfähigen Menschen, die Sprache in ihren Wörtern erotisch besetzt ist, so treibt Liebe zu den Fremdwörtern. (...) Der frühe Drang zu den Wörtern aus der Fremde ähnelt dem zu ausländischen, womöglich exotischen Mädchen; es lockt eine Art Exogamie der Sprache, die aus dem Umkreis des Immergleichen, dem Bann dessen, was man ohnehin ist und kennt, heraus möchte. Fremdwörter ließen damals erröten wie die Nennung eines verschwiegen geliebten Namens. (NL, 218)[15]

Die Sprache gewinnt in dieser Passage die Konturen eines begehrenswerten, weiblichen Körpers. Der männliche Erzähler verbindet diese Sexualisierung der Sprache mit der exotistischen Suche nach dem ganz Anderen. Adornos Protest gegen die scharfe Trennung von Verstandestätigkeit, Abstraktionsvermögen und Rationalität einerseits sowie Sinnlichkeit und Sexualität andererseits wie auch seine Absage an eine für kommunikative Zwecke normierte, gleichsam eingefrorene Sprache fußen selbst auf der unhinterfragten Affirmation eines konstitutiven gesellschaftlichen Dualismus, nämlich der (sexuellen) Differenz zwischen Mann und Frau. Ebensowenig wird der Topos des Exotischen und der fremden Frau als dem "ganz Anderen" (selbst-)kritisch reflektiert. Diesbezüglich treibt Roland Barthes seine Semantik des Sprachleibs noch einen Schritt weiter als Adorno. Jean Baudrillard schreibt in einem Essay über die zivilisatorischen Veränderungen des Körperbildes:

> Man muß die Mystifizierung denunzieren, die die sexuelle Differenz als ursprüngliche, fundamentale Differenz ausgibt, von der alle übrigen sich herleiten oder deren Metaphern sie sind, während sie selbst in der Biologie gründet, also eine nicht hinterfragbare Wahrheit sein soll. Ein schwerer Irrtum, denn er läßt außer acht, daß die Menschen zu allen Zeiten weit größere differentielle Intensitäten durch künstliche Dispositive und Zeichenspiele als durch den Körper oder die Biologie geschaffen haben.[16]

Ganz im Sinne dieser Aufforderung Jean Baudrillards entlarvt Barthes in seinen Texten den Nexus von semantischen und sexuellen Binaritäten: "le sens, le sexe sont des principes de construction, de constitution" (RB, 73). Will man — wie Barthes — einen entgrenzten, von allen Fesseln und Normierungen befreiten *texte*, so erfordert dies nicht nur eine Zerstreuung und Pluralisierung des Sinns, sondern auch "un poudroiement" und "miroitement" (RB, 73) der (sexuellen) Dualismen Aktiv versus Passiv, Männlich versus Weiblich:

> Cependant, dès lors que l'alternative est refusée (dès lors que le paradigme est brouillé), l'utopie commence: le sens et le sexe deviennent l'objet d'un jeu libre, au sein duquel les formes (polysémiques) et les pratiques (sensuelles), libérées de la prison binaire, vont

se mettre en état d'expansion infinie. Ainsi peuvent naître un texte gongorien et une sexualité heureuse. (RB, 137)

Infolgedessen durchbricht Barthes' Ästhetik traditionelle Rollenvorstellungen und weist Textproduzenten wie -rezipienten gleichermaßen und gleichberechtigt aktive und passive Haltungen zu. Auch tritt das Subjekt seiner Schriften zwar als männliches Subjekt auf — "'c'est un amoureux qui parle', non une amoureuse"[17] —, doch wird es eigentümlich feminisiert[18] und schlüpft in die unterschiedlichsten und widersprüchlichsten Geschlechterrollen. Insbesondere die *Fragments d'un discours amoureux* präsentieren

rien qu'un sujet humain, *unisexe*, pourrait-on dire, dans la mesure même où il est amoureux: car l'amour — l'amour-passion, l'amour romantique — ne fait acception ni de sexes ni de rôles sociaux. (OO, 254)[19]

Die Überschreitung bestehender gesellschaftlicher Dualismen ebenso wie die Subversion der Geschlechterdifferenz gipfeln in der Entwicklung eines neuartigen Textbegriffs. Barthes betont nicht nur die Materialität der Schrift als eines erotischen Leibes, sondern er emanzipiert den Text darüber hinaus zum eigenständigen Subjekt: In der Utopie der Textlust verführt der Text den Leser und zeigt ihm "*qu'il me désire*" (PT, 13).[20] In Anlehnung an Nietzsches "Wille zum Wissen" wird dem Text eine "*volonté de jouissance*"(PT, 25) zugeschrieben, die schon im Titel von Barthes' Essay angedeutet wird: *Le plaisir du texte* ist nicht nur, wie die deutsche Übersetzung nahelegt, die Lust (des Lesers) am Text, sondern zugleich die Lust des Textes.

Der Text wird anthropomorphisiert und zum lebendigen, mit eigenen Wünschen und Begehren ausgestatteten Subjekt personifiziert: "Le texte est (devrait être) cette personne désinvolte qui montre son derrière au *Père Politique*."(PT, 84)

Zudem räumt der Autor die Möglichkeit ein, "qu'il y a des phrases *sexy*" (RB, 167), und setzt den Fortgang eines Textes mit den verschiedenen Phasen und Stimmungen zwischenmenschlicher Verführungs- und Liebesspiele gleich:

L'œuvre procède ainsi par engouements conceptuels, empourprements successifs, manies périssables. Le discours s'avance par petits destins, par crises amoureuses. (RB, 114)

Die hermeneutische Annahme, daß ein Text die Artikulation, Expression oder Repräsentation eines ihm vorgängigen, ihn begründenden Subjekts darstellt, lehnt Barthes ab. Das Unbewußte ebenso wie körperliche Regungen und Triebe sind ihm zufolge keine Instanzen, die unabhängig von sprachlichen Objektivierungen, gleichsam hinter ihnen existieren: sie entstehen erst im Text, als Text. Der Körper eines Subjekts wird diesem als (nonverbales) Zeichen, als signifikante Materie zugänglich:

> les larmes sont des signes, non des expressions. Par mes larmes, je raconte une histoire, je produis un mythe de la douleur, et dès lors je m'en accommode (FDA, 215).

Analog dem eigenen Körper wird auch der Körper der oder des Anderen als Sprache wahrgenommen und in Sprache transformiert:

> je vais déchirer le corps opaque de l'autre, l'obliger (soit qu'il réponde, soit qu'il se retire ou laisse aller) à entrer dans le jeu du sens: je vais *le faire parler*. (FDA, 82)

In Barthes' immer schon sprachlich verfaßter Welt stellt der menschliche Leib eine zu entziffernde Schrift, ein lebendiges Palimpsest dar. Reziprok dazu erscheint die sinnliche Materialität eines verbalen Textes anthropomorph als "une forme humaine"(PT, 30).

> Le langage est une peau: je frotte mon langage contre l'autre. C'est comme si j'avais des mots en guise de doigts, ou des doigts au bout de mes mots. Mon langage tremble de désir. (FDA, 87)

Mit dieser forcierten und bis ins Extrem geführten Metaphorik vergegenwärtigt Barthes, daß er die Sprache — insbesondere in ihrer Erscheinungsform als *écriture* oder *texte* — als jene materielle Grenze auffaßt, an der sich Subjektives wie Objektives, Eigenes wie Fremdes dialektisch konstituieren. "La langue fonctionne comme une négativité, la limite initiale du possible"(DZ, 14). Barthes' Ästhetik dynamisiert und entgrenzt den literarischen Text; er ist jener herausragende Ort, an dem die individuellen, triebgeleiteten Gebärden und Gesten des Körpers untrennbar verwoben sind mit den geschichtlichen Regeln und Normen einer Gesellschaft und deren kulturellen Codes; jener dialektische und sich ständig verändernde Ort, an dem Imaginäres, Symbolisches und Reales zusammenfallen zu "'gestes de l'idée'" (RB, 103). Die Anthropomorphisierung und Subjektivierung des Textes entzieht diesen den traditionellen Zuständigkeitsbereichen der Philologie, der Philosophie oder der Linguistik und eröffnet ein Neu-Denken und Neu-Lesen des Textes vor der Folie des tastenden Sich-Annäherns zweier Menschen, die voneinander fasziniert sind. Der Text als starres, mit Kenntnis und Wissen angefülltes Objekt tritt in den Hintergrund zugunsten der emotionalen und offenen Dynamik des Lesens, Vorstellens und Imaginierens. Ein Text bietet somit

> la possibilité d'une dialectique du désir, d'une *imprévision* de la jouissance: que les jeux ne soient pas faits, qu'il y ait un jeu. (PT, 11)

Die Möglichkeit des Spiels bedeutet hierbei keine Unverbindlichkeit oder Belanglosigkeit, sondern die Aussicht auf ein Spektrum intensiver Wahrnehmungen und Erlebnisse. Ästhetische Erfahrung wird von Barthes wie auch von Adorno als eine Prozessualität gedacht, in der die Kunstwerke selbst lebendig werden.

Erst diese Autonomie ermöglicht das Fremd- und Anderswerden des Lesenden, die manchmal bis zum Selbstverlust führende Versenkung in eine andere, antagonistische, immaterielle und zugleich materielle Welt, die schon Proust zu schätzen wußte: "on aime toujours un peu à sortir de soi, à voyager, quand on lit."[21] Einen Text verstehen heißt für Barthes nicht, eine Aussage nachzuvollziehen oder gar eine Intention zu re-konstruieren, sondern die ekstatische Dialektik von Selbstverlust und Selbst(er)findung zuzulassen.

> the brilliant descriptions in Barthes's work bespeak an ecstatic experience of understanding; and ecstasy — whether religious, aesthetic, or sexual — has perennially been described by the metaphors of being empty and being full, the zero state and the state of maximum plentitude, their alternation, their equivalence.[22]

Barthes' lustvolles Lesen mobilisiert Sinnlichkeit und Rationalität gleichermaßen, um beide zu potenzieren und zu übersteigen. Ästhetische Erfahrung wird zur existentiellen Erfahrung, die alle Wahrnehmungs-, Vorstellungs- und Denkbereiche erweitert und Flauberts Empfehlung beherzigt: "Lisez *pour vivre*."[23]

Indem der Text und die Lektüre als Möglichkeiten fortgesetzter Transgression, als Überschreitung bestehender Regeln und Normen aufgefaßt werden, rücken sie — wie das obige Zitat von Susan Sontag schon vermerkt — in die Nähe der Beschreibungen sowohl mystischer[24] als auch sexueller Ekstasen. Infolgedessen kulminiert auch das textuelle Verführungsspiel — wie der sexuelle Akt — im immer nur unzureichend zu beschreibenden Orgasmus, in der *jouissance*. Eine derartig emphatische Darstellung der ästhetischen Erfahrung durchzieht nicht nur Barthes' *Le plaisir du texte*, sondern findet sich auch in Adornos *Ästhetischer Theorie*: Adorno zufolge vermögen Kunstwerke durch ihre spezifische Beschaffenheit

> in ihr Anderes überzugehen, setzen darin sich fort, wollen darin untergehen und determinieren durch ihren Untergang das auf sie Folgende. Solche immanente Dynamik ist gleichsam ein Element höherer Ordnung dessen, was die Kunstwerke sind. Wenn irgendwo, dann ähnelt hier die ästhetische Erfahrung der sexuellen, und zwar deren Kulmination. Wie in dieser das geliebte Bild sich verändert, wie darin Erstarrung mit dem Lebendigsten sich vereint, ist gleichsam das leibhafte Urbild ästhetischer Erfahrung. (ÄT, 263)[25]

Neben dieser identischen Einschätzung der ästhetischen Erfahrung als eines Erlebnisses höchster sexueller Intensität konvergiert Barthes' erotische Physiognomie des Textes, die dem latenten Triebgrund der Sprache nachspürt, zudem in verblüffender Weise mit Adornos hieroglyphischer Wahrnehmung und Deutung von Sprache, wie sie exemplarisch der Essay *Satzzeichen* in den *Noten zur Literatur* exponiert. Interpunktionszeichen werden darin liebevoll als "freundliche Geister" im "Sprachleib"(NL, 106) bezeichnet.

> Gleicht nicht das Ausrufungszeichen dem drohend gehobenen Zeigefinger? Sind nicht Fragezeichen wie Blinklichter oder ein Augenaufschlag? Doppelpunkte sperren, Karl Kraus zufolge, den Mund auf: weh dem Schriftsteller, der sie nicht nahrhaft füttert. Das Semikolon erinnert optisch an einen herunterhängenden Schnauzbart; stärker noch empfinde ich seinen Wildgeschmack. Dummschlau und selbstzufrieden lecken die Anführungszeichen sich die Lippen. (NL, 106)

In Adornos Bestiarium der Sprache tummeln sich die unterschiedlichsten Lebe- und Menschenwesen; gemeinsam ist ihnen allen eine mimetische, vor- und unbegriffliche, gleichwohl verständliche Mimik und Gestik: der tadelnd erhobene Zeigefinger, der kokette oder fragende Augenaufschlag, der hungrig geöffnete Mund. Vergleichbar der Barthesschen Sprachsensibilität belegt auch Adorno jedes einzelne Sprach- und Satzzeichen mit einer ideogrammatischen Bedeutung, deren Bilderreservoir zumeist dem direkten, leibhaftigen Kontakt zwischen Menschen entlehnt ist. So sieht er das Ausrufungszeichen als eine "verzweifelte Schriftgebärde, die vergebens über die Sprache hinausmöchte" (NL, 108), und Gedankenstriche bilden die "Falten auf der Stirn der Texte." (NL, 109) Adornos ebenso witzige wie souveräne Prosaphantasie kann auf ein renommiertes lyrisches Vorbild zurückblicken: auf Arthur Rimbauds Sonett *Voyelles*:

> Voyelles
> A noir, E blanc, I rouge, U vert, O bleu: voyelles,
> Je dirai quelque jour vos naissances latentes:
> A, noir corset velu des mouches éclatantes
> Qui bombinent autour des puanteurs cruelles,(...)[26]

Worte, Satzzeichen oder auch einzelne Buchstaben werden von ihrer grammatischen Funktion und ihrer lexikalischen Bedeutung entbunden und als autonome ästhetische Gegenstände rezipiert: als Lautklang, der persönlich gefärbte Assoziationen und Phantasmagorien auslöst; als Wort-, Buchstaben- oder Satzzeichen-Skulptur, deren visuell-gestischer Eindruck im Vordergrund steht. Sprache wird so in radikaler Weise *als Material* der schriftstellerischen Tätigkeit freigesetzt und jenseits ihrer referentiellen, denotativen und sozial-kommunikativen Dimensionen in ihrer sinnlichen Fülle und Plastizität wahrgenommen.

In die Linie der eigenwilligen, entfesselten Sprachimaginationen Rimbauds und Adornos können schließlich auch Barthes' Ausführungen zu seinem Ideal der "*écriture à haute voix*"(PT, 104) eingereiht werden:

> ce qu'elle cherche (dans la perspective de jouissance), ce sont les incidents pulsionnels, c'est le langage tapissé de peau, un texte où l'on puisse entendre le grain du gosier, la patine des consonnes, la volupté des voyelles, toute une stéréophonie de la chair profonde: l'articulation du corps, de la langue, non celle du sens, du langage. (PT, 105)[27]

Allen drei Autoren geht es um vorbegriffliche Intensitäten und um überindividuelle Erfahrungsspuren, die sich in die Sprache — gleichsam zwischen den Zeilen, in der Sonorität ihrer Klänge, der Dynamik ihrer Rhythmen und der Materialität der Signifikanten — eingelagert haben.

> In den Satzzeichen hat Geschichte sich sedimentiert, und sie ist es weit eher als Bedeutung oder grammatische Funktion, die aus jedem, erstarrt und mit leisem Schauder, herausblickt. (NL, 107)

Ist bei Barthes der Text ein Anagramm des faszinierenden und erotischen sexuellen Körpers, so vergleicht Adorno ihn mit einem menschlichen Gesicht, das auf den Betrachtenden Eindruck macht, das sich einprägt und sich zugleich der Aneignung und restlosen Deutung sperrt. Der Text wird zum autonom handelnden Subjekt personifiziert: "Jeder Satz spricht: deute mich, und keiner will es dulden"[28], und die ästhetische Erfahrung wird in dem Augenblick als gelungen bezeichnet, "in dem die Kunstwerke unter ihrem Blick selbst lebendig werden." (ÄT, 262) Der Text ist für Adorno ein von Lebensspuren, von Trauer, Leid oder Glück gezeichnetes Gesicht — eine Denkfigur, die auf Benjamins Bestimmung der Aura zurückgeführt werden kann. Schon in Benjamins Schriften wird der ästhetische Gegenstand subjektiviert, indem die auratische Erfahrung mit der kontemplativen Versenkung in ein "Menschenantlitz"[29] verglichen wird. In ähnlicher Weise belehnt auch Adorno das Kunstwerk mit dem Vermögen, zurückzublicken: "Was Natur vergebens möchte, vollbringen die Kunstwerke: sie schlagen die Augen auf." (ÄT, 104) Ästhetische Rede und überhaupt künstlerische Kreation sind Adorno zufolge die Transposition physiognomischer Gesten in eine hieroglyphenhafte, niemals restlos und eindeutig (begrifflich) zu entziffernde Schrift:

> Wie das Ende, so greift der Ursprung der Musik übers Reich der Intentionen, das von Sinn und Subjektivität hinaus. Er ist gestischer Art und nah verwandt dem des Weinens. Es ist die Geste des Lösens. Die Spannung der Gesichtsmuskulatur gibt nach, jene Spannung, welche das Antlitz, indem sie es in Aktion auf die Umwelt richtet, von dieser

zugleich absperrt. Musik und Weinen öffnen die Lippen und lassen den angehaltenen Menschen los.[30]

Wie Barthes insistiert Adorno auf den Dimensionen von Kunst, die über "Sinn und Subjektivität"[31] hinausgehen, und er betont eindringlich "das diesseits aller Zeichenfunktion Bedeutungsvolle, diesseits aller Mitteilung Beredte"[32].

Folglich ist seine Vorstellung vom Rätselcharakter des Kunstwerks im Rückgriff auf das "Verstehen" eines (nonverbalen) Gesichts-Ausdrucks gebildet:

> Das Rätsel lösen ist soviel wie den Grund seiner Unlösbarkeit angeben: der Blick, mit dem die Kunstwerke den Betrachter anschauen. (ÄT, 185)

Adorno unterstreicht die Unverständlichkeit des — zum Subjekt avancierten — ästhetischen Objekts; hierzu bedient er sich, wie Christoph Menke herausgearbeitet hat, zweier konträrer Modelle: Zum einen die auf Schopenhauer zurückgehende Auffassung, das Kunstwerk sei das intuitive Erfassen, die "Epiphanie einer schlechthin unverfügbaren Bedeutung"[33]; zum anderen Nietzsches Betonung der psychischen und leiblichen Schichten ästhetischer Erfahrung. Adorno rekurriert auf beide Positionen, deren Entgegensetzung er zugleich als wechselseitige Korrektur versteht, und überschreitet schließlich beide Modelle. In der gelungenen ästhetischen Rezeption wird nach seiner Ansicht das Zeichen von seiner Bedeutung und Denotation entbunden, ohne daß es zur puren Dinglichkeit regrediert: Das Verstehen eines Textes — wie überhaupt eines Kunstwerks — "wäre so etwas wie das Erfassen eines fragenden Blicks."[34] Das Kunstwerk wird gedacht als ein faszinierendes Gesicht, dessen Blick sich uns einprägt und dessen lachende, fragende oder weinende Züge uns als eminent ausdrucks- und bedeutungsvoll ansprechen, ohne daß dieses Angesprochensein jemals in diskursiver Begrifflichkeit aufgehen könnte.

> Ausdruck ist der Blick der Kunstwerke. Ihre Sprache ist im Verhältnis zur signifikativen ein Älteres aber Uneingelöstes: so wie wenn die Kunstwerke, indem sie durch ihr Gefügtsein dem Subjekt sich anbilden, wiederholten, wie es entspringt, sich entringt. Ausdruck haben sie, nicht wo sie das Subjekt mitteilen, sondern wo sie von der Urgeschichte der Subjektivität, der von Beseelung erzittern (ÄT, 172).

Wie eng sich Adornos und Barthes' ästhetische Vorstellungen gerade hinsichtlich einer nicht-referentiellen, asemantischen und akommunikativen Sprache, die primär sinnliche Materialität, visuelle Schrift und musikalischer Klang ist, berühren, zeigt sich nicht zuletzt darin, daß Adornos Rätselcharakter mit dem Begriff des *illisible* bei Barthes korrespondiert. In positiver Rezeption des "(i)n jüngeren Debatten zumal über bildende Kunst (...) relevant" gewordenen Begriffs der *écriture* vermerkt Adorno in der *Ästhetischen Theorie*:

> alle Kunstwerke sind Schriften, nicht erst die, die als solche auftreten, und zwar hieroglyphenhafte, zu denen der Code verloren ward und zu deren Gehalt nicht zuletzt beiträgt, daß er fehlt. Sprache sind Kunstwerke nur als Schrift. (ÄT, 189)

Adorno zeigt hier eine Sensibilität, die man mit Roland Barthes den semiotischen Blick nennen könnte. Zudem konvergiert seine Bestimmung des unausdeutbaren, hieroglyphenhaften ästhetischen Objekts mit Barthes' Betonung der Unlesbarkeit der *écriture*:

> la vérité de l'écriture n'est ni dans ses messages, ni dans le système de transmission qu'elle constitue pour le sens courant, encore moins dans l'expressivité psychologique (OO, 143).

In expliziter Abkehr von gängigen Meinungen und herrschenden gesellschaftlichen wie wissenschaftlichen Vorstellungen erklärt Barthes schließlich:

> *pour que l'écriture soit manifestée dans sa vérité* (et non dans son instrumentalité), *il faut qu'elle soit illisible*. (OO, 144)

Die Metapher von der *Lesbarkeit der Welt* als Inbegriff eines kulturell produzierten Sinnverlangens an die Realität, diese möge sich "als ein Ganzes von Natur, Leben und Geschichte"[35] erschließen, wird von beiden Autoren aufgenommen und gleichsam um die eigene Achse gedreht. Nicht mehr die Natur, die dank ihres Schriftcharakters das Versprechen auf Sinnfälligkeit und Intelligibilität in sich trägt, steht im Zentrum des Interesses, sondern die *écriture* selbst, deren Schriftcharakter jedoch gerade als Ausweis ihrer Unlesbarkeit affirmiert wird. Denn diese Unlesbarkeit gilt als Siegel mimetischer und gestischer Potentiale. Der Sprachcharakter der Kunst ist nach Adorno "grundverschieden von Sprache als ihrem Medium":

> die neue Kunst bemüht sich um die Verwandlung der kommunikativen Sprache in eine mimetische. Vermöge ihres Doppelcharakters ist Sprache Konstituens der Kunst und ihr Todfeind. Etruskische Krüge in der Villa Giulia sind sprechend im höchsten Maß und aller mitteilenden Sprache inkommensurabel. Die wahre Sprache der Kunst ist sprachlos, ihr sprachloses Moment hat den Vorrang vor dem signifikativen der Dichtung, das auch der Musik nicht ganz abgeht. (ÄT. 171)

Adorno und Barthes reiben sich an der Paradoxie, die unbegrifflichen, leiblichen Schichten von Kunst sprachlich fassen und thematisieren zu wollen. Wo ihnen die Worte schwinden, vergleichen sie das Kunstwerk, insbesondere auch den literarischen Text, mit einem empfindenden, begehrenden und begehrten Körper. Während Adorno zumeist auf das Bild eines fragenden oder trauernden Blicks oder eines weinenden Gesichts zurückgreift, bezieht sich Barthes auf den erotischen, sexuellen Körper als Ort der Genese wie der Rezeption des "plus 'vrai' des messages"(FDA, 215).

Nach der Darlegung der vielfältigen Ausprägungen, die "Das Denken des Körpers im Zustand der Sprache" in Adornos und Barthes' Schriften annimmt, stellt sich die Frage, welche erkenntnistheoretischen wie ästhetischen Implikationen diese Referenz auf den Körper nach sich zieht.

Zunächst bedeutet die leibliche Fundierung der *écriture* eine "*confrontation* avec les sciences du langage (linguistique, logique, sémiotique) mais aussi une *différenciation* par rapport à elles"[36]. Im Kontext der abendländischen philosophischen und literarischen Tradition bewirkt Adornos und Barthes' Konzeption eine kritische Irritation und Verschiebung des Blicks, der nunmehr das akzentuiert, was bislang nur eine "unterirdische"[37], randständige und gebrochene Geschichte besaß.

Zweitens bezeugen beide Autoren eine spezifische Sensibilität, die sie zugleich in ihren Schriften einfordern: "Die Fähigkeit, physiognomisch (...) Differenzen wahrzunehmen"(NL, 109) — und zwar bei der Rezeption eines (verbalen wie nonverbalen) Textes. Adorno und Barthes stehen hier in der Tradition der insbesondere von Baudelaire, Flaubert und Mallarmé initiierten Tendenz der modernen Literatur, die Materialität der Signifikanten gegenüber dem Signifikat in den Vordergrund zu stellen. Diese — schon durch Friedrich Schlegels "*Apologie des Buchstabens*"[38] vorbereitete — Aufmerksamkeit für die Signifikanten manifestiert sich — trotz Adornos und Barthes' Lob der Musik als Inbegriff von Kunst — bei beiden Autoren als Betonung visueller und plastischer Elemente. Während Adorno den hieroglyphischen und physiognomischen Charakter der Sprache thematisiert, bezeichnet Barthes den Text als Ideogramm oder auch als "anagramme (...) de notre corps érotique."(PT, 30) Die Anordnung der Textsegmente und ihr äußeres Erscheinungsbild erlangen eine Qualität, die vergleichbar der Zeilengestaltung eines lyrischen Gedichts oder eines kalligraphischen Kunstwerks ist. Seit *L'Empire des signes* (1970) betont Barthes verstärkt den graphischen Aspekt der *écriture*, den seine späten Schriften insofern hervorheben, als sie Textfragmente ebenso wie *blancs* gleich visuellen Formen und Flächen einsetzen.[39] Der ideale Text "est une galaxie de signifiants, non une structure de signifiés" (SZ, 12). Wenn der Autor zudem wenig später vorschlägt, die Lektüre solle einen Text bestirnen und zerstreuen — "c'est étoiler le texte au lieu de le ramasser"(SZ,

20)[40] —, so kann dies als affirmative Anspielung auf Mallarmés Ideal eines mobilen und simultanen Gedichts gewertet werden. Denn einer der Leitsätze von Mallarmés unvollendet gebliebenem *Livre*: "RIEN N'AURA EU LIEU QUE LE LIEU EXCEPTE PEUT-ETRE UNE CONSTELLATION"[41], verweist im Begriff der Konstellation — gemeint ist das Sternbild des Großen Bären — nicht nur auf kosmische beziehungsweise kosmogonische Dimensionen seiner Dichtung, sondern lenkt das Augenmerk auch auf das konkret visuelle und graphische Erscheinungsbild des Textes.

Die Betonung der sinnlichen Fülle des Sprachmaterials soll drittens vor-kognitive und vor-begriffliche Bedeutungsschichten erschließen. Adorno und Barthes wissen gleichermaßen, daß der evolutionäre Prozeß der Zivilisation ebenso wie zahlreiche wichtige kulturelle Entwicklungen niemals nur kognitiv ablaufen: Der Spracherwerb des Kleinkindes zum Beispiel stellt — wie Noam Chomsky betont — eher ein "In-die-Sprache-Hineinwachsen" denn ein Erlernen der Sprache dar.[42] Die in der Haltung beider Autoren eingeschlossene erkenntnistheoretische Dimension schließt an Walter Benjamins Forderung an, Geschichte nicht länger vom Standpunkt des Siegers, sondern von dem des Besiegten aus zu schreiben.[43] Adorno und Barthes weisen — hierin Proust nahe — dem Körper spezifische Gedächtnis- und Erinnerungsvermögen zu, die eben das bewahren, was im Verlauf der kulturellen Dynamik "am Wege liegen blieb" (MM, 200), was verdrängt und unterdrückt wurde. Dank der geheimen Verbindung der Sprache zu unbewußten körperlichen Regungen und Trieben sollen genau jene Bereiche durch das Benennen und Diskursivieren geweckt, ans Licht geholt werden, "als sprengten die gefangenen Leidenschaften, von jenen Worten beim Namen gerufen, (...) den Wall der eigenen Unterdrückung"(MM, 54).

Während Adorno den Körper als lebendiges Archiv individueller wie überindividueller affektiver Zustände betrachtet, die durch sprachliche Nennung hervorbrechen können, geht Barthes' Auffassung des "Emmêlement du corps et du langage" (RB, 95) noch einen Schritt weiter: Ihm zufolge kann die Sprache nicht nur im Körper ruhende Potentiale wecken, sie kann diese sogar erst erzeugen. So behauptet Barthes in radikal konstruktivistischer Weise:

> Mon corps lui-même (et pas seulement mes idées) peut *se faire* aux mots, être en quelque sorte créé par eux (RB, 155).

Der Gefahr, daß ihr Beharren auf den sinnlich-leiblichen Aspekten des Umgangs mit Kunst als Rückfall in ein Authentizitätsdenken mißverstanden werden könnte, beugen beide Autoren durch zwei Denkmodelle vor: Zum einen durch die Auffassung, daß sich Geschichte in die Sprache einlagert, in ihr sich sedimentiert hat. Zum anderen, indem sie den Körper nicht als einen anthropologisch konstanten, sondern als einen beständig sich wandelnden, sozialen und historischen Körper betrachten: "ce corps de jouissance est aussi *mon sujet historique*" (PT, 99).[44] Ebensowenig wie es ein unvermitteltes, "authentisches" Sprechen gibt, gibt es einen "authentischen" Körper. Der Körper ist kulturell erzeugt und Medium evolutionärer Prozesse; seine Einheit wie auch seine Integrität werden vom Subjekt imaginiert. Zugleich jedoch stellt er als dialektischer Verschmelzungspunkt subjektiver wie objektiver, individueller wie überindividueller Komponenten eine Reflexionsform gesellschaftlicher Entwicklungen dar.

Daran schließt sich als vierter Aspekt von Adornos und Barthes' Ästhetik eine Materialisierung der Lust an. Die psychoanalytische "Entdeckung" des (sexuellen) Körpers wird im Medium des Literarischen neu akzentuiert und weitergeführt. Der Signifikant kommt als Quelle der Faszination und der erotischen Ausstrahlung, als Gegenstand einer Lust in den Blick. Er wird zum autonomen ästhetischen Objekt erhoben, dessen adäquate Rezeption im wechselseitigen Zusammenspiel rationaler und emotionaler Vermögen besteht. "Vernunft, die nicht ästhetisch ist, ist nicht recht eine; Vernunft die ästhetisch wird, ist keine mehr"[45] — dieser These von Martin Seel könnten sowohl Adorno als auch Barthes zustimmen. Doch ist bei beiden die Tendenz unverkennbar, dem Ästhetischen eine fundierende Funktion zuzuweisen und ihm — insbesondere im Wechselspiel mit dem Rationalen — einen größeren Stellenwert einzuräumen. Während in Seels Begriff der ästhetischen Rationalität die *aisthesis* gleichsam als Zuarbeiterin und als Verfeinerung der im Mittelpunkt stehenden Ratio erscheint, legen Adornos *Minima Moralia* und Barthes' späte Schriften eine Neubewertung nahe: nämlich die *Rationalität des Ästhetischen*:

> C'est peut-être là le rôle de l'esthétique dans notre société: fournir les règles d'un discours *indirect et intransitif* (il peut transformer le langage, mais n'affiche pas sa domination, sa bonne conscience). (RB, 108)

Diese Funktionsbestimmung des Ästhetischen verdeutlicht, daß es Barthes — wie auch Adorno — keineswegs um ein einseitiges Plädoyer für Affekt, Gefühl oder Intuitionismus geht, sondern um ein undogmatisches, nicht ideologisch verhärtetes Zusammenspiel von Regelhaftigkeit, Reflexivität und Diskursivität, das allerdings unter dem Primat des Ästhetischen steht.[46] Das Ästhetische kommt als subtiles

Vermögen in den Blick, das die dichotomische Gegenüberstellung von Empfindung versus Reflexion, von Gefühl versus Verstand unterläuft und das es erlaubt, sowohl die Reflexionsimpulse der Wahrnehmung zu entfalten als auch "die inneren Wahrnehmungspotenzen des Denkens zu mobilisieren."[47] In diesem Sinne betonen Adorno und Barthes, daß die ekstatische ästhetische Erfahrung in der *jouissance* kulminiert, einem Erlebnis äußerster Intensität, in der "Eros und Erkenntnis"(ÄT, 500) ebenso wie Eros und Logos vermählt werden.

Daran schließt sich als fünfte und letzte Implikation der leibbezogenen Vorstellungen von Adorno und Barthes direkt die Verschiebung der Subjektivitätsproblematik an:

> aujourd'hui, le sujet se prend *ailleurs*, et la "subjectivité" peut revenir à une autre place de la spirale: déconstruite, désunie, déportée, sans ancrage: pourquoi ne parlerais-je pas de "moi", puisque "moi" n'est plus "soi"? (RB, 171).

Weder idealistische noch psychoanalytische Reflexionsmodelle scheinen mithin geeignet, den verschobenen und prekären Status moderner Subjektivität einfangen zu können. Beide Autoren entwerfen eine literarische "théorie du sujet matérialiste"(PT, 97). Dabei werden die traditionellen Begriffsoppositionen Objektivität versus Subjektivität, Allgemeines versus Subjektives, Körper versus Geist, Eigenes versus Fremdes, Kultur versus Natur von ihrer binären Entgegensetzung entbunden und in einer mobilen und simultanen Vernetzung dynamisiert und über sich selbst hinausgetrieben:

> c'est au terme d'une combinatoire très fine d'éléments biographiques, historiques, sociologiques, névrotiques (éducation, classe sociale, configuration infantile, etc.) que je règle le jeu contradictoire du plaisir (culturel) et de la jouissance (inculturelle), et que je m'écris comme un sujet actuellement mal placé, venu trop tard ou trop tôt (...): sujet anachronique, en dérive. (PT, 99)

Diese Verwobenheit heterogenster Sprachen und Diskurse ebenso wie die Objektivität gerade der "extrem subjektiven Innervation in die Sache hinein"(MM, 85), erfährt das Subjekt in einzigartiger Weise im Vollzug der *aisthesis*. In der gelungenen ästhetischen Erfahrung wird das Kunstwerk "selbst lebendig"(ÄT, 262). Zugleich erlebt sich das Subjekt intensiv und ekstatisch selbst, erkundet es seine Möglichkeiten und Grenzen. Das Aufmerken auf die weitgehend unbewußten, leiblichen Dimensionen, die sich in der Sprache objektiviert haben, bietet die paradoxe Chance, in der vollkommenen Selbstvergessenheit sich desto eigensinniger, desto individueller als Subjekt zu konstituieren.

> Wenn eine solche Selbsterfahrung lustvoll ist, so deshalb, weil sie einen Zustand erlaubt, den das Subjekt selbst nie erlebt hat: vor allem Gewordensein zu sein. Lustvoll aber

auch, weil es zu diesem Zustand kein Verhältnis gibt; das lesende Subjekt fällt mit dem "Subjekt des Textes" zusammen.[48]

Ästhetische Erfahrung stellt somit eine umfassende, existentielle Erfahrung dar, in der das Subjekt mit allen Fasern beteiligt ist und Selbstverlust ebenso wie Selbst(er)findung sinnlich durchläuft.

In ihr scheint eine Utopie von menschlicher Ganzheit auf, die uns schon aus Baudelaires *Le Peintre de la vie moderne* vertraut ist: Dort werden dem modernen Künstler kindliche Sensibilität und ein erwachsener, analytisch geschulter Verstand gleichermaßen zugeschrieben:

> le génie n'est que l'*enfance retrouvée* à volonté, l'enfance douée maintenant, pour s'exprimer, d'organes virils et de l'esprit analytique qui lui permet d'ordonner la somme de matériaux involontairement amassée. (OC II, 690)

Auch die namenlosen Künstlerfiguren der Schriften Adornos und Barthes' sind in vergleichbarer Weise zugleich Erwachsene und Kinder. So hat der (erwachsene) Liebende der *Fragments d'un discours amoureux* den Mut, in seinem verzweifelten Weinen "le corps enfant"(FDA, 213) (wieder) zu finden.[49] Glück schließlich wird von beiden Schriftstellern als "Nachbild der Geborgenheit in der Mutter" (MM, 143) verstanden[50], also als *imaginäres* Einholen einer körperlichen Geborgenheit vor jeder Individuation, in der "'matériell'(sic!) und 'maternel' nahezu ungeschieden sind."[51] Da die Protagonisten der hier im Zentrum stehenden Bücher jedoch erwachsene und kindliche Züge in sich vereinen und da eine ganz eindeutig erwachsene Sexualität als Folie für ästhetische Erfahrung dient, wird die naive Glorifizierung einer vermeintlich besseren Kindheit vermieden.[52]

Obwohl sich frappierende Gemeinsamkeiten zwischen Barthes' Erotik des Lesens und Schreibens und Adornos physiognomischer Ästhetik feststellen lassen, darf eine fundamentale Differenz zwischen beiden Konzeptionen nicht vernachlässigt werden. Vor dem Hintergrund einer durchaus vergleichbaren Analyse und Kritik der bürgerlichen Gesellschaft und einer weitgehend übereinstimmenden Diagnose der Dissoziation und irreduziblen Einsamkeit des Subjekts betonen beide Autoren die Relevanz ästhetischer Erfahrung, doch gleichsam mit unterschiedlichen Vorzeichen: Während Barthes den hedonistischen, lustvollen und lustfähigen Körper emphatisch in den Vordergrund rückt, kreisen Adornos Schriften um die prekäre, gefährdete Humanität, die als Vermögen bestimmt wird, Schmerz und Leid empfinden zu können.

Nietzsches *Zarathustra* verweist beiläufig auf die beiden Eckwerte menschlichen Gefühlslebens:

> Das Selbst sagt zum Ich: "hier fühle Schmerz!" Und da leidet es und denkt nach, wie es nicht mehr leide — und dazu eben s o l l es denken.
> Das Selbst sagt zum Ich: "Hier fühle Lust!" Da freut es sich und denkt nach, wie es noch oft sich freue — und dazu eben s o l l es denken.[53]

Das Empfinden von Schmerz und Lust ist in dieser Passage aus *Also sprach Zarathustra* noch selbstverständlich verklammert. Man könnte die Werke Adornos und Barthes' als Weiterführung und Entfaltung jeweils eines der beiden von Nietzsche genannten Extremzustände lesen: Während Barthes primär der tabuisierten, von keinem gesellschaftlichen Diskurs und keiner Institution wirklich umhegten Lust zu ihrem Recht verhelfen will, blickt Adorno im Angesicht des deutschen Faschismus und der Greuel der Konzentrationslager auf den unterdrückten, den geschundenen Körper:

> Die Haßliebe gegen den Körper färbt alle neuere Kultur. Der Körper wird als Unterlegenes, Versklavtes noch einmal verhöhnt und gestoßen und zugleich als das Verbotene, Entfremdete begehrt. Erst Kultur kennt den Körper als Ding[54].

Das historische Wissen um sinnloses Leid und demütigenden Schmerz prägt Adornos Körperbild: "the only image of the body which is more than a blasphemous lie is stark and skeletal, the poor forked creature of Beckettian humanity."[55]

3.5 Die Sehnsucht des Orpheus

(...) il n'y a pas de Littérature sans une Morale du langage.
(Roland Barthes: *Le degré zéro de l'écriture*)

Kunst ist das Versprechen des Glücks, das gebrochen wird.
(Theodor W. Adorno: *Ästhetische Theorie*)

Ethik und Aesthetik sind Eins.
(Ludwig Wittgenstein: *Tractatus logico-philosophicus*)

Adorno und Barthes betonen den "leibhaften Aspekt"(ND, 203) der Kunst und weisen mit gleichsam physiognomischer Sensibilität auf die sinnlichen Elemente jeglicher kognitiven Leistung hin. Ein (literarischer) Text *verkörpert* für beide Autoren die Verschränkung emotionaler und rationaler Momente, das Zusammenspiel von mimetischem Impuls und kalkulierter Konstruktion. Bei Adorno ist der Vergleich des Kunstwerks mit dem fragenden, trauernden Blick eines Menschen oder mit dem Augenblick, "in dem das Auge eines tödlich verwundeten Tiers den Menschen trifft"(MM, 133)[1], vorherrschend; bei Barthes dominiert die Parallelisierung des Textes mit einem erotischen Körper.

Mit der Subjektivierung und Anthropomorphisierung des ästhetischen Gegenstands versucht Adorno, in einer Art Selbstaufklärung der Aufklärung die Motilität des sich artikulierenden Körpers wiederzufinden.

> Die Allergie der gesamten approbierten philosophischen Überlieferung gegen den Ausdruck, von Platon bis zu den Semantikern, ist konform dem Zug aller Aufklärung, das Undisziplinierte der Gebärde noch bis in die Logik hinein zu ahnden, einem Abwehrmechanismus des verdinglichten Bewußtseins. (ND, 65)

Indem die zweckrationale moderne Gesellschaft die spontane und intuitive Gebärde austreibt, vernichtet sie in Adornos Augen das Humane selbst — ist doch die körperliche Geste Teil eben jenes mimetischen Impulses, der den Menschen als solchen auszeichnet: "ein Mensch wird zum Menschen überhaupt erst, indem er andere Menschen imitiert."(MM, 204) Diese Mimesis betrachtet der Autor als primordiale anthropologische Konstante, als "Urform der Liebe"(MM, 204). Gleichzeitig aber weiß er sie unter den historischen Bedingungen des Kapitalismus extrem gefährdet. So konstatieren die *Minima Moralia* als eine Folge der Übermacht des ökonomischen Äquivalenzprinzips:

> Die Menschen verlernen das Schenken. Der Verletzung des Tauschprinzips haftet etwas Widersinniges und Unglaubwürdiges an (MM, 46).

Analog dem Barthesschen *amoureux*, der seiner Umwelt, die ihn warnen, zurückhalten, "zur Vernunft bringen will", ein trotziges "'Je sais bien, mais quand même...'"(FDA, 29) entgegenschleudert und mit seiner Liebe eine völlig unökonomische, sinnlose "Dépense"(FDA, 99) praktiziert, betrachtet auch der philosophierende Erzähler der *Minima Moralia* ein Schenken, das aus den "jämmerlich" (MM, 290) sterilen Regeln zweckgebundenen Gebens und Nehmens ausbricht, als Inbegriff nicht entfremdeter menschlicher Verhältnisse:

> Alle nicht entstellte Beziehung, ja vielleicht das Versöhnende am organischen Leben selber, ist ein Schenken. Wer dazu durch die Logik der Konsequenz unfähig wird, macht sich zum Ding und erfriert. (MM, 47)

Das phantasievolle, nicht einklagbare und sich ohne jeden Zweck verausgabende Schenken einerseits und das dazu komplementäre, ähnlich phantasievolle und offene Empfangen eines Geschenks andererseits werden mit der ästhetischen Erfahrung verglichen.[2] "Wirkliches Schenken" (MM, 46) ebenso wie ästhetische Erfahrung blitzen als verschwindend geringe Chancen auf, sich der gesellschaftlichen Nivellierung und Instrumentalisierung zu widersetzen.

> Am Absterben der Erfahrung trägt Schuld nicht zum letzten, daß die Dinge unterm Gesetz ihrer reinen Zweckmäßigkeit eine Form annehmen, die den Umgang mit ihnen auf bloße Handhabung beschränkt, ohne einen Überschuß, sei's an Freiheit des Verhaltens, sei's an Selbständigkeit des Dinges zu dulden, der als Erfahrungskern überlebt, weil er nicht verzehrt wird vom Augenblick der Aktion. (MM, 43)[3]

Vor dem Hintergrund der vernichtenden Diagnose, die Adorno der modernen Gesellschaft stellt, kommt der Subjektivierung des Kunstwerks die Funktion zu, an (der Idee) der Möglichkeit einer ganz anderen, emphatischen Form von Erfahrung festzuhalten. Das Ideal eines ästhetischen Evidenzerlebnisses, in dem der Rezipierende sowohl eigene Freiräume entdeckt und neue Spielräume auslotet als auch die Autonomie des Kunstwerks respektiert, sich auf eine oft fremde und befremdende, inkommensurable Welt wie auf einen unbekannten Menschen einläßt, bildet den geheimen Fluchtpunkt von Adornos gesamtem Denken. Die positive Einschätzung der ästhetischen Erfahrung als "Durchbruch von Objektivität im subjektiven Bewußtsein" (ÄT, 363) basiert neben der Vorstellung, daß sich im künstlerischen Material historische und gesellschaftliche Prozesse sedimentiert haben, wesentlich auf der — ideell wie materiell — gedachten Vermenschlichung des ästhetischen Gegenstands. Die Subjektivierung des Kunstwerks unterstützt nicht zuletzt den Status von Kunst als einer "Verhaltensweise"(ÄT, 345) und als einer Form gesellschaftlicher Praxis, die sich nicht dafür entschuldigen muß, "daß sie nicht direkt agiert"(ÄT, 345).

Die "Affinität des Kunstwerks zum Subjekt"(ÄT, 172) enthält für Adorno zugleich das Versprechen einer Utopie, in der ästhetisches und ethisches Verhalten zusammenfallen. Utopie heißt hierbei jedoch nicht das Formulieren und Ausmalen eines gesellschaftlichen Idealzustandes — dieser ist "schwarz verhängt" (ÄT, 204) —, sondern das Denken "der Differenz vom Bestehenden."(ND, 308)

Kunst, in der alles "vermenschlicht ist ohne Gewalt"(ÄT, 173), befördert und provoziert dieses Denken der Differenz, das sich nicht thematisch, sondern strukturell auszeichnet: Durch die — ästhetische wie moralische — Einheit von "Gefühl und Verstand"(MM, 263). Erst aus dieser Verschmelzung mimetischer und rationaler Potentiale erwächst die dringend nötige "Differenziertheit" (ND, 55); also eine Wachsamkeit, Geschmeidigkeit und Nuanciertheit, die der mikrologische Blick der *Minima Moralia* selbst vorführt:

> Der lange, kontemplative Blick (...), dem Menschen und Dinge erst sich entfalten, ist immer der, in dem der Drang zum Objekt gebrochen, reflektiert ist. Gewaltlose Betrachtung, von der alles Glück der Wahrheit kommt, ist gebunden daran, daß der Betrachtende nicht das Objekt sich einverleibt: Nähe an Distanz. (MM, 111/112)[4]

Was Adorno angesichts universaler Verblendungszusammenhänge für kaum mehr möglich zwischen den Menschen erachtet, fungiert gleichwohl als Modell, an dem sich seine Beschreibung ästhetischer Erfahrung orientiert. Die "Zartheit zwischen Menschen" (MM, 44), die Adorno zufolge in hohem Maße verloren ging und vollends verlorenzugehen droht, hat sich in das intensive ästhetische Erlebnis zwischen den Rezipierenden und dem anthropomorphen Kunstwerk geflüchtet, um von dort in vielfach vermittelter und gebrochener Weise wieder auf die Ebene zwischenmenschlichen Verhaltens zu diffundieren: als "Bewußtsein von der Möglichkeit zweckfreier Beziehungen"(MM, 44).

Während die Körperlichkeit der Schrift in Barthes' *plaisir du texte* als Anregung dient, ein lustvolles und erotisches Spiel mit dem eigenen Begehren und mit dem eigenen Imaginären zu entfalten, betont Adorno die Eigenwertigkeit und menschenähnliche "Selbstheit" des ästhetischen Gegenstandes, der der Betrachterin oder dem Betrachter ein überwältigendes und Respekt forderndes "Da bin ich und Das bin ich"(ÄT, 171) zuzurufen scheint. Gerade die Autonomie des Kunstwerks ist Garant für die Verklammerung erkenntnistheoretischer und utopisch-ethischer Momente in der ästhetischen Erfahrung.

> Betroffenheit durch bedeutende Werke benutzt diese nicht als Auslöser für eigene, sonst verdrängte Emotionen. Sie gehört dem Augenblick an, in denen der Rezipierende sich vergißt und im Werk verschwindet: dem von Erschütterung. Er verliert den Boden unter den Füßen; die Möglichkeit der Wahrheit, welche im ästhetischen Bild sich verkörpert, wird ihm leibhaftig. (ÄT, 363)

Epistemologisch relevant ist diese Erfahrung, insofern sie geprägt ist von der schwindelerregenden Dialektik von Subjektivität und Objektivität, Wahrheit und Unwahrheit, Mimesis und Ratio. Die gelungene Rezeption eines Kunstwerks kann mithin genau das vermitteln, was Adorno auch für die Philosophie, für jegliches Denken, einfordert: — im Falle der Kunst urteilslose — Erkenntnisse,

> die nicht etwa absolut richtig, hieb- und stichfest sind — solche laufen unweigerlich auf die Tautologie hinaus —, sondern solche, denen gegenüber die Frage nach der Richtigkeit sich selber richtet. (MM, 86)

Wer sich vom Kunstwerk erschüttern läßt, verweigert sich dem Einheitsprinzip und der "Allherrschaft des übergeordneten Begriffs"(ND, 10), er suspendiert vorgängige Normen und festgefahrene Kategorien. Insofern ist Adornos Ideal ästhetischen Verhaltens jeglicher gesellschaftlichen Praxis und jeglichem politischen Engagement vorgelagert.

Versteht man unter Ethik die Art und Weise, wie das Subjekt sich zu sich selbst und zu seiner Welt verhält, so tangieren die genannten erkenntnistheoretischen Komplemente der ästhetischen Erfahrung zugleich den Bereich des Ethischen. Explizit ethische Dimensionen zeigen sich da, wo Produktion wie Rezeption von Kunst an Inkommensurables ebenso wie an Differentes, Randständiges gemahnen, ohne dieses zu vereinnahmen, zu werten oder zu hierarchisieren. Ethische Implikationen umfaßt die ästhetische Erfahrung zudem, indem sie die gesellschaftlich praktizierte "Doppelfeindschaft gegen Geist und Lust" (MM, 72) durchbricht.

Adornos Ästhetik betont die "Verselbständigung des Kunstwerks dem Künstler gegenüber", der als empirisch-psychologisches Subjekt kaum mehr ist als "ein

Grenzwert, ein Minimales, dessen das Kunstwerk bedarf, um sich zu kristallisieren."(ÄT, 250) Doch gerade in dieser Abkopplung von biographischen, gesellschaftlich-sozialen oder moralischen Bezügen und in der damit ermöglichten Ausbildung einer autonomen ästhetischen Subjektivität manifestiert sich Phantasie als "Differential von Freiheit inmitten der Determination"(ÄT, 260). Die Anthropomorphisierung der Kunstwerke — "sterbliche menschliche Gebilde"(ÄT, 264) — ist unabdingbare Voraussetzung für Adornos emphatisches Ideal gelungener ästhetischer Erfahrung, in der sich der Mensch als Mensch erweist, ohne seine Umwelt instrumentell zuzurichten. Indem das Kunstwerk "Kleid eines unsichtbaren Körpers" (ÄT, 469) ist und mit rätselhaftem, fragendem Blick[5] den Rezipienten oder die Rezipientin ansieht, fordert es die menschliche Neugier ebenso wie die Bereitschaft zu staunen heraus. Denn schließlich bedeutet die produktive wie rezeptive Form des Umgangs mit Kunst für Adorno:

> Dinge machen, von denen wir nicht wissen, was sie sind. (ÄT, 174)

Die latente utopische Grundierung der Ästhetik und der literarischen Praxis Theodor W. Adornos soll das Bewußtsein von der Möglichkeit eines anderen Lebens wachhalten. War mit der (philosophischen) Utopie traditionell der Anspruch verbunden, auf die Zukunft vorzugreifen oder gar Handlungsanweisungen für eine bessere Welt zu liefern, so gibt Adorno diesen Anspruch zugunsten der ästhetischen Evidenzerfahrung auf. Praxis ist bei ihm "auf unabsehbare Zeit vertagt"(ND, 15).

Auch Barthes' *écriture* und seine ästhetischen Konzepte sind von utopischen Vorstellungen durchzogen. Zum einen kreist *Le plaisir du texte* um die Utopie eines nicht klassifizierbaren, alle kulturellen Normen und Wissensbestände erschütternden "Texte de jouissance"(PT, 25); zum anderen ist die "*écriture à haute voix*"(PT, 104), jenes Oszillationsphänomen, das Körper und Text gleichermaßen angehört und die Fusion von Eros und Logos paradigmatisch vollzieht, dem Autor als Utopie bewußt: "Cette écriture vocale (...), on ne la pratique pas (...). Parlons-en comme si elle existait."(PT, 104)

Hinsichtlich erkenntnistheoretischer und ideologiekritischer Fragen betont Barthes ungleich stärker als Adorno die grundlegende sprachliche Verfaßtheit der Welt. Dieses radikale Denken am Leitfaden der Sprache prägt auch die Integration utopischer Momente in seine Ästhetik: Es geht Barthes primär um eine Sprachutopie, um die Vorstellung einer entfesselten, weder assertorischen noch repressiven Sprache:

par sa structure même, la langue implique une relation fatale d'aliénation. Parler, et à plus forte raison discourir, (...) c'est assujettir: toute la langue est une rection généralisée. (L, 16)

In Abgrenzung von der oppressiven gesellschaftlichen Sprache entfaltet insbesondere die moderne Literatur ein spezifisches Projekt: "la Littérature devient l'Utopie du langage."(DZ, 65) Im Zentrum steht nicht das Ideal einer besseren Welt oder eines glücklicheren Lebens, das der Sprache nur bedarf, um sich zu artikulieren, sondern die Herausforderung einer "Babel heureuse"(PT, 10), also einer Sprachutopie, die das Denken gesellschaftlicher Utopien überhaupt erst ermöglicht. Gerade indem sich die moderne Literatur von der gesellschaftlichen Realität abkoppelt und sich auf das Schreiben von "*utopies de langage*" konzentriert, erlangt sie nach Barthes' Ansicht gesellschaftliche und politische Relevanz: "'Changer la langue', mot mallarméen, est concomitant de 'Changer le monde', mot marxien"(L, 32/34).[6] Die künstlerische Veränderung des jeweiligen Materials — im Falle des Schriftstellers also der Sprache — wird zum subversiven und revolutionären Akt; so destruiert zum Beispiel Mallarmés radikalästhetischer Angriff auf die Syntax zugleich den Satz als "véhicule séculaire (pour la France) de l'idéologie."(OO, 149)

Wie schon bei Adorno fungieren auch bei Barthes autonome Literatur — und Kunst überhaupt — als Fluchtpunkt und gleichzeitig als Modell, das Auskunft über das Verhältnis des Menschen zu seiner Welt gibt.

Lorsqu'un artiste lutte avec la matière, toile, bois, son, mots, bien que cette lutte produise, chemin faisant, des imitations précieuses sur lesquelles nous pouvons réfléchir sans fin, c'est tout de même cette lutte et cette lutte seule qu'en dernière instance il nous dit: c'est là sa première et sa dernière parole. Or cette lutte reproduit "en abyme" toutes les luttes du monde.[7]

Nicht was ein Schriftsteller schreibt, sondern wie er es schreibt, wie er mit Sprache spielt, experimentiert und ringt, stellt die "Aussage", den Gehalt eines Werks dar. Die Artifizialität und gestaltete Materialität des Kunstwerks trägt in sich den — über und durch das Ästhetische ins Ethische zielenden — Hinweis: "il n'y a jamais qu'un seul côté de la lutte, il n'y a jamais qu'une seule victoire."[8]

Barthes' Ästhetik des plastischen, erotischen Signifikanten beruht auf der komplementären Utopie eines zerfallenden und entleerten Sinns. Er wünscht sich die Sprache als "un immense tissu sonore dans lequel l'appareil sémantique se trouverait irréalisé"(BL, 94). Die Verabsolutierung des von jeglicher Referenz befreiten Signifikanten impliziert "une éthique du signe vide"(GV, 82):

> *il y a du sens*, mais ce sens ne se laisse pas "prendre"; il reste fluide, frémissant d'une légère ébullition. L'état idéal de la socialité se déclare ainsi: un immense et perpétuel bruissement anime des sens innombrables qui éclatent, crépitent, fulgurent sans jamais prendre la forme définitive d'un signe tristement alourdi de son signifié (RB, 101/102).

Als zerfallender, verschwindender und zu destruierender ist der Sinn gleichsam in Spurenelementen noch in der *écriture* enthalten, ja sie braucht diese Sinnreste als "ombre", um überhaupt existieren zu können: "la subversion doit produire son propre *clair-obscur*."(PT, 53)

Schon Baudelaires Ästhetik der *modernité* ist körperlich fundiert: produktionsästhetisch in der *ivresse* und der "secousse nerveuse"(OC II, 690), die jede Inspiration und jeden erhabenen Gedanken begleiten; rezeptionsästhetisch im Schock. Auch Barthes' transgressiver *plaisir du texte* gründet im "frisson du sens" (RB, 101), dessen Erfahrung das Schreiben erst ermöglicht und "en situation d'écriture" versetzt:

> Cette situation est celle-là même où s'opère un certain ébranlement de la personne, un renversement des anciennes lectures, une secousse du sens, déchiré, exténué jusqu'à son vide insubstituable, sans que l'objet cesse jamais d'être signifiant, désirable. L'écriture est en somme, à sa manière, un *satori*: *le* satori (l'événement Zen) est un séisme plus ou moins fort (nullement solennel) qui fait vaciller la connaissance, le sujet: il opère un *vide de parole*. (ES, 10)

Den Beginn des Schreibens und Lesens bildet paradoxerweise eine Verlusterfahrung: "la jouissance, mode d'évanouissement, d'annulation du sujet"(GV, 166). Wie Adorno die gelungene, immer auch lustvolle ästhetische Erfahrung als jenen herausragenden Augenblick bestimmt, in dem man "den Boden unter den Füßen"(ÄT, 363) verliert, so genießt auch der Barthessche Leser einen vergleichbaren Zusammenbruch aller Gewohnheiten, aller bekannten Normen und Werte.

Beide Autoren halten an einem Ideal der Schwäche fest, um den advokatorischen Gestus philosophischer, wissenschaftlicher, politischer oder auch moralischer Diskurse zu unterlaufen. Während Adorno die "Fühlung mit den Gegenständen"(MM, 334) und die "Zartheit zwischen Menschen" (MM, 44) anstrebt, betont Barthes die Geschmeidigkeit und Leichtigkeit des lesenden Umherdriftens: "Le plaisir du texte n'est pas forcément de type triomphant, héroïque, musclé. Pas besoin de se cambrer." (PT, 32)[9] Im intensiven ästhetischen Erlebnis scheint für beide Autoren eine Selbst- und Welterfahrung auf, die mit Gianni Vattimo *pensiero debole*[10] genannt werden könnte, also Wahrnehmungs- und Denkweisen, die auf jegliche Letzt-Begründung verzichten. Hierfür orientieren sich Adorno und Barthes am Ideal der Liebesbeziehung: "Geliebt wirst du einzig, wo du schwach dich zeigen darfst, ohne Stärke zu provozieren." (MM, 255) So kreisen auch Barthes' ästhetische Konzeptionen um eine "morale de la relation affective"(GV, 247) und exponieren die *Fragments d'un discours amoureux* den Liebenden als unsicheres und zweifelndes Subjekt.

Im Unterschied zu Adornos Denkbildern jedoch stellen Barthes' Schriften den grundlegend imaginären Charakter jeglichen Verhaltens zu sich selbst und zur Welt aus. Dabei darf das Imaginäre keineswegs im umgangssprachlichen Sinn als Illusion oder bloßes Trugbild verstanden werden: Barthes synthetisiert den — insbesondere von Lacan geprägten — psychoanalytischen Begriff des Imaginären, in dem das Bild vom Ähnlichen dominiert, mit künstlerisch-ästhetischen Bestimmungen der Imaginationskraft als eines fundamentalen, welterzeugenden und welterschließenden Potentials, als der "reine des facultés" (OC II, 620), wie Baudelaire es nennt. Dadurch wird das Imaginäre zu *der* Kategorie schlechthin, die den menschlichen Selbst- wie Weltbezug strukturiert und orientiert.[11] Barthes' Schriften loten das Imaginäre als eine elementare analytische und erkenntnistheoretische Instanz aus, als eine Kategorie, die von objektiven und intersubjektiven Momenten durchdrungen ist und die "*épistémologiquement*, une catégorie d'avenir"(RB, 109) darstellt. Cornelius Castoriadis' Bestimmung des Imaginären, die schon zur Charakterisierung der Einbildungskraft bei Baudelaire herangezogen werden konnte[12], vermag auch die Dimensionen des Imaginären bei Barthes zu erhellen:

> Das Imaginäre, von dem ich spreche, ist kein Bild *von*. Es ist unaufhörliche und (gesellschaftlich-geschichtlich und psychisch) wesentlich *indeterminierte* Schöpfung von Gestalten/Formen/Bildern, die jeder Rede *von* "etwas" zugrundeliegen. Was wir "Realität" und "Rationalität" nennen, verdankt sich überhaupt erst ihnen.[13]

Vor diesem Hintergrund gewinnt die literarische Entfaltung der verschiedenen subjektiven, gesellschaftlichen wie wissenschaftlichen Imaginaria[14] epistemologische wie ethische Implikationen. Über den notwendigen (Um-)Weg des Schreibens beziehungsweise Lesens soll das Ich als imaginäre, auf bildhaften Ähnlichkeitsbeziehungen beruhende Konstruktion erkannt und "selon ses degrés" (RB, 109) aufgefächert werden. Es wird nicht mehr als substantielles Wesen gedacht, das hinter einer Rede steht und diese begründet, sondern als Schnittpunkt unzähliger, endloser Diskurse. Die Devise lautet — in Anlehnung an Lacan — : "défaire le *je*, organe superbe de la méconnaissance" (FDA, 72).

> Selon une première vision, l'imaginaire est simple: c'est le discours de l'autre *en tant que je le vois* (je l'entoure de guillemets). Puis, je retourne la scopie sur moi: je vois

mon langage *en tant qu'il est vu*: je le vois *tout nu* (sans guillemets): c'est le temps honteux, douloureux, de l'imaginaire. Une troisième vision se profile alors: celle des langages infiniment échelonnés, des parenthèses, jamais fermées: vision utopique en ce qu'elle suppose un lecteur mobile, pluriel, qui met et enlève les guillemets d'une façon preste: qui se met à écrire avec moi. (RB, 164)

Somit erlangt die literarische Präsentation der "langage de l'Imaginaire" (FDA, 115) zugleich intersubjektive Dimensionen. Schreiben stellt für Barthes eine Form der Beziehung zu anderen Menschen dar, eine Konstellation von Verführung und Erotik, die allerdings notwendig gebrochen und vermittelt ist:

Savoir qu'on écrit pas pour l'autre, savoir que ces choses que je vais écrire me feront jamais aimer de qui j'aime, savoir que l'écriture ne compense rien, ne sublime rien, qu'elle est précisément *là où tu n'es pas* — c'est le commencement de l'écriture. (FDA, 116)

Dort, wo der andere konkret abwesend ist, beginnt das Schreiben; anwesend ist er als Begehrter, als Bild, vor dem sich der Schreibende selbst als begehrenswert erweisen möchte: "On écrit avec son désir"(RB, 193) und "On écrit pour être aimé" (EC, 276). Indem das Schreiben auf das Begehren zurückgeführt wird, ja eine Form des Begehrens selbst *ist,* zeigt sich seine "Wahrheit", die immer "une vérité de langage"(SFL, 13) ist: Es enthält sich der Aussagen *über* den anderen, da diese vereinnahmend und anmaßend wären; ebenso muß sich jede bewertende, kritische oder wissenschaftliche Haltung dem Dilemma stellen, daß sie in einer Sprache und von einem Standpunkt aus agiert, die ihre eigenen Bedingungen der Bewertung, Kritik oder Wissenschaftlichkeit selbst unterlaufen. Die Leistung der Barthesschen *écriture* besteht demgegenüber darin, die der Sprache innewohnende Differenz zu entfalten und das Imaginäre in seiner Komplexität und seiner welterzeugenden Kraft zu exponieren. Diese radikalkonstruktivistische Position verdeutlicht Barthes unter Rekurs auf den Entwicklungspsychologen Donald W. Winnicott an einem frappierenden Beispiel:

L'être que j'attends n'est pas réel. Tel le sein de la mère pour le nourrisson, "je le crée et je le recrée sans cesse à partir de ma capacité d'aimer, à partir du besoin que j'ai de lui": l'autre vient là où je l'attends, là où je l'ai déjà créé. Et, s'il ne vient pas, je l'hallucine: l'attente est un délire. (FDA, 49)

Analog dem Schreibenden faßt auch der lustvoll Lesende den Text als eine Art Topographie auf, in der er projektiv und imaginativ verschiedene Positionen einnehmen kann. Der Text konfrontiert ihn mit seinen Ich-Grenzen ebenso wie mit den Grenzen des anderen. Im Diskurs des anderen liest er sein eigenes Unbewußtes und sein eigenes Begehren und konstruiert er zugleich seine eigene Differenz: den anderen, den er begehrt und der ihn begehrt: "*je désire* l'auteur: j'ai besoin de sa figure"(PT, 46). Diese Figur des Autors ist weder seine Repräsentation noch seine Projektion, sondern eine Sprachfigur: unauflösliches Doppel von Körper und Sprache, von Subjektivem und Objektivem: "le geste du corps saisi en action" (FDA, 8)[15]. Als traditonelle Institution und Wissensinstanz ist der Autor aus Barthes' Ästhetik verbannt.[16] Allerdings ist die wollüstige Lektüre verbunden mit einem "retour amical de l'auteur":

> L'auteur qui revient n'est certes pas celui qui a été identifié par nos institutions, (histoire et enseignement de la littérature, de la philosophie, discours de l'Eglise); ce n'est même pas le héros d'une biographie. L'auteur qui vient de son texte et va dans notre vie n'a pas d'unité; il est un simple pluriel de "charmes", le lieu de quelques détails ténus, source cependant de vives lueurs romanesques, un chant discontinu d'amabilités, en quoi néanmoins nous lisons la mort plus sûrement que dans l'épopée d'un destin; ce n'est pas une personne (civile, morale), c'est un corps. (SFL, 13)

Indem sich der Lesende als Ensemble heterogenster Diskurse weiß, tritt er nicht in herkömmlicher Form als Subjekt dem Text als einem von ihm abgespaltenen Objekt gegenüber; vielmehr kann sich das Subjekt aufgrund seiner sprachlichen Verfaßtheit nie ganz von den Reden, Texten und Theorien abtrennen, die es umschwirren und mit denen es sich seine Welt zu ordnen und zu erklären sucht. Insofern nimmt der vermeintlich hedonistische und egoistische *plaisir du texte* die Texte in völlig neuartiger Weise ernst: als konstituierende und konstitutive Bestandteile des eigenen Lebens.

> Vivre avec un auteur ne veut pas dire forcément accomplir dans notre vie le programme tracé dans ses livres par cet auteur (...); il ne s'agit pas d'opérer ce qui a été représenté, (...); il s'agit de faire passer dans notre quotidienneté des fragments d'intelligible (des "formules") issus du texte admiré (...); il s'agit de parler ce texte, non de l'agir, en lui laissant la distance d'une citation, la force d'irruption d'un mot frappé, d'une vérité de langage (SFL, 12/13).[17]

Durch den Kontakt und die Auseinandersetzung mit eigenen wie fremden, verbalen wie nonverbalen Texten sieht sich das Subjekt paradigmatisch jener grundlegenden Paradoxie konfrontiert, die sein Verhältnis zu sich selbst wie auch zu seinen Mitmenschen und zur Welt prägt: "le propre du désir ne peut produire qu'un impropre de l'énoncé."(FDA, 27)

Für Theodor W. Adorno ebenso wie für Roland Barthes tragen die Kunst und die in Analogie zum sexuellen Akt gedachte ästhetische Erfahrung die Verheißung eines anderen, freien und intensiven Lebens in sich; ein Versprechen jedoch, das evoziert und zugleich gebrochen wird. Der indirekte und imaginäre Charakter von Literatur ist Bedingung ihrer Möglichkeit; er markiert ihre Chancen ebenso wie ihre Grenzen:

On pourrait dire, je crois, que la littérature, c'est Orphée remontant des enfers; tant qu'elle va devant soi, *sachant cependant qu'elle conduit quelqu'un*, le réel qui est derrière elle et qu'elle tire peu à peu de l'innommé, respire, marche, vit, se dirige vers la clarté d'un sens; mais sitôt qu'elle se retourne sur ce qu'elle aime, il ne reste plus entre ses mains qu'un sens nommé, c'est-à-dire un sens mort. (EC, 265)

4. Ausblick

Der exzentrische *étranger* von Charles Baudelaires *Spleen de Paris* präsentiert sich als beständige, forcierte Differenz. In Ablehnung oder gar Negation gesellschaftlich-sozialer wie moralischer Kategorien taucht in der transgressiven Textform des Prosagedichts eine entgrenzte ästhetische Subjektivität auf. Das sich von der traditionellen Sinnmatrix abkoppelnde kaleidoskopische Subjekt der *Petits Poèmes en prose* bildet eine eigene Zeitform aus: Es existiert nur im Modus des Werdens und befindet sich in permanenter Veränderung. In einer Art halluzinatorischer Identifikation versetzt sich das Ich in fremde Menschen und Zustände und treibt diese imaginative Selbsterweiterung in den *Paradis Artificiels* gar bis zum Pfeifenrauch- oder Baum-Werden. So verfolgt das ästhetische Subjekt ein Intensitätsprogramm, das auf herausgehobene, ekstatische Augenblicke zielt und eine Transformation von Wahrnehmungsformen, Denkweisen und Wissensbeständen impliziert. Dadurch erobert es sich Freiräume, die bis zum Spielen mit der eigenen Existenz reichen können. Getragen wird die ästhetische Selbstentgrenzung und Selbst(er)findung insbesondere von einer spezifisch modernen Semantisierung und Semiotisierung des Körpers. Die im Begriff der *aisthesis* etymologisch verbürgte leibliche Komponente wird von der ästhetischen Subjektivität vergegenwärtigt und hinsichtlich ihrer sinnlichen wie rationalen Dimensionen erkundet. Das Subjekt und sein Körper sind ein Palimpsest, das ständig neu beschrieben wird.

Auch Roland Barthes und Theodor W. Adorno betonen den Schriftcharakter des Subjekts. In ihren Texten taucht das Subjekt als "*effet de langage*" (RB, 82) ohne feste und eindeutige Referenz auf, zum Subjekt "wird es erst durch Sprache" (NL, 477). Die namenlosen Subjekte von *Le plaisir du texte, roland BARTHES par roland barthes, Fragments d'un discours amoureux* und den *Minima Moralia* befinden sich — wie der Baudelairesche *étranger* — in ständiger Veränderung. Sie sind weder mit sich selbst noch mit ihrer Umwelt eins und entwerfen, transformieren, zerstreuen und potenzieren sich gemäß den vielfältigen Möglichkeiten der (literarischen) Sprache. Die Subjekte suchen ein intensives Erlebnis, in dem Selbstverlust und Selbst(er)findung zusammenfallen. Paradigmatisch vollzieht sich diese Dialektik in der ekstatischen ästhetischen Erfahrung: In ihr wird das Kunstwerk selbst lebendig und erscheint als menschlicher Körper, zu dem das Subjekt eine hochgradig erotische und gleichsam sexuelle Beziehung eingeht. Im Schreiben des literarischen Subjekts und in der Neubestimmung ästhetischer Erfahrung synthetisieren Barthes und Adorno rationale wie emotionale, geistige wie körperliche Momente zu einem komplexen ästhetischen Denken, das herkömmliche binäre Strukturen in sich aufnimmt und zugleich übersteigt.

Zwei weitere markante Beispiele mögen abschließend die anhaltende Aktualität des Themas ästhetischer Subjektivität unterstreichen.

Die 1954 geborene amerikanische Photographin Cindy Sherman fertigt Bilderserien, die sich mit den Repräsentationen des Weiblichen in westlichen Kulturen auseinandersetzen. Die Photos re-konstruieren traditionelle Weiblichkeitstypen und -klischees, die so zugleich entlarvt werden. Bemerkenswert an diesen Frauenportraits ist, daß die Photographin immer auch ihr eigenes Modell ist. Das Wissen darum löst bei den Betrachterinnen und Betrachtern zunächst Verblüffung und Unglauben aus, sind doch die abgebildeten Frauen jeweils in ihrer Kleidung, ihrer Haltung, ihrem Gesichtsausdruck und ihrem gesamten Aussehen vollkommen verschieden. Sherman präsentiert sich als Allround-Künstlerin: Sie ist Masken- und Kostümbildnerin, Bühnen- und Lichtregisseurin, Schauspielerin und Photographin. Doch die von den Bildern ausgehende Irritation hat eine andere Ursache: Die Photos sind nicht mehr Ausdruck oder Ab-Bild einer identischen Person, sondern die Verkörperung pluraler Identitäten. Man weiß, daß die Bilder von derselben Person gemacht sind, die sie auch darstellen, doch sucht man vergeblich die *eine, mit sich identische* Person, die doch vermeintlich hinter den jeweiligen Verkörperungen stehen muß. Diese Photos führen eindringlich vor, daß ihnen keine Identität mehr zugrunde liegt.

> Cindy Sherman verkeidet sich nicht bloß, sondern übernimmt den Typ und die Rolle, die sie darstellt, dermaßen überzeugend und perfekt, daß sie die jeweilige Identität gleichsam abstrichslos verkörpert. Sie ist nicht irgendeine Schauspielerin, sondern eine perfekte Darstellerin, sie demonstriert nicht den Facettenreichtum ihrer Person, sondern die Vielfalt möglicher Identitäten.[1]

Provozierend an Shermans Arbeiten ist insbesondere, daß sie die Unmöglichkeit, Identität auf einen substantiellen Wesenskern zurückzuführen, gerade im Medium der Photographie exponieren, in einem Medium also, dem gemeinhin ein besonderer Realitätsgehalt zugeschrieben wird:

> La peinture, elle, peut feindre la réalité sans l'avoir vue. Le discours combine des signes qui ont certes des référents, mais ces référents peuvent être et sont le plus souvent des "chimères". Au contraire de ces imitations, dans la Photographie, je ne puis jamais nier que *la chose a été là*. (CC, 120)

In vergleichbarer Weise wie Roland Barthes' Texte führen diese Bilder Identität als eine nicht fixierbare Dynamik vor, die sich nurmehr in gelungenen Imitationen und Identifikationen entfaltet.

Nicht dem Bereich der (bildenden) Kunst, sondern den Geisteswissenschaften entstammt ein weiteres aktuelles Beispiel: Peter Bürgers 1993 erschienenes Buch *Die Tränen des Odysseus*.[2] Sowohl das Subjekt als auch die Themen dieser Schrift können in gewisser Weise als literarische Fortsetzung der bei Barthes und Adorno sich konturierenden ästhetischen Subjektivität gelesen werden. Fiktional wird ein Umgang mit Theorien entwickelt, der weder der aufklärerisch-rationalen Tradition noch ihrer postmodernen Infragestellung zuzurechnen ist, sondern sich dem *troisième terme* und dem *neutre* Barthes' annähert. So präsentiert in einer der fünf Geschichten dieses Buches ein fiktives Subjekt — ein alternder Studienrat mit den anspielungsreichen Initialen S.Z. — ein tagebuchähnliches Selbstgespräch. Darin dokumentiert der offensichtlich in der Tradition der Kritischen Theorie stehende Studienrat seine Auseinandersetzung mit neo- und poststrukturalistischen Konzepten. Jenseits polemischer und vorschneller Urteile macht sich das literarische Subjekt dieser Texte wirklich "zum Schauplatz geistiger Erfahrung"(NL, 21), wie Adorno den Denkenden beschreibt. Es erlebt eine eigentümliche Verflechtung der verschiedensten theoretischen Diskurse mit seinem eigenen — davon doch vermeintlich getrennten — Leben, zum Beispiel mit körperlichem Wohl- oder Unwohlbefinden und täglichen Stimmungen. Das Subjekt verliert seine biographische Sicherheit ebenso wie seine psychologische Selbstgewißheit und erfährt sich nurmehr als Schnittstelle verschiedenster, manchmal unvereinbarer Diskurse. Bürgers Buch führt in ebenso ernsthafter wie spielerischer Weise Kritische Theorie und Neostrukturalismus zusammen und setzt so den von Adorno und Barthes begonnenen Weg fort: ästhetische Subjektivität erscheint als ausreichend komplexe und insofern einzig adäquate Instanz, um ein neuartiges ästhetisches Denken zu erproben, in dem Literatur, Philosophie und Wissenschaft untrennbar ineinander verwoben sind.

Ästhetische Subjektivität manifestiert sich nicht nur als Widerspruchspotential gegen herrschende Diskurse; sie entfaltet gleichzeitig nuancierte und differenzierte Wahrnehmungs- und Beurteilungsvermögen, eröffnet neue Vorstellungs- und Denkräume. Die literarische Modifikation etablierter Subjektivitätsvorstellungen impliziert mithin erkenntnistheoretische, gesellschaftliche und ethische Dimensionen. Unzureichend sind vorschnelle Nachrufe auf das substantielle, mit sich selbst identische Subjekt nicht minder als emphatische Prophezeiungen einer schönen neuen Welt multipler Identitäten: Der "Tod des Subjekts" bringt dialektisch Ekstasen ästhetischer Subjektivität hervor.

Anmerkungen

Anmerkungen zu Kapitel 1, Seite 13-17

1 Vgl. M. FRANK: Die Unhintergehbarkeit von Individualität, Frankfurt/M. 1986; H. NAGL-DOCEKAL/H. VETTER(Hrsg.): Tod des Subjekts? München/Wien 1987; K. CRAMER/H.F. FULDA/R.-P. HORSTMANN/U. POTHAST (Hrsg.): Theorie der Subjektivität, Frankfurt/M. 1990; M. FRANK/G. RAULET/W.v. REIJEN(Hrsg.): Die Frage nach dem Subjekt, Frankfurt/M. 1990.

2 H. U. GUMBRECHT: Tod des Subjekts als Ekstase der Subjektivität; in: R. WEIMANN/H.U. GUMBRECHT(Hrsg): Postmoderne — globale Differenz, Frankfurt/M. 1991, S. 307.

3 Ein Ausbruch aus der polarisierten Debatte um den "Tod des Subjekts" ist nicht zuletzt deshalb erstrebenswert, weil sie auf einem rezeptiven Mißverständnis zu beruhen scheint: "Es gibt keinen Satz, der aus der Feder von Lacan, Foucault, Derrida oder Deleuze geflossen wäre und die Inexistenz von Subjektivität, der Möglichkeit der Erfahrung und der Vertrautheit mit sich, ernsthaft behauptete"(J. HÖRISCH: Das doppelte Subjekt; in: M. FRANK/G. RAULET/W.v. REIJEN(Hrsg.) 1990, S. 144). Wohl aber problematisieren die Texte dieser Autoren den prekären, dezentrierten und epiphänomenalen Status moderner Subjektivität.

4 Vgl. hierzu A. HONNETH: Adorno und Foucault; in: P. KEMPER(Hrsg.): "Postmoderne" oder Der Kampf um die Zukunft, Frankfurt/M. 1988, S. 127-144; H.-T. LEHMANN: Das Subjekt als Schrift; in: Merkur 33(1979)7, S. 665-677. Bezeichnenderweise entstanden zahlreiche Arbeiten, die auf die Gemeinsamkeiten zwischen Kritischer Theorie und Dekonstruktion/Neostrukturalismus aufmerksam machten, im angloamerikanischen Sprachraum, also mit einer blicköffnenden Distanz zur französischen wie deutschen Diskussion (vgl. hierzu den Forschungsüberblick von M. JAY: Adorno in Amerika; in: L.v. FRIEDEBURG/J. HABERMAS(Hrsg.): Adorno-Konferenz 1983, Frankfurt/M. 1983, S. 354-387 und P. DEWS: Adorno, Poststructuralism and the Critique of Identity; in: A. BENJAMIN(ed.): The Problems of Modernity, London/New York 1989, S. 1-22).

5 J.-F. LYOTARD: La condition postmoderne, Paris 1979, S. 31.

6 J.-F. LYOTARD 1979, S. 38.

7 P. BÜRGER: Prosa der Moderne, Frankfurt/M. 1992a, S. 390; vgl. auch Walter Benjamins Aufsatz *Der Erzähler* (W. BENJAMIN: Gesammelte Schriften. Bd. II-2, S. 438-465) und Theodor W. Adornos *Standort des Erzählers im zeitgenössischen Roman* (NL, 41-48).

8 Vgl. Adornos Beschreibung des *Passagen-Werks*: "Philosophie sollte nicht bloß den Surrealismus einholen, sondern selber surrealistisch werden."(T. ADORNO: Charakteristik Walter Benjamins; in: DERS.: Prismen, Frankfurt/M. 1983, S. 298).

9 W. Welsch: Ästhetisches Denken, Stuttgart 1990, S. 41.

10 Die Konvergenz von Literatur, Philosophie und Wissenschaft ebenso wie die Vermischung der Gattungen und Disziplinen war schon Teil des frühromantischen Projekts einer progressiven Universalpoesie. Die vorliegenden Studien setzen jedoch erst bei Baudelaire ein, da sie thematische wie strukturelle Konstellationen moderner Kunst als

einer autonomen Institution untersuchen wollen, die sich — ungleich stärker als die Romantik — aus gesellschaftlichen und metaphysischen Bezügen herauslöst.

11 Karl Heinz Bohrers wegweisende Studie *Der romantische Brief. Die Entstehung ästhetischer Subjektivität* hat die Dominanz imaginativ-ästhetischer Subjektivitätsentwürfe in den Briefen Heinrich von Kleists, Clemens Brentanos und Karoline von Günderrodes nachgewiesen (vgl. K.H. BOHRER: Der romantische Brief, Frankfurt/M. 1989). Bohrers Festlegung des "sozialen Subjekts" auf Selbsterhaltung, des "ästhetischen" hingegen auf Selbstentblößung erweist sich jedoch mit Blick auf Baudelaire, Barthes und Adorno als zu einseitig und muß um die Dialektik von gesellschaftlichen und ästhetischen Momenten erweitert werden.

Anmerkungen zu Kapitel 2.1, Seite 21-28

1 W. BENJAMIN: Das Passagen-Werk; in: DERS.: Gesammelte Schriften. Bd. V-2, Frankfurt/M. 1991, S. 677.

2 Unter ästhetischer Moderne verstehe ich hier den weltanschaulichen und künstlerischen Radikalismus der nachromantischen Kunst, deren entscheidende Züge sich in den Werken Heines, Baudelaires, Flauberts oder Nietzsches herauskristallisieren und die zeitlich ab 1850 zu situieren ist. Ihren Impetus formuliert treffend Rimbauds Postulat einer Kunst fortgeschrittensten Bewußtseins, in der die jeweils avanciertesten Verfahrensweisen sich durchdringen mit der Erfahrung und Reflexion von Lebensverhältnissen unter Bedingungen einer forcierten Industrialisierung und Modernisierung. Vgl. hierzu T. ADORNO: Ästhetische Theorie, Frankfurt/M. 1985; H.U. GUMBRECHT: Modern, Modernität, Moderne; in: Geschichtliche Grundbegriffe Bd. IV, Stuttgart 1978, S. 93-131; DERS.: Zum Wandel des Modernitäts-Begriffes in Literatur und Kunst; in: R. KOSELLECK(Hrsg.): Studien zum Beginn der modernen Welt, Stuttgart 1977, S. 375-382; H.R. JAUß: Literarische Tradition und gegenwärtiges Bewußtsein der Modernität; in: DERS.: Literaturgeschichte als Provokation, Frankfurt/M. 1974, S. 11-66; N. LUHMANN: Gesellschaftsstruktur und Semantik. Bd. 1, Frankfurt/M. 1980. Eine kritische Diskussion der verschiedenen Moderne-Begriffe gibt W. WELSCH: Unsere postmoderne Moderne, Weinheim 1991, bes. S. 45-85.

3 Vgl. W. BENJAMIN: Charles Baudelaire. Ein Lyriker im Zeitalter des Hochkapitalismus; in: DERS. 1991. Bd. I-2, S. 509-690, bes. Kapitel III: Die Moderne.

4 Brief von Benjamin an Horkheimer vom 16.4.1938; in: W. BENJAMIN 1991. Bd. V-2, S. 1164.

5 Gegen dieses — zumeist individualpsychologisch gedeutete — Schema, das die traditionelle Literaturgeschichtsschreibung durchzieht, wandten sich vehement die russischen Formalisten durch die Entwicklung eines Begriffs von literarischer Evolution, der Literatur als funktionales System auffaßt, das in Korrelation und Interdependenz zu anderen künstlerischen Reihen wie auch außerliterarischen Systemen steht. Künstlerische Evolution kann somit nur aus komplexen Wechsel- und Wirkverhältnissen zwischen Systemen erklärt werden. Vgl. J. TYNJANOV: Über die literarische Evolution; in: J. STRIEDTER(Hrsg.): Russischer Formalismus, München 1971, S. 433-461. Jauß hat materialreich nachgewiesen, daß die vermeintliche Konstanz literarischer Generations- und Epochenwechsel ein Produkt der "philologischen Metaphysik der Tradition" ist, die in Form der Literatur- und Kulturgeschichtsschreibung eine "mystische Kontinuität der abendländischen Kultursubstanz"(H.R. JAUß 1974, S. 13) zu konstruieren sucht. Vgl. auch H.U. GUMBRECHT/U. LINK-HEER(Hrsg.): Epochen-

schwellen und Epochenstrukturen im Diskurs der Literatur- und Sprachhistorie, Frankfurt/M. 1985.

6 W. BENJAMIN 1991. Bd. I-2, S. 585; vgl. auch 590ff.

7 Die veränderte Rezeption in der Forschung, die präzisiert werden kann als inhaltliche Konkretisierung der von Benjamin eher spekulativ hervorgehobenen gesellschaftlich-politischen Grundlagen des Baudelaireschen Œuvres, setzte in den siebziger Jahren mit den Arbeiten von K. Biermann, W. Fietkau, D. Oehler, O. Sahlberg und H. Stenzel ein. Eine Übersicht gibt O. SAHLBERG: Der Neubeginn der historisch-materialistischen Erforschung Baudelaires; in: Lendemains 10(1978), S. 125-135. Im angloamerikanischen Sprachraum sind insbesondere die Untersuchungen von M. Berman, D. Frisby und A.-M. Soucy Benjamins Ansatz verpflichtet (bibliographische Angaben siehe Literaturverzeichnis).

8 Vgl. OC II, 695: "La modernité, c'est le transitoire, le fugitif, le contingent". Jauß hat als erster dieses Manko von Benjamins Baudelaire-Studien kritisiert (vgl. H.R. JAUß 1974, S. 57-66).

9 W. BENJAMIN 1991. Bd. V-2, S. 678/79.

10 W. BENJAMIN 1991. Bd. V-1, S. 577.

11 Benjamin bezeichnet es als "das Eigenste der dialektischen Erfahrung, den Schein des Immer-Gleichen, ja auch nur der Wiederholung in der Geschichte zu zerstreuen"(W. BENJAMIN 1991. Bd. V-1, S. 591). Der historische Materialismus bricht mit der Geschichtsauffassung des Historismus, er sprengt ihr episches Kontinuum, um im dialektischen Bild, das heißt in der spezifischen Konstellation, welche die eigene Gegenwart mit einer früheren Epoche bildet, eine relative, mit einem "Zeitkern"(S. 578) versehene Erkenntnis herauszuarbeiten. Diese wäre der erste Schritt, um aus dem Alp-Traum der Geschichte — für Benjamin konkret das nazistische Deutschland — zu gegenwärtigem Handeln zu erwachen. Vgl. auch *Über den Begriff der Geschichte*; in: W. BENJAMIN 1991. Bd. I-2, S. 691-704.

12 G.W.F. HEGEL: Vorlesungen über die Ästhetik I. Werke 13, Frankfurt/M. 1986, S. 24.

13 Vgl. J. HABERMAS: Die neue Unübersichtlichkeit, Frankfurt/M. 1985.

14 Vgl. J.-F. LYOTARD 1979; W. WELSCH 1991; A. WELLMER: Zur Dialektik von Moderne und Postmoderne, Frankfurt/M. 1987, bes. S. 48-114.

15 H. FRIEDRICH: Die Struktur der modernen Lyrik, Reinbek 1977, S. 35.

16 D. FRISBY: Fragments of Modernity, Cambridge/Mass. 1986, S. 2. Frisby insistiert auf Baudelaires zentraler Bedeutung für die ästhetische Moderne als auch für die soziologische Theoriebildung zur Modernität. Vgl. auch M. BERMAN: All that is solid melts into air, New York 1982, S. 133: "If we had to nominate a first modernist, Baudelaire would surely be the man." Mit einer stärker ethischen Akzentsetzung hält Michel Foucault, der in seiner Studie *Was ist Aufklärung?* eine Kant-Lektüre vorstellt, die die Moderne weniger als Phase der Geschichte denn als Haltung, als spezifische Form der Beziehung zur Gegenwart bestimmt, Baudelaire für "ein fast unverzichtbares Beispiel" zur Charakterisierung dieser "Haltung der Moderne" (M. FOUCAULT: Was ist Aufklärung? in: E. ERDMANN u.a.(Hrsg.): Ethos der Moderne, Frankfurt/M. u.a. 1990b, S. 42).

17 Vgl. OC II, 577: "J'ai essayé plus d'une fois, comme tous mes amis, de m'enfermer dans un système pour y prêcher à mon aise. Mais un système est une espèce de damnation qui nous pousse à une abjuration perpétuelle; il en faut toujours inventer un autre, et cette fatigue est un cruel châtiment. Et toujours mon système était beau, vaste,

spacieux, commode, propre et lisse surtout; du moins il me paraissait tel. Et toujours un produit spontané, inattendu, de la vitalité universelle venait donner un démenti à ma science enfantine et vieillotte, fille déplorable de l'utopie."

18 Die These, daß die Phantasie nicht nur als Substrat für Transformationen ins Begriffliche aufzufassen sei, sondern immer einen nicht übersetzbaren, sich dem Begriff entziehenden Bilderfundus bewahrt, bildet den Ausgangspunkt für Hans Blumenbergs eindrucksvolle Studien zum Gebrauch und zur Funktion von Metaphern (vgl. H. BLUMENBERG: Paradigmen zu einer Metaphorologie, Bonn 1960; DERS.: Schiffbruch mit Zuschauer, Frankfurt/M. 1979; DERS.: Die Lesbarkeit der Welt, Frankfurt/M. 1986).

19 Der Anthropologe André Leroi-Gourhan bezeichnet die Entwicklung audiovisueller Techniken "als neue Stufe in der menschlichen Evolution, als eine Stufe, die den Kern des Menschen trifft, das reflektierende Denken"(A. LEROI-GOURHAN: Hand und Wort, Frankfurt/M. 1988, S. 266).

20 Michel Foucault weist in seinen Untersuchungen zur Herausbildung neuzeitlicher Wissens-, Gesellschafts- und Subjektivitätsformen dem überwachenden, disziplinierenden und dem medizinischen Blick eine zentrale Rolle zu (vgl. M. FOUCAULT: Naissance de la clinique, Paris 1963; DERS.: Les mots et les choses, Paris 1966; DERS.: Surveiller et punir, Paris 1975). Die Veränderungen menschlicher Wahrnehmungs- und Denkweisen durch die Effekte forcierter Visualisierung stehen im Mittelpunkt der Arbeiten von P. VIRILIO: Die Sehmaschine, Berlin 1989a; DERS.: Krieg und Kino, Frankfurt/M. 1989b. Vgl. auch D.J. BOORSTIN: Das Image, Reinbek 1987, der die Auswirkungen der "graphischen und optischen Revolutionen" auf die nordamerikanische Gesellschaft beschreibt. Zur Veränderung des Kunstbegriffs und der ästhetischen Rezeption durch die Möglichkeiten technischer Reproduktion und die Entwicklung von Photographie und Film vgl. den *Salon de 1859* von Charles Baudelaire (OC II, bes. S. 614-19) und W. BENJAMIN: Das Kunstwerk im Zeitalter seiner technischen Reproduzierbarkeit; in: DERS. 1991. Bd. I-2, S. 431-508.

21 P. BÜRGER: Prosa der Moderne, Frankfurt/M. 1992a, S. 13.

22 Die Denkfigur der Inkompatibilität von subjektiver und kollektiver Sphäre durchzieht seit Ende des 18. Jahrhunderts bis heute, von den Schriften Schillers oder Hegels bis zu den Arbeiten Foucaults, Habermas' oder Luhmanns die philosophische, soziologische und anthropologische Reflexion. Vgl. F. SCHILLER: Über die ästhetische Erziehung des Menschen; in: DERS.: Sämtliche Werke. Bd. 5, München 1959, S. 570-669; F. W. HEGEL 1986; F. MARX/K. ENGELS: Die deutsche Ideologie; in: DIES.: Werke. Bd. 3, Berlin/Ost 1973, S. 32ff.; M. HORKHEIMER/T. ADORNO: Dialektik der Aufklärung, Frankfurt/M. 1984; M. FOUCAULT 1966; N. LUHMANN 1980; J. HABERMAS: Theorie des kommunikativen Handelns. Bd. 2, Frankfurt/M. 1981b, S. 229ff.; L. DUMONT: Essai sur l'individualisme, Paris 1983; R: SENNETT: Civitas, Frankfurt/M. 1991.

23 N. ELIAS: Über den Prozeß der Zivilisation. Bd. 2, Frankfurt/M. 1989, S. 342.

24 Der medial bedingte Verlust von sinnlicher Erfahrbarkeit führt nach Jean Baudrillards ebenso provokanten wie einseitigen Thesen zu einer *Agonie des Realen* und einer Welt, die aus bloßen Simulakra, das heißt — wie das Fernsehbild — aus der hyperrealen Simulation von Realität, aus Zeichen die nurmehr selbstreferentiell auf Zeichen verweisen, besteht (vgl. J. BAUDRILLARD: Agonie des Realen, Berlin 1978; DERS.: Der symbolische Tausch und der Tod, München 1982, S. 77-130). Eine derartige Einseitigkeit muß auch an Boorstins Rede von der kommunikationstechnischen Erzeu-

gung bloßer "Pseudoereignisse"(D.J. BOORSTIN 1987, bes. S. 31-116) und an der im Umfeld der Kritischen Theorie verbreiteten Ansicht einer "Verkümmerung der Erfahrung" (W. BENJAMIN 1991. Bd. I-2, S. 611; vgl. auch M. HORKHEIMER/T. ADORNO 1984) kritisiert werden. Ziel der vorliegenden Arbeit ist es demgegenüber, am Beispiel literarischer Subjektivitätsentwürfe das komplexe Zusammenspiel von negativen Entfremdungs- und Reduktionsprozessen einerseits und einem — dadurch erst ermöglichten — Neu- und Anders-Denken von Subjektivität andererseits aufzuzeigen.

25 Zur Charakterisierung der Moderne durch Beschleunigungsvorgänge unter dem Leitbegriff des Fortschritts und einer damit verbundenen Dynamisierung der Zeitvorstellungen vgl. R. KOSELLECK: Vergangene Zukunft, Frankfurt/M. 1989; W. LEPENIES: Das Ende der Naturgeschichte, Frankfurt/M. 1978; G. PIEL: The Acceleration of History, New York 1972.
Baudelaire kennzeichnet den modernen Künstler als "parfait flâneur" und "observateur passioné"(OC II, 691), mithin als einen Menschen von geschärfter und hellwacher — insbesondere visueller — Wahrnehmungsfähigkeit, der selbst ständig in Bewegung ist und seine Streifzüge — im Gegensatz zu seinem Rousseauschen Vorgänger, dem *promeneur* — in der Großstadt und der urbanen Menschenmenge unternimmt. Die Metropolen präsentieren als "Konzentrationspunkte von 'Bewegungen'"(H.-J. ORTHEIL 1986, S. 32) den jeweils aktuellsten Stand gesellschaftlich-sozialer Integration bzw. Desintegration; hier treten geschichtliche Wandlungsprozesse, soziale und ökonomische Umbrüche besonders deutlich in Erscheinung: "Le vieux Paris n'est plus (la forme d'une ville / Change plus vite, hélas! que le cœur d'un mortel)" ("Le Cygne", OC I, 85). Während im kulturellen Kollektivbewußtsein des 19. Jahrhunderts London als Ort politischer Aufklärung und republikanischen Fortschritts galt, verband sich mit Paris die *image* der "Metropole der 'Revolutionen'. Hier ist man der geschichtlichen Entwicklung gleichsam schon voraus: Mode, Ästhetik, Malerei und Künste entwerfen laufend Bilder des 'Fortschritts'"; H.-J. ORTHEIL: Der lange Abschied vom Flaneur; in: Merkur 40 (1986)443, S. 32.

26 R. KOSELLECK 1989, S. 328.

27 P. BÜRGER 1992a, S. 101.

28 Zur Schock-Taktik von Musikern und Schauspielern im 19. Jahrhundert vgl. R. SENNETT: Verfall und Ende des öffentlichen Lebens, Frankfurt/M. 1983, Kap. 9, S. 225-49.

29 J.-F. LYOTARD 1979, S. 31.

30 Es würde den Rahmen dieser Arbeit sprengen, hier den Beschreibungen von Geschichte als einer kaleidoskopischen nachzugehen. Das moderne Subjekt ist sich selbst in dem Maße transparent, wie ihm die Welt und die geschichtliche Ordnung als intelligibel erscheinen. Das für die Moderne konstitutive Auseinandertreten von Erfahrung und Erwartung und der damit verbundene traumatische Verlust von Geschichte als einem sinnstiftenden Zusammenhang — eine für Baudelaire und seine Generation insbesondere nach dem Staatsstreich Louis-Napoléons vom 2. Dezember 1851 prägende Erfahrung (vgl. die Arbeiten Biermanns, Oehlers und Stenzels; bibliographische Angaben siehe Literaturverzeichnis) — erschüttert das — immer männlich gedachte — Subjekt grundlegend in seiner Einmaligkeit, seiner Souveränität und seiner allesbegründenden, zentralen Stellung.
Material zum Bild der Geschichte als Kaleidoskop findet sich u.a. bei R. KOSELLECK 1989; P. VEYNE: Der Eisberg der Geschichte, Berlin 1981 sowie natürlich in

literarischen Darstellungen wie in Michel Butors "mobiler" Präsentation der US-amerikanischen Geschichte (vgl. M. BUTOR: Mobile, Paris 1962).

31 Die Dominanz eines derartigen, einseitig geglätteten Moderne-Begriffs sowohl im künstlerischen Selbstverständnis als auch in der wissenschaftlichen Theoriebildung kann als ein auslösender Faktor für die postmoderne Haltung interpretiert werden, die entgegen weitverbreiteter (Selbst-)Mißverständnisse gerade keine Verabschiedung, sondern im Gegenteil eine Radikalisierung und ein Einholen der Pluralität der Moderne intendiert: Die Postmoderne "führt die Moderne fort, aber sie verabschiedet den Modernismus. Sie läßt die Ideologie der Potenzierung, der Innovation, der Überholung und Überwindung, sie läßt die Dynamik der Ismen und ihrer Akzeleration hinter sich" (W. WELSCH 1991, S. 6). Das reduzierte Konzept von Moderne durchzieht auch die Baudelaire-Forschung, in der es seit Friedrich und Jauß üblich ist, Baudelaires provokantes Denken in extremen Gegensätzen, sein — oft bis ins Paradox forcierte — Steigern von Widersprüchen durch die selektive Auswahl solcher Zitate zu negieren, die eine einheitliche Lesart zulassen. Das Ergebnis sind zahllose, in sich zwar bemüht stimmige, untereinander jedoch völlig inkompatible Baudelaire-Bilder, so daß mit Barbara Johnson lakonisch registriert werden kann: "Il est bien connu qu'avec des citations de Baudelaire on peut prouver à peu près n'importe quoi"(B. JOHNSON: Défigurations du langage poétique, Paris 1979, S. 22).

32 Vgl. auch P. BÜRGER 1992a, S. 384, der die "Identität der Moderne" als die "Nichtidentität ihrer Impulse" bestimmt. Baudelaires (und Bürgers) Position bietet gegenüber dualistischen Moderne-Konstruktionen, wie sie z.B. K.H. BOHRER: Nach der Natur, München/Wien 1988, S. 209 vertritt, den Vorteil, einen offenen und mehrsträngigen Begriff von Moderne zu ermöglichen. Vgl. auch N. LUHMANN: Das Problem der Epochenbildung und die Evolutionstheorie; in: H.U. GUMBRECHT/U. LINK-HEER 1985, S. 21, der die seit dem späten 18. Jahrhundert in Europa sich vollziehende Systemdifferenzierung als zentrale evolutionäre Errungenschaft hervorhebt, da sie es erlaubt, "*die Einheit der Gesellschaft als Differenz zu behandeln.*"

33 Die damit verbundene Fiktionalisierung des Entwurfs einer modernen Künstlerfigur wie auch des gesamten *Peintre* wurde bislang in der kritischen Rezeption vollkommen vernachlässigt. Bei Baudelaire werden nicht nur Poesie und Literatur (selbst-)reflexiv; auch die theoretische Reflexion vollzieht sich als eine poetische und ästhetische. Zwar motiviert Baudelaire die Anonymität seiner Identifikationsfigur mit der Bescheidenheit und der Publikumsscheu des Malers Guys (vgl. OC II, 688 u. 1422), doch unterstreicht er zugleich, daß seine Ausführungen als "pure hypothèse poétique, conjecture, travail d'imagination"(OC II, 688) und der Protagonist als "l'artiste imaginaire que nous sommes convenus d'appeler M.G." (OC II, 700) aufzufassen seien. Daß Guys seine Werke nicht signiert, erhält in diesem Kontext die positive Konnotation des Ausbrechens aus den einengenden Zwängen einer durch den Eigennamen fixierten Identität und Urheberschaft. Leitet Michel Foucault seine vielbeachtete Rede über den Begriff des Autors als einer diskursiven Funktion mit den halben Worten Becketts ein: " — 'Qu'importe qui parle?'", könnte Baudelaire seine Betrachtungen überschreiben mit: "Qu'importe qui peint?" Vgl. M. FOUCAULT: Qu'est-ce qu'un auteur? in: Bulletin de la Société française de Philosophie 63(1969)3, S. 73.

34 K. STIERLE: Baudelaires "Tableaux Parisiens" und die Tradition des 'Tableau de Paris'; in: Poetica 6(1974)3, S. 319; vgl. auch P. BÜRGER 1992a, S. 117.

35 Mit einer Formulierung Maurice Blanchots könnte man den *Spleen de Paris* als "œuvre de l'absence de l'œuvre" bezeichnen (vgl. M. BLANCHOT: L'Athenaeum; in: DERS.:

L'entretien infini, Paris 1969, S. 517. Blanchot umreißt damit das romantische Fragment).
Die irritierende Polysemie und die unauflösbare Widersprüchlichkeit der Aussagen charakterisieren die gesamte *Dédicace*. Der Sprachgestus produziert eine ständige Setzung und nachfolgende Verschiebung, Differenzierung oder gar Negation evozierter Bedeutungsdimensionen und angebotener Lesarten; zugleich bietet der Text keine Instanz zur Ordnung und eindeutigen Reduktion der Sinndissemination an. Dieses dekonstruktive Verfahren hat Johnson am Beispiel der spielerischen Erschütterung der Begriffspaare künstlerische Originalität versus künstlerische Nachahmung sowie Anfang versus Ende aufgezeigt. Die *Dédicace* wird so zur "moulin donquichotesque, un moulin qui finit par pulvériser toutes les définitions qu'on essaie d'en extraire"(B. JOHNSON 1979, S. 28).

36 J. KRISTEVA: Le mot, le dialogue et le roman; in: DIES.: Σημειωτιχη, Paris 1978, S. 85. Weitere intertextuelle Bezüge verweisen auf die explizit erwähnten Werke *Gaspard de la Nuit* von Aloysius Bertrand und das Prosagedicht *La chanson du vitrier* von Arsène Houssaye. Angespielt wird auch auf theoretische Reflexionen Houssayes (vgl. OC I, 1308) und auf die poetologischen Schriften von Baudelaires großem Vorbild Edgar Allan Poe: *The Philosophy of Composition* und *The Poetic Principle*. Besonders deutlich wird die widersprüchliche und souveräne Bezugnahme auf Poe am Ende des Widmungsbriefes, an dem der *Spleen de Paris* als "accident" bezeichnet und zugleich nachdrücklich betont wird, daß es Ziel des Dichters sein müsse, "d'accomplir *juste* ce qu'il a projeté de faire" (OC I, 276). Bei Poe heißt es: "It is my design to render it manifest that no one point in its (the poem *The Raven*; D.K.) composition is referrible either to accident or intuition — that the work proceeded, step by step, to its completion with the precision and rigid consequence of a mathematical problem"(E.A. POE: The Philosophy of Composition; in: DERS.: The Complete Works. Vol. XIV, New York 1979, S. 195).

37 Note von Claude Pichois in OC I, 1308.

38 Vgl. V. HUGO: *Les Tronçons du serpent* aus *Les Orientales*; in: Œuvres poétiques I, Paris 1964, S. 650/51; SAINTE-BEUVE: *Le Soir de ma jeunesse* aus dem Zyklus *Vie, poésies et pensées de Joseph Delorme*; in: DERS.: Poésies complètes, Paris 1890, S. 72-74. Zum Einfluß dieses Werks auf Baudelaire vgl. den Brief Baudelaires an Sainte-Beuve vom 15. 1. 1866: "J'ai tâché de me replonger dans *Le Spleen de Paris* (poèmes en prose); car, ce n'était pas fini. Enfin, j'ai l'espoir de pouvoir montrer, un de ces jours, un nouveau Joseph Delorme accrochant sa pensée rapsodique à chaque accident de sa flânerie et tirant de chaque objet une morale désagréable. Mais que les bagatelles, quand on veut les exprimer d'une manière à la fois pénétrante et légère, sont donc difficiles à faire!"(Corr II, 583); G. de NERVAL: *Le Bonheur de la maison*; in: DERS.: Œuvres complètes I, Paris 1989, S. 314-18.

39 F. SCHLEGEL: Athenäumsfragment Nr. 206; in: DERS.: Kritische F. Schlegel-Ausgabe. Bd. 2, München u.a. 1967, S. 197. Zum frühromantischen Fragment vgl. P. LACOUE-LABARTHE/J.-L. NANCY: L'absolu littéraire, Paris 1978, S. 57-80.

40 Das Bild der Schlange ist also präzise gewählt: Die moderne literarische Form ist eine nicht-organische und artifizielle — eine Form nach dem Sündenfall, ebenso wie die moderne Schönheit. Denn wer das vergängliche und ephemere Element der Schönheit unterdrückt, der fällt "dans le vide d'une beauté abstraite et indéfinissable, comme celle de l'unique femme avant le premier péché"(OC II, 695).

41 Vgl. P. BÜRGER 1992a, S. 109. Die produktions- wie wirkungsästhetisch entscheidende Bedeutung des Schocks hat Walter Benjamin als erster hervorgehoben (vgl. W. BENJAMIN 1991. Bd. I-2, S. 501-690 und Bd. V-1. S. 301-489).

42 K. BIERMANN: Literarisch-politische Avantgarde in Frankreich 1830-1870, Stuttgart u.a. 1982, S. 74; zum Feuilletonroman vgl. S. 74ff.

43 Vgl. H. STENZEL: Der historische Ort Baudelaires, München 1980, bes. S. 149ff.

44 Vgl. J. HABERMAS: Strukturwandel der Öffentlichkeit, Darmstadt/Neuwied 1986, bes. S. 217-33. Auch Benjamin geht detailliert auf das veränderte Pressewesen um die Mitte des 19. Jahrhunderts ein und resümiert die Auswirkungen auf die Schriftsteller: "Baudelaire wußte, wie es um den Literaten in Wahrheit stand: als Flaneur begibt er sich auf den Markt; wie er meint, um ihn anzusehen, und in Wahrheit doch schon, um einen Käufer zu finden"(W. BENJAMIN 1991. Bd. I-2, S. 536). Baudelaires Text *Conseils aux jeunes littérateurs* kann als ironisch-pointierte Replik auf die publizistischen Bedingungen gelesen werden (vgl. OC II, 13-20).

Anmerkungen zu Kapitel 2.2, Seite 29-42

1 M. FOUCAULT: L'ordre du discours, Paris 1990a, S. 10/11.

2 Vgl. K. MAURER: Ästhetische Entgrenzung und Auflösung des Gattungsgefüges in der europäischen Romantik und Vorromantik; in: H.R. JAUß(Hrsg.): Die nicht mehr schönen Künste, München 1968, S. 319-341; T. ADORNO: ÄT, 31-56; P. BÜRGER: Theorie der Avantgarde, Frankfurt/M. 1984, S. 76-86.

3 T. ADORNO: ÄT, 9.

4 G. STEIN: Lectures in America, Boston 1985, S. 209.

5 Zur Literarizität (*literaturnost'*) als einem Grundbegriff des russischen Formalismus vgl. J. STRIEDTER 1971, S. XIX; V. EHRLICH: Russischer Formalismus, Frankfurt/M. 1987, S. 190ff.

6 Vgl. R. JAKOBSON: Poetik, Frankfurt/M. 1979, bes. S. 67-121. Karlheinz Stierle betont die Unzulänglichkeit der Kategorie der Poetizität zur Bestimmung lyrischer Texte und plädiert demgegenüber für eine Untersuchung der *Identität des Gedichts*. Indem er allerdings die Identität des lyrischen Diskurses als eine immer prekäre bezeichnet und Lyrik per definitionem als "Überschreitung zugrundeliegender Diskursschemata" faßt, strapaziert er den Begriff der "Transgression"(S. 514) so sehr, daß die spezifisch innovative Leistung des Prosagedichts kaum in den Blick kommen kann (vgl. K. STIERLE: Die Identität des Gedichts; in: O. MARQUARD/DERS.(Hrsg.): Identität, München 1979, S. 505-552).

7 Indem im *poème en prose* Poesie und Prosa zusammentreten, werden Linguistik und Pragmatik als die beiden wichtigsten analytischen Verfahrensweisen zur Poetizitätsforschung auf die Aporien ihrer Definitionsansätze zurückverwiesen (vgl. D. INGENSCHAY: Die Modernität des poème en prose, Bochum 1986, S. 134ff.). Zu den Schwierigkeiten der Literaturwissenschaft, die Komplexität des Prosagedichts als Gattung adäquat zu erfassen, vgl. auch B. JOHNSON 1979, S. 9ff. und M. CAWS/H. RIFFATERRE(eds.): The Prose Poem in France, New York 1983.

8 B. JOHNSON 1979, S. 36. Die Unterschiede zwischen poetischer und prosaischer Rede sind demgegenüber als formale — nämlich hinsichtlich der räumlich-optischen Präsentation des Textes —, als referentielle — nicht im Sinne der Referenz auf eine poetische oder prosaische Realität, sondern auf unterschiedliche, vorgängige Codes —

und als kontextuelle zu präzisieren. Auch Gertrude Stein resümierte schon 1935 in ihrem Vortrag *How Writing is Written*: "there is no essential difference between prose and poetry. This is essentially the problem with which your generation will have to wrestle" (G. STEIN: How Writing is Written, Los Angeles 1974, S. 160).

9 J. KRISTEVA: Poésie et négativité; in: DIES. 1978, S. 185. Vgl. auch DIES.: La révolution du langage poétique, Paris 1985.

10 D. INGENSCHAY 1986, S. 345. Vgl. auch M. BEAUJOUR: Short Epiphanies; in: M. CAWS/H. RIFFATERRE(eds.) 1983, S. 39: "The so-called prose poem (...) has been the mainstay of modernist poetry in France, where hostility to the 'straight jacket' of verse (including *vers libre*) is explicitly or implicitly built into any avant-garde poetics." Zur Geschichte des Prosagedichts und zur Tradition der poetischen Prosa vgl. S. BERNARD: Le poème en prose de Baudelaire jusqu'à nos jours, Paris 1959, S. 19-93; F. NIES: Poesie in prosaischer Welt, Heidelberg 1964, S. 11-38; B. WRIGHT/D. SCOTT: "La Fanfarlo" and "Le Spleen de Paris", London 1984, S. 37-46. Mit Nies und Ingenschay möchte ich allerdings betonen, daß der häufig als Vorläuferin des Prosagedichts bezeichneten poetischen Prosa z.B. von Fénelons *Les aventures de Télémaque, fils d'Ulysse* (1699) oder Chateaubriands *Atala* (1801-05) der spezifische Innovationscharakter des *poème en prose* fehlt. Die poetische Prosa sucht gerade die "Annäherung an die Versdichtung" (F. NIES, S. 38) mithilfe poetischer Verfahren, während die Prosagedichte Baudelaires auf die Dekonstruktion und Prosaisierung der Lyrik zielen.

11 B. JOHNSON 1979, S. 10.

12 B. JOHNSON 1979, S. 37.

13 Ein Strukturschema der Rezeption von Prosagedichten gibt D. INGENSCHAY 1986, S. 10-20.

14 Vor dem Nachweis des späteren Entstehungsdatums der meisten *Spleen de Paris*-Texte gegenüber den Versgedichten insbesondere durch die Arbeiten Crépets, Blins und Kopps galt es als Konsens der Forschung, daß die *Poèmes en prose* zeitlich vor und in der ästhetischen Qualität weit unter den *Fleurs du Mal* zu verorten seien. Auch die große Monographie von Bernard bewertet den *Spleen de Paris* als inferior gegenüber den Versgedichten und scheut sich nicht — auch dies eine beliebte 'Argumentationsfigur' —, dies mit Baudelaires geistigem und körperlichem 'Verfall' in seinen letzten Lebensjahren zu begründen. Zum Umgang mit Bernards Studie scheinen mir einige grundsätzliche Ausführungen notwendig (die Dissertation von J. SIMON: The Prose Poem as a Genre in Nineteenth-Century European Literature, New York u.a. 1987, [1]1959 bleibt hinter Bernards Erkenntnissen zurück): Bernard gelangt durchaus zu Einsichten, die auch heute noch Gültigkeit besitzen, so z.B. wenn sie die Dynamik, Regellosigkeit und den "principe anarchique et destructeur"(S. 13) des Prosagedichts unterstreicht, als formale Merkmale die Geschlossenheit, die "gratuité" und "brièveté"(S. 15) herausarbeitet und schließlich konstatiert: "avec Baudelaire le poème en prose deviendra l'expression même de la modernité."(S. 86) Doch darf nicht übersehen werden, daß Bernards Aussagen nur vor dem Hintergrund eines idealistisch-romantischen Dichtungsideals sinnvoll und kohärent sind. Ihre impliziten Bewertungs- und Beurteilungsmaßstäbe basieren auf einer letztlich noch klassischen Prämissen verpflichteten Ästhetik, so daß ihr gerade die Brisanz der Baudelaireschen Prosagedichte entgehen muß, die eben jene Ästhetik und den dazugehörigen Literaturbegriff hinter sich lassen wollen. Von Interesse kann Bernards Werk also nur noch für rezeptionsgeschichtliche oder (literatur-)wissenschaftshistorische Studien sein.

[15] A. NOYER-WEIDNER: Einleitung; in: DERS.(Hrsg.): Baudelaire, Darmstadt 1976, S. 2. Die literaturkritische Mißachtung der *Petits Poèmes en prose* kann auf Paul Valérys Essay *Situation de Baudelaire* zurückgeführt werden, der "die Grundlegung der modernen Baudelaireforschung"(A. NOYER-WEIDNER 1976, S. 4) darstellt. Valéry exponiert die *Fleurs du Mal* als herausragendes Werk gegenüber allen anderen Schriften Baudelaires und schiebt die Prosagedichte vollkommen beiseite, indem er behauptet, Baudelaire habe der "tendance au prosaïsme", die sich in der französischen Poesie seit der Mitte des 17. Jahrhunderts abzeichnete, widerstanden und die "poésie vers son essence" geführt (P. VALERY: Œuvres. Tome I, Paris 1980, S. 611).

[16] Vgl. M. BERMAN 1982, S. 146; K. BIERMANN: Baudelaires *Petits Poèmes en prose*; in: Lendemains 10(1978a), S. 118; J. MONROE: A Poverty of Objects, Ithaca/London 1987; D. INGENSCHAY 1986; P. BÜRGER 1992a. Schon 1953 hat Jacques-Henry Bornecque in einem luziden, allerdings von der Forschung unbeachteten Artikel die *Petits Poèmes en prose* als ein den *Fleurs du Mal* kongeniales, weit ins 20. Jahrhundert weisendes Werk bezeichnet und gerade durch den Vergleich zwischen Prosa- und Versgedichten die ästhetische Qualität und Originalität der ersteren herausgearbeitet (vgl. J.-H. BORNECQUE: Les Poèmes en prose de Baudelaire; in: L'information littéraire 5(1953), S. 177-82). Eine frühe und positive Rezeption des *Spleen de Paris* stellt auch die noch heute lesenswerte Studie von Fritz Nies aus dem Jahre 1964 dar, die insbesondere den Verbindungen und Differenzen zwischen Aloysius Bertrands romantischem *Gaspard de la Nuit* und Baudelaires Werk nachgeht.

[17] M. BEAUJOUR 1983, S. 57.

[18] "C'est surtout de la fréquentation des villes énormes, c'est du croisement de leurs innombrables rapports que naît cet idéal obsédant (d'une prose poétique; D.K.)" (OC I, 276).

[19] So der Titel der Studie von F. NIES 1964.

[20] So z.B. K. BIERMANN 1978a und 1982; R. THEIS: Zur Sprache der 'cité' in der Dichtung, Frankfurt/M. 1972; M.E. BLANCHARD: In Search of the City, Saratoga 1985.

[21] Vgl. M. BEAUJOUR 1983, S. 39-59.

[22] Vgl. z.B. O. SAHLBERG: Baudelaire und seine Muse auf dem Weg zur Revolution, Frankfurt/M. 1980, S. 156-188. In Sahlbergs teilweise sehr überzogener und ungenauer Lektüre fungieren die Prosagedichte nur als Bestätigung vorgängiger psychoanalytischer Konzepte. Auch Leo Bersanis Studie, die eine gegenseitige Erhellung psychoanalytischer und literarischer Texte intendiert, fällt hinter diesen Anspruch zurück und reduziert die Komplexität der Baudelaireschen Schriften auf eine oberflächliche und dualistische psychoanalytische 'Klarheit' (vgl. L. BERSANI: Baudelaire et Freud, Paris 1981).

[23] Bahnbrechend für diese Forschungstendenz war Barbara Johnsons Studie (vgl. B. JOHNSON 1979); vgl. auch die Beiträge von T. Todorov, H. Riffaterre, M. Riffaterre und M.A. Caws in: M.A. CAWS/H.RIFFATERRE(eds.) 1983.

[24] D. INGENSCHAY 1986, S. 133.

[25] Zu Baudelaires Haltung der immanenten ästhetischen Opposition im 2. Kaiserreich vgl. H. STENZEL 1980, S. 180ff. Zur Verortung derartiger symbolischer Kämpfe innerhalb der jeweils dominierenden Kunst und Lebensform vgl. P. BOURDIEU: Die feinen Unterschiede, Frankfurt/M. 1984, S. 391: "Die Kämpfe, bei denen es um das geht, was innerhalb der sozialen Welt zu Glauben, Kredit und Mißkredit, zu Wahrnehmung und

Wertung, Erkennen und Anerkennen gehört — Name, Ruf, Prestige, Ehre, Ruhm, Autorität —, um das, was symbolische zu verbindlicher Macht werden läßt, betreffen stets nur die bereits 'Distinguierten' und die 'Aspiranten' auf Distinktion."

26 Vgl. P. BOURDIEU 1984, S. 384.

27 Vgl. K. STIERLE 1979, S. 509.

28 Vgl. D. INGENSCHAY 1986, S. 29ff.

29 "On pourrait ainsi poser et démontrer l'hypothèse que *toute évolution des genres littéraires est une extériorisation inconsciente de structures linguistiques à leurs différents niveaux*"(J. KRISTEVA 1978, S. 85).

30 Vgl. J. DERRIDA: De la grammatologie, Paris 1967; DERS.: La différance; in: DERS.: Marges de la philosophie, Paris 1972, S. 1-30 und U. ECO: Einführung in die Semiotik, München 1985, S. 77. Die damit verbundene Multiplikation simultaner Kontexte (vgl. K. STIERLE 1979, S. 517) stellt meines Erachtens eine wichtige Voraussetzung dar für die lebhafte produktive Rezeption der Prosagedichte von künstlerischer Seite, wobei die zu vielfältigen interpretativen oder kreativen "Anschlußhandlungen" anregende Offenheit eine ästhetische Qualität der Texte bildet (S.J. SCHMIDT: Diskurs und Literatursystem; in: J. FOHRMANN/H. MÜLLER (Hrsg.): Diskurstheorien und Literaturwissenschaft, Frankfurt/M. 1990, S. 150).

31 B. JOHNSON 1979, S. 48. Vgl. z.B. OC I, 7: *Bénédiction* und OC I, 352: *Perte d'Auréole*; OC I, 25-27: *Parfum exotique*, *La chevelure* und OC I, 300/301: *Un hémisphère dans une chevelure*; OC I, 35: *Le chat* und OC I, 299/300: *L'Horloge*; OC I, 128: *La fin de la journée* und OC I, 311/12: *Le crépuscule du soir*.

32 B. JOHNSON 1979, S. 106.

33 Vgl. K. STIERLE 1974, S. 297.

34 Eine andere Form der ästhetischen Transformation praktizierte Baudelaire in den *Tableaux parisiens* der *Fleurs du Mal*; in diesem Fall kann die poetische Transposition als "lyrische Reduktion"(K. STIERLE 1979, S. 286) beschrieben werden.

35 Aus dem Tableau *Paris ou le Livre des Cent-et-un* zit. nach K. STIERLE 1974, S. 292.

36 Zur Harmlosigkeit und Bonhommie der Tableaux und Physiologien vgl. W. BENJAMIN 1991. Bd. I-2, S. 537-542.

37 Ingenschays Position — die repräsentativ für die Baudelaire-Forschung steht —, die Prosagedichte nähmen "eine willkürliche Monoperspektive"(D. INGENSCHAY 1986, S. 300) zum Ausgangspunkt der Textdarstellung, kann ich nicht teilen. Es scheint mir ein Mißverständnis zu sein, das *Je* mit einer Monoperspektive gleichzusetzen, nur weil die meisten *poèmes en prose* aus einer namenlosen Ich-Perspektive heraus erzählen.

38 Vgl. M. EVANS: Laurence Sterne and *Le Spleen de Paris*; in: French Studies XLII (1988a)2, S. 165-76, die zahlreiche intertextuelle Bezüge auf den Roman, z.B. auf Sternes *Tristram Shandy*, als konstitutiv für die Gesamtstruktur der *Petits Poèmes en prose* wie auch für einzelne Prosagedichte nachweist.

39 "Cela vaut mieux qu'une intrigue de 6000 pages"(OC I, 365). Vgl. auch die *Dédicace* (OC I, 275/76).

40 Dies war von existentiellem Interesse, um im Bewußtsein des Publikums präsent zu bleiben und um Baudelaires ständige finanzielle Notlage, die in seiner Korrespondenz massiv zum Ausdruck kommt, zu mildern.

41 R. TERDIMAN: Discourse/Counter-Discourse, Ithaca/London 1985, S. 137. Zum Kaufhaus als dem Kristallisationspunkt ökonomisch-gesellschaftlicher Veränderungen im 19. Jahrhundert vgl. auch R. SENNETT 1983, S. 155ff.

42 J.A. HIDDLESTON: 'Fusée', Maxim, and Commonplace in Baudelaire; in: The Modern Language Review 80(1985), S. 564.

43 Z.B.: "la vie en beau"(OC I, 287); "chercher midi à quatorze heures"(OC I, 324); "*tuer* le Temps"(OC I, 349); "s.... b..... de marchand de nuages"(OC I,350) oder die implizite Anspielung auf Sprichwörter wie "la corde du pendu" in *La Corde* (OC I, 328ff.) oder "les auréoles changent souvent la tête" in *Perte d'Auréole* (OC I, 352).

44 Vgl. hierzu ausführlich F. NIES 1964, S. 49-75 und S. 106.

45 Vgl. das Vorwort zum Roman von T. GAUTIER: Mademoiselle de Maupin (1835), Paris 1968, S. 23: "Il n'y a de vraiment beau que ce qui ne peut servir à rien; tout ce qui est utile est laid, car c'est l'expression de quelque besoin, et ceux de l'homme sont ignobles et dégoûtants, comme sa pauvre et infirme nature. — L'endroit le plus utile d'une maison, ce sont les latrines."

46 Vgl. P. BÜRGER 1992a, S. 101-103.

47 Das Spezifikum dieser Rezeptionshaltung ist auf die ambivalente Beziehung des poetischen Signifikats zu seiner Referenz zurückzuführen: "Le signifié poétique à la fois renvoie et ne renvoie pas à un référent; il existe et n'existe pas, il est en même temps un être et un non-être. (...) nous savons que ce que le langage poétique énonce *n'est pas* (pour la logique de la parole), mais nous acceptons l'être de ce non-être"(J. KRISTEVA 1978, S. 192/93).

48 Vgl. auch OC II, 609: "existe-t-il (...) quelque chose de plus charmant, de plus fertile et d'une nature plus positivement *excitante* que le lieu commun?"

49 Vgl. OC II, 302, 578, 616.

50 Vgl. M. BACHTIN: Die Ästhetik des Wortes, Frankfurt/M. 1979, bes. S. 168ff.; DERS.: Literatur und Karneval, Frankfurt/M. u.a. 1985, S. 86ff.; J. KRISTEVA: Le mot, le dialogue et le roman; in: DIES. 1978, S. 82-112; R. LACHMANN(Hrsg.): Dialogizität, München 1982, bes. S. 51-62.

51 Zur Komplexität literarischer Evolutionsprozesse vgl. T. TODOROV: Les catégories du récit littéraire; in: Communications, 8(1966), Paris 1981, S. 154-57.

52 Brief von Baudelaire an Jules Troubat vom 19. Februar 1866; in: Corr II, 615.

53 J. KRISTEVA 1978, S. 91.

54 R. BARTHES: Le théâtre de Baudelaire; in: DERS.: EC, 44.

55 Vgl. D. INGENSCHAY 1986, S. 9.

56 Als erster großer Schritt in Richtung auf Baudelaires *poèmes en prose* müssen Heinrich Heines *Reisebilder* genannt werden. Die "kaleidoskopische Schreibart" (G. GROß-KLAUS: Textstruktur und Textgeschichte. Die "Reisebilder" Heinrich Heines, Frankfurt/M. 1973, S. IX) dieser äußerst modernen, großstädtischen Prosa revoltiert gegen jegliche Gattungsnormierung und produziert eine fabellose, offene Mischprosa, in der Lyrisches neben Reflexives, Novellistisches neben Dokumentarisches, Anekdotisches neben Polemisches tritt. Ein ausführlicher Vergleich der kaleidoskopischen Struktur von Baudelaires *Spleen de Paris* und Heines *Reisebildern* kann hier aus Platzgründen nicht geleistet werden und bleibt einer gesonderten Studie der Verfasserin vorbehalten.

57 M.A. CAWS: The Self-Defining Prose Poem; in: DIES./H. RIFFATERRE(eds.) 1983, S. 181.

[58] Vgl. OC I, 365.

[59] "Ayant pris à la lettre le précepte platonicien ('bannir les poètes de la République'), notre civilisation et sa science s'aveuglent devant une productivité: l'écriture, pour recevoir un effet: l'œuvre"(J. KRISTEVA 1978, S. 147). Im Unterschied zur Konzentration auf die *écriture* in der modernen französischen Texttheorie wird im deutschsprachigen Raum versucht, diese Fixierung auf den statischen Text zu ersetzen durch eine Auffassung vom *Text als Handlung* (vgl. K. STIERLE: Text als Handlung, München 1975) oder — wie in der konstruktivistisch orientierten empirischen Literaturwissenschaft — durch eine Bestimmung des Untersuchungsgegenstandes nicht über Texte, sondern über soziale Prozesse und Handlungsrollen wie Produktion, Vermittlung, Rezeption oder Bearbeitung (vgl. S.J. SCHMIDT 1990, S. 135ff.).

[60] "En un mot, pour que toute *modernité* soit digne de devenir antiquité, il faut que la beauté mysterieuse que la vie humaine y met involontairement en ait été extraite"(OC II, 695). Vgl. auch H.R. JAUß 1974, S. 53ff.

[61] Im Gegensatz zu den Versgedichten der *Fleurs du Mal*, deren formaler Klassizismus selbst als gleichsam zeitenthobener Organisationszusammenhang fungiert, ist Baudelaires Historisierung des Schönen in den Prosagedichten insofern radikalisiert, als die Überzeitlichkeit des vorgeformten künstlerischen Materials nur noch als Abwesende evoziert und im Modus der Transformation und Überwindung präsentiert wird. Zwar gilt Adornos Diktum für die *Fleurs du Mal*: "Weder eifert Baudelaire gegen Verdinglichung noch bildet er sie ab; er protestiert gegen sie in der Erfahrung ihrer Archetypen, und das Medium dieser Erfahrung ist die dichterische Form. Das hebt ihn gebietend über alle spätromantische Sentimentalität. Sein Werk hat seinen Augenblick daran, daß es die überwältigende Objektivität des Warencharakters, die alle menschlichen Residuen aufsaugt, synkopiert mit der dem lebenden Subjekt vorgängigen Objektivität des Werkes an sich: das absolute Kunstwerk trifft sich mit der absoluten Ware"(T. ADORNO: ÄT, 39). Doch im *Spleen de Paris* wird mit der Verabschiedung eines "absoluten Kunstwerks" auch eine Dynamisierung und Verzeitlichung der vorgängigen Objektivität eingeleitet, in deren Folge auch das Subjekt sich neu verorten muß.

[62] Baudelaire übernimmt im *Salon de 1846* diesen Begriff aus der französischen Übersetzung von Heinrich Heines Schrift über französische Maler und den *Salon de 1831* (vgl. H. HEINE: Historisch-Kritische Gesamtausgabe der Werke. Bd. 12/I, Hamburg 1980, S. 25f. und 433).

[63] M. BUTOR: Le roman et la poésie; in: DERS.: Répertoire II, Paris 1964, S. 20. Michel Beaujour wendet sich vehement gegen diese Position und vertritt die These, *Le Spleen de Paris* sei "nothing but a collection of discrete short pieces, whose only suggested coherence is, so to speak, modal (*spleen*) and referential or topographical (*de Paris*)"(M. BEAUJOUR 1983, S. 44). Damit verkennt er meines Erachtens jedoch die intertextuellen, strukturellen und thematischen Verbindungen zwischen den einzelnen Prosagedichten, deren Zusammengehörigkeit und deren zyklischen Charakter als "eine einzige große Flanerie der Einbildungskraft"(S. 277) Fritz Nies einleuchtend herausgearbeitet hat (vgl. F. NIES 1964, S. 268-87). Darüber hinaus unterschlägt Beaujour, daß Baudelaire spätestens ab 1861 die *poèmes en prose* als integrales Gesamtwerk auffaßte und ausführen wollte (vgl. z.B. Corr II, 197 und 417).

[64] Zur *mise-en-abyme* vgl. L. DÄLLENBACH: Le récit speculaire, Paris 1977.

[65] J.-K. HUYSMANS: A rebours, Paris 1978, S. 222.

[66] J.-K. HUYSMANS 1978, S. 222.

67 Baudelaire gibt in seinen *Etudes sur Poe* eine Charakterisierung der Prosasprache und ihrer Vorzüge gegenüber der Poesie, die auch in bezug auf die *Petits Poèmes en prose* Gültigkeit beanspruchen kann: "l'auteur d'une nouvelle a à sa disposition une multitude de tons, de nuances de langage, le ton raisonneur, le sarcastique, l'humoristique, que répudie la poésie, et qui sont comme des dissonances, des outrages à l'idée de beauté pure"(OC II, 330).

68 S. MALLARME: Œuvres complètes, Paris 1984, S. 1576.

69 R. TERDIMAN 1985, S. 259.

70 P. BOURDIEU 1984, S.395/96.

71 Vgl. auch H.R. JAUß 1974, S. 55: "ästhetische und geschichtliche Erfahrung der *modernité* fallen für Baudelaire in eins."

72 M. FOUCAULT 1990a, S. 12. Neben Terdiman betont auch J. Monroe die soziale und politische Implikation der Prosagedichte, allerdings mithilfe einer problematischen, da unvermittelten Gleichsetzung von Textform und Sozialstruktur. Zur Unzulänglichkeit derartiger Homologiekonzeptionen vgl. H. SANDERS: Institution Literatur und Roman, Frankfurt/M. 1981, S. 52.

73 J. KRISTEVA 1985, S. 617. Kristeva setzt damit die drei erwähnten Autoren von Mallarmé und Lautréamont ab; nur den beiden letzteren kommt nach ihrer Meinung die innovatorische Leistung der *révolution du langage poétique* zu, die sich als Verweigerung gegen die in die Sprache eingeschriebene soziale Norm, gegen die Verdrängung des Subjekts und seiner (körperlichen) Lust vollzieht. Während es Kristeva gelingt, die traditionelle, entschärfende und neutralisierende Lesart Mallarmés oder Lautréamonts souverän und mit analytischer Präzision zu durchbrechen, bezieht sie auf Baudelaires Texte einen reduzierten Begriff der "exigence esthétique", der weit hinter Baudelaires Konzeption des Ästhetischen als der grundlegenden menschlichen Wahrnehmungs- und Artikulationsform und als einer imaginären Aneignung extremer Befindlichkeiten zurückbleibt.

74 Zur Nähe des Prosagedichts zu Textformen der Moralistik vgl. K. BIERMANN 1978a, S. 120/21 und M. BEAUJOUR 1983, S. 49.

75 Vgl. W. BENJAMIN 1991. Bd IV-1, S. 305-438. Zur kleinen Prosaform des Denkbilds vgl. den erhellenden Beitrag von H. SCHLAFFER: Denkbilder; in: W. KUTTENKEULER(Hrsg.): Poesie und Politik; Stuttgart u.a. 1973, S. 137-154.

76 Vgl. H. SCHLAFFER: Poesie und Wissen, Frankfurt/M. 1990.

77 Etymologisch bedeutet Denkbild "Idee" oder "Emblem", worauf Benjamin bei seinen Studien zum barocken Trauerspiel gestoßen sein könnte (vgl. H. SCHLAFFER 1974, S. 142). Die emblematische Struktur, die sich konstituiert aus einer Überschrift (*inscriptio*) und einem gegenständlichen Weltausschnitt (*pictura*) oder einem allegorischen Bild (*figura*), denen eine ideelle Auslegung (*subscriptio*) zugeordnet ist, scheint zahlreichen Prosagedichten Baudelaires, Denkbildern der *Minima Moralia* oder Fragmenten von Barthes zugrunde zu liegen. Allerdings verweigern die Texte aller drei Autoren eine klare, widerspruchsfreie Deutbarkeit. Gerade die *poèmes en prose* suggerieren durch viele abschließende "'aphorismes-abîme'"(J.A. HIDDLESTON 1985, S. 569) die Möglichkeit eindeutiger Bedeutungszuweisung, die jedoch in der Irritation, der schockierenden Enttäuschung und dem Impuls zum Weiterdenken zerstäubt wird. Peter Bürger hat bei der Thematisierung von Baudelaires allegorischem Verfahren einzelne Prosagedichte als "ein vollständiges Emblem" bezeichnet. Er vernachlässigt mit dieser uneingeschränkten Zuordnung die konstitutive Provokation des *poème en prose*, das eben nicht

mehr erfüllt, was Bürger behauptet: "Das beobachtete Stück Wirklichkeit ist mit einer festen Deutung versehen"(P. BÜRGER 1992a, S. 120).

Anmerkungen zu Kapitel 2.3, Seite 43-50

1 B. JOHNSON 1979, S. 141. Zur Betonung der determinierenden Funktion der *signifiants* beziehungsweise des Prozesses der *signifiance* gegenüber den individuellen Möglichkeiten des Subjekts vgl. bes. R. BARTHES: EC, 155ff.; DERS.: L, 40ff. und DERS.: BL, 62; J. DERRIDA 1967 und 1972; J. KRISTEVA 1974 und 1985; M. FOUCAULT: Schriften zu Literatur, Frankfurt/M. 1988b. In der psychoanalytischen Konzeption Lacans entspringen sowohl die konstitutive Dezentriertheit des Subjekts als auch sein Wunsch, die exzentrische, irreflexive Seinsweise des *je* in der bewußten Einheit des *moi* aufzuheben, der Gliederung des vorgängigen symbolischen Codes: "Je vous explique que c'est en tant qu'il est engagé dans un jeu de symboles, dans un monde symbolique, que l'homme est un sujet décentré" (J. LACAN: Séminaire II, Paris 1978, S. 63; vgl. auch DERS.: Ecrits I und II, Paris 1971).

2 Brief Rimbauds an Georges Izambard vom 13. Mai 1871; in: A. RIMBAUD: Œuvres complètes, Paris 1972, S. 249.

3 S. MALLARME 1984, S. 366.

4 M. BERMAN 1979, S. 205.

5 P. BÜRGER 1992a, S. 17.

6 Vgl. M. WEBER: Gesammelte Aufsätze zur Wissenschaftslehre, Tübingen 1988; J. HABERMAS 1981b; DERS.: Der philosophische Diskurs der Moderne, Frankfurt/M. 1991. Zur Autonomie der Kunst vgl. T. ADORNO: ÄT, 334ff. und P. BÜRGER: Theorie der Avantgarde, Frankfurt/M. 1984, S. 49-75.

7 R. BARTHES: L, 24.

8 R. BARTHES: L, 26.

9 R. BARTHES: L, 30.

10 Vgl. G. DELEUZE: Von der Überlegenheit der angloamerikanischen Literatur; in: DERS./C. PARNET: Dialoge, Frankfurt/M. 1980, S. 945ff.

11 R. BARTHES: L, 40.

12 W. BENJAMIN 1991. Bd. I-2, S. 645.

13 M. FOUCAULT: Les mots et les choses, Paris 1966, S. 356.

14 Über diese Datierung besteht weithin Konsens: die historischen bzw. wissenschaftsgeschichtlichen Arbeiten von Koselleck und Lepenies sprechen von der "Sattelzeit" zwischen 1775 und 1825, in der eine Denaturalisierung der Zeiterfahrung stattfand. Toulmin und Goodfield datieren die "Historisierung der Wirklichkeit" auf den Zeitraum zwischen 1750 und 1850; vgl. M. FOUCAULT 1966, S. 233; R. KOSELLECK: Über die Theoriebedürftigkeit der Geschichtswissenschaft; in: W. CONZE(Hrsg.): Theorie der Geschichtswissenschaft und Praxis des Geschichtsunterrichts, Stuttgart 1972, S. 14; W. LEPENIES 1978, S. 16; S. TOULMIN/J. GOODFIELD: Entdeckung der Zeit, München 1970, S. 157.

15 M. FOUCAULT 1966, S. 323.

16 "(...) la représentation a perdu le pouvoir de fonder, à partir d'elle-même, dans son déploiement propre et par le jeu qui la redouble sur soi, les liens qui peuvent unir ses divers éléments. Nulle composition, nulle décomposition, nulle analyse en identités et en

différences ne peut plus justifier le lien des représentations entre elles"(M. FOUCAULT 1966, S. 251/52).

[17] M. FOUCAULT 1966, S. 309.

[18] M. FOUCAULT 1966, S. 309.

[19] Dadurch kann die Hermeneutik zu einer Zentraldisziplin des 19. Jahrhunderts avancieren, die der sich jeweils unterschiedlich manifestierenden Leistung einer sinnsetzenden und -auslegenden Subjektivität nachspürt.

[20] M. FOUCAULT 1966, S. 328.

[21] M. FOUCAULT 1966, S. 329. Was ich hier am Gegenstandsbereich der Sprache nachskizziert habe, wird in *Les mots et les choses* zudem am Beispiel der Naturgeschichte und der Ökonomie belegt. Foucaults negative Bewertung, die Aporien des modernen Denkens seien Folge einer verfehlten kulturellen Ausrichtung, die mit der Selbstthematisierung des Menschen als eines geschichtlichen Wesens eingesetzt habe, kann ich nicht teilen. Denn diese Einschätzung beruht auf einer idealistischen Sehnsucht nach der Aufhebung der Opposition zwischen Subjekt und Objekt, die insbesondere hinter Foucaults Begeisterung für den — in seiner Terminologie vorklassischen — Sprachbegriff der Renaissance durchschimmert (vgl. hierzu die Kritik von P. BÜRGER: Die Wiederkehr der Analogie; in: J. FOHRMANN/H. MÜL-LER 1990, S. 45-52 und M. FRANK: Was ist Neostrukturalismus? Frankfurt/M. 1985, S. 135-258).

[22] Vgl. M. FOUCAULT 1966, S. 323ff. und H.L. DREYFUS/P. RABINOW: Michel Foucault, Frankfurt/M. 1987, S. 54: "Die Moderne beginnt mit der unglaublichen und unpraktikablen Vorstellung von einem Wesen, das gerade kraft seiner Versklavung Souverän ist, einem Wesen, dessen Endlichkeit es ihm erlaubt, die Stelle Gottes einzunehmen."

[23] Vgl. auch R. BARTHES: DZ, 45.

[24] M. FOUCAULT 1966, S. 312/13.

[25] M. FOUCAULT 1966, S. 313.

[26] M. FOUCAULT 1966, S. 313. Gegenüber der kaum plausiblen und einseitigen Deutung, Mallarmés ästhetizistische Radikalisierung der Autonomie der Kunst kompensiere die philologische Verobjektivierung der Sprache, findet sich in *Les mots et les choses* an anderer Stelle eine weitaus tragfähigere Erklärung, die zudem mit Ergebnissen der Mallarmé-Forschung in Übereinstimmung gebracht werden kann. Dort wird die moderne Literatur als Gegendiskurs gegen eine Instrumentalisierung der Sprache zum bloßen Vehikel von Kommunikation verstanden: "A l'âge moderne, la littérature, c'est ce qui compense (et non ce qui confirme) le fonctionnement significatif du langage"(S. 59; ähnlich bestimmt Kristeva Mallarmés *révolution du langage poétique* in J. KRISTEVA 1985).

[27] Vgl. bes. die *Paradis Artificiels* (OC I, 375-520). Baudelaire betont mehrfach, daß die in den *Künstlichen Paradiesen* am Beispiel des Wein-, Opium- und Haschischkonsums exponierten halluzinatorischen Erfahrungen und die Phänomene der Veränderung und Steigerung der Persönlichkeit auch dem Künstler zugänglich sind. Letzterer zeichnet sich gegenüber dem Drogenkonsumenten dadurch aus, daß er derartige Zustände willentlich und ohne Hilfsmittel, nur aufgrund der Schärfe seines Geistes und der Sensibilität seiner Sinne herbeiführen kann (vgl. OC I, 398, 441).

[28] Vgl. bes. OC I, 291ff.: *Les foules*; 314ff.: *Les projets*; 339: *Les fenêtres*.

[29] Vgl. auch OC I, 419f. Baudelaires Analysen der Einbildungskraft und der poetischen Tätigkeit antizipieren mithin Gilles Deleuzes Konzeption des Schreibens als einer

ständigen Deterritorialisierungsbewegung: "Schreiben heißt werden, wenngleich gewiß nicht Schriftsteller werden, wohl aber anderes. (...) Im Schreiben steckt Tier-Werden, das nicht darin besteht, von seinem Hund oder seiner Katze zu sprechen; es ist vielmehr der *Zusammenstoß zweier Reiche*, ein Kurzschließen, das Einfangen eines Codes, wobei jeder sich deterritorialisiert"(G. DELEUZE/C. PARNET 1980, S. 51/2).

30 Vgl. H. BLUMENBERG 1986, S. 300-24.

31 "(...)personne n'a jamais considéré le dictionnaire comme une composition dans le sens poétique du mot"(OC II, 624). Was Baudelaire hier als Mangel der alphabetischen Ordnung des Wörterbuchs formuliert, ist gut 100 Jahre später bei Barthes zur ästhetischen Chance eines "ordre *absolument insignifiant*"(FDA, 11) geworden: In seinen späten Arbeiten *Le plaisir du texte*, *roland BARTHES par roland barthes* und *Fragments d'un discours amoureux* dient das Alphabet als nicht-narratives Gliederungsprinzip.

32 R. FEDERMAN: Surfiction, Frankfurt/M. 1992, S. 11.

33 N. WING: The Limits of Narrative, Cambridge u.a. 1986, S. 2.

34 R. BARTHES: DZ, 8. Barthes datiert dieses Verschwinden einer verbindlichen klassischen Schreibweise auf die Jahre um 1850, also genau jene Zeit, in der Baudelaire mit den Arbeiten zum *Spleen de Paris* begann (vgl. DZ, 44/5).

35 Vgl. hierzu P. BÜRGER 1992a, S.17/8 und K.H. BOHRER: Der romantische Brief, Frankfurt/M. 1989.

Anmerkungen Kapitel 2.4, Seite 51-66

1 S. BECKETT: Proust, Frankfurt/M. 1989, S. 11.

2 Vgl. R. BARTHES: PT, 98.

3 Vgl. auch OC I, 709, 710 und OC II, 287.

4 Vgl. P. BÜRGER 1992a, S. 122.

5 Vgl. OC I, 355.

6 Vgl. K.H. BOHRER 1989, S. 9-41 und H. EBELING(Hrsg.): Subjektivität und Selbsterhaltung, Frankfurt/M. 1976.

7 "(...) il s'agit de faire l'âme monstrueuse: à l'instar des comprachicos, quoi! Imaginez un homme s'implantant et se cultivant des verrues sur le visage.
Je dis qu'il faut être *voyant*, se faire *voyant*.
Le Poète se fait *voyant* par un long, immense et raisonné *dérèglement* de *tous les sens*" (Brief Rimbauds an Paul Demeny vom 15. Mai 1871; in: A. RIMBAUD 1972, S. 251).

8 Vgl. E. BENVENISTE: Über die Subjektivität in der Sprache; in: DERS.: Probleme der allgemeinen Sprachwissenschaft, München 1974, S. 289: "Ich benutze *ich* nur dann, wenn ich mich an jemanden wende, der in meiner Anrede ein *du* sein wird. Diese Bedingung des Dialogs ist es, welche die *Person* konstituiert, denn sie impliziert umgekehrt, daß ich zu einem *du* werde in der Anrede desjenigen, der sich seinerseits als *ich* bezeichnet."

9 Vgl. J. HABERMAS: Können komplexe Gesellschaften eine vernünftige Identität ausbilden? in: DERS.: Zur Rekonstruktion des Historischen Materialismus, Frankfurt/M. 1982, S. 92-126; B. WALDENFELS: Der Stachel des Fremden, Frankfurt/M. 1990, S. 43-79.

10 Die Suche nach Distanz kommt nicht zuletzt dadurch zum Ausdruck, daß der Fremde seinen ihn duzenden Gesprächspartner durchgängig siezt.

[11] Vgl. OC I, 21: "*La Beauté* / Je suis belle, ô mortels! comme un rêve de pierre,/ Et mon sein, où chacun s'est meurtri tour à tour,/ Est fait pour inspirer au poète un amour / Eternel et muet ainsi que la matière."

[12] Vgl. F. NIES 1964, S. 90.

[13] Vgl. OC II, 666: "A la fin tous ces nuages aux formes fantastiques et lumineuses, ces ténèbres chaotiques, ces immensités vertes et roses, suspendues et ajoutées les unes aux autres, ces fournaises béantes, ces firmaments de satin noir ou violet, fripé, roulé ou déchiré, ces horizons en deuil ou ruisselants de métal fondu, toutes ces profondeurs, toutes ces splendeurs, me montèrent au cerveau comme une boisson capiteuse ou comme l'éloquence de l'opium. Chose assez curieuse, il ne m'arriva pas une seule fois, devant ces magies liquides ou aériennes, de me plaindre de l'absence de l'homme."

[14] Vgl. M. FOUCAULT 1966, S. 329: "(...) l'homme moderne — cet homme assignable en son existence corporelle, laborieuse et parlante — n'est possible qu'à titre de figure de la finitude. La culture moderne peut penser l'homme parce qu'elle le pense fini à partir de lui-même." Vgl. auch H.L. DREYFUS/P. RABINOW 1987, S. 54ff.

[15] Insbesondere moderne und postmoderne Werke des 20. Jahrhunderts — ganz zu schweigen von den *performances* und *happenings* — kreisen spätestens seit Kafka und Beckett um das Paradox ihrer eigenen Existenz als Unmöglichkeit und Selbstvernichtung. "In seinem Roman mit dem Titel *Out* sagt Ronald Sukenick (der nicht der wirkliche Autor, sondern der mythische Autor-Protagonist gleichen Namens ist): 'Ich möchte einen Roman schreiben, der sich ändert wie eine Wolke, die vorüberzieht.' In meinem (d.i. Raymond Federman; D.K.) Roman *Take It or Leave It* entgegnet der Erzähler namens Federman Sukenick: 'Ich möchte einen Roman schreiben, der sich selbst auslöscht, während er vorüberzieht.'"(R. FEDERMAN 1992, S. 22)

[16] Vgl. OC I, 295ff., 304f., 316f., 353ff.

[17] Vgl. OC I, 277f., 283f., 292ff., 297ff.

[18] Vgl. z.B. M.E. BLANCHARD 1985, S. 73ff. oder K.H. BIERMANN 1978a, S. 123: "Das Ich der *Petits Poèmes en prose* vereinigt in sich die Rollen des Journalisten, des Boulevardier, des Flaneur, des Moralisten, des Mystikers und des Poeten." Zur Verwendung der Metapher von der Welt als einer Bühne und dem Selbst als einer inszenierten Rolle in soziopsychologischen Subjekttheorien vgl. E. GOFFMAN: Wir alle spielen Theater, München 1969 und R. SENNETT 1983.

[19] Zwar weist die Heterogenität und Disparatheit des Ich der *poèmes en prose* Parallelen auf zu den Subjektdarstellungen eines Hofmannsthal, Bahr oder Altenberg, doch basiert die auf Ernst Machs *Analyse der Empfindungen* zurückgehende Vorstellung, das Ich sei ein bloßer "*Zusammenhang* der Elemente, der Farben, Töne usw." auf psychologischen Prämissen und psychologisierenden Spekulationen (E. MACH: Antimetaphysische Bemerkungen; in: Die Wiener Moderne, Stuttgart 1981, S. 139).

[20] M. de MONTAIGNE: Les Essais. Livre II, Paris 1988, S. 337.

[21] Vgl. hierzu H. FRIEDRICH: Montaigne, Bern/München 1967; J. STAROBINSKI: Montaigne, Frankfurt/M. 1989a; R.A. SAYCE: The Essais of Montaigne, London 1972; J. STAROBINSKI: Jean-Jacques Rousseau, Paris 1971; B. LYPP: Eine anticartesianische Version des Selbst; in: K. STIERLE/R. WARNING(Hrsg.): Das Gespräch, München 1984, S. 377-391; H. SANDERS: Das Subjekt der Moderne, Tübingen 1987, S. 172ff.; J.H. KOEPP: Die Bürgschaft des ästhetischen Ichs; in: Merkur 43(1989)7, S. 588-603 und K. H. BOHRER 1989, S. 24-41, der Rousseaus Radikalisierung des Individualitätsverständnisses gegenüber Montaigne betont.

22 Der in der Struktur ständiger Differenzierung aufscheinende Möglichkeitssinn kann als Kennzeichen einer spezifisch ästhetischen Subjektivität gewertet werden. Auch Heinrich von Kleist, in dessen Schriften sich — neben denen Karoline von Günderrodes und Clemens Brentanos — Spuren einer ästhetischen Subjektivität finden lassen (vgl. K.H. BOHRER 1989), klagt in seinen stark literarisierten Briefen: "Es ist mein töricht überspanntes Gemüt, das sich nie an dem, was ist, sondern nur an dem, was nicht ist, erfreuen kann"(H.v. KLEIST: Sämtliche Werke und Briefe. Bd. 2, München 1987, S. 709).

23 Überlegung und Nachdenken führen im *Spleen de Paris* dazu, die Grenzen rationaler Erklärbarkeit aufzuzeigen (vgl. OC I, 286, 322f., 353ff.) und erzeugen nur Mißtrauen gegenüber den eigenen Verstandesvermögen: "mon misérable cerveau, toujours occupé à chercher midi à quatorze heures (de quelle fatigante faculté la nature m'a fait cadeau!)" (OC I, 324).

24 Vgl. OC I, 281.

25 Vgl. OC I, 280ff., 307ff., 325ff.

26 Unter den Bedingungen der Modernität hat die Natur ihre das Göttliche und das Menschliche repräsentierende Symbolqualität verloren. Die wenigen Passagen der Erfahrung und Darstellung von Natur im *Spleen de Paris* bezeugen, daß die moderne Kunst und ihre Artifizialität — die als Verlust, wie bei Schiller, oder auch als Gewinn, wie bei Baudelaire, betrachtet werden kann — auf der Absage an eine als Sinnzusammenhang erfahrene Natur beruhen: "Wir leben seit dem Ende des 18. Jahrhunderts *ohne* diese Natur, *nach* dieser Natur"(K.H. BOHRER 1988, S. 210). Dem modernen Menschen ist die Gesellschaft zur "zweiten Natur" geworden und die Natur zu einem gesellschaftlichen Produkt, zu einem durch instrumentelle Vernunft und menschliche Machtansprüche verfügbar gewordenen Mittel oder zu einer durch Reflexion und ästhetische Einstellung erzeugten *Landschaft* (J. RITTER: Landschaft; in: DERS.: Subjektivität, Frankfurt/M. 1989, S. 141-163). Bezeichnete Rousseau sich selbst als "'peintre de la nature et historien du cœur humain'"(zit. nach W. LEPENIES: Melancholie und Gesellschaft, Frankfurt/M. 1987, S. 112), so exponiert schon der programmatische Titel *Le Peintre de la vie moderne* Baudelaires Kluft zu dieser Position. Zur Bedeutung der zeitgenössischen antinaturalistischen Strömung und ihrer Konzeption der Antinatur (Comte) oder der Antiphysis (Marx/Engels) vgl. J.P. SARTRE: Baudelaire, Paris 1980, S. 128ff.

27 Nach Stephen Greenblatt etablierte sich seit der Renaissance — nicht zuletzt aufgrund neuartiger demographischer Erhebungsmethoden — der Konnex einer an Eigenname und Besitz festgemachten Identität (vgl. S. GREENBLATT: Psychoanalyse und die Kultur der Renaissance; in: DERS.: Schmutzige Riten, Berlin 1991, S. 89-105). Auch Rudolf zur Lippe betont die Verbindung von Eigenname und Besitzautonomie für die bürgerliche Subjektkonzeption (vgl. R. z. LIPPE: Autonomie als Selbstzerstörung, Frankfurt/M. 1984).

28 E. BENVENISTE 1974, S. 291.

29 Vgl. OC I, 277.

30 Daß die Existenz eines symbolischen Codes die Menschen ermutigt, entsprechende Gefühle und affektive Nuancen überhaupt erst zu entwickeln, reflektiert schon La Rochefoucaults Maxime CXXXVI: "Il y a des gens qui n'auroient jamais été amoureux s'ils n'avoient jamais entendu parler de l'amour"(LA ROCHEFOUCAULT: Réflexions ou Sentences et Maximes morales, Paris 1965, S. 40). Zur gesellschaftlichen Konstruk-

tion der Liebessemantik vgl. auch N. LUHMANN: Liebe als Passion, Frankfurt/M. 1982.

31 Vgl. OC I, 1324 und B. JOHNSON 1979, S. 140.

32 Vgl. K.H. BOHRER: Plötzlichkeit, Frankfurt/M. 1987; M. FOUCAULT 1990b, S. 42.

33 Vgl. OC I, 281f. und 337.

34 Zum "Gipfelblick" über die Stadt vgl. H. BRÜGGEMANN: Das andere Fenster: Einblicke in Häuser und Menschen, Frankfurt/M. 1989 und R. THEIS 1972, S. 138.

35 Dies kontrastiert mit den Ortsdarstellungen der Tableaux, der Stadtbücher und Physiologien, deren Funktion der Orientierung und Beruhigung der Leser angesichts einer nicht mehr geheuren Umgebung wesentlich durch die Begrenzung auf einen vertrauten Bereich, im *Livre des Cent-et-un* beispielsweise "'entre la Rue du Mont Blanc et la Rue de Richelieu'"(zit. nach K. STIERLE 1974, S. 293) erreicht werden sollte.
Durch die Vielfalt der Schauplätze durchbricht der *Spleen de Paris* darüber hinaus das Prinzip der von Haussmann eingeleiteten Segmentierung der Stadt in einzelne, homogene *quartiers* mit einer relativ einheitlichen Klassenstruktur und Ökonomie. Die Prosagedichte entlarven die so erzeugte Klarheit und Geordnetheit der Metropole als gewaltsame Reduktion von Komplexität, als ökonomische Simplifizierung des urbanen Raums und als Verringerung der Bewegungsfreiheit für einen Großteil der Bevölkerung (vgl. R. SENNETT 1983, S. 158-163).

36 J. STAROBINSKI: Portrait de l'artiste en saltimbanque, Paris/Genève 1983, S. 7.

37 Vgl. M. BACHTIN 1985.

38 Wobei es zu den systemstabilisierenden Paradoxien derartiger "Inseln" gehört, daß der Eindruck von Spontaneität, Ungezwungenheit oder artistischer körperlicher Leichtigkeit Ergebnis harter Disziplinierungen — also gerade des gesellschaftlichen Prinzips — ist (vgl. R. z. LIPPE: Naturbeherrschung am Menschen. 2 Bde, Frankfurt/M. 1981).

39 B. WALDENFELS 1990, S. 62.

40 Vgl. B. WALDENFELS 1990, S. 60.

41 Vgl. auch OC I, 498. Sowohl E.A. Poe, C. Guys als auch E. Delacroix werden als exemplarisch moderne Künstler jeweils als "Barbaren" oder "Wilde"(vgl. OC II, 314, 688, 758) bezeichnet, wobei diese "*barbarie*" unabdingbares Element ästhetischer Wahrnehmung ist: "Je veux parler d'une barbarie inévitable, synthétique, enfantine, qui reste souvent visible dans un art parfait (...), et qui dérive du besoin de voir les choses grandement, de les considérer surtout dans l'effet de leur ensemble." (OC II, 697)

42 Vgl. H. SANDERS 1987, S. 164.

43 Meine Deutung steht somit in diametralem Gegensatz zur Baudelaire-Forschung, die das Motiv des Kindes als Nostalgie und Rückkehr des — in blindem Analogieschluß mit seinen literarischen Figuren gleichgesetzten — Autors zur erlebten eigenen Kindheit deutet (vgl. z.B. L. CELLIER: Baudelaire et l'enfance; in: Baudelaire. Annales de la Faculté des Lettres et des Sciences Humaines de Nice 4/5(1968), S. 67-77).

44 C. PAVESE: Das Handwerk des Lebens, Frankfurt/M. 1990, S. 165/66. Zur Geschichte der Kindheitsidee und zum Vergleich von Künstler und Kind, der mit Freuds Vortrag *Der Dichter und das Phantasieren* eine psychoanalytische Erweiterung fand, vgl. A. ASSMANN: Werden was wir waren; in: Antike und Abendland XXIV(1978), S. 98-124.

45 So kann das Subjekt sich und die als Brennpunkte halluzinatorischer Identifikation figurierenden Künstlergestalten je nach Situation als Inbegriff von Idealität, Schönheit

und Vollkommenheit oder auch von Verfall, Häßlichkeit und Verkommenheit imaginieren. Dabei ist die exzentrische Interessantheit der Künstlerfiguren vor allem ästhetisch fundiert: beispielsweise durch ihre visuell-sinnliche Fülle, ihre schillernde Farbigkeit ebenso wie ihre ins Auge springende krasse Not oder ihre im Kontrast zur bloß naturhaften Materialität des Körpers stehende "aisance parfaite"(OC I, 321).

46 R. BARTHES: CC, 82.

47 Vgl. OC II, 530f.: "Pour prendre un des exemples les plus vulgaires de la vie, qu'y a-t-il de si réjouissant dans le spectacle d'un homme qui tombe sur la glace ou sur le pavé, qui trébuche au bout d'un trottoir, pour que la face de son frère en Jésus-Christ se contracte d'une façon désordonnée, pour que les muscles de son visage se mettent à jouer subitement comme une horloge à midi ou un joujou à ressorts? Ce pauvre diable s'est au moins défiguré, peut-être s'est-il fracturé un membre essentiel. Cependant, le rire est parti, irrésistible et subit. Il est certain que si l'on veut creuser cette situation, on trouvera au fond de la pensée du rieur un certain orgueil inconscient. C'est là le point de départ: *moi*, je ne tombe pas; *moi*, je marche droit; *moi*, mon pied est ferme et assuré. Ce n'est pas *moi* qui commettrais la sottise de ne pas voir un trottoir interrompu ou un pavé qui barre le chemin."

48 M. BERMAN: Baudelaire: Modernism in the Streets; in: Partisan Review 46(1979)2, S. 213.

49 Zum Motiv des Kutschenunfalls, das u.a. bei Rousseau, Goethe oder Kleist eine zentrale Rolle spielt und bis zum Mythologem von Phaetons Sturz, dem seines Vaters — des Sonnengottes — Gespann durchging, zurückgeführt werden kann, vgl. K.H. BOHRER 1989, S. 94. Zu der "eigentümlichen Paradoxie (...), daß der Mensch als Festlandlebewesen dennoch das Ganze seines Weltzustandes bevorzugt in den Imaginationen der Seefahrt sich darstellt", vgl. H. BLUMENBERG 1979, hier S. 10.

50 W. BENJAMIN 1991. Bd. I-2, S. 550 beschreibt das staatliche Kontrollnetz, das das bürgerliche Leben immer fester in seine Raster preßte: "Technische Maßnahmen mußten dem administrativen Kontrollprozeß zu Hilfe kommen. Am Anfang des Identifikationsverfahrens, dessen derzeitiger Standard durch die Bertillonsche Methode gegeben ist, steht die Personalbestimmung durch Unterschrift. In der Geschichte dieses Verfahrens stellt die Erfindung der Photographie einen Einschnitt dar. Sie bedeutet für die Kriminalistik nicht weniger als die des Buchdrucks für das Schrifttum bedeutet hat. Die Photographie ermöglicht zum ersten Mal, für die Dauer und eindeutig Spuren von einem Menschen festzuhalten. Die Detektivgeschichte entsteht in dem Augenblick, da diese einschneidendste aller Eroberungen über das Inkognito des Menschen gesichert war. Seither ist kein Ende der Bemühungen abzusehen, ihn dingfest im Reden und Tun zu machen." Manfred Schneiders Studie *Die erkaltete Herzensschrift* argumentiert pointiert, die modernen Wissenschaften vom Menschen, die Kriminologie und die Psychologie, hätten das Privileg des Wissens an sich gerissen, so daß der (autobiographischen) Literatur nurmehr die Möglichkeit bleibe, vermittels einer Kunst der Unerkennbarkeit Widerstand zu leisten (vgl. M. SCHNEIDER: Die erkaltete Herzenschrift, München/Wien 1986).

51 Vgl. OC II, 699f. und P. BÜRGER 1992a, S. 108.

52 Zur Imaginationsgeschichte der "Weiblichkeit der Städte", die die abendländische Kultur von der "Hure Babylon" in der Offenbarung Johannes bis zu den mit Frauennamen titulierten Städten in Italo Calvinos *Le città invisibili* (1972) durchzieht, vgl. S. WEIGEL: Topographien der Geschlechter, Reinbek 1990, S. 149-229.

53 Die obsessive Stilisierung der Männlichkeit, "Potenz" und Überwindung alles Naturhaften, die Baudelaire mit dem Künstler, dem Dandy und dem *homme du monde* assoziiert, beruht wesentlich auf der komplementären Desavouierung der Frau zum Inbegriff der vulgären, verabscheuungswürdigen Natur, die selbst in dieser Diskriminierung und Verleugnung noch männlichen Phantasien entspricht, wenn Baudelaire z.B. von *der* — immer gesichtslosen — Frau behauptet: "La femme est le contraire du Dandy. Donc elle doit faire horreur. La femme a faim et elle veut manger. Soif, et elle veut boire. Elle est en rut et elle veut être foutue. Le beau mérite! La femme est *naturelle*, c'est-à-dire abominable. Aussi est-elle toujours vulgaire, c'est-à-dire le contraire du Dandy"(OC I, 677). Daß Baudelaire diese Dichotomien biologistisch denkt, schlägt sich nicht zuletzt darin nieder, daß er die künstlerische Expression an das Vorhandensein von "organes virils"(OC II, 690) koppelt.

54 Wobei diese programmatisch moderne Provokation die männlich geprägte und kontrollierte Festschreibung, Enthistorisierung und Entindividualisierung der Frau selbst nicht enttabuisiert, sondern nur mit veränderter Akzentuierung fortschreibt.

55 Vgl. OC I, 665, die *Etudes sur Poe* (OC II, 247-348) und das Kapitel *Le Dandy* in *Le Peintre de la vie moderne* (OC II, 709-712).

56 "Es ist eines der merkwürdigsten und bewegendsten Phänomene, daß sich die apokalyptische Kritik an der Kulturindustrie als deren eklatanter Bestandteil erweist" (U. ECO: Apokalyptiker und Integrierte, Frankfurt/M. 1987a, S. 26). Selbst ein Textfragment aus den *Fusées*, das in apokalyptischem Gestus einsetzt: "Le monde va finir"(OC I, 665), beschließt Baudelaire mit der selbstkritisch-distanzierten Reflexion: "Je crois que j'ai dérivé dans ce que les gens du métier appellent un hors-d'œuvre. Cependant, je laisserai ces pages, — parce que je veux dater ma colère/tristesse" (sic! OC I, 667).

57 D. FRISBY: Georg Simmels Theorie der Moderne; in: H.-J. DAHME/O. RAMMSTEDT(Hrsg.): Georg Simmel und die Moderne, Frankfurt/M. 1984, S. 17.

58 G. SIMMEL: Die Großstädte und das Geistesleben; in: Brücke und Tor, Stuttgart 1957, S. 241.

59 G. SIMMEL 1957, S. 240/41.

60 Brief Flauberts an Louis de Cormenin vom 7. Juni 1844; in: G. FLAUBERT: Correspondance. Tome I, Paris 1973, S. 208/209.

61 Die Komplexität moderner Subjekttheorien, die bei so unterschiedlichen Autorinnen und Autoren wie E. Husserl, G.H. Mead, J.-P. Sartre, J. Lacan, J. Kristeva oder J. Derrida als eine das Ich durchziehende, seine Integrität und Ganzheit unterminierende Spaltung thematisiert wird, als Differenz von *I* und *Me* (Mead), von *je* und *moi* (Sartre; Lacan), von *Semiotischem* und *Symbolischem* (Kristeva) oder als unaufhebbare Absenz in der Präsenz (Lacan; Derrida), ist somit der literarischen Imagination von Subjektivität im *Spleen de Paris* inhärent (zur "Andersheit des Ich" vgl. den Überblick von B. WALDENFELS 1990, S. 59ff.).

62 R. MUSIL: Der Mann ohne Eigenschaften. Bd. 1, Frankfurt/M. u.a. 1978, S. 16.

63 Vgl. ARISTOTELES: Poetik, Stuttgart 1984, S. 28-31.

64 W. BENJAMIN 1991. Bd. I-2, S. 696.

65 Vgl. K.H. BOHRER 1988, S. 87-97.

66 P. d. MAN: Literary History and Literary Modernity; in: DERS.: Blindness and Insight, London 1983, S. 161

1 M. FOUCAULT 1990b, S. 44.

2 B. WALDENFELS 1990, S. 62; vgl. auch Kapitel 2.4 dieser Arbeit.

3 Der Name Fancioulle, der auf das italienische *fanciullo*: *Kind, kindlich* zurückgeführt werden kann, indiziert nochmals die Verbindung von Künstlertum und (imaginierter) Kindlichkeit; vgl. R. CHAMBERS: "L'art sublime du comédien"; in: Saggi e Ricerche di Letteratura Francese 11(1971), S. 249.

4 Vgl. OC I, 356.

5 Vgl. M. MACLEAN: Narrative as Performance, London/New York 1988, bes. S. 97ff. und G. FRIEDMAN: Baudelaire's Theory of Practice; in: PMLA 104(1989)3, S. 317-328. Zur Entwicklung aufklärerisch-idealistischer Subjekt- und Rationalitätsstrukturen, die auf der Ausgrenzung der Frau als dem ganz Anderen basieren, vgl. H. BÖHME/G. BÖHME: Das Andere der Vernunft, Frankfurt/M. 1985.

6 Vgl. W. BENJAMIN 1991. Bd. I-2, S. 542ff. Zur Un(be)greifbarkeit des unter Haussmann grundlegend veränderten Paris vgl. R. SENNETT 1983, S. 147ff. und M. BERMAN 1979 und 1982.

7 Vgl. OC I, 299-303, 314f., 340, 343.

8 So beginnt *Les yeux des pauvres* mit der Anrede der Geliebten — und der Leserin, des Lesers — : "Ah! vous voulez savoir pourquoi je vous hais aujourd'hui."(OC I, 317)

9 Vgl. OC I, 289f., 349f. Auch dem — einzigen in den *poèmes en prose* explizit genannten — Freund, der beim Verlassen eines Tabakladens einem Bettler eine gefälschte *deux-francs* Münze gibt, wirft das Erzähl-Ich in *La fausse monnaie* mit unerbittlicher Schärfe vor, sich unverzeihlich dumm verhalten zu haben (vgl. OC I, 324).

10 W. BENJAMIN 1992. Bd. I-2, S. 541. Zur von der Literaturwissenschaft vernachlässigten Gattung der Physiologien vgl. auch H.-R. BIESBROCK: Die literarische Mode der Physiologien in Frankreich, Frankfurt/M. u.a. 1978.

11 Vgl. *La Corde* (OC I, 328ff.).

12 Vgl. *Les yeux des pauvres* (OC I, 317ff.).

13 Vgl. *Une mort héroïque* (OC I, 319ff.).

14 Vgl. F. SCHLEIERMACHER: Hermeneutik und Kritik, Frankfurt/M. 1986, S. 315ff.; M. HEIDEGGER: Aus einem Gespräch von der Sprache; in: DERS.: Unterwegs zur Sprache, Pfullingen 1959, S. 83-155; H.-G. GADAMER: Wahrheit und Methode, Tübingen 1965; M. FRANK: Einverständnis und Vielsinnigkeit oder: Das Aufbrechen der Bedeutungs-Einheit im "eigentlichen Gespräch"; in: DERS.: Das Sagbare und das Unsagbare, Frankfurt/M. 1990, S. 38-105.

15 G. FRIEDMAN 1989, S. 322. Friedmans Studie weist nach, daß sich die Dekonstruktion der Hermeneutik nicht nur als Thematisierung des dialogischen Interpretationsmodells vollzieht. Indem das Prosagedicht den Kontakt zweier Liebenden darstellt, vermag es zudem auf die Schleiermacherschen Ideologeme der "weiblichen Stärke" divinatorischen Verstehens respektive der "männlichen Stärke" vergleichenden Verstehens anzuspielen. Als Aufeinanderfolge spekulativer Deutungen schließlich exponiert und konkretisiert *Les yeux des pauvres* den hermeneutischen Zirkel als strukturierendes Phänomen jeglicher Lektürepraxis (vgl. S. 318).

16 Die daraus hervorgehende forcierte Artifizialität der literarischen Sprache muß als wesentliches Element einer der Hauptströmungen der ästhetischen Moderne aufgefaßt

werden, die in Frankreich neben Baudelaire u.a. von Gautier, Flaubert oder den Brüdern Goncourt, später dann in gesteigerter Form von den Symbolisten und Ästhetizisten vertreten wurde: “après 1840, le langage littéraire cesse d'être considéré comme le simple instrument d'une pensée; l'écriture perd sa transitivité, s'écarte de l'usage, devient autotélique. (...) la littérature, en cessant de servir la communication et l'échange, bouleverse les fonctions et l'institution du langage; elle forge une langue artificielle et somptuaire qui devient à elle-même sa propre fin” (C. ABASTADO 1979, S. 193/94).

17 Zu der sich aus diesem Bedingungsverhältnis entwickelnden antibourgeoisen Ästhetik Baudelaires vgl. D. OEHLER: Pariser Bilder I, Frankfurt/M. 1979.

18 Vgl. hierzu A. DIAMOND / L. EDWARDS(eds.): The Authority of Experience, Amherst 1977; E. SHOWALTER(ed.): The New Feminist Criticism, London 1986; J. CULLER: Als Frau lesen; in: DERS.: Dekonstruktion, Reinbek 1988, S. 46-69.

19 Eine innere Stimme flüstert dem Ich-Erzähler zu: “'Celui-là seul est l'égal d'un autre, qui le prouve, et celui-là seul est digne de la liberté, qui sait la conquérir.'”(OC I, 358) Vor dem Hintergrund der Leitbegriffe der französischen Revolution und von Baudelaires ausgeprägtem Individualismus liest Wolfgang Drost dies als Variante von Fausts “Weisheit letzter Schluß”: “Nur der verdient sich Freiheit wie das Leben,/ Der täglich sie erobern muß!” Vgl. W. DROST: Baudelaire between Marx, Sade and Satan; in: M. BOWIE et.al.(eds.): Baudelaire, Mallarmé, Valéry, Cambridge u.a. 1982, S. 40.

20 Vgl. D. OEHLER: “Assommons les Pauvres!” in: Germanisch-Romanische Monatsschrift 25(1975)4, S. 456.

21 Vgl. D. OEHLER 1975 und DERS. 1979, S. 163ff.; K. BIERMANN 1882, S. 194ff; A.-M. SOUCY 1986.

22 D. OEHLER 1975, S. 458.

23 D. OEHLER 1975, S. 457.

24 D. OEHLER 1975, S. 462. In Oehlers sehr eigenwilliger und einliniger Lektüre verkommt die Dialektik bisweilen zum willfährigen Instrument, auch noch so sperrige Aussagen der eigenen Interpretation einzuverleiben. Beispielsweise gesteht Oehler ein, daß Baudelaires Widerwille gegen didaktische Literatur “ausnahmsweise nicht erheuchelt”(S. 461) sei, er führt diese Ablehnung aber gerade auf ein didaktisches Bestreben zurück, das die Verfremdung und elliptische Konzentration der Aussage bevorzuge. Auch die gut 15 Jahre später vorgenommene, erneute Lektüre von *Assommons les pauvres!*, *Le mauvais vitrier* und *Le gâteau* in D. OEHLER: Ein Höllensturz der Alten Welt, Frankfurt/M. 1988, S. 290ff., spricht eingangs zwar vom deutlich fiktiven und imaginativen Charakter der erzählten Begebenheiten, die vom Ich der Texte als wirklich erlebte ausgegeben werden, und resümiert, daß “die poetische Theorie nicht als Wissenschaft und als Doxa” auftrete, “sondern als Paradox, als Denkspiel, Provokation”(S. 300). Gleichwohl hält Oehler an der Existenz einer eindeutigen, politisch-revolutionären Aussage der Texte und an seiner These von Baudelaire als einem *primär* politischen Autor fest.

25 J.A. HIDDLESTON 1987, S. 40

26 “On pense généralement que le discours narratif rapporte des événements qui ont eu lieu hors de lui et avant lui. La relation narrative, pense-t-on, ne se raconte pas elle-même, elle rapporte un contenu qui est donné hors d'elle et avant elle. Ici, nous devons en tenir compte, ce qui arrive arrive au narrateur et à la narration; ce qui arrive provoque le narrateur et la narration; et les composantes de la narration sont ce sans quoi

l'événement sans doute n'aurait pas lieu. C'est *comme si* la condition narrative était la cause de la chose racontée: *comme si* le récit produisait l'événement qu'il est supposé rapporter"(J. DERRIDA: Donner le temps. I, Paris 1991, S. 155).

27 Vgl. R. BARTHES: L, 12 und M. FOUCAULT 1990a, S. 12.

28 T. ADORNO: ÄT, 336.

29 Dies unterscheidet *Assommons les pauvres!* radikal von Bertolt Brechts strukturell ähnlicher Keunergeschichte *Der hilflose Knabe*. Dieser Text nämlich suggeriert, daß schwächere Mitglieder der Gesellschaft statt ihrer "Unart, erlittenes Unrecht stillschweigend in sich hineinzufressen", nur laut genug protestieren und aufschreien müßten, um bestehende Ungerechtigkeiten zu überwinden (B. BRECHT: Gesammelte Werke 12. Prosa 2. Geschichten vom Herrn Keuner, Frankfurt/M. 1982, S. 381).

30 Während in der Endfassung der Ich-Erzähler den Bettler auffordert: "'souvenez-vous (...) qu'il faut appliquer (...) la théorie que j'ai eu la *douleur* d'essayer sur votre dos'" (OC I, 359), stand im Manuskript zunächst *honneur* an Stelle von *douleur* (vgl. OC I, 1350).

31 Vgl. M. SCHNEIDER: Ästhetik der Delinquenz; in: Merkur 43(1989)8/9, S. 862-872 und P. SCHOFER: *Une mort héroïque*: Baudelaire's Social Theater of Cruelty; in: Theater and Society in French Literature, Columbia 1988, S. 50-57.

32 E.A. POE: The Imp of the Perverse; in: DERS.: The Complete Works. Vol. VI, New York 1979, S. 145-153.

33 Vgl. hierzu R. GIRARD: La violence et le sacré, Paris 1972.

34 Vgl. E. BURKE: A Philosophical Enquiry into the Origin of our Ideas of the Sublime and Beautiful, London/New York 1958.

35 K.H. BOHRER 1988, S. 136.

36 E.A. POE 1979. Vol. VI, S. 145.

37 E.A. POE 1979. Vol. VI, S. 147.

38 Gerade die von Foucault benannten gesellschaftlich-diskursiven "procédures d'*exclusion*"(M. FOUCAULT 1990a, S. 11) wie "l'*interdit*" (S. 11), "l'opposition raison et folie" (S. 12) und "l'opposition du vrai et du faux" (S. 15) scheinen laut Poe und Baudelaire zugleich mit der Sicherung und Legitimierung des Erlaubten, Vernünftigen und Wahren den Reiz des Tabuisierten, Ausgeschlossenen hervorzubringen.

39 E.A. POE 1979. Vol. VI, S. 149.

40 Baudelaire radikalisiert mithin das abendländische Wissen um das ambivalente Potential der Imagination, die bei Philosophen und Schriftstellern als zugleich schöpferisches und zerstörerisches Vermögen galt — so beispielsweise bei Goethe, "der die Einbildungskraft als ein gespaltenes Vermögen verstand, das zwar im schöpferischen Zugriff auf die Erfahrung nicht seinesgleichen kennt, in dem Augenblick aber zu einer Quelle des Terrors wird, in dem sie aller Gestaltung entbunden ist." (W. ISER: Das Fiktive und das Imaginäre, Frankfurt/M. 1991, S. 295; vgl. auch K.L. PFEIFFER: Nachwort; in: L. COSTA LIMA: Die Kontrolle des Imaginären, Frankfurt/M. 1990, S. 349.) Demgegenüber betont Baudelaire die Interdependenz beider Pole: (künstlerisches) Schaffen beruht immer auch auf Zerstörung; Zerlegen und Neukombinieren sind Komplementärprozesse (vgl. OC II, 621).

41 Aus dem gleichen Motiv wie der Protagonist in Baudelaires *Le mauvais vitrier* handeln u.a. auch der Minister in Poes *The Purloined Letter* sowie die Protagonisten von *The Tell-Tale Heart* oder *The Black Cat*. Zu den unkontrollierbaren Implikationen des *ennui*

vgl. auch Thomas de Quinceys *On Murder Considered as One of the Fine Arts* (T. DE QUINCEY: Bekenntnisse eines englischen Opiumessers und andere Schriften, Stuttgart 1962, S. 367-490).

42 Vgl. auch *L'Héautontimorouménos* aus den *Fleurs du Mal* (OC I, 78/79).

43 Als ein Beispiel unter vielen sei genannt: J. WERTHEIMER(Hrsg.): Ästhetik der Gewalt, Frankfurt/M. 1986.

44 Auch Karl Heinz Bohrers überzeugende Rettung des Bösen als einer ästhetischen Kategorie bleibt diesbezüglich eigentümlich blind (vgl. K.H. BOHRER 1988, S. 110-132 und 133-161).

45 Vgl. K.H. BOHRER 1988, S. 130: "Das Imaginationstheorem vom Bösen verbietet inhaltsästhetische Affirmationen."

46 T.W. ADORNO: ÄT, 78/79.

47 W. LANGE: Der kalkulierte Wahnsinn, Frankfurt/M. 1992, S. 184. Vgl. auch S. 178: "Der Wahnsinn moderner Kunst und Literatur entspringt nicht dem ungezügelten Verlangen des Körpers, ist kein infantiler Akt. Weder verdankt er sich einer Regression ins Unbewußte noch auch dessen Sublimierung. Er ist ein Ereignis im Kopf, getragen von der Entscheidung, das Andere der Vernunft zu entfesseln, um einen Moment der *Selbstillumination* zu erlangen, deren Kalkul (sic!), mit Poe zu sprechen, die *erhebende Erregung der Seele* ist. Der Wahnsinn, der sich beim Künstler einstellt, ist ein artifizieller, gleich weit von der Leidenschaft entfernt, die das Herz berauscht, wie von der Wahrheit, die die Vernunft befriedigt."

48 M. FOUCAULT: Wahnsinn und Gesellschaft, Frankfurt/M. 1991, S. 9.

49 T.W. ADORNO: ÄT, 80.

50 C. v. BRAUN: Die schamlose Schönheit des Vergangenen, Frankfurt/M. 1989, S. 118. Die Befürchtung, daß die Photographie grundlegend die menschliche Vorstellungswelt sowie die ästhetische Rezeption und Urteilskraft verändern und — in Richtung einer Verabsolutierung des Faktischen — verengen könnte, formulierte Baudelaire schon in dem *Le public moderne et la photographie* betitelten Kapitel des *Salon de 1859* (vgl. OC II, 614-619).

51 J. KRISTEVA 1985, S. 73.

52 J. KRISTEVA 1985, S. 81. Kristeva hebt in ihrer Studie die ambivalente, gespaltene Position des Subjekts zwischen den Bereichen des Semiotischen und des Symbolischen hervor, deren jeweiliger Bezug nur mithilfe psychoanalytischer — letztlich immer höchst spekulativ bleibender — Erklärungsmuster erfaßt werden kann. Demgegenüber betrachte ich das Ästhetische bei Baudelaire als einen elementaren Wahrnehmungs-, Erfahrungs- und Artikulationsraum, der zwar auch von psychischen Strukturen durchsetzt ist, aber nicht restlos in ihnen aufgeht, da er ein eigendynamisches *Surplus* umfaßt, das gerade auch gegen die Determination durch Psychisches agiert. Zur Problematik bzw. Unzulänglichkeit der Anwendung psychoanalytischer Erklärungsmuster auf Baudelaires Schriften vgl. L. BERSANI 1981, S. 13/14; K.H. BOHRER 1988, S. 123 und W. LANGE 1992, bes. S. 173-195.

53 J. KRISTEVA 1985, S. 81.

54 R. BARTHES: PT, 25, vgl. auch 82f.

55 Vgl. C. BECKER: Zimmer — Kopf — Welten, München 1990, S. 33 und H. FRITZ: Innerlichkeit und Selbstreferenz; in: Melancholie in Literatur und Kunst, Hürtgenwald 1990, S. 89-110.

56 Zu den zeitgenössischen Zuschreibungen, die der Flanerie einen herausragenden ästhetischen Status sicherten, gehörten: ihr Aktualitätsbezug und das Erfassen einer spezifischen "*Stadtzeit*"(E. KÖHN 1989, S. 64); die Ausbildung einer besonderen Kunst der Beobachtung; die Verschmelzung von Schaulust und Rationalität, von Sinnlichkeit und Erkenntnis; schließlich die Wahrnehmung der poetischen Qualität der Metropole, deren schillernde und bizarre Bilderwelt die Phantasie und Reflexion des Flaneurs in ungekannter Weise anregen konnte. Vgl. hierzu L. HUART: Physiologie du Flaneur, Paris 1841 sowie E. KÖHN: Straßenrausch, Berlin 1989 und K. STIERLE 1974.

57 Zit. nach K. STIERLE 1974, S. 295; vgl. auch L. HUART 1841, S. 55.

58 V. FOURNEL: L'Odyssée d'un Flaneur; in: La Revue de Paris, 28(1.11. 1855), S. 367-393.

59 K. BIERMANN: Vom Flaneur zum Mystiker der Massen; in: Romanistische Zeitschrift für Literaturgeschichte 2(1978c)2/3, S. 309. Allerdings unterläuft Biermann — wie in seiner Nachfolge E. Köhn 1989, S. 60f. — der schwerwiegende Fehler, den bei Fournel positiv gezeichneten *badaud* als inferior gegenüber dem Flaneur darzustellen, wie dies die gebräuchliche, negative Verwendung des Begriffs *badaud* nahelegt. Demgegenüber argumentiere ich, daß Fournel mit der Affirmation des *badaud* in entscheidender Weise die Ausbildung einer neuartigen, ästhetischen Subjektivität antizipiert, wie sie sich in Baudelaires *Les foules* und *Le Peintre de la vie moderne* konturiert (vgl. auch Kap. 2.6 der vorliegenden Arbeit).

60 V. FOURNEL 1855, S. 373.

61 V. FOURNEL 1855, S. 373.

62 Aus dem *Tableau de Paris* (1852) von Edmont Texier zit. nach K. STIERLE 1974, S. 297.

63 Aus dem *Livre des Cent-et-un* (1831-35) zit. nach K. STIERLE 1974, S. 292.

64 L. HUART 1841, S. 120/21.

65 Vgl. OC II, 689, 692f.

66 Auch Italo Calvino entwickelt in seinen literarischen wie theoretischen Texten einen radikalästhetischen Begriff von Lektüre, dessen Basis eine semiotische Haltung zur Welt ist.

67 U. ECO: Das offene Kunstwerk, Frankfurt/M. 1977, S. 43. Eco datiert das Auftauchen einer *bewußten* Poetik des "offenen" Kunstwerks auf die zweite Hälfte des 19. Jahrhunderts, insbesondere auf Verlaines symbolistischen *Art poétique* und Mallarmés *Livre* (vgl. S. 36ff. und 43ff.).

68 V. SKLOVSKIJ: Die Kunst als Verfahren; in: J. STRIEDTER 1971, S. 15.

69 Vgl. auch C. ABASTADO 1979, S. 152.

70 Vgl. W. LANGE 1992, S. 60ff. und W. ISER 1991, S. 294ff.

71 Wie Baudelaire wollte sich schon Delacroix, "die der Imagination eigene rauschhafte Kombinatorik zu eigen machen, um als Künstler zum Entdecker, besser noch zum Erfinder des Neuen aufzusteigen."(W. LANGE 1992, S. 60)

72 W. LANGE 1992, S. 41/42. Zur Wertschätzung der Imagination, die — mit jeweils unterschiedlichen Akzentuierungen und Nuancierungen — von der Romantik — insbesondere Coleridge — bis ins zwanzigste Jahrhundert, bis zu den Surrealisten oder den philosophischen Konzeptionen eines Sartre, Bachelard, Castoriadis oder Goodman reicht, vgl. S.T. COLERIDGE: Biographia Literaria. Bd. I, OXFORD 1967, S. 202; A. BRETON: Manifestes du surréalisme, Paris 1975; C. CASTORIADIS: Gesellschaft als

imaginäre Institution, Frankfurt/M. 1984; N. GOODMAN: Weisen der Welterzeugung, Frankfurt/M. 1990, S. 20ff.; W. ISER 1991, S. 292ff.; L. COSTA LIMA 1990; D. KAMPER: Zur Geschichte der Einbildungskraft, München/Wien 1981 und DERS.: Zur Soziologie der Imagination, München/Wien 1986.

73 Vgl. auch die Tagebuchnotiz: "De la langue et de l'écriture, prises comme opérations magiques, sorcellerie évocatoire."(OC I, 658) Angesichts einiger Bilder von Delacroix formuliert Baudelaire den Eindruck, "que cette couleur (...) pense par elle-même"(OC II, 595).

74 Vgl. OC II, 686f., 699.

75 G. DELEUZE/C. PARNET 1980, S. 58.

76 P. BÜRGER 1992a, S. 115/16 und S. 199; vgl. auch G. HESS: Die Landschaft in Baudelaires Fleurs du Mal, Heidelberg 1953, bes. S. 61-86; H.R. JAUß: Baudelaires Rückgriff auf die Allegorie; in: DERS.: Studien zum Epochenwandel der ästhetischen Moderne, Frankfurt/M. 1989, S. 166-189; P. DE MAN: The Rhetoric of Temporality; in: DERS. 1983, S. 187-228.

77 H.R. JAUß 1989, S. 178.

78 Vgl. auch R. CHAMBERS: "Je" dans les "Tableaux Parisiens" de Baudelaire; in: Nineteenth-Century French Studies 9(1980/81)1/2, S. 64 und P. DE MAN 1983, S. 207.

79 Auch Hans Robert Jauß betont, daß Baudelaires Sur- und Antinaturalismus und sein Rückgriff auf die Allegorie mit der Entzauberung der Innerlichkeit der ästhetischen Erfahrung neue Horizonte eröffnet habe und selbst heutzutage "ein Schatzhaus noch ungehobener ästhetischer Erfahrung" berge (H.R. JAUß: Thesen zur Position Baudelaires in der ästhetischen Moderne; in: Zum Problem der Geschichtlichkeit ästhetischer Normen, Berlin 1986, S. 37). Jauß legt allerdings nahe, daß er damit nur ein Wissen um das Unbewußte meint, dessen Erkundung meines Erachtens nur einen Teilbereich von Baudelaires radikalästhetischem Programm darstellt (vgl. auch DERS. 1989, S. 37).

80 Vgl. R. BARTHES: L'activité structuraliste; in: DERS.: EC, 213-220.

81 Vgl. Kap. III: "La reine des facultés" und Kap. IV: "Le gouvernement de l'imagination" (OC II, 619-628).

82 R. BARTHES: EC, 214.

83 R. BARTHES: EC, 216.

84 R. BARTHES: EC, 214. Auch Nelson Goodman argumentiert, daß Kunstwerke ebenso wie wissenschaftliche Modelle und Theorien ein System von Bezügen exemplifizieren, durch die der Vorgang der Weltherstellung gegenständlich und einsehbar wird: "Die Fiktion operiert in wirklichen Welten sehr ähnlich wie die Nicht-Fiktion. Cervantes, Bosch und Goya — nicht weniger als Boswell, Newton und Darwin — nehmen und zerlegen uns vertraute Welten, schaffen sie neu, greifen sie wieder auf, formen sie in bemerkenswerten und manchmal schwer verständlichen, schließlich aber doch erkennbaren — d.h. *wieder-erkennbaren* — Weisen um" (N. GOODMAN 1990, S. 130).

85 R. BARTHES: EC, 215.

86 R. BARTHES: EC, 215.

87 R. BARTHES: EC, 215.

88 C. CASTORIADIS 1984, S. 12.

Anmerkungen zu Kapitel 2.6, Seite 93-116

1 Der von Manfred Pfister herausgegebene Sammelband *Die Modernisierung des Ich* deutet schon im Titel eine ähnliche Perspektive an; vgl. M. PFISTER(Hrsg.): Die Modernisierung des Ich, Passau 1989. Das Schlagwort der *Modernisierung des Ich* möchte ich aufgrund seiner technologisch-industriellen, latent an Altbausanierung erinnernden Konnotationen allerdings vermeiden.

2 Wie die "Krise des Wissens"(vgl. Kap. 2.3 der vorliegenden Arbeit) wird auch die "Krise in der Wahrnehmung selbst"(W. BENJAMIN 1991. Bd. I-2, S. 645) von Baudelaire zum Impuls kreativer Innovation gewendet.

3 Der Frage nach der Positivität derartiger Leidenserfahrungen und nach der dadurch provozierten bzw. erst ermöglichten Erkenntnis wird im 20. Jahrhundert Artaud mit seiner *métaphysique de la chair* in radikaler Weise nachgehen.

4 P. VERLAINE: Charles Baudelaire (1865); in: DERS.: Œuvres en prose complètes, Paris 1972, S. 599/600

5 Vgl. OC II, 620-623.

6 P. VERLAINE 1972, S. 600. Diese Aussage korresponiert mit Luhmanns Studie *Liebe als Passion*, die das reflexive Selbstverhältnis als eine Bedingung der Möglichkeit affektiver Semantik insbesondere seit 1800 hervorhebt (vgl. N. LUHMANN 1982).

7 Die auf diese Situation reagierende Ästhetik der Skizze antizipiert eine Wahrnehmungs- und Darstellungsstruktur, die gegen Ende des 19. Jahrhunderts von impressionistischen und pointillistischen Künstlern aufgegriffen und ausgearbeitet werden und im 20. Jahrhundert in eine Tendenz zur Abstraktion münden wird.

8 M. FOUCAULT 1990b, S. 45.

9 Vgl. P. BOURDIEU 1984.

10 Vgl. auch OC I, 393.

11 Vgl. OC I, 395. Die jeweils verschiedenen Formen des diskontinuierlichen Bewußtseins ästhetischer Subjektivität, die K.H. Bohrer in den Schriften Kleists, Brentanos und Günderrodes herausgearbeitet hat, überschneiden sich in Baudelaires Texten: Kleists katastrophische Erfahrungen von Kontingenz und Diskontinuität, Brentanos Emphatisierung einzelner "tiefster" Momente von Intensität zur Ewigkeit und Günderrodes Augenblicksverhaftetheit und reine Gegenwärtigkeit (vgl. K.H. BOHRER 1989, S. 85) sind dem ästhetisch gewordenen Subjekt bei Baudelaire gleichermaßen vertraut.

12 "Fragt man die Hegelsche Tradition nach der Zeitform, in der das Subjekt sich erfährt, so gibt sie eine deutliche Antwort, die das Subjekt zu seiner Vergangenheit und Gegenwart ins Verhältnis setzt: die Zeitform des Subjekts ist das *Perfekt*, das eine virtuell immer schon vollendete Präsenz meint. Das Subjekt könnte sich nicht als Idealität mit sich selbst realisieren, wäre es nicht als Keim, als unentfaltete Ganzheit schon vorhanden (gewesen)"(H.-T. LEHMANN: Theater und Mythos. Die Konstitution des Subjekts im Diskurs der antiken Tragödie, Stuttgart 1991, S. 141/42).

13 J. LACAN 1971. I, S. 227. An dieser Stelle spricht Lacan dem *Je* mystisch-verklärend auch die Seinsweise des "s'être" zu, "où s'exprimerait le mode de la subjectivité absolue, en tant que Freud l'a proprement découverte dans son excentricité radicale: 'Là où c'était, peut-on dire, là où s'était, voudrions-nous faire qu'on entendit, c'est mon devoir que je vienne à être.'"

14 J. LACAN 1971. I, S. 227.

[15] J. LACAN 1971. II, S. 168.

[16] J. LACAN 1971. I, S. 181.

[17] H.-T. LEHMANN 1991, S. 141.

[18] J. LACAN 1971. I, S. 181.

[19] Vgl. I. STROHSCHNEIDER-KOHRS: Die romantische Ironie in Theorie und Gestaltung, Tübingen 1977 bes. S. 88ff.; L. COSTA-LIMA 1990, bes. S. 140ff.

[20] J. KRISTEVA 1985, S. 188.

[21] G. DELEUZE/C. PARNET 1980, S. 56.

[22] Vgl. hierzu auch J. GOODY / I. WATT: Konsequenzen der Literalität; in: J. GOODY (Hrsg.): Literalität in traditionalen Gesellschaften, Frankfurt/M. 1981, bes. S. 95-97.

[23] H. KALLWEIT: Szenerien der Individualisierung; in: A. FRANK/A. HAVERKAMP (Hrsg.): Individualität, München 1988, S. 407.

[24] Im Rückgriff auf eine Aussage des Musikphilosophen Barbereau bestimmt Baudelaire am Schluß von *Du vin et du hachisch* den "wahren" Künstler folgendermaßen: "'Je ne comprends pas pourquoi l'homme rationnel et spirituel se sert de moyens artificiels pour arriver à la béatitude poétique, puisque l'enthousiasme et la volonté suffisent pour l'élever à une existence supranaturelle. Les grands poètes, les philosophes, les prophètes sont des êtres qui par le pur et libre exercice de la volonté parviennent à un état où ils sont à la fois cause et effet, sujet et objet, magnétiseur et somnambule'" (OC I, 398).

[25] Während Jean Starobinski und Ross Chambers einseitig die Identifikation von Erzähler und Schauspieler betonen, hat Vivien L. Rubin am Beispiel von *Une mort heroïque* und *Le vieux saltimbanque* das "precarious equilibrium" zwischen *identification* und *detachement* herausgearbeitet; V.L. RUBIN: Two prose poems by Baudelaire; in: Nineteenth-Century French Studies 14(1985/86)1/2, S. 59; vgl. auch J. STAROBINSKI: Sur quelques répondants allégoriques du poète; in: Revue d'Histoire Littéraire de la France 67(1967)2, S. 402-412 und R. CHAMBERS 1971.

[26] Vgl. OC I, 320: "Mais pour ceux qui, comme moi, avaient pu pénétrer plus avant dans les profondeurs de cette âme curieuse et malade, il était infiniment plus probable que le Prince voulait juger de la valeur des talents scéniques d'un homme condamné à mort"; OC I, 321: "auréole invisible pour tous, mais visible pour moi" sowie OC I, 322.

[27] Vgl. *La chambre double* (OC I, 280ff.); *Les yeux des pauvres* (OC I, 317ff.).

[28] Vgl. *Le mauvais vitrier* (OC I, 285ff.). Das schreibende Immer-Anders-Werden des Subjekts des *Spleen de Paris* konvergiert hier deutlich mit Gilles Deleuzes Begriff des Schreibens als einer Deterritorialisierung, als dem Ausziehen einer Fluchtlinie. Die folgende Beschreibung liest sich wie ein Kommentar zum *bösen Glaser:* "Flucht ist eine Art von Delirium. Delirieren heißt, aus der eingefahrenen Furche oder Spur treten ('ausflippen'). In einer Fluchtlinie steckt Dämonisches"(G. DELEUZE/C. PARNET 1980, S. 48/49).

[29] Vgl. *La fausse monnaie* (OC I, 323f.).

[30] S. MALLARME 1984, S. 366.

[31] Vgl. auch J.-L. NANCY: Le rire, la présence; in: Critique 44(1988)488/489, S. 41-60.

[32] Vgl. G. BENN: Provoziertes Leben; in: DERS.: Essays und Reden in der Fassung der Erstdrucke, Frankfurt/M. 1989, S. 369-378.

[33] So zum Beispiel wenn der Ich-Erzähler in *Les fenêtres* die Unterscheidung zwischen Realität und Fiktion, zwischen Mann und Frau imaginativ ausklammern kann, da es ihm um die sinnliche Prägnanz der von ihm konstruierten "légende"(OC I, 339) geht.

[34] V. FOURNEL 1855, S. 367.

[35] V. FOURNEL 1855, S. 369.

[36] V. FOURNEL 1855, S. 368.

[37] V. FOURNEL 1855, S. 368.

[38] V. FOURNEL 1855, S. 368.

[39] Vgl. bes. die Kapitel *La femme, Eloge du maquillage* und *Les femmes et les filles* (OC II, 713-22).

[40] Die positive Konnotation dieser Verschmelzungsphantasien findet sich schon in der Apologie des *badaud* bei Fournel vorbereitet: "Le simple flâneur observe et réfléchit; il peut le faire du moins. Il est toujours en pleine possession de son individualité. Celle du badaud disparaît, au contraire, absorbée par le monde extérieur qui le ravit à lui-même, qui le frappe jusqu'à l'enivrement et l'extase. Le badaud, sous l'influence du spectacle, devient un être impersonnel: ce n'est plus un homme; il est public, il est foule." (V. FOURNEL 1855, S. 369)

[41] Vgl. auch OC I, 291.

[42] G.W.F. HEGEL 1986. Bd. II, S. 220.

[43] G.W.F. HEGEL 1986. Bd. II, S. 220.

[44] O. NEGT/A. KLUGE: Öffentlichkeit und Erfahrung, Frankfurt/M. 1972, S. 66.

[45] Vgl. Kap. 2.5 der vorliegenden Arbeit.

[46] R. BARTHES: PT, 32/33. Diese Konzeption von Barthes läßt sich schon aufgrund ihrer literarischen und philosophischen Intertexte im Koordinatensystem der radikalästhetischen Moderne verorten. Zu diesen Intertexten zählen neben Baudelaires Mengendarstellungen auch Rimbauds *Bateau-Ivre*: "Plus léger qu'un bouchon j'ai dansé sur les flots!"(A. RIMBAUD 1972, S. 66), die Schlußpassage von Valérys *La Soirée avec Monsieur Teste*: "'Je fais la planche. Je flotte!...'"(P. VALERY: Œuvres II, Paris 1960, S. 24) sowie schließlich Nietzsches Aussagen in *Menschliches, Allzumenschliches* zur "neueren Musik" eines Richard Wagner: "Die künstlerische Absicht, welche die neuere Musik in dem verfolgt, was jetzt, sehr stark aber undeutlich, als 'unendliche Melodie' bezeichnet wird, kann man sich dadurch klar machen, dass man in's Meer geht, allmählich den sichern Schritt auf dem Grunde verliert und sich endlich dem wogenden Elemente auf Gnade und Ungnade übergiebt: man soll *schwimmen*"(F. NIETZSCHE: KSA 2, München u.a. 1988, S. 434).

[47] Die exemplarische Situation des Künstlers in der Menge betont die Dominanz des Blicks zur Hervorbringung von Individualität und schreibt dem Künstler eine herausragende Machtposition zu: Er wird als geheimes Zentrum der *foule* gedacht, mit der Besonderheit, daß er — vergleichbar dem Inspektor von Jeremy Benthams *Panopticon* (1843)(vgl. M. FOUCAULT 1975; H. KALLWEIT 1988, S. 405) — alle und alles sehen kann, ohne selbst gesehen zu werden. So charakterisiert Sartre als die Lust des *homme des foules* "l'agrément de *regarder*. Et celui qui regarde, chacun peut en faire l'expérience, oublie qu'il peut être regardé. Cet évanouissement du moi dont parle Baudelaire à ce propos n'a rien à voir avec la dilution panthéiste: il ne se perd pas dans la foule. Mais, observant sans se croire observé, il devient, en face de cet objet mouvant et bigarré, une liberté purement contemplative."(J.-P. SARTRE 1980, S. 188/189) Sartres beiläufige Einfügung, jeder könne die Erfahrung machen, im Schauen auf der Straße zu vergessen, daß er selbst ebenfalls angeschaut werden kann, muß dabei geschlechtsspezifisch gelesen werden: *chacun* kann hier nur das männliche Subjekt bedeuten, dem in der abendländischen Kultur das Privileg und die Macht zukommt, in

der Öffentlichkeit Frauen visuell zu begutachten, zu taxieren und zu klassifizieren. Die Schriften zur Flanerie betonen dieses männliche Privileg, indem sie einerseits Frauen jegliche Fähigkeit zur Flanerie absprechen (vgl. L. HUART 1841, S. 113ff.) und andererseits affirmieren: "Le flaneur a donc parfaitement le droit de suivre de l'œil la jeune modiste (...)" (L. HUART 1841, S. 77/78). Während das vergleichbare Verhalten einer Frau ein absoluter Affront gewesen wäre oder diese zur Hure stigmatisiert hätte, rekuperiert der Flaneur es als sein gutes Recht, die öffentlichen Plätze kraft Monopol seines Blickes zu dominieren und zu kontrollieren.

48 Die kursiv hervorgehobene Auszeichnung des Flaneurs als *prince* verweist intertextuell auf Barbey d'Aurevillys einflußreiche — und Baudelaire bekannte — Schrift *Du Dandysme*. Zum einen fungiert darin Napoléon II als Paradigma zur Etablierung einer Herrscher- und Machtsemantik; zum anderen wird *der* Dandy *par excellence* — Beau George Brummell — explizit zum Prinzen stilisiert und mythologisiert: "En effet, ce qui reste le moins de toute société, la partie des mœurs qui ne laisse pas de débris, l'arome trop subtil pour qu'il se conserve, ce sont les manières, les intransmissibles manières, par lesquelles Brummell fut un prince de son temps"(B. D'AUREVILLY: Œuvres romanesques complètes II, Paris 1966, S. 677).

49 Vgl. H. FRIEDRICH 1977, S. 47.

50 Vgl. A. HAUSER: Soziologie der Kunst, München 1988, bes. S. 315ff.

51 So die *Note* von Claude Pichois (OC I, 1473).

52 H. FRIEDRICH 1977, S. 38.

53 K. BIERMANN 1978, S. 311.

54 K. BIERMANN 1982, S. 186.

55 Meine Kritik an Oehler trifft in diesem Punkt auch auf Biermann zu (vgl. Kap. 2.5 dieser Arbeit).

56 H. GNÜG: Entstehung und Krise lyrischer Subjektivität, Stuttgart 1983, S. 162. Allerdings unterschlägt Gnüg in dieser Passage die Differenz zwischen dem Autor Baudelaire und den verschiedenen Ich-Erzählern seiner Texte; zur Ablehnung von Imitation und Identifikation im Rahmen der Ästhetik der Modernität vgl. auch M. GILMAN: Imagination enthroned: Baudelaire; in: A. NOYER-WEIDNER(Hrsg.) 1976, S. 463ff. und V.L. RUBIN 1985/86.

57 Vgl. OC II, 334.

58 J. KEATS: The Letters 1814-1821. Vol. I, Cambridge 1958, S. 386/87.

59 Vgl. H. VIEBROCK: Schöpferischer Identitätsverlust, Stuttgart 1984. Konträr zu den Lesarten von W. LANGE 1992, S. 241 und M. GILMAN 1976, S. 450, die die Parallelen zwischen Keats und Baudelaire betonen, scheinen mir die imaginativen und kalkulierten Metamorphosen des Baudelaireschen Subjekts von grundsätzlich anderer, nämlich betont artifizieller Qualität zu sein.

60 Viebrock hat diese intrikate Dialektik von Selbstverlust und Selbstbestätigung plausibel nachgezeichnet und die Vermutung erhärtet, "daß der scheinbare Verlust der Identität in der Phase der Rezeption, möglicherweise auch noch der Produktion, mit dem wahrscheinlichen Gewinn an anderer Stelle im dichterischen Haushalt, nämlich der dichterischen Gestaltung, sich ausgleiche"(H. VIEBROCK 1984, S. 208).

61 Vgl. auch den Brief Baudelaires an Jules Troubat vom 5. März 1866: "les affections me viennent beaucoup de l'esprit"(Corr II, 627).

62 W. BENJAMIN 1991. Bd. I-2, S. 572. Der Idealtypus des Baudelaireschen Künstlers synthetisiert also jenes Gegensatzpaar, das Kleist in seiner Schrift *Über das Marionettentheater* als Bedingung der Möglichkeit von Schönheit und Grazie polarisiert. Das Höchstmaß an Grazilität, so heißt es dort, erreiche der Mensch, wenn er entweder gar kein oder aber ein extremes, bei Kleist noch metaphysisch verankertes "unendliches Bewußtsein" habe (vgl. H.v. KLEIST 1987. Bd. 2, S. 345).

63 Karlheinz Stierle hat auf die Parallelen zur zeitgenössischen Physiologie und zum physiologischen Materialismus hingewiesen, die "schon in den vierziger Jahren zu einer neuen Leitmetapher der literarischen Produktion geworden" sind (K. STIERLE 1974, S. 318).

64 Vgl. A. ARTAUD: Œuvres complètes. IV, Paris 1978, S. 125-132.

65 F. KAFKA: Briefe 1902-1924, Frankfurt/M. 1983, S. 27/28.

66 Die Erkenntnisdimension des ästhetischen Erlebnisses tritt — allerdings partiell verrätselt — auch in den Prosagedichten *Le Confiteor de l'Artiste*, *Le gâteau*, *Une mort héroïque* oder *Le miroir* hervor.

67 Vgl. T. ADORNO: Kierkegaard, Frankfurt/M. 1986, S. 23. Wobei allerdings — wie gezeigt — das Ästhetische bei Baudelaire im Gegensatz zu Kierkegaard nicht als "Sphäre bloßer Unmittelbarkeit" (T. ADORNO 1986, S. 96/97) gefaßt wird.

68 Brief Rimbauds an Paul Demeny vom 15. Mai 1871; in: A. RIMBAUD 1972, S. 251.

69 Dies schlägt sich auch in dem Titel *Petits Poèmes lycanthropes* nieder, den Baudelaire kurzfristig für seine Prosagedichte erwogen hat (vgl. OC I, 1299). Während Pichois in seiner Anmerkung zu diesem Titel den im Adjektiv *lycanthrope* implizierten Aspekt der "'raillerie' de celui qui de chaque objet sait tirer 'une morale désagréable'"(OC I, 1299) betont, scheint mir die im Begriff der *lycanthropie*, des Fuchs-Werdens eingeschlossene Dynamik und Prozessualität besonders wichtig zu sein: Der *Petit Robert* faßt die Lycanthropie als "Délire de celui qui se croit transformé en loup (ou en animal)" und als "Croyance d'après laquelle les hommes peuvent se transformer en loup (ou en d'autres animaux)" — *Petits Poèmes lycanthropes* wären demnach Prosagedichte von geheimnisvoll-befremdenden Metamorphosen.

70 I. CALVINO: Sechs Vorschläge für das nächste Jahrtausend, München/Wien 1991, S. 164-65.

71 "Vous prêtez d'abord à l'arbre vos passions, votre désir ou votre mélancolie; ses gémissements et ses oscillations deviennent les vôtres, et bientôt vous êtes l'arbre. De même, l'oiseau qui plane au fond de l'azur *représente* d'abord l'immortelle envie de planer au-dessus des choses humaines; mais déjà vous êtes l'oiseau lui-même" (OC I, 420).

72 Vgl. auch OC I, 670. Zu den Parallelen zur surrealistischen *écriture automatique* vgl. A. BRETON: Manifeste du surréalisme (1924); in: DERS 1972, bes. S. 42f.

73 S. MALLARME 1984, S. 366.

74 Vgl. auch H.U. GUMBRECHT: Tod des Subjekts als Ekstase der Subjektivität; in: R. WEIMANN/H.U. GUMBRECHT(Hrsg.): Postmoderne — globale Differenz, Frankfurt/M. 1991, S. 307-312.

75 F. NIETZSCHE 1988. Bd. 1, S. 880.

76 Vgl. R. RORTY: Freud und die moralische Reflexion; in: DERS.: Solidarität oder Objektivität?, Stuttgart 1988, S. 38-81.

Anmerkungen zu Kapitel 3.1, Seite 119-130

1 Vgl. PT, 32/33: "je reste immobile, pivotant sur la jouissance *intraitable* qui me lie au texte (au monde)."

2 Vgl. auch GV, 145.

3 Dabei betont Barthes, daß seine erkenntnistheoretische Position selbst auf der Erfahrung der Moderne beruht: "un 'sujet' — c'est ce que la modernité nous a enseigné — n'est jamais constitué que par son langage" (OO, 175).

4 B. MCGRAW: Barthes par lui-même; in: The French Review 49(1976)3, S. 427.

5 Barthes' Texten eignet somit ein strukturelles Übersetzungsproblem: beläßt eine Übersetzung die Reihenfolge der Fragmente wie im französischen Original, gibt sie zwangsläufig die alphabetische Gliederung auf; ordnet man hingegen die übersetzten Fragmente alphabetisch, ergibt sich ein vom Original völlig verschiedener Textverlauf. Die deutschen Übersetzer der drei hier im Mittelpunkt stehenden Werke lösen diese Schwierigkeit jeweils sehr unterschiedlich: Traugott Königs Übersetzung *Die Lust am Text* zieht sich unfein aus der Affäre, da sie die Anordnung der Fragmente beibehält und das alphabetische Inhaltsverzeichnis schlicht unter den Tisch fallen läßt. Jürgen Hochs deutsche Fassung von *roland BARTHES par roland barthes*: *Roland Barthes. Über mich selbst*, die zahlreiche Unverständlichkeiten und krasse Übersetzungsfehler aufweist, übernimmt die französische Textanordnung und gibt zu Beginn des Buches kleingedruckt an: "In der französischen Buchausgabe sind die Titel der Fragmente alphabetisch gereiht." Damit wird der Eindruck von strikter alphabetischer Klarheit erzeugt, den das Original gerade nicht hat! Souverän löst Hans-Horst Henschen in seiner gelungenen Übersetzung der *Fragments* das Problem: er ordnet die übersetzten Fragmente alphabetisch, unterstreicht damit Barthes' Intention eines "ordre *absolument insignifiant*" (FDA, 11), und kommentiert diesen Eingriff in die Textgestalt in einer kurzen "Vorbemerkung des Übersetzers".

6 List der deutschen Sprache: was im französischen Original den Anfang bildet, rückt hier an den Schluß: "ZUGRUNDEGEHEN".

7 Vgl. FDA, 12: "Pour composer ce sujet amoureux, on a 'monté' des morceaux d'origine diverse. Il y a ce qui vient d'une lecture régulière, celle du *Werther* de Goethe. Il y a ce qui vient de lectures insistantes (le *Banquet* de Platon, le Zen, la psychanalyse, certains Mystiques, Nietzsche, les lieder allemands). Il y a ce qui vient de lectures occasionnelles. Il y a ce qui vient de conversations d'amis. Il y a enfin ce qui vient de ma propre vie."

8 Vgl. hierzu Baudelaires Beschreibung des *Spleen de Paris* als einer "vis"(OC I, 365) und Kapitel 2.1 dieser Arbeit. Zur selbstreflexiven Metapher der Spirale bei Barthes vgl. P. ROGER: Roland Barthes, roman, Paris 1986, S. 57-82.

9 Vgl. Kapitel 2.1 der vorliegenden Arbeit.

10 U. ECO: Nachschrift zum "Namen der Rose", München 1987b, S. 77.

11 Vgl. auch PT, 87: "l'avant-garde, c'est ce langage rétif qui va être récupéré".

12 A. RIMBAUD 1972, S. 116.

13 T. ADORNO: Über Tradition; in: DERS.: Ohne Leitbild. Parva Aesthetica, Frankfurt/M. 1969, S. 33.

14 Vgl. ND, bes. 27 und 48 sowie MM, 86, 164-67, 172, 266, 333.

[15] Vgl. auch RB, 135: "Le Neutre n'est pas une moyenne d'actif et de passif; c'est plutôt un va-et-vient, une oscillation amorale, bref, si l'on peut dire, le contraire d'une antinomie."

[16] Vgl. PT, 71; RB, 148 sowie A. MORTIMER: The Gentlest Law, New York u.a. 1989, S. 12-15 und P. ROGER 1986.

[17] Vgl. P. ZIMA: Literarische Ästhetik, Tübingen 1991, S. 41ff.

[18] P. ZIMA 1991, S. 44.

[19] F. NIETZSCHE 1988. Bd. 1, S. 887.

[20] F. NIETZSCHE 1988. Bd. 11, S. 650.

[21] F. NIETZSCHE 1988. Bd. 6, S. 304.

[22] G. MATTENKLOTT: Der übersinnliche Leib, Reinbek 1982, S. 34.

[23] Vgl. hierzu die Kapitel 3.2 und 3.4 der vorliegenden Arbeit.

[24] R. RORTY 1988, S. 47.

[25] R. RORTY 1988, S. 47/48.

[26] J. LACAN: Le séminaire de Jacques Lacan XX, Paris 1975, S. 20 und 63.

[27] J. STAROBINSKI: Psychoanalyse und Literatur, Frankfurt/M. 1990, S. 18.

[28] J. STAROBINSKI 1990, S. 19.

[29] J. KRISTEVA: Le langage, cet inconnu, Paris 1981, S. 10. Zum *linguistic turn* als einer Grundlage neostrukturalistischen Denkens vgl. auch M. FRANK 1985, S. 279-295.

[30] L. FERRY/A. RENAUT: La pensée 68, Paris 1988, S. 16.

[31] L. FERRY/A. RENAUT 1988, S. 55.

[32] Vgl. auch RB, 101: "Tout son (Barthes; D.K.) travail, c'est évident, a pour objet une moralité du signe (*moralité* n'est pas *morale*)."

[33] Vgl. EC, 142.

[34] Vgl. MM, 84/85 und ÄT, 213.

[35] T. ADORNO: Gesammelte Schriften. Bd. 1, Frankfurt/M. 1973, S. 369.

[36] T. ADORNO 1973. Bd. 1, S. 370. Adorno fordert in diesem frühen Text eine "konfigurative Sprache" und schlägt vor, "die Worte so um die neue Wahrheit zu stellen, daß deren bloße Konfiguration die neue Wahrheit ergibt"(369) — ein philosophisches Programm also, das sich durch ästhetische Verfahren auszeichnet (vgl. hierzu auch H. SCHEIBLE: Wahrheit und Subjekt, Reinbek 1988, S. 454-456).

[37] Vgl. MM, 26/27, 99/100, 105ff.

[38] Adornos Werk kann insofern als die Realisation dessen gelesen werden, was Barthes gut 25 Jahre später als spezifische Aufgabe des Intellektuellen skizziert: "il faudrait apprendre à penser le rôle politique de l'intellectuel. Il n'est pas un procureur; il n'a pas à parler au nom du prolétariat: il a à parler en son nom propre pour faire état, dans une perspective révolutionnaire, de ce qui lui manque, de ce qui amoindrit ses activités intellectuelles, des aliénations que la société actuelle lui impose dans sa condition d'intellectuel. Il sera d'autant plus révolutionnaire qu'il prendra la mesure de sa propre aliénation et pas seulement de celle des autres."(GV, 155)

[39] Vgl. MM, 15, 80, 99.

[40] Vgl. EC, 9: "le critique est un écrivain" sowie L, 58-60; BL, 17, 20; GV, 53.

[41] Vgl. EC, 213-220 und Kapitel 2.5 dieser Arbeit.

42 Vgl. zum Beispiel Hanns-Josef Ortheils Rezension der *Fragmente* unter dem treffenden, von Nietzsche geborgten Titel: Der Idiot des Glücks; in: Die Zeit, Nr. 40 (28.9. 1984), S. 53.

43 Gute Re-Konstruktionen von Barthes' Semiologie bieten Eve T. Bannet, Bernard Comment, Stephen Heath, Annette Lavers und Philippe Roger; bibliographische Angaben siehe Literaturverzeichnis. Ansätze zu einer ästhetische Lektüre finden sich bei P. BÜRGER: Roland Barthes, Schriftsteller; in: DERS.: Das Denken des Herrn, Frankfurt/M. 1992b, S. 90-108; S. SONTAG: Reflections. Writing Itself; in: The New Yorker, 26.4. 1982, S. 122-141; T. TODOROV: Critique de la critique, Paris 1984, S. 74-81. Eine Aussage des Herausgebers der seit Oktober 1993 bei Seuil erscheinenden Gesamtausgabe der Schriften von Barthes, Eric Marty, bestätigt nachträglich die Konzeption der vorliegenden Arbeit. Marty zieht folgende Einsicht aus seiner Herausgeberschaft und aus der Lektüre bislang unveröffentlichter Texte und Notizen: "la seule lecture de Barthes, celle du moins au travers de laquelle il soit possible de le juger, apparaît être une lecture purement esthétique"; E. MARTY: L'Autre Barthes; in: magazine littéraire, Nr. 314 (Octobre 1993), S. 25.

44 Vgl. z.B. H.L. ARNOLD(Hrsg.): Theodor W. Adorno, München 1977, bes. S. 176ff.; L. FRIEDEBURG/J. HABERMAS(Hrsg.): Adorno-Konferenz 1983, Frankfurt/M. 1983, bes. S. 402ff.; B. LINDNER/W. M. LÜDKE(Hrsg.): Materialien zur ästhetischen Theorie, Frankfurt/M. 1980, S. 509ff.

Anmerkungen zu Kapitel 3.2, Seite 131-154

1 Vgl. auch P. ROGER: Barthes et le roman: contre, tout contre...; in: magazine littéraire, Nr. 314(Octobre 1993), S. 57: "cette expérience par le plaisir de lecture est sans cesse contredite par une autre expérience: celle de quiconque a cherché en librairie un livre de Barthes. Il lui aura probablement fallu errer de rayon en rayon et de rubrique en rubrique — Sciences humaines, Sciences du langage, Sémiologie, Critique littéraire, Essais, Photographie, etc... Mais il est une section de la librairie, la plus vaste en général, que le lecteur en quête de son auteur n'explorera même pas: celle justement qui s'annonce sous l'intitulé 'Romans' ou, de plus en plus, et à la mode anglo-américaine, 'Fiction'."

2 Vgl. J. BARTH: The Literature of Exhaustion; in: The Atlantic Monthly 220(1967) 2, S. 29-34.

3 Angeführt werden Paul Valérys *Monsieur Teste* (PT, 9), *Lois* von Philippe Sollers (PT, 16), Severo Sarduys *Cobra* (PT, 17) sowie Balzac, Flaubert, Mallarmé, Poe, Proust, Sade, Stendhal und Zola, um nur einige wenige zu nennen (vgl. PT, 14, 18, 44, 52, 70).

4 Zum Beispiel "mètre (décasyllabique)"(PT, 16), "anacoluthes", "asyndètes"(PT, 18), "tmèse"(PT, 20), "*romanesque*"(PT, 46), "polysémie"(PT, 57), "*mathésis*"(PT, 59), "*défiguration* de la langue" (PT, 61), "signifié"(PT, 67), "phéno-texte", "géno-texte" (PT, 104).

5 Vgl. PT, 105: "Il suffit en effet que le cinéma prenne *de très près* le son de la parole (c'est en somme la définition généralisée du 'grain' de l'écriture) et fasse entendre dans leur matérialité, dans leur sensualité, le souffle, la rocaille, la pulpe des lèvres, toute une présence du museau humain (que la voix, que l'écriture soient fraîches, souples, lubrifiées, finement granuleuses et vibrantes comme le museau d'un animal), pour qu'il réussisse à déporter le signifié très loin et à jeter, pour ainsi dire, le corps anonyme de l'acteur dans mon oreille: ça granule, ça grésille, ça caresse, ça rape, ça coupe: ça jouit."

[6] Vgl. PT, 26/7, 98, 104/5.

[7] Vgl. PT, 13, 60, 72.

[8] F. SCHLEGEL 1967. Bd. 1, S. 162.

[9] "Ecrire par fragments: les fragments sont alors des pierres sur le pourtour du cercle: je m'étale en rond: tout mon petit univers en miettes; au centre, quoi?"(RB, 96)

[10] Zur (post-)romantischen Sensibilität von Barthes vgl. N. BOLZ: Der Geist und die Buchstaben; in: U. NASSEN(Hrsg.): Texthermeneutik, Paderborn u.a. 1979, S. 79-112; T. TODOROV: La réflexion sur la littérature dans la France contemporaine; in: Poétique (1979)38, S. 131-148; S. SONTAG 1982.

[11] Auch im Vorwort zur Neuausgabe der *Essais critiques* findet sich eine Einschätzung dieses Bandes, die frühromantische Züge trägt: "tous ces textes sont polysémiques (...) et l'assemblage en est rapsodique: dès le départ, aucune volonté de sens général, aucune envie d'assumer un 'destin' intellectuel: seulement les éclats d'un travail progressif, souvent obscur à lui-même."(EC, 8)

[12] Vgl. RB, 58/9, 64-66, 68-70, 96-99, 107/8, 131-34, 166-68.

[13] Vgl. auch RB, 47, 56, 66, 75, 77, 88, 99, 114, 131, 135, 142, 164. Daß Barthes' Text ständig neu einsetzt und mit jedem Fragment einen neuen Anfang produziert, kann als Weiterführung und Steigerung des kreisenden, scheinbar auf-der-Stelle-tretenden Beginns von Prousts *A la Recherche du temps perdu* gelesen werden. Gérard Genette hat detailliert nachgewiesen, daß die *Recherche* nicht einen, sondern mindestens sieben Anfänge besitzt (vgl. G. GENETTE: Figures III, Paris 1972, S. 88/9). Diese strukturelle Ähnlichkeit ist nur eine von zahlreichen Parallelen, die sich zwischen Prousts und Barthes' Schriften herstellen lassen (desweiteren könnten genannt werden: die Diffraktion und Streuung des Subjekts im Schreiben, die Thematisierung des Schreibprozesses selbst, die Rückbindung von Erinnerung und Schreiben an den Körper, der Lektürebegriff, die affektive Besetzung von Worten und Eigennamen). Barthes hat sich wiederholt mit Proust auseinandergesetzt (vgl. DZ, 121-34; BL 307-312); er bezeichnet dessen Werk als seine "*mathésis* générale", als "*mandala* de toute cosmogonie littéraire"(PT, 59), und betont in einem 1978 am Collège de France gehaltenen Vortrag, daß er sich mit Proust hinsichtlich des "désir d'écrire" identifiziere: "*je m'identifie à lui*: confusion de pratique, non de valeur"(BL, 313). An dieser Stelle charakterisiert Barthes die *Recherche* mit den gleichen Worten, die er drei Jahre zuvor für sein eigenes Buch, *roland BARTHES par roland barthes*, verwendet hat: "la chrono-logie ébranlée, des fragments, intellectuels ou narratifs, vont former une suite soustraite à la loi ancestrale du Récit ou du Raisonnement, et cette suite produira sans forcer la *tierce forme*, ni Essai ni Roman. La structure de cette œuvre sera (...) *rhapsodique*, c'est-à-dire (étymologiquement) *cousue*; c'est d'ailleurs une métaphore proustienne: l'œuvre se fait comme une robe; le texte rhapsodique implique un art original, comme l'est celui de la couturière: des pièces, des morceaux sont soumis à des croisements, des arrangements, des rappels: une robe n'est pas un *patchwork*, pas plus que ne l'est *la Recherche*."(BL, 317)

[14] Vgl. G. GENETTE: Figures I, Paris 1976, S. 198/89 und P. BÜRGER 1992b, S. 101.

[15] "Barthes's taxonomies are never static. Often the point is precisely for one category to subvert the other"(S. SONTAG 1982, S. 124). Indem Barthes' dynamisierte Texte auf die Transgression der Begriffe und Klassifizierungsraster selbst zielen, enthüllen sie "ein *positives Unbewußtes* des Wissens", wie Foucault in seinem Vorwort zur deutschen Ausgabe von *Les mots et les choses* all diejenigen Diskurselemente nennt, die zwar Teil eines Diskurses, den Sprechern und Sprecherinnen dieses Diskurses jedoch nicht bewußt

sind (M. FOUCAULT: Die Ordnung der Dinge, Frankfurt/M. 1988a, S. 11). Barthes' *écriture* versucht somit im Medium des Literarischen etwas zu erkunden, was durchaus vergleichbar mit dem Erkenntnisinteresse von Foucaults großer Studie *Les mots et les choses* ist, nämlich die Bedingungen und Grenzen unseres Denkens und Wissens. In der *Préface* gibt Foucault sogar an, daß seine Untersuchung sich einem literarischen Text von Jorge Luis Borges verdanke, der alle Vertrautheiten seines Denkens erschüttert habe. Darin wird eine chinesische Enzyklopädie erwähnt, welche die Tiere in eine — für europäische Leser — vollkommen verblüffende und inkohärente Taxonomie einteilt.

16 Vgl. auch RB, 96. Natürlich gibt es auch die Gegenbewegung, die vom Spielerischen, Literarischen und Metaphorischen ausgeht und dieses in einen theoretischen oder belehrenden Diskurs einflicht.

17 E.T. BANNET: Structuralism and the Logic of Dissent, Urbana/Chicago 1989, S. 74.

18 Vgl. auch FDA, 43-45.

19 P. BÜRGER 1992b, S. 107. Bürger weist auf die Nähe zu Brechts Verfremdungseffekt hin, auf den Barthes in *Fragments d'un discours amoureux* explizit Bezug nimmt (vgl. FDA, 9).

20 Vgl RB, 70: "J'écris: ceci est le premier degré du langage. Puis, j'écris que *j'écris:* c'en est le second degré."

21 Ähnlich beschreibt Barthes auch den spezifisch literarischen Prozeß der *Semiosis* in der *Leçon* (vgl. L, 40).

22 Vgl. EC, 11-13; SFL, 136.

23 Adorno teilt diese Einschätzung, allerdings ist sie bei ihm motiviert durch seine Kritik an der kapitalistischen Ökonomie und der bürgerlichen Ideologie, weniger durch sprachtheoretische Überlegungen: "Da jedoch der freie und gerechte Tausch selber die Lüge ist, so steht was ihn verleugnet, zugleich auch für die Wahrheit ein: der Lüge der Warenwelt gegenüber wird noch die Lüge zum Korrektiv, die jene denunziert"(MM, 49, vgl. auch 204).

24 Vgl. RB, 109; J. LACAN 1971. I, S. 89-97; J. LACAN 1971. II, S. 151-191 und M. FRANK 1985, S. 376-399.

25 P. BÜRGER 1992b, S. 107/8.

26 Vgl. auch SFL, 15/16; L, 20-22.

27 Vgl. auch RB, 53, 73, 140.

28 Auch diesbezüglich scheint Barthes die psychoanalytischen Positionen Lacans in den Bereich des Literarisch-Ästhetischen transponiert zu haben. Lacan führt den Sinn eines Textes auf die Art und Weise seiner Verwebung, seiner Textur zurück; Sinn ist ihm nichts Ursprüngliches, sondern ein Effekt der symbolischen Ordnung (vgl. M. FRANK 1985, S. 309).

29 "Ce qu'il écrivait était déjà de la fiction, mais qui concernait l'acte même de son énonciation. Plutôt que le romancier authentique d'une histoire fictive, Barthes était l'énonciateur inauthentique d'histoires (ou de discours) vraies" (T. TODOROV 1981, S. 324; vgl. auch RB, 109/10).

30 Barthes gehört in den 50er und 60er Jahren nicht nur zu den enthusiastischen Befürwortern des Brechtschen Theaters (vgl. EC, 48-62, 84-89, 143-146), sondern er betont auch immer wieder, daß Brecht als Vorkämpfer für seine Konzeption des *plaisir du texte* angesehen werden muß. Diese Lust am Text darf nicht mit einer hedonistischen Preisgabe analytischer und gesellschaftskritischer Ansprüche gleichgesetzt werden: "sur le

point du plaisir du texte, j'ai un garant prestigieux pour moi: Brecht. Personne ne peut dénier à l'œuvre brechtienne (théâtre, théorie) une force, une intelligence de critique marxiste presque impeccable: or Brecht est un grand auteur marxiste qui a sans cesse revendiqué pour le plaisir" (GV, 154; vgl. auch GV 212/13 und RB, 108).

31 An anderer Stelle spricht Barthes von seinem Wunsch, "du romanesque intellectuel" (GV, 211; vgl. auch RB, 94) zu schreiben und "le romanesque sans le roman"(SZ, 11), "le romanesque sans les personnages" (GV, 124) zu produzieren. Ein Blick in die Sekundärliteratur zeigt, welche Verwirrung Barthes' "troisième genre" (BL, 316) stiftet. Wie ein roter Faden zieht sich durch die Forschung die bisweilen faszinierte, bisweilen skeptisch-resignierte Aussage, die Schriften von Barthes seien unqualifizierbar und nicht klassifizierbar. In bezug auf *roland BARTHES par roland barthes* reicht das Spektrum von der Auffassung, das Buch sei ein "undefined genre"(P. LOMBARDO: The Three Paradoxes of Roland Barthes, Athens/London 1989, S. 71), über die Meinung, es sei ein autobiographisches Aphorismenbuch (vgl. P. BÜRGER 1992b, S. 90) oder — ganz im Gegensatz dazu — als Destruktion der traditionellen Autobiographie eine "autobiographie éclatée"(A. WHITESIDE: Barthes et l'autobiographie éclatée; in: Romance Notes 21(1980)1, S. 9), bis zu der Position von Paul Jay, der behauptet, das Werk "really belongs to no genre"(P. JAY: Being in the Text, Ithaca/London 1984, S. 63). Steven Ungar bezeichnet *Barthes par lui-même* als "critical fiction"(S. UNGAR: Roland Barthes, Lincoln/London 1983, S. 63). Diese sehr weit gefaßte Zuordnung verweist implizit auf Mallarmés Forderung nach einem "poëme critique"(S. MALLARME 1984, S. 1576), die ja schon zur Charakterisierung des *Spleen de Paris* herangezogen werden konnte (vgl. Kapitel 2.2). Louis Marin schließlich geht das Problem der Gattungsbezeichnung offensiv mit einem Neologismus an: er sieht das Werk als "'portraiture'" (L. MARIN: R.B. par R. B.; in: Critique 38(1982)423/424, S. 736), also als Amalgam von auto-biographischem Portrait einerseits und selbstreflexiver *écriture* andererseits. Der aktuelle Diskussionsstand der Forschung zeigt, daß Barthes' Texte die etablierten Gattungsgrenzen sprengen und sich einer begrifflichen Definition widersetzen. Der Irritation und dem damit implizierten Verlust von Lektüre- und Deutungsmustern steht allerdings produktiv die außerordentlich hohe ästhetische Wirkung der Texte gegenüber.

32 H. BLUMENBERG: Wirklichkeitsbegriff und Möglichkeit des Romans; in: B. HILLEBRAND(Hrsg.): Zur Struktur des Romans, Darmstadt 1978, S. 267.

33 Vgl GV, 210 und SZ, 102. In seiner *Introduction à l'analyse structurale des récits* (1966) ging Barthes noch davon aus, daß Handlungen oder Ereignisse in narrativen Texten aus charakterlichen Indizes oder Motivationen ableitbar sind (vgl. Communications, 8. L'analyse structurale du récit, Paris 1981, S. 7-33 und T. TODOROV: La lecture comme construction; in: DERS.: Poétique de la prose, Paris 1980, S. 175-188).

34 Vgl. PT, 46.

35 E.T. BANNET 1989, S. 5. Bannets Studie analysiert überzeugend, inwiefern Barthes, Derrida, Foucault und Lacan in ihren Positionen wie Methoden gerade von strukturalistischen und neostrukturalistischen Konzepten abweichen und eine subversive *Logic of Dissent* entwickeln.

36 H. BLUMENBERG 1978, S. 243.

37 G. MATTENKLOTT 1982, S. 140.

38 H. BLUMENBERG 1978, S. 257.

39 H. SANDERS 1987, S. 106.

40 Die *Liebesgeschichte* mit ihren immanenten Prinzipien der Entwicklung, der Kausalität oder gar Finalität ist laut Barthes der moralisierenden und — mit Nietzsche gesprochen — herdenhaften öffentlichen Meinung verpflichtet. Sie gilt in den *Fragments* als "tribut que l'amoureux doit payer au monde pour se réconcilier avec lui."(FDA, 11)

41 Insofern führen Barthes' Texte die Tendenzen der Zerstückelung der narrativen Syntax und der Vieldeutigkeit literarischer Charaktere, wie sie die Romane Kafkas, Prousts, Joyces, Woolfs oder Musils seit Beginn dieses Jahrhunderts praktizieren, fort; vgl. hierzu P. ZIMA: Krise des Subjekts als Krise des Romans; in: Romanistische Zeitschrift für Literaturgeschichte 2(1978)1, S. 54-77.

42 "Cet objet en quoi s'inscrit le pouvoir, de toute éternité humaine, c'est: le langage — ou pour être plus précis, son expression obligée: la langue. (...) par sa structure même, la langue implique une relation fatale d'aliénation. Parler, et à plus forte raison discourir, ce n'est pas communiquer, comme on le répète souvent, c'est assujettir: toute la langue est une rection généralisée."(L, 16)

43 T. TODOROV: Le dernier Barthes; in: Poétique 47(1981), S. 325.

44 Die Entwicklung neuartiger Text- und Diskursformen war ein wichtiges Ziel der Gruppe TEL QUEL. Neben Philippe Sollers kann hier auch Jean Thibaudeau genannt werden, dessen Romanbegriff, wie er ihn in *Le roman comme autobiographie* postuliert, mit Barthes' Textform konvergiert. Thibaudeau fordert einen fragmentarischen, multiplen Roman, der sich von jeglicher Referenz lossagt, der nur das Potential des Schreibens und der Imagination selbst erkundet und dem *désir d'écrire* verpflichtet ist (vgl. J. THIBAUDEAU: Le roman comme autobiographie; in: TEL QUEL: Théorie d'ensemble, Paris 1980, S. 197-205).

45 Vgl. auch GV, 138: "ce qu'il faudrait faire, c'est retracer non pas la biographie d'un écrivain, mais ce qu'on pourrait appeler l'écriture de son travail, une sorte d'ergographie. En ce qui me concerne, l'histoire de ce que j'ai écrit est l'histoire d'un jeu, c'est un jeu successif où j'ai essayé des textes: c'est-à-dire que j'ai essayé des registres de modèles; j'ai essayé des champs de citations."

46 P. de MAN: Autobiography as De-facement; in: Modern Language Notes: Comparative Literature 94(1979)5, S. 920.

47 Vgl. BL, 29: "le sujet se constitue comme immédiatement contemporain de l'écriture, s'effectuant et s'affectant par elle"; ebenso EC, 16 und L, 28. Julia Kristeva betont diese Dialektik der Literatur als zentralen Ausgangspunkt der Schriften von Barthes: "aux sujets d'une civilisation aliénés dans leur langage et barrés par leur histoire, le travail de Barthes démontre que la littérature est précisément le lieu où cette aliénation et ce barrage se déjouent de façon à chaque fois spécifique. Ligne frontière entre un signifiant où se perd le sujet, et une histoire qui lui impose ses lois, la littérature apparaît comme un mode spécifique de *connaissance pratique* où se concentre ce que la communication verbale et l'échange social écartent puisqu'ils obéissent aux règles de l'évolution économico-technique. (...) La pratique 'littéraire' et généralement 'artistique' transforme la dépendance du sujet vis-à-vis du signifiant en une épreuve de sa liberté par rapport au signifiant et donc au réel. Epreuve dans laquelle il atteint aussi bien ses limites (les lois du signifiant) que les possibilités objectives (linguistiques et historiques) de leur déplacement" (J. KRISTEVA: Comment parler à la littérature; in: Tel Quel 47(1971), S. 30/31).

48 Vgl. hierzu M. FOUCAULT: Raymond Roussel, Frankfurt/M. 1989. Von besonderer Bedeutung sind die strukturellen Analogien, die sich zwischen den *Fragments* und Roussels Buch feststellen lassen: Auch *Comment j'ai écrit certains de mes livres* ist die

beunruhigende Dialektik von Zeigen, Aufdecken und Verhüllen eingeschrieben; es "steht in einem seltsamen Bezug zu dem Werk, dessen Maschinerie es aufdeckt, um es mit einem übereilten, bescheidenen und gewissenhaften autobiographischen Bericht wieder zu verdecken" (M. FOUCAULT 1989, S. 7). Darüber hinaus präsentiert es sich — wie die *Fragments* — als ein fragmentarischer und lückenhafter Versuch, die emotionale Erschütterung des Subjekts einzufangen: "*Wie ich einige meiner Bücher geschrieben habe* verbirgt die versprochene Offenbarung ebenso sehr und vielleicht noch mehr, als es sie aufdeckt. Es bietet eigentlich nur Bruchstücke in einer Katastrophe von Erinnerungen, die dazu zwingt, wie Roussel sagt, 'Auslassungspunkte zu setzen'" (M. FOUCAULT 1989, S. 11/12).

49 Vgl. OO, 257.

50 Das Buch präsentiert sich wie eine Enzyklopädie der (Sprach-)Regungen eines Liebenden, doch scheint es seinen enzyklopädischen Charakter vor allem spielerisch und assoziativ einzusetzen — was paradoxerweise mit der etymologischen Bedeutung von Enzyklopädie als einem Kreis des Wissens konvergiert: "ENCYCLOPEDIE, s.f. (*Philosoph.*) Ce mot signifie *enchaînement de connaissances*; il est composé de la préposition greque (...) *en*, & des substantifs (...) *cercle*, & (...) *connoissance*"; Encyclopédie ou Dictionnaire Raisonné (éd. par DIDEROT). Tome 5, Paris 1755, S. 635. Vgl. hierzu auch Adornos Beurteilung: "Denken als Enzyklopädie, ein vernünftig Organisiertes und gleichwohl Diskontinuierliches, Unsystematisches, Lockeres drückt den selbstkritischen Geist von Vernunft aus."(ND, 40)

51 F. DE SAUSSURE: Cours de linguistique générale, Paris 1984, S. 166.

52 W. BENJAMIN 1991. Bd. IV-1, S. 425. Was allerdings bei Barthes primär sprachphilosophisch begründet ist, basiert bei Benjamin und Adorno stärker auf einer Kritik des Kapitalismus und der bürgerlichen Ideologie. Da Barthes jedoch Sprache als Inbegriff bürgerlich-kapitalistischer Ideologie kritisiert, fallen die scheinbar unterschiedlichen Ansatzpunkte letztlich zusammen.

53 Die Frage des Verhältnisses von Darstellung und Dargestelltem ist Adorno insbesondere beim Verfassen der *Ästhetischen Theorie* zum Problem geworden, das er in einigen Briefen thematisiert. So betont er, "daß die einem Buch fast unabdingbare Folge des Erst-Nachher sich mit der Sache als so unverträglich erweist, daß deswegen eine Disposition im traditionellen Sinn, wie ich sie bis jetzt noch verfolgt habe (...), sich als undurchführbar erweist. Das Buch muß gleichsam konzentrisch in gleichgewichtigen, parataktischen Teilen geschrieben werden, die um einen Mittelpunkt angeordnet sind, den sie durch ihre Konstellation ausdrücken."(ÄT, 541)

54 Zur Schmerz- und Leiderfahrung als Movens Kritischer Theorie vgl. auch ND, 202ff. und B. BRÄUTIGAM: Reflexion des Schönen — schöne Reflexion, Bonn 1975, S. 194; H. BRUNKHORST: Theodor W. Adorno, München 1990, S. 196-203; T. EAGLETON: The Ideology of the Aesthetic, Oxford 1990, S. 343; R. HOFFMANN: Figuren des Scheins, Bonn 1984.

55 Die Möglichkeit, in begrifflicher und mitteilender Sprache auf den Verblendungszusammenhang zu reflektieren und die diskursiv sedimentierten Ideologien von innen aufzubrechen, "taucht im Horizont dieses Modells totaler Integration nicht auf"(A. KUHLMANN: Das stumme Antlitz der Kunst; in: LiteraturMagazin 24(1989), S. 64).

56 Vgl. MM, 128/129.

57 "Philosophie, die Kunst nachahmte, von sich aus Kunstwerk werden wollte, durchstriche sich selbst."(ND, 26)

[58] Zu den wenigen Ausnahmen in der Sekundärliteratur, die sich auf literarische und künstlerische Aspekte konzentrieren, zählen die Bücher von Bernd BRÄUTIGAM 1975 und Rainer HOFFMANN 1984 sowie Dieter SCHNEBELS Beitrag: Komposition von Sprache — sprachliche Gestaltung von Musik in Adornos Werk; in: H. SCHWEPPENHÄUSER(Hrsg.): Theodor W. Adorno zum Gedächtnis, Frankfurt/M. 1971, S. 129-145. Hinsichtlich der *Ästhetischen Theorie* gibt es eine rege Diskussion darüber, inwiefern eine Theorie ästhetisch werden könne, wie Adorno dies intendierte. Die Mehrzahl der Interpretinnen und Interpreten kommt allerdings zu dem Ergebnis, daß das Programm einer ästhetischen Theorie ein aporetisches, von Grund auf undurchführbares sei (vgl. R. BUBNER: Kann Theorie ästhetisch werden? in: DERS.: Ästhetische Erfahrung, Frankfurt/M. 1989, S. 70-98; T. BAUMEISTER/J. KULENKAMPFF: Geschichtsphilosophie und philosophische Ästhetik; in: neue hefte für philosophie 5(1973), S. 74-104, bes. S. 102ff.; B. RECKI: Aura und Autonomie, Würzburg 1988, bes. 158-171).

[59] J. HABERMAS: Philosophisch-politische Profile, Frankfurt/M. 1981a, S. 162.

[60] Fragment 123 im dritten Teil ist auf 1935 datiert.

[61] Die Fragmente 1-9 thematisieren die Situation des Intellektuellen, 10-18 das menschliche Miteinander, das Privat- und Intimleben, 33-35 den Krieg, 36-40 die Psychoanalyse, 41-50 die Philosophie und die eigene Methode etc.

[62] P. ZIMA 1978, S. 55.

[63] Vgl. MM 63, 86, 88/89, 107, 167, 172, 190, 199, 266, 330, 333.

[64] Von den frühen *Minima Moralia* bis zu seinem Spätwerk, der *Ästhetischen Theorie*, hielt Adorno, der ja selbst Musiker und Komponist war — für Schnebel gar "primär Musiker, überhaupt Künstler"(D. SCHNEBEL 1971, S. 138) —, an der Musik als Inbegriff von Kunst fest (vgl. MM, 298).

[65] D. SCHNEBEL 1971, S. 129. Schnebel vergleicht die einzelnen Nummern der *Minima Moralia* auch mit musikalischen "Interventionen"(S. 135).

[66] Vgl. MM, 108: "Anständig gearbeitete Texte sind wie Spinnweben".

[67] Zu einer genauen Stilanalyse vgl. R. HOFFMANN 1984. Hoffmann betont u.a. ungewöhnliche Wort-, Satz- und Textgestaltung; häufigen und irritierenden Fremdwortgebrauch; syntagmatische Merkwürdigkeiten; zerbrochene Syntax; agrammatikalischen Einsatz von Konjunktionen; elliptische Rede, Inversionen, Parenthesen, Satzverschachtelungen; dissoziative Parataxen.

[68] Vgl. MM, 105-108.

[69] Vgl. MM, 101, 107, 114, 140/41, 157, 179/80, 212/13, 253, 264-66, 285, 316ff.

[70] Vgl. GV, 114.

[71] Vgl. auch L, 20-22.

[72] Vgl. auch L, 24: "Les forces de liberté qui sont dans la littérature ne dépendent pas de la personne civile, de l'engagement politique de l'écrivain, qui, après tout, n'est qu'un 'monsieur' parmi d'autres, ni même du contenu doctrinal de son œuvre, mais du travail de déplacement qu'il exerce sur la langue: de ce point de vue, Céline est tout aussi important que Hugo, Chateaubriand que Zola."

Anmerkungen zu Kapitel 3.3, Seite 155-180

1 In seinem Hölderlin-Essay beschreibt Adorno eine ähnliche Dialektik von Selbstverlust und Selbstwerdung: "Indem die Sprache die Fäden zum Subjekt durchschneidet, redet sie für das Subjekt, das von sich aus (...) nicht mehr reden kann."(NL, 478)

2 M. PROUST: Contre Sainte-Beuve, Paris 1978, S. 225. Vgl. auch S. 221/22: "un livre est le produit d'un autre moi que celui que nous manifestons dans nos habitudes, dans la société, dans nos vices. Ce moi-là, si nous voulons essayer de le comprendre, c'est au fond de nous-même, en essayant de le recréer en nous, que nous pouvons y parvenir." Damit unterstreicht Proust den imaginären Charakter von Konzepten wie Autor, Intention o.ä.; auch diesen Aspekt nimmt Barthes in seinen Schriften wieder auf.

3 Vgl. auch SFL, 56; EC 16/17 und BL, 318.

4 Vgl. BL 63/64: "linguistiquement, l'auteur n'est jamais rien de plus que celui qui écrit, tout comme *je* n'est autre que celui qui dit *je*: le langage connaît un 'sujet', non une 'personne', et ce sujet, vide en dehors de l'énonciation même qui le définit, suffit à faire 'tenir' le langage, c'est-à-dire à l'épuiser."

5 P. BÜRGER 1992b, S. 99. Bürger bietet ein gute Deutung dieser Passage und verweist vor allem auf die verschachtelte Irritation, die der Satz: "si j'étais écrivain, et mort" auslöst. Damit sagt der Schreibende in einer ausgesprochen literarischen Formulierung — die sich besonders durch das nachgestellte Adverb auszeichnet —, er sei kein Literat.

6 J. KRISTEVA 1971, S. 31.

7 Vgl. besonders *Le plaisir du texte*.

8 Vgl. besonders *roland BARTHES par roland barthes*.

9 Barthes, der aus gesundheitlichen Gründen vom Militärdienst freigestellt war, verbrachte die Jahre 1942/43 sowie 1943-1946 in Sanatorien in Frankreich und in der Schweiz, um eine Lungentuberkulose zu kurieren.

10 Vgl. PT, 28, 63; FDA, 207ff., 248, 249ff.; RB, 73, 92, 95, 146/47.

11 Vgl. auch PT, 97: "Qu'est-ce que la signifiance? C'est le sens *en ce qu'il est produit sensuellement*."

12 Vgl. auch FDA, 75, 106, 141, 167, 176, 209, PT, 49. Die gesellschaftspolitische Relevanz einer derartigen Haltung wird eindrucksvoll bestätigt durch Ulrich Becks *Die Erfindung des Politischen*. Der Soziologe Beck bezeichnet es darin als Notwendigkeit wie Chance moderner, westlicher Wirtschaftsgesellschaften nach dem Ende des Ost-West-Konflikts, "Auseinandersetzungen, Experimente *jenseits von entweder-oder*" zu suchen (U. BECK: Die Erfindung des Politischen, Frankfurt/M. 1993, S. 11). Zur Entwicklung einer Politik des *und* hat sich Beck bezeichnenderweise von einem ästhetischen Modell, nämlich Kandinskys Aufsatz *und*, anregen lassen.

13 In Adornos *Minima Moralia* werden ähnliche Situationen des Ausgeschlossenseins beschrieben (vgl. MM, 32ff., 124ff.).

14 Vgl. auch FDA, 250 und PT, 63.

15 J. KRISTEVA 1985, S. 613.

16 Vgl. auch PT, 39; RB, 53.

17 Vgl. folgende Charakterisierung von Rameaus Neffen: "Rien ne dissemble plus de lui que lui-même."(DIDEROT: Le neveu de Rameau; in: DERS.: Œuvres, Paris 1978, S. 396) Zur Ich-Pluralität bei Valéry vgl. P. BÜRGER 1992a, S. 212-235.

[18] DIDEROT 1978, S. 462/63.

[19] Das Unzeitgemäße impliziert auch eine spezifische und komplexe Zeiterfahrung des Barthesschen Subjekts, die ich als Diachronie in der Synchronie bezeichnen möchte. Indem das Subjekt in vorgängige Diskurse schlüpft, kann es sich schreibend wie lesend in frühere Zeiten und Epochen einlassen. So skizziert der Autor in der *Leçon* ein Gedächtnis des Körpers, das die Grenzen seiner faktischen Existenz im Prozeß der Lektüre leichtfüßig überschreitet: "L'autre jour, j'ai relu le roman de Thomas Mann, *la Montagne magique*. Ce livre met en scène une maladie que j'ai bien connue, la tuberculose; par la lecture, je tenais rassemblés dans ma conscience trois moments de cette maladie: le moment de l'anecdote, qui se passe avant la guerre de 1914, le moment de ma propre maladie, alentour 1942, et le moment actuel (...). Je me suis alors aperçu avec stupéfaction (seules les évidences peuvent stupéfier) que *mon propre corps était historique*. En un sens, mon corps est contemporain de Hans Castorp, le héros de *la Montagne magique*; mon corps, qui n'était pas encore né, avait déjà vingt ans en 1907, année où Hans pénétra et s'installa dans 'le pays d'en haut', mon corps est bien plus vieux que moi"(L, 68; vgl. auch RB, 128). Gleichzeitig zu diesen Erfahrungen lebt das Subjekt sowohl im Modus der Plötzlichkeit, der brüsken Überraschung (vgl. FDA, 237) als auch im Modus des Wartens und der Dehnung der Zeit. Schließlich vermag es im Verlauf einer lustvollen Lektüre das eigentümliche Doppel von zeitlicher Konsistenz *und* Zeitlosigkeit zu genießen (vgl. PT, 25/6; 36).

[20] J.W. GOETHE: Die Leiden des jungen Werthers; in: DERS.: Sämtliche Werke. Bd. 1-2, München 1987, S. 197.

[21] "Ihr könnt seinem (Werthers; D.K.) Geiste und seinem Charakter eure Bewunderung und Liebe, seinem Schicksale eure Tränen nicht versagen"(J.W. GOETHE 1987. Bd. 1-2, S. 197).

[22] Vgl. auch PT, 9.

[23] Vgl. auch MM, 222: "Sexualität, um deretwillen angeblich doch das Getriebe sich erhält, ist zu dem Wahn geworden, der früher in der Versagung bestand."

[24] W. ISER 1991, S. 478; vgl. auch S. DOUBROVSKY: Une écriture tragique; in: Poétique 47(1981), S. 329-354.

[25] S. FELMAN: "Die Lektürepraxis erneuern"; in: M. FRANK /A. HAVERKAMP(Hrsg.): Individualität, München 1988, S. 204; vgl. auch — mit Blick auf Freud — R. RORTY 1988, S. 38-81.

[26] M. FOUCAULT: L'usage des plaisirs, Paris 1984a, S. 16/17; vgl. auch S. SONTAG: Remembering Barthes; in: DIES.: Under the Sign of Saturn, New York 1980, S. 173/74: "Barthes's work, along with that of Wilde and Valéry, gives being an aesthete a good name. Much of his recent writing is a celebration of the intelligence of the senses, and of the texts of sensation. Defending the senses, he never betrayed the mind. Barthes did not entertain any Romantic clichés about the opposition between sensual and mental alertness."

[27] S. MALLARME 1984, S. 366.

[28] Eine ähnliche Zersplitterung des obsessiv Liebenden diagnostizierte schon Proust: "Je n'étais pas un seul homme, mais le défilé d'une armée composite où il y avait des passionnés, des indifférents, des jaloux — des jaloux dont pas un n'était jaloux de la même femme"(M. PROUST: A la Recherche du temps perdu. III, Paris 1954, S. 489).

[29] Vgl. FDA, 237: "RETENTISSEMENT. Mode fondementale de la subjectivité amoureuse" und RB, 159.

[30] T. PYNCHON: The Crying of Lot 49, Philadelphia/New York 1966, S. 143.

[31] T. PYNCHON 1966, S. 140.

[32] H.-J. ORTHEIL 1984, S. 53.

[33] Vgl. B. COMMENT: roland barthes, vers le neutre, Paris 1991, S. 97.

[34] S. SONTAG 1982, S. 132.

[35] Vgl. J. KRISTEVA 1985.

[36] J. KRISTEVA 1971, S. 45/6.

[37] Vgl. auch FDA, 253-255.

[38] Zum Sprachwahn des *amoureux* vgl. GV, 267/8; zu dem des modernen Künstlers GV, 237: "C'est par là qu'il (Flaubert; D.K.) devient le premier écrivain de la modernité: parce qu'il accède à une folie. Une folie qui n'est pas de représentation, de l'imitation, du réalisme, mais une folie de l'écriture, une folie du langage."

[39] Vgl. auch SZ, 16: "*Je lis le texte*. Cette énonciation, conforme au 'génie' de la langue française (sujet, verbe, complément) n'est pas toujours vraie. Plus le texte est pluriel et moins il est écrit avant que je le lise; je ne lui fais pas subir une opération prédicative, conséquente à son être, appelée *lecture*, et *je* n'est pas un sujet innocent, antérieur au texte et qui en userait ensuite comme d'un objet à démonter ou d'un lieu à investir. Ce 'moi' qui s'approche du texte est déjà lui-même une pluralité d'autres textes, de codes infinis, ou plus exactement: perdus (dont l'origine se perd)." Und SZ, 157: "*dans le texte, seul parle le lecteur.*"

[40] M. PROUST 1978, S. 189. Zu Prousts Lektürekonzeption insbesondere in der *Recherche* vgl. R. STOCKHAMMER: Leseerzählungen, Stuttgart 1991.

[41] Vgl. M. PROUST 1978, S. 174 und PT, 28: "Le texte n'est jamais un 'dialogue'".

[42] M. PROUST 1978, S. 180.

[43] M. PROUST 1978, S. 175. Bemerkenswert an dieser Passage ist, daß als Grund für den Lektürerausch ein Satz angeführt wird, der sich gar nicht in dem als Lieblingsbuch erwähnten *Le Capitaine Fracasse* von Gautier findet, wie Proust in einer Fußnote selbst vermerkt. Das ungenaue Zitat verdeutlicht, daß es Proust — ebenso wie nach ihm Barthes, der auch ungenau, aus dem Gedächtnis und meist ohne Anführungszeichen zitiert —, nicht um eine inhaltliche, durch die erzählte Anekdote vermittelte Lesefreude geht, sondern um einen Sprachfluß und -rhythmus, der häufig vom Lesenden selbst produziert und imaginiert wird.

[44] Für weitere Charakterisierungen der Protagonisten als Künstler vgl. FDA, 100, 249; RB, 50/51, 56-58, 60/61, 70/71, 81/82, 87, 94, 103, 110, 111, 118, 139/40, 164, 181; PT, 22, 32/33, 57/58, 104/105.

[45] J. LACAN 1971. I, S. 11; vgl. auch L, 50.

[46] R. BARTHES: Drame, poème, roman; in: TEL QUEL: Théorie d'ensemble, Paris 1980, S. 33.

[47] Es handelt sich um ein Bild der Mutter von Roland Barthes, was im Verlauf des Buches implizit deutlich wird.

[48] Vgl. RB, 5.

[49] S. FREUD: Das Ich und das Es; in: DERS.: Studienausgabe. Bd. 3, Frankfurt/M. 1975, S. 292.

[50] Vgl. RB, 14-16.

[51] Auch anläßlich der bourgeoisen Teezirkel der Großmutter wird lapidar Proust eingeführt: "l'objet principal du désir était une certaine Mme Lebœuf, veuve d'un pharmacien (...), sorte de boulingrin noir, bagué et moustachu, qu'il s'agissait d'attirer au thé mensuel (la suite dans Proust)."(RB, 16) Mancher "SUSPICIOUS READER — and the polemic over 'structuralism' fills the air with suspicion and haste to conclude", mag derartige Hinweise auf Proust als Anmaßung und Größenwahn abgetan haben: "Who then does Roland Barthes think he is?"(D. ELLIS: Barthes and Autobiography; in: The Cambridge Quarterly 3(1977), S. 252) Hierbei muß jedoch beachtet werden, daß es Barthes nicht darum geht, sich zum Schriftsteller vom Range Prousts zu stilisieren, sondern daß — in diesem Falle — Prousts Werk als vorgängige Sinnmatrix ausgewiesen wird, die es überhaupt erst erlaubt, die (Lebens-)Welt zu deuten und zu verstehen.

[52] Vgl. L, 58.

[53] Vgl. auch EC, 213-220 und Kapitel 2.5 dieser Arbeit.

[54] H. SCHEIBLE: Geschichte im Stillstand; in: H.L. ARNOLD(Hrsg.) 1977, S. 94.

[55] Die *Minima Moralia* entstanden in den Jahren 1944-1947 während Adornos Exil in den USA.

[56] Vgl. MM, 16. Zur Intellektuellenfeindlichkeit der bürgerlichen, insbesondere auch der deutschen Öffentlichkeit vgl. D. BERING: Die Intellektuellen, Stuttgart 1978; J. HABERMAS: Heinrich Heine und die Rolle des Intellektuellen in Deutschland; in: DERS.: Die Moderne — ein unvollendetes Projekt, Leipzig 1990, S. 130-158; H. BRUNKHORST 1990, bes. S. 37-112.

[57] Vgl. MM, 25ff.

[58] Vgl. MM, 19.

[59] Vgl. MM, 62.

[60] Vgl. hierzu U. BECK: Risikogesellschaft, Frankfurt/M. 1989.

[61] Auch Barthes' wollüstiger Leser rekurriert auf diese Denkfigur: "Pour échapper à l'aliénation de la société présente, il n'y a plus que ce moyen: *la fuite en avant*"(PT, 66).

[62] Vgl. auch NL, 32.

[63] Vgl. MM, 128/9.

[64] Adorno warnt unablässig davor, "(g)egen den blutigen Ernst der totalen Gesellschaft, die ihre Gegeninstanz eingezogen hat"(MM, 283), eine Aussage oder auch einen Wert zu affirmieren und als invariant zu setzen. So nimmt nach seiner Meinung die satirische Prosa von Karl Kraus genau dann restaurative Züge an, wenn sie ihren eigenen Humanismus unhinterfragt als gegeben hinnimmt.

[65] Vgl. auch RB, 88. Richard Sennett in *Civitas* und Odo Marquard in seinem Beitrag *Sola divisione individuum* machen ebenfalls den Vorschlag, die Möglichkeit moderner Subjektivität und Individualität in einer pluralistischen und widersprüchlichen Kultur der Differenz, in den "Buntheiten unserer Lebenswirklichkeit"(O. MARQUARD 1988, S. 28) zu verorten (vgl. O. MARQUARD: *Sola divisione individuum*; in: M. FRANK/A. HAVERKAMP 1988, S. 21-34; R. SENNETT 1991).

[66] Vgl. auch MM, 72, 84/85, 213ff., 262ff.

[67] Vgl. auch folgende Aussage aus der *Negativen Dialektik*, die selbstreflexiv auf Adornos Texte angewandt werden kann: "Exakte Phantasie eines Dissentierenden kann mehr sehen als tausend Augen"(ND, 56).

[68] T. EAGLETON 1990, S. 347.

[69] H. BRUNKHORST 1990, S. 204.

Anmerkungen zu Kapitel 3.4, Seite 181-200

1 R. MEYER-KALKUS: Das 'Korn der Stimme'; in: Germanisch-Romanische Monatsschrift 42(1992)4, S. 338.

2 A. LEROI-GOURHAN 1988, S. 119.

3 Vgl. auch BL, 40: "La lecture, ce serait le geste du corps (car bien entendu on lit avec son corps) qui d'un même mouvement pose et pervertit son ordre: un supplément intérieur de perversion."

4 G. MATTENKLOTT 1982, S. 109.

5 Vgl. auch J. KRISTEVA 1971, S. 33 und J. CULLER: Barthes, London 1983, S. 93.

6 Vgl. J.-F. LYOTARD u.a.: Immaterialität und Postmoderne, Berlin 1985.

7 Vgl. auch BL, 43.

8 T. EAGLETON 1990, S. 342.

9 Vgl. hierzu auch M. HALBWACHS: Das Gedächtnis und seine sozialen Bedingungen (1925), Frankfurt/M. 1985, bes. S. 73-124 und J. ASSMANN: Das kulturelle Gedächtnis, München 1992. Diese Denkfigur erlaubt, Walter Benjamins Vorstellung, daß "eine geheime Verabredung zwischen den gewesenen Geschlechtern und unserem" bestehe, zu präzisieren (W. BENJAMIN: Über den Begriff der Geschichte; in: DERS. 1991. Bd. I-2, S. 694). Mit Adorno kann davon ausgegangen werden, daß die Verbindung zwischen den Zeiten und Generationen insbesondere durch das Medium der Sprache gewährleistet wird.

10 M. HORKHEIMER / T. ADORNO 1984, S. 207.

11 F. NIETZSCHE 1988. Bd. 4, S. 39.

12 Birgit Recki hat darauf aufmerksam gemacht, daß Adorno stärker von Bedeutungsspuren in Namen fasziniert ist, "während Proust sich von der Lautgestalt in ihrer sinnlichen Prägnanz ansprechen läßt."(B. RECKI 1988, S. 33) Reckis Einschätzung trifft für das oben erwähnte Beispiel aus der *Negativen Dialektik* zu; im folgenden wird jedoch deutlich werden, daß auch Adorno eine gleichsam physiognomische Sensibilität gegenüber der Sprache bekundet und in seinen Schriften einfordert (vgl. z.B. NL, 109).

13 STENDHAL: De l'Amour, Paris 1989, S. 64.

14 In diesem "Noms propres" betitelten Fragment ist die — implizite — Bezugnahme auf Proust unübersehbar: Der Ich-Erzähler schwelgt in der "guirlande de signifiants étranges à mes oreilles", welche ihm in der Kindheit die bourgeoisen Familiennamen seines Heimatortes boten, und reflektiert über seinen "rapport amoureux avec des noms propres"(RB, 55). Vgl. auch Barthes' Aufsatz *Proust et les noms* (DZ, 121-134).

15 Roland Barthes spricht in *Sade, Fourier, Loyola* von der "gourmandise du mot" und vermerkt: "le néologisme est un acte érotique, ce pour quoi il soulève immanquablement la censure des cuistres"(SFL, 87). Adornos Einschätzung und Beschreibung von Fremdwörtern ist mit Barthes' Auffassung des Neologismus in wesentlichen Zügen identisch; dies prägt auch den Stil beider Autoren: Während die meisten Leserinnen und Leser kaum Adornos Position teilen werden, der "gar keinen besonderen Aufwand an Fremdwörtern"(NL, 216) in seinen Texten finden konnte, zeichnen sich die Schriften von Barthes durch eine konstante Tendenz zur Wortneuschöpfung aus.

16 J. BAUDRILLARD: Vom zeremoniellen zum geklonten Körper: Der Einbruch des Obszönen; in: D. KAMPER/C. WULF(Hrsg.): Die Wiederkehr des Körpers, Frankfurt/M. 1982a, S. 354.

[17] J.-A. MILLER: Pseudo-Barthes; in: A. COMPAGNON(éd.): Roland Barthes, Paris 1978, S. 208.

[18] Vgl. RB, 56, 68-70; FDA, 20-23, 213-15, 268-70.

[19] Damit entfalten die *Fragments* zugleich spielerisch und souverän einen homosexuellen Subtext: Indem das liebende Ich wie auch der Andere, "l'objet aimé" (FDA, 19), nicht geschlechtlich spezifiziert werden, treten sie aufgrund der Normen und Konventionen unserer Sprache und Gesellschaft als männliche Subjekte auf; vgl. z.B.: "Je m'installe seul, dans un café; on vient m'y saluer; je me sens entouré, demandé, flatté. Mais l'autre est absent; je le convoque en moi-même pour qu'il me retienne au bord de cette complaisance mondaine, qui me guette."(FDA, 23) Vgl. hierzu auch C. COSTE: Le secret de l'œuvre; in: magazine littéraire, Nr. 314(Octobre 1993), S. 30-32. Allerdings fällt schon der Titel dieses Beitrags hinter Barthes' textuellen Umgang mit (seiner) Homosexualität zurück. Denn Costes Titel mystifiziert die strukturelle Einschreibung von Homosexualität zum Geheimnis von Barthes' Werk.

[20] Vgl. auch PT, 45: "Le texte est un objet fétiche et *ce fétiche me désire*. Le texte me choisit". Ein langweiliger, plappernder Text erscheint dementsprechend als "un texte frigide"(PT, 12).

[21] M. PROUST 1978, S. 191.

[22] S. SONTAG 1982, S. 132.

[23] G. FLAUBERT: Correspondance. Tome II, Paris 1980, S. 731.

[24] Vgl. BL, 43; GV, 261. Culler weist kritisch auf die Gefahr der Mystifizierung des Textes und des Körpers bei Barthes hin (vgl. J. CULLER 1983, S. 95).

[25] Vgl. auch ÄT, 176, 181, 227, 349, 411, 489/490.

[26] A. RIMBAUD 1972, S. 53.

[27] Als Vorläufer von Adornos und Barthes' physiologischer Ästhetik muß Friedrich Nietzsche genannt werden. Was Nietzsche in *Jenseits von Gut und Böse* mit Blick auf eine gelungene Lektüre einfordert, liest sich wie die Antizipation dessen, was Barthes für jeglichen — produktiven wie rezeptiven — Umgang mit Texten vorschlägt. Wenn Nietzsche betont, der Lesende müsse ein "drittes Ohr" haben, das heißt besonders sensibel für Rhythmik, Tempo oder Melodik eines Satzes sein, ist dies durchaus der Barthesschen Aufmerksamkeit für das "Korn der Stimme" vergleichbar: " — Welche Marter sind deutsch geschriebene Bücher für Den, der das d r i t t e O h r hat! Wie unwillig steht er neben dem langsam sich drehenden Sumpfe von Klängen ohne Klang, von Rhythmen ohne Tanz, welcher bei Deutschen ein 'Buch' genannt wird!"(F. NIETZSCHE 1988. Bd. 5, S. 189) Zudem besitzt Nietzsches Lob des Lesens mit lauter Stimme eine frappierende Ähnlichkeit zu Barthes' — allerdings primär auf den Bereich des Schreibens bezogenen — Vorschlag einer *écriture à haute voix*: "Mit lauter Stimme: das will sagen, mit all den Schwellungen, Biegungen, Umschlägen des Tons und Wechseln des Tempo's, an denen die antike ö f f e n t l i c h e Welt ihre Freude hatte. Damals waren die Gesetze des Schrift-Stils die selben, wie die des Rede-Stils; und dessen Gesetze hiengen zum Theil von der erstaunlichen Ausbildung, den raffinirten Bedürfnissen des Ohrs und Kehlkopfs ab, zum andern Theil von der Stärke, Dauer und Macht der antiken Lunge. Eine Periode ist, im Sinne der Alten, vor Allem ein physiologisches Ganzes, insofern sie von Einem Athem zusammengefasst wird."(F. NIETZSCHE 1988. Bd. 5, S. 190)

[28] T. ADORNO: Prismen, Frankfurt/M. 1983, S. 304. Mit Blick auf die *Ästhetische Theorie* stellt Recki fest: "Ganz ausdrücklich und mit systematischem Motiv werden die Kunstwerke von Adorno als Subjekte in Anspruch genommen."(B. RECKI 1988, S. 83)

[29] W. BENJAMIN 1991. Bd. I-2, S. 485.

[30] T. ADORNO: Philosophie der neuen Musik, Frankfurt/M. 1975, S. 122.

[31] T. ADORNO 1975, S. 122.

[32] A. KUHLMANN 1989, S. 66.

[33] C. MENKE: Die Souveränität der Kunst, Frankfurt/M. 1992, S. 179.

[34] A. KUHLMANN 1989, S. 72.

[35] H. BLUMENBERG 1986, S. 10.

[36] J. KRISTEVA 1971, S. 33.

[37] M. HORKHEIMER/T. ADORNO 1984, S. 207.

[38] F. SCHLEGEL 1967. Bd. 18, S. 5. Allerdings muß der Unterschied festgehalten werden, daß für Schlegel die Buchstaben theologische Zeichen sind, die kraft ihrer "Ursprungs-(zuge)hörigkeit" (N. BOLZ 1979, S. 84) sprechen. Demgegenüber betont Barthes, daß das Zeichen nur aus dem differentiellen Spiel mit anderen Zeichen Bedeutung gewinnt.

[39] Vgl. auch RB, 164: "J'ai une maladie: je *vois* le langage."

[40] In *roland BARTHES par roland barthes* lautet der Kommentar zum Abdruck einer handschriftlichen Manuskriptseite des Autors, auf der zahlreiche Verbesserungen, Einfügungen und Durchstreichungen zu sehen sind: "Corrections? Plutôt pour le plaisir d'étoiler le texte."(RB, 105)

[41] S. MALLARME: Un coup de dés; in: DERS. 1984, S. 474-477.

[42] Vgl. J. CULLER 1983, S. 94.

[43] W. BENJAMIN 1991. Bd. I-2, S. 693-703 und MM, 199-201.

[44] Vgl. auch L, 68; RB, 128. Horkheimer und Adorno betonen in der *Dialektik der Aufklärung,* der im Prozeß der Zivilisation versklavte, verstümmelte und verdinglichte Körper sei "nicht wieder zurückzuverwandeln in den Leib"(M. HORKHEIMER/T. ADORNO 1984, S. 209).

[45] M. SEEL: Die Kunst der Entzweiung, Frankfurt/M. 1985, S. 317.

[46] Annette Lavers' Polemik, Barthes' späte Schriften manifestierten einen "primitivism", "a complete abandonment of mental life and its own logic and a refuge in the apparently mindless yet meaningful depths of the body, with a mythical hope of translating them into words without the mediation of discourse"(A. LAVERS: Roland Barthes, London 1982, S. 31) entbehrt meines Erachtens jeder Grundlage und scheint auf einer allzu oberflächlichen oder gar voreingenommenen Lektüre zu beruhen.

[47] W. WELSCH: Ästhetisches Denken, Stuttgart 1990, S. 55. Auch wenn Nietzsche noch die klare Opposition von leiblichem Selbst und geistigem Ich vornimmt, deutet sich in seiner physiologischen Betrachtungsweise schon die komplexe Verschränkung sinnlicher, emotionaler Potentiale und rationaler Vermögen an: "'Ich' sagst du und bist stolz auf diess Wort. Aber das Grössere ist, woran du nicht glauben willst, — dein Leib und seine grosse Vernunft: die sagt nicht Ich, aber thut Ich. (...) Werk- und Spielzeuge sind Sinn und Geist: hinter ihnen liegt noch das Selbst. Das Selbst sucht auch mit den Augen der Sinne, es horcht auch mit den Ohren des Geistes."(F. NIETZSCHE 1988. Bd. 4, S. 39)

[48] W. ISER 1991, S. 479/80.

[49] Vgl. auch RB, 5ff. und MM, 174.

[50] Zur Idealisierung und subjektphilosophischen Ideologisierung der Mutter in der Kritischen Theorie vgl. M. RUMPF: Ein Erbe der Aufklärung; in: Feministische Studien (1989)2, S. 55-68.

[51] R. MEYER-KALKUS 1992, S. 333.

[52] E.T. Bannet interpretiert Barthes' Textspiel als Rückkehr "to the pleasure-principle of childhood" (E.T. BANNET 1989, S. 67). Damit unterschlägt sie jedoch die Bedeutung von *jouissance* als Orgasmus, die wohl kaum mit dem *kindlichen* Lustprinzip vereinbart werden kann.

[53] F. NIETZSCHE 1988. Bd. 4, S. 40.

[54] M. HORKHEIMER/T. ADORNO 1984, S. 208. Vgl. auch MM, 69, 72, 75, 313.

[55] T. EAGLETON 1990, S. 343.

Anmerkungen zu Kapitel 3.5, Seite 201-211

[1] Vgl. auch ÄT, 172.

[2] Vgl. MM, 290.

[3] Diese Passage zeigt, daß Adorno — wie auch Benjamin — von einer negativen Geschichtsteleologie ausgeht: Die Rede vom "Absterben der Erfahrung"(MM, 43) suggeriert, in früheren Epochen habe es erfülltere und umfassendere Erfahrung gegeben. Man muß diese verfallsgeschichtliche Position nicht teilen, um dennoch anzuerkennen, daß die kulturelle Dynamik vielfältige Modifikationen der Möglichkeiten ebenso wie der Weisen von Erfahrung mit sich brachte und mit sich bringt. Zu konstatieren ist insbesondere die Tendenz zur Immaterialität: Wesentliche gesellschaftliche Prozesse, Errungenschaften wie auch Risiken sind häufig nicht (mehr) ohne technische Hilfsmittel wahrnehmbar.

[4] Vgl. auch die aporetische Bestimmung einer Philosophie "im Angesicht der Verzweiflung"(MM, 333): "Perspektiven müßten hergestellt werden, in denen die Welt ähnlich sich versetzt, verfremdet, ihre Risse und Schründe offenbart, wie sie einmal als bedürftig und entstellt im Messianischen Lichte darliegen wird. Ohne Willkür und Gewalt, ganz aus der Fühlung mit den Gegenständen heraus solche Perspektiven zu gewinnen, darauf allein kommt es dem Denken an."(MM, 334)

[5] Vgl. ÄT, 183.

[6] Vgl. auch SFL, 39; BL, 66; EC, 138-142. Diese Aussage stützt sich (implizit) auf Kristevas Studie *La révolution du langage poétique* (vgl. J. KRISTEVA 1985).

[7] R. BARTHES 1980, S. 42.

[8] R. BARTHES 1980, S. 42.

[9] Vgl. auch PT, 42.

[10] Vgl. G. VATTIMO/P.A. ROVATTI(Hrsg.): Il pensiero debole, Mailand 1983.

[11] Vgl. hierzu auch G. SCHWAB: Entgrenzungen und Entgrenzungsmythen, Wiesbaden 1987, bes. S. 35-59: "Die Subjektgenese, das Imaginäre und die poetische Sprache".

[12] Vgl. Kapitel 2.5 dieser Arbeit.

[13] C. CASTORIADIS 1984, S. 12.

[14] Vgl. RB, 48/49, 109/110, 123/124, 164.

15 Vgl. auch PT, 88: "La figuration serait le mode d'apparition du corps érotique (à quelque degré et sous quelque mode que ce soit) dans le profil du texte."

16 Vgl. auch PT, 45; *La mort de l'auteur* (BL, 61-67) sowie Foucaults Vortrag *Qu'est-ce qu'un auteur?* (M. FOUCAULT 1969).

17 Auch Proust weist in der *Recherche* auf das einzigartige Evidenzerlebnis hin, durch das uns das Kunstwerk eine diskursiv nicht vermittelbare Präsenz des anderen liefert: "Mais alors, n'est-ce pas que ces éléments, tout ce résidu réel que nous sommes obligés de garder pour nous-mêmes, que la causerie ne peut transmettre même de l'ami à l'ami, du maître au disciple, de l'amant à la maîtresse, cet ineffable qui différencie qualitativement ce que chacun a senti et qu'il est obligé de laisser au seuil des phrases où il ne peut communiquer avec autrui qu'en se limitant à des points extérieurs communs à tous et sans intérêt, l'art (...) le fait apparaître, extériorisant dans les couleurs du spectre le composition intime de ces mondes que nous appelons les individus, et que sans l'art nous connaîtrions jamais?"(M. PROUST 1954. III, S. 247/248)

Anmerkungen zu Kapitel 4, Seite 213-216

1 W. WELSCH 1990, S. 175.

2 Vgl. P. BÜRGER: Die Tränen des Odysseus, Frankfurt/M. 1993.

Literatur

Claude ABASTADO 1979: Mythes et rituels de l'écriture, Bruxelles.

Emmanuel ADATTE 1986: Les Fleurs du Mal et Le Spleen de Paris. Essai sur le dépassement du réel, Paris.

Theodor W. ADORNO 1969: Ohne Leitbild. Parva Aesthetica, Frankfurt/M.

Theodor W. ADORNO 1973: Philosophische Frühschriften. Gesammelte Schriften Band 1 (hrsg. v. Rolf TIEDEMANN), Frankfurt/M.

Theodor W. ADORNO 1975: Philosophie der neuen Musik. Gesammelte Schriften Band 12 (hrsg. v. Rolf TIEDEMANN), Frankfurt/M.

Theodor W. ADORNO 1977: Einleitung in die Musiksoziologie, Frankfurt/M.

Theodor W. ADORNO 1983: Prismen. Kulturkritik und Gesellschaft, Frankfurt/M.

Theodor W. ADORNO 1985: Ästhetische Theorie (hrsg. v. Gretel ADORNO und Rolf TIEDEMANN), Frankfurt/M. (zitiert als ÄT).

Theodor W. ADORNO 1985: Noten zur Literatur, Frankfurt/M. (zitiert als NL).

Theodor W. ADORNO 1986: Kierkegaard. Konstruktion des Ästhetischen, Frankfurt/M.

Theodor W. ADORNO 1986: Minima Moralia. Reflexionen aus dem beschädigten Leben, Frankfurt/M. (zitiert als MM).

Theodor W. ADORNO 1988: Negative Dialektik, Frankfurt/M. (zitiert als ND).

Ian W. ALEXANDER 1961: The Consciousness of Time in Baudelaire; in: Studies in Modern French Literature Presented to P. Mansell Jones (ed. by Lloyd James AUSTIN/ Garnet REES/Eugène VINAVER), Manchester 1961, S. 1-17.

Anne-Marie AMIOT 1982: Baudelaire et l'illuminisme, Paris.

L'Arc 56(1974).

ARISTOTELES 1984: Poetik. Griechisch/Deutsch (hrsg. v. Manfred FUHRMANN), Stuttgart.

Heinz Ludwig ARNOLD(Hrsg.) 1977: Theodor W. Adorno. Text + Kritik Sonderband, München.

Jean-Paul ARON 1973: Roland Barthes: "Le Plaisir du texte"; in: Cahiers du Chemin 19 (1973), S. 134-142.

Antonin ARTAUD 1978: Œuvres complètes. IV, Paris.

Aleida ASSMANN 1978: Werden was wir waren. Anmerkungen zur Geschichte der Kindheitsidee; in: Antike und Abendland 24(1978), S. 98-124.

Jan ASSMANN 1992: Das kulturelle Gedächtnis. Schrift, Erinnerung und politische Identität in frühen Hochkulturen, München.

Donald AYNESWORTH 1982: Humanity and Monstrosity in Le Spleen de Paris: A Reading of "Mademoiselle Bistouri"; in: Romanic Review 73(1982)2, S. 209-221.

Michail BACHTIN 1979: Die Ästhetik des Wortes (hrsg. v. Rainer GRÜBEL), Frankfurt/M.

Michail BACHTIN 1985: Literatur und Karneval. Zur Romantheorie und Lachkultur, Frankfurt/M./Berlin/Wien.

Eve Tanner BANNET 1989: Structuralism and the Logic of Dissent. Barthes, Derrida, Foucault, Lacan, Urbana/Chicago.

John BARTH 1967: The Literature of Exhaustion; in: The Atlantic Monthly 220(1967)2, S. 29-34.

Roland BARTHES 1966: Introduction à l'analyse structurale des récits; in: Communications 8(1966), S. 7-33 (Nachdruck Paris 1981).

Roland BARTHES 1970: Mythologies, Paris.

Roland Barthes 1970: L'empire des signes, Genève/Paris (zitiert als ES).

Roland BARTHES 1972: Le degré zéro de l'écriture. Suivi de Nouveaux essais critiques, Paris (zitiert als DZ).

Roland BARTHES 1973: Le plaisir du texte, Paris (zitiert als PT).

Roland BARTHES 1976: S/Z, Paris (zitiert als SZ).

Roland BARTHES 1977: Fragments d'un discours amoureux, Paris (zitiert als FDA).

Roland BARTHES 1980: Drame, poème, roman; in: TEL QUEL: Théorie d'ensemble (choix), Paris, S. 27-42.

Roland BARTHES 1980: Leçon/Lektion. Französisch und Deutsch. Antrittsvorlesung im Collège de France, gehalten am 7. Januar 1977, Frankfurt/M. (zitiert als L).

Roland BARTHES 1980: Sade, Fourier, Loyola, Paris (zitiert als SFL).

Roland BARTHES 1981: Le théâtre de Baudelaire; in: DERS: Essais critiques, Paris, S.41-47.

Roland BARTHES 1981: Essais critiques, Paris (zitiert als EC).

Roland BARTHES 1981: Le grain de la voix. Entretiens 1962-1980, Paris (zitiert als GV).

Roland BARTHES 1984: Michelet, Frankfurt/M.

Roland BARTHES 1984: Le bruissement de la langue. Essais critiques VI, Paris (zitiert als BL).

Roland BARTHES 1990: La chambre claire. Note sur la photographie, Paris (zitiert als CC).

Roland BARTHES 1990: roland BARTHES par roland barthes, Paris (zitiert als RB).

Roland BARTHES 1991: Das semiologische Abenteuer, Frankfurt/M.

Roland BARTHES 1992: L'obvie et l'obtus. Essais critiques III, Paris (zitiert als OO).

Georges BATAILLE 1957: La littérature et le mal, Paris.

Charles BAUDELAIRE 1955: Œuvres complètes. Tome I. Etudes de Lloyd James Austin, Maurice Nadeau, Yves Bonnefoy, Pierre Jean Jouve, Roland Barthes (éd. par S. de SACY), Paris.

Charles BAUDELAIRE 1971: Petits Poèmes en prose (Le Spleen de Paris). (Ed. par Henri LEMAITRE), Paris.

Charles BAUDELAIRE 1973: Correspondance I. 1832-1860 (éd. par Claude PICHOIS/ Jean ZIEGLER), Paris (zitiert als Corr I).

Charles BAUDELAIRE 1973: Correspondance II. 1860-1866 (éd. par Claude PICHOIS/ Jean ZIEGLER), Paris (zitiert als Corr II).

Charles BAUDELAIRE 1985: Œuvres complètes. Tome II (éd. par Claude PICHOIS), Paris (zitiert als OC II).

Charles BAUDELAIRE: Œuvres complètes. Tome I (éd. par Claude PICHOIS), Paris (zitiert als OC I).

Jean BAUDRILLARD 1978: Agonie des Realen, Berlin.

Jean BAUDRILLARD 1982: Der symbolische Tausch und der Tod, München.

Jean BAUDRILLARD 1982a: Vom zeremoniellen zum geklonten Körper: Der Einbruch des Obszönen; in: Dietmar KAMPER/Christoph WULF(Hrsg.): Die Wiederkehr des Körpers, Frankfurt/M., S. 350-362.

Thomas BAUMEISTER/Jens KULENKAMPFF 1973: Geschichtsphilosophie und philosophische Ästhetik. Zu Adornos "Ästhetischer Theorie"; in: neue hefte für philosophie 5 (1973), S. 74-104.

Michel BEAUJOUR 1983: Short Epiphanies: Two Contextual Approaches to the French Prose Poem; in: Mary Ann CAWS/Hermine RIFFATERRE(eds.): The Prose Poem in France. Theory and Practice, New York, S. 39-59.

Ulrich BECK 1989: Risikogesellschaft. Auf dem Weg in eine andere Moderne, Frankfurt/M.

Ulrich BECK 1993: Die Erfindung des Politischen. Zu einer Theorie reflexiver Modernisierung, Frankfurt/M.

Claudia BECKER 1990: Zimmer — Kopf — Welten. Motivgeschichte des Intérieurs im 19. und 20. Jahrhundert, München.

Samuel BECKETT 1989: Proust, Frankfurt/M.

Daniel BELL 1977: Beyond Modernism, Beyond Self; in: Quentin ANDERSON/Stephen DONADIO/Stephen MARCUS(eds.): Art, Politics, and Will. Essays in Honor of Lionel Trilling, New York, S. 213-53.

Jean BELLEMIN-NOEL 1986: Baudelaire et la chirurgie des âmes; in: Jean-Claude MATHIEU(éd.): Territoires de l'imaginaire. Pour Jean-Pierre Richard, Paris, S. 201-212.

Elio BENEVELLI 1974: "La Chambre double" de Baudelaire; in: Cahiers d'études romanes 1(1974), S. 65-91.

Andrew BENJAMIN(ed.) 1989: The Problems of Modernity. Adorno and Benjamin, London/New York.

Walter BENJAMIN 1991: Gesammelte Schriften (unter Mitwirkung von Theodor W. ADORNO und Gershom SCHOLEM hrsg. v. Rolf TIEDEMANN und Hermann SCHWEPPENHÄUSER), Frankfurt/M.

Gottfried BENN 1989: Essays und Reden in der Fassung der Erstdrucke (hrsg. v. Bruno HILLEBRAND), Frankfurt/M.

Emile BENVENISTE 1974: Probleme der allgemeinen Sprachwissenschaft, München.

J.H. van den BERG 1970: The Subject and his Landscape; in: Harold BLOOM(ed.): Romanticism and Consciousness. Essays in Criticism, New York, S. 57-65.

Dietz BERING 1978: Die Intellektuellen. Geschichte eines Schimpfwortes, Stuttgart.

Marshall BERMAN 1970: The Politics of Authenticity. Radical Individualism and the Emergence of Modern Society, New York.

Marshall BERMAN 1979: Baudelaire: Modernism in the Streets; in: Partisan Review 46 (1979)2, S. 205-222.

Marshall BERMAN 1982: All that is solid melts into air. The Experience of Modernity, New York.

Suzanne BERNARD 1959: Le poème en prose de Baudelaire jusqu'à nos jours, Paris.

Leo BERSANI 1975: Le réalisme et la peur du désir; in: Poétique 22(1975), S. 177-195.

Leo BERSANI 1981: Baudelaire et Freud, Paris.

Karlheinz BIERMANN 1977: Baudelaires Le Cygne und die Tradition der Paris-Lyrik seit 1830; in: Lendemains 2(1977)6, S. 91-110.

Karlheinz BIERMANN 1978a: Baudelaires Petits Poèmes en prose. Ein Diskussionsbeitrag zum Verhältnis zwischen Hoch- und Trivialkultur; in: Lendemains 3(1978)10, S. 117-124.

Karlheinz BIERMANN 1978b: Mercier: Der Literat, das Volk und die öffentliche Meinung. Das Selbstverständnis des Schriftstellers in der Spätaufklärung und die Propagierung neuer Gattungen; in: Lendemains 3(1978)11, S. 11-23.

Karlheinz BIERMANN 1978c: Vom Flaneur zum Mystiker der Massen. Historisch-dialektische Anmerkungen zur Beziehung zwischen Ich und Menge bei Hugo, Baudelaire und anderen; in: Romanistische Zeitschrift für Literaturgeschichte 2(1978)2/3, S. 298-315.

Karlheinz BIERMANN 1979a: Baudelaire als "théologien de la populace"; in: Französisch heute 10(1979)3, S. 179-191.

Karlheinz BIERMANN 1979b: Der Rausch des Lumpensammlers und der Alptraum des Bürgers; in: Germanisch-Romanische Monatsschrift 29(1979)3, S. 311-321.

Karlheinz BIERMANN 1982: Literarisch-politische Avantgarde in Frankreich 1830-1870. Hugo, Sand, Baudelaire und andere, Stuttgart/Berlin/Köln/Mainz.

Hans-Rüdiger van BIESBROCK 1978: Die literarische Mode der Physiologien in Frankreich (1840-42), Frankfurt/M./Bern.

Lynette C. BLACK 1988/89: Baudelaire als Dandy: Artifice and the Search for Beauty; in: Nineteenth-Century French Studies 17(1988/89)1/2, S. 186-195.

Marc Eli BLANCHARD 1985: In Search of the City. Engels, Baudelaire, Rimbaud, Saratoga.

Maurice BLANCHOT 1969: L'entretien infini, Paris.

Maurice BLANCHOT 1984: L'échec de Baudelaire; in: DERS.: La part du feu, Paris, S. 133-151.

Georges BLIN 1948: Le sadisme de Baudelaire, Paris.

Harold BLOOM(ed.) 1970: Romanticism and Consciousness. Essays in Criticism, New York.

Hans BLUMENBERG 1960: Paradigmen zu einer Metaphorologie, Bonn.

Hans BLUMENBERG 1978: Wirklichkeitsbegriff und Möglichkeit des Romans; in: Zur Struktur des Romans (hrsg. v. Bruno HILLEBRAND), Darmstadt, S. 238-267.

Hans BLUMENBERG 1979: Schiffbruch mit Zuschauer. Paradigma einer Daseinsmetapher, Frankfurt/M.

Hans BLUMENBERG 1986: Die Lesbarkeit der Welt, Frankfurt/M.

Hartmut BÖHME/Gernot BÖHME 1985: Das Andere der Vernunft. Zur Entwicklung von Rationalitätsstrukturen am Beispiel Kants, Frankfurt/M.

Karl Heinz BOHRER 1976: Ausfälle gegen die kulturelle Norm. Erkenntnis und Subjektivität — Formen des Essays; in: LITERATURMAGAZIN 6. Die Literatur und die Wissenschaften (hrsg. v. Nicolas BORN und Heinz SCHLAFFER), Reinbek, S. 15-29.

Karl Heinz BOHRER 1978: Die Ästhetik des Schreckens. Die pessimistische Romantik und Ernst Jüngers Frühwerk, Frankfurt/M.

Karl Heinz BOHRER 1987: Plötzlichkeit. Zum Augenblick des ästhetischen Scheins, Frankfurt/M.

Karl Heinz BOHRER 1988: Nach der Natur. Über Politik und Ästhetik, München/Wien.

Karl Heinz BOHRER 1989: Der romantische Brief. Die Entstehung ästhetischer Subjektivität, Frankfurt/M.

Norbert BOLZ 1979: Der Geist und die Buchstaben. Friedrich Schlegels hermeneutische Postulate; in: Ulrich NASSEN(Hrsg.): Texthermeneutik: Aktualität, Geschichte, Kritik, Paderborn/München/Wien/Zürich, S. 79-112.

Norbert BOLZ/Bernd WITTE(Hrsg.) 1984: Passagen. Walter Benjamins Urgeschichte des XIX. Jahrhunderts, München.

Daniel J. BOORSTIN 1987: Das Image. Der Amerikanische Traum, Reinbek.

Jacques-Henry BORNECQUE 1953: Les poèmes en prose de Baudelaire; in: L'information littéraire 5(1953), S. 177-182.

Pierre BOURDIEU 1984: Die feinen Unterschiede. Kritik der gesellschaftlichen Urteilskraft, Frankfurt/M.

Jean-Louis BOUTTES 1975: Faux comme la vérité; in: Critique 31(1975)341, S. 1024-1052.

Malcolm BOWIE/Alison FAIRLIE/Alison FINCH(eds.) 1982: Baudelaire, Mallarmé, Valéry. New Essays in Honour of Lloyd Austin, Cambridge.

Frank Paul BOWMAN 1978: Roland Barthes par Roland Barthes et Charles Fourier; in: The Romanic Review 69(1978)3, S. 236-241.

Bernd BRÄUTIGAM 1975: Reflexion des Schönen — schöne Reflexion. Überlegungen zur Prosa ästhetischer Theorie — Hamann, Nietzsche, Adorno —, Bonn.

Christina von BRAUN 1989: Die schamlose Schönheit des Vergangenen. Zum Verhältnis von Geschlecht und Geschichte, Frankfurt/M.

Bertolt BRECHT 1982: Gesammelte Werke, Frankfurt/M.

André BRETON 1975: Manifestes du surréalisme, Paris.

Anne-Marie BRINSMEAD 1988: A Trading of Souls: Commerce as Poetic Practice in the "Petits Poèmes en prose"; in: The Romanic Review 79(1988)3, S. 452-465.

Heinz BRÜGGEMANN 1989: Das andere Fenster: Einblicke in Häuser und Menschen. Zur Literaturgeschichte einer urbanen Wahrnehmungsform, Frankfurt/M.

Richard BRÜTTING 1976: "écriture" und "texte". Die französische Literaturtheorie "nach dem Strukturalismus". Kritik traditioneller Positionen und Neuansätze, Bonn.

Hauke BRUNKHORST 1990: Theodor W. Adorno. Dialektik der Moderne, München.

Rüdiger BUBNER 1989: Ästhetische Erfahrung, Frankfurt/M.

Christa BÜRGER 1980: Tradition und Subjektivität, Frankfurt/M.

Christa BÜRGER(Hrsg.) 1986: "Zerstörung, Rettung des Mythos durch Licht", Frankfurt/M.

Christa BÜRGER/Peter BÜRGER/Jochen SCHULTE-SASSE(Hrsg.) 1979: Naturalismus/Ästhetizismus, Frankfurt/M.

Peter BÜRGER 1984: Theorie der Avantgarde, Frankfurt/M.

Peter BÜRGER 1990: Die Wiederkehr der Analogie. Ästhetik als Fluchtpunkt in Foucaults Die Ordnung der Dinge; in: Jürgen FOHRMANN/Harro MÜLLER(Hrsg.): Diskurstheorien und Literaturwissenschaft, Frankfurt/M., S. 45-52.

Peter BÜRGER 1992a: Prosa der Moderne. Unter Mitarbeit von Christa Bürger, Frankfurt/M.

Peter BÜRGER 1992b: Das Denken des Herrn. Bataille zwischen Hegel und dem Surrealismus, Frankfurt/M.

Peter BÜRGER 1993: Die Tränen des Odysseus, Frankfurt/M.

Edmund BURKE 1958: A Philosophical Enquiry into the Origin of our Ideas of the Sublime and Beautiful (hrsg. v. J.T. BOULTON), London/New York.

Richard D. BURTON 1988: Baudelaire in 1859: A Study in the Sources of Poetic Creativity, Cambridge/New York.

Michel BUTOR 1961: Histoire extraordinaire. Essai sur un rêve de Baudelaire, Paris.

Michel BUTOR 1962: Mobile, Paris.

Michel BUTOR 1964: Le roman et la poésie; in: DERS.: Répertoire II, Paris, S. 7-26.

Michel BUTOR 1967: "Les Paradis Artificiels"; in: DERS.: Essais sur les Modernes, Paris, S. 7-15.

Michel BUTOR 1974: La fascinatrice; in: DERS.: Répertoire IV, Paris, S. 371-397.

Louis-Jean CALVET 1990: Roland Barthes, Paris.

Italo CALVINO 1991: Sechs Vorschläge für das nächste Jahrtausend. Harvard Vorlesungen, München/Wien.

Robert T. CARGO 1968: Baudelaire Criticism 1950-1967. A Bibliography with Critical Commentary, Alabama.

Michael CARRITHERS/Steven COLLINS/Steven LUKES(eds.) 1985: The Category of the Person: Anthropology, Philosophy, History, Cambridge/New York/London.

Cornelius CASTORIADIS 1984: Gesellschaft als imaginäre Institution. Entwurf einer politischen Philosophie, Frankfurt/M.

Hiram CATON 1973: The Origin of Subjectivity. An Essay on Descartes, New Haven/London.

Mary Ann CAWS 1983: The Self-Defining Prose Poem: On Its Edge; in: DIES./Hermine RIFFATERRE(eds.): The Prose Poem in France. Theory and Practice, New York, S. 180-197.

Mary Ann CAWS/Hermine RIFFATERRE(eds.) 1983: The Prose Poem in France. Theory and Practice, New York.

Léon CELLIER 1968: Baudelaire et l'enfance; in: Baudelaire. Actes du colloque de Nice (25-27 mai 1967). Annales de la Faculté des Lettres et des Sciences Humaines de Nice 4/5(1968), S. 67-77.

Ross CHAMBERS 1971: "L'art sublime du comédien" ou le regardant et le regardé; in: Saggi e Ricerche di Letteratura Francese 11(1971), S. 189-260.

Ross CHAMBERS 1980/81: "Je" dans les "Tableaux Parisiens" de Baudelaire; in: Nineteenth-Century French Studies 9(1980/81)1/2, S. 59-68.

Ross CHAMBERS 1985: Baudelaire et la pratique de la dédicace; in: Saggi e Ricerche di Letteratura Francese 24(1985), S. 119-140.

Ross CHAMBERS 1987a: Are Baudelaire's "Tableaux Parisiens" about Paris? in: Anna WHITESIDE/Michael ISSACHAROFF(eds.): On Referring in Literature, Bloomington/ Indianapolis, S. 95-110.

Ross CHAMBERS 1987b: Mélancholie et Opposition. Les débuts du modernisme en France, Paris.

Roland A. CHAMPAGNE 1979a: Between Orpheus and Eurydice: Roland Barthes and the Historicity of Reading; in: Clio 8(1979)2, S. 229-238.

Roland A. CHAMPAGNE 1979b: The Dialectics of Style: Insights from the Semiology of Roland Barthes; in: Style 13(1979), S. 279-291.

Seymour CHATMAN 1978: Story and Discourse: Narrative Structure in Fiction and Film, Ithaca/London.

Graham CHESTERS 1982: The Transformation of a Prose-Poem: Baudelaire's 'Crépuscule de soir'; in: Malcolm BOWIE/Alison FAIRLIE/Alison FINCH(eds.): Baudelaire, Mallarmé, Valéry. New Essays in Honour of Lloyd Austin, Cambridge, S. 24-37.

T.J. CLARK 1981: Der absolute Bourgeois. Künstler und Politik in Frankreich 1848 bis 1851, Reinbek.

Dorrit COHN 1978: Transparent Minds. Narrative Modes for Presenting Consciousness in Fiction, Princeton/N.J.

Robert Greer COHN 1983: A Poetry-Prose Cross; in: Mary Ann CAWS/Hermine RIFFA-TERRE(eds.): The Prose Poem in France. Theory and Practice, New York, S. 135-162.

S.T. COLERIDGE 1967: Biographia Literaria. Volume I, Oxford.

Bernard COMMENT 1991: roland barthes, vers le neutre, Paris.

Communications 8(1966). L'analyse structurale du récit (Nachdruck Paris 1981).

Antoine COMPAGNON(éd.) 1978: Prétexte: Roland Barthes. Colloque de Cerisy, Paris.

Comparative criticism 12. Representations of the Self (ed. by E.S. SHAFFER), Cambridge 1990.

Luiz COSTA LIMA 1990: Die Kontrolle des Imaginären. Vernunft und Imagination in der Moderne, Frankfurt/M.

Claude COSTE 1993: Le secret de l'œuvre; in: magazine littéraire, Nr. 314(octobre 1993), S. 30-32.

Rosalind COWARD/John ELLIS 1977: Language and Materialism. Developments in Semiology and the Theory of the Subject, London/Boston.

Konrad CRAMER/Hans Friedrich FULDA/Rolf-Peter HORSTMANN/Ulrich POTHAST (Hrsg.) 1990: Theorie der Subjektivität, Frankfurt/M.

Critique 38(1982)423/424.

Jonathan CULLER 1982: Structuralist Poetics. Structuralism, Linguistics, and the Study of Literature, Ithaca/London.

Jonathan CULLER 1983: Barthes, London.

Jonathan CULLER 1988: Dekonstruktion. Derrida und die poststrukturalistische Literaturtheorie, Reinbek.

Jonathan CULLER 1988a: Interpretations: Data or Goals? in: Poetics today 9(1988)2, S. 275-290.

Lucien DÄLLENBACH 1977: Le récit speculaire. Essai sur la mise en abyme, Paris.

Heinz-Jürgen DAHME/Otthein RAMMSTEDT(Hrsg.) 1984: Georg Simmel und die Moderne. Neue Interpretationen und Materialien, Frankfurt/M.

DANIEL-ROPS 1931: Baudelaire, poète en prose; in: La Grande Revue 35(oct. 1931)10, S. 534-555.

Barbey D'AUREVILLY 1966: Œuvres romanesques complètes. II (éd. par Jacques PETIT), Paris.

Eugène DELACROIX 1991: Journal (hrsg. v. Hans PLATSCHEK), Frankfurt/M./Leipzig.

Gilles DELEUZE 1976: Nietzsche und die Philosophie, München.

Gilles DELEUZE/Claire PARNET 1980: Dialoge, Frankfurt/M.

Gilles DELEUZE/Félix GUATTARI 1981: Anti-Ödipus. Kapitalismus und Schizophrenie I, Frankfurt/M.

Jacques DERRIDA 1967: De la grammatologie, Paris.

Jacques DERRIDA 1972: Marges de la philosophie, Paris.

Jacques DERRIDA 1978: Eperons. Les styles de Nietzsche, Paris.

Jacques DERRIDA 1979: L'écriture et la différence, Paris.

Jacques DERRIDA 1987: Psyché. Inventions de l'autre, Paris.

Jacques DERRIDA 1991: Donner le temps I. La fausse monnaie, Paris.

Vincent DESCOMBES 1979: Le même et l'autre. Quarante-cinq ans de philosophie française (1933-1978), Paris.

Peter DEWS 1989: Adorno, Poststructuralism and the Critique of Identity; in: Andrew BENJAMIN(ed.): The Problems of Modernity. Adorno and Benjamin, London/New York, S. 1-22.

Arlyn DIAMOND/Lee R. EDWARDS(eds.) 1977: The Authority of Experience. Essays in Feminist Criticism, Amherst.

DIDEROT 1978: Œuvres (éd. par André BILLY), Paris.

Hilda DOERRY 1986: Une comparaison de structures: "Une mort héroïque" de Baudelaire et "Après le déluge" de Rimbaud; in: Chimères 18(printemps 1986), S. 67-74.

Denis DONOGHUE 1981: Ferocious Alphabets, London/Boston.

Serge DOUBROVSKY 1981: Une écriture tragique; in: Poétique 47(1981), S. 329-354.

Hubert L. DREYFUS/Paul RABINOW 1987: Michel Foucault. Jenseits von Strukturalismus und Hermeneutik, Frankfurt/M.

Wolfgang DROST 1976: Kriterien der Kunstkritik Baudelaires; in: Alfred NOYER-WEIDNER(Hrsg.): Baudelaire, Darmstadt, S. 410-442.

Wolfgang DROST 1980: "Die Logik des Absurden". Zur Phantastik in Baudelaires Dichtung und Kunsttheorie; in: Christian W. THOMSEN/Jens Malte FISCHER(Hrsg.): Phantastik in Literatur und Kunst, Darmstadt, S. 182-200.

Wolfgang DROST 1982: Baudelaire between Marx, Sade and Satan; in: Malcolm BOWIE/Alison FAIRLIE/Alison FINCH(eds.): Baudelaire, Mallarmé, Valéry. New Essays in Honour of Lloyd Austin, Cambridge, S. 38-57.

Wolfgang DROST 1984: Photographie als Unkunst? Historisch-ästhetische Analyse von Baudelaires Verurteilung der Photographie; in: Lendemains 9(1984)34, S. 25-33.

Louis DUMONT 1983: Essai sur l'individualisme. Une perspective anthropologique sur l'idéologie moderne, Paris.

Pierre DUVERNOIS 1972: L'emportement de l'écriture; in: Critique 28(1972)302, S. 595-609.

Terry EAGLETON 1990: The Ideology of the Aesthetic, Oxford.

Hans EBELING(Hrsg.) 1976: Subjektivität und Selbsterhaltung. Beiträge zur Diagnose der Moderne, Frankfurt/M.

Hans EBELING 1993: Das Subjekt in der Moderne. Rekonstruktion der Philosophie im Zeitalter der Zerstörung, Reinbek.

Margaret EBERBACH 1975: Roland Barthes's Pleasure Primer; in: George STRAMBOLIAN(ed.): Twentieth Century French Fiction: Essays for Germaine Brée, New Brunswick/N.J., S. 252-264.

Gisela ECKER 1987: Spiel und Zorn. Zu einer feministischen Praxis der Dekonstruktion; in: Englisch-Amerikanische Studien 1(1987), S. 97-108.

Umberto ECO 1977: Das offene Kunstwerk, Frankfurt/M.

Umberto ECO 1985: Einführung in die Semiotik, München.

Umberto ECO 1987a: Apokalyptiker und Integrierte. Zur kritischen Kritik der Massenkultur, Frankfurt/M.

Umberto ECO 1987b: Nachschrift zum "Namen der Rose", München.

Peter J. EDWARDS 1987: Une version inconnue du poème en prose "L'Horloge"; in: Bulletin baudelairien 22(1987), S. 72-80.

Marc EIGELDINGER 1976: Le thyrse, lecture thématique; in: Etudes baudelairiennes VIII, Neufchâtel 1976, S. 172-183.

Marc EIGELDINGER 1987: Mythologie et Intertextualité, Genève.

Norbert ELIAS 1989: Über den Prozeß der Zivilisation. Soziogenetische und psychogenetische Untersuchungen. 2 Bände, Frankfurt/M.

David ELLIS 1977: Barthes and Autobiography; in: The Cambridge Quarterly 3(1977), S. 252-266.

Encyclopédie ou Dictionnaire Raisonné des Sciences, des Arts et des Métiers. Tome 5 (éd. par DIDEROT), Paris 1755.

Hartmut ENGELHARDT/Dieter METTLER(Hrsg.) 1988: Baudelaires Blumen des Bösen, Frankfurt/M.

Eva ERDMANN et.al.(Hrsg.) 1990: Ethos der Moderne: Foucaults Kritik der Aufklärung, Frankfurt/M./New York.

Victor ERLICH 1987: Russischer Formalismus, Frankfurt/M.

Eliane ESCOUBAS 1978: Le livre des images: Versions d'un discours amoureux, à propos de "Fragments d'un discours amoureux" par Roland Barthes; in: Digraphe 17(1978), S. 141-154.

Etudes baudelairiennes VIII, Neufchâtel 1976.

Margery A. EVANS 1988a: Laurence Sterne and Le Spleen de Paris; in: French Studies 42 (1988)2, S. 165-176.

Margery A. EVANS 1988b: Sobresaut or Dissonance? An Aspect of the Musicality of Baudelaire's Petits Poèmes en prose; in: Modern Language Review 83(1988)2, S. 314-321.

Alison FAIRLIE 1967: Observations sur les "Petits Poèmes en prose"; in: Revue des Sciences Humaines (juillet-sept. 1967), S. 449-460.

Raymond FEDERMAN 1992: Surfiction: Der Weg der Literatur. Hamburger Poetik Lektionen, Frankfurt/M.

Ferdinand FELLMANN 1989: Poetische Existentialien der Postmoderne; in: Deutsche Vierteljahreszeitschrift für Literaturwissenschaft und Geistesgeschichte 63(1989)4, S. 751-763.

Shoshana FELMAN 1988: "Die Lektürepraxis erneuern"; in: Manfred FRANK/Anselm HAVERKAMP(Hrsg.): Individualität. Poetik und Hermeneutik Band 13, München, S. 203-208.

Luc FERRY 1990: Homo Aestheticus. L'invention du goût à l'âge démocratique, Paris.

Luc FERRY/Alain RENAUT 1988: La pensée 68. Essai sur l'anti-humanisme contemporain, Paris.

Wolfgang FIETKAU 1978: Schwanengesang auf 1848. Ein Rendezvous am Louvre: Baudelaire, Marx, Proudhon und Victor Hugo, Reinbek.

Gustave FLAUBERT 1973: Correspondance. Tome I (éd. par Jean BRUNEAU), Paris.

Gustave FLAUBERT 1980: Correspondance. Tome II (éd. par Jean BRUNEAU), Paris.

Jürgen FOHRMANN/Harro MÜLLER(Hrsg.) 1990: Diskurstheorien und Literaturwissenschaft, Frankfurt/M.

Michel FOUCAULT 1963: Naissance de la clinique, Paris.

Michel FOUCAULT 1966: Les mots et les choses. Une archéologie des sciences humaines, Paris.

Michel FOUCAULT 1969: Qu'est-ce qu'un auteur? in: Bulletin de la Société française de Philosophie 63(1969)3, S. 73-104.

Michel FOUCAULT 1975: Surveiller et punir. Naissance de la prison, Paris.

Michel FOUCAULT 1976: La volonté de savoir. Histoire de la sexualité I, Paris.

Michel FOUCAULT 1984a: L'usage des plaisirs. Histoire de la sexualité II, Paris.

Michel FOUCAULT 1984b: Le souci de soi. Histoire de la sexualité III, Paris.

Michel FOUCAULT 1986: Archäologie des Wissens, Frankfurt/M.

Michel FOUCAULT 1988a: Die Ordnung der Dinge. Eine Archäologie der Humanwissenschaften, Frankfurt/M.

Michel FOUCAULT 1988b: Schriften zur Literatur, Frankfurt/M.

Michel FOUCAULT 1989: Raymond Roussel, Frankfurt/M.

Michel FOUCAULT 1990a: L'ordre du discours. Leçon inaugurale au Collège de France prononcée le 2 décembre 1970, Paris.

Michel FOUCAULT 1990b: Was ist Aufklärung? in: Eva ERDMANN u.a.(Hrsg.): Ethos der Moderne: Foucaults Kritik der Aufklärung, Frankfurt/M./New York, S. 35-54.

Michel FOUCAULT 1991: Wahnsinn und Gesellschaft. Eine Geschichte des Wahns im Zeitalter der Vernunft, Frankfurt/M.

Victor FOURNEL 1855: L'Odyssée d'un Flaneur; in: La Revue de Paris 28(1.11.1855), S. 367-393.

Manfred FRANK 1985: Was ist Neostrukturalismus? Frankfurt/M.

Manfred FRANK 1986: Die Unhintergehbarkeit von Individualität. Reflexionen über Subjekt, Person und Individuum aus Anlaß ihrer "postmodernen" Toterklärung, Frankfurt/M.

Manfred FRANK 1990: Das Sagbare und das Unsagbare. Studien zur deutsch-französischen Hermeneutik und Texttheorie, Frankfurt/M.

Manfred FRANK 1991: Selbstbewußtsein und Selbsterkenntnis, Stuttgart.

Manfred FRANK/Anselm HAVERKAMP(Hrsg.) 1988: Individualität. Poetik und Hermeneutik Band 13, München.

Manfred FRANK/Gérard RAULET/Willem van REIJEN(Hrsg.) 1990: Die Frage nach dem Subjekt, Frankfurt/M.

Sanford FREEMAN/Carole Anne TAYLOR 1983: Roland Barthes. A Bibliographical Reader's Guide, New York/London.

Sigmund FREUD 1975: Studienausgabe (hrsg. v. Alexander MITSCHERLICH/ Angela RICHARDS/James STRACHEY), Frankfurt/M.

Ludwig von FRIEDEBURG/Jürgen HABERMAS(Hrsg.) 1983: Adorno-Konferenz 1983, Frankfurt/M.

Geraldine FRIEDMAN 1989: Baudelaire's Theory of Practice: Ideology and Difference in "Les yeux des pauvres"; in: Publications of the Modern Language Association of America 104(1989)3, S. 317-328.

Hugo FRIEDRICH 1967: Montaigne, Bern/München.

Hugo FRIEDRICH 1977: Die Struktur der modernen Lyrik. Von der Mitte des neunzehnten bis zur Mitte des zwanzigsten Jahrhunderts, Hamburg.

David P. FRISBY 1984: Georg Simmels Theorie der Moderne; in: Heinz-Jürgen DAHME/ Otthein RAMMSTEDT(Hrsg.): Georg Simmel und die Moderne. Neue Interpretationen und Materialien, Frankfurt/M., S. 9-79.

David P. FRISBY 1986: Fragments of Modernity. Theories of Modernity in the Work of Simmel, Kracauer and Benjamin, Cambridge/Mass.

Horst FRITZ 1990: Innerlichkeit und Selbstreferenz. Anmerkungen zum literarischen Interieur des 19. Jahrhunderts; in: Melancholie in Literatur und Kunst (hrsg. v. Dietrich von ENGELHARDT u.a.), Hürtgenwald, S. 89-110.

Ulrich FÜLLEBORN 1970: Das deutsche Prosagedicht, München.

Ulrich FÜLLEBORN(Hrsg.) 1976: Deutsche Prosagedichte des 20. Jahrhunderts. Eine Textsammlung, München.

Ulrich FÜLLEBORN/Manfred ENGEL(Hrsg.) 1988: Das neuzeitliche Ich in der Literatur des 18. und 20. Jahrhunderts. Zur Dialektik der Moderne, München.

Hans-Georg GADAMER 1965: Wahrheit und Methode. Grundzüge einer philosophischen Hermeneutik, Tübingen.

René GALAND 1969: Baudelaire. Poétiques et poésie, Paris.

Rodolphe GASCHE 1978: Self-Engendering as a Verbal Body; in: Modern Language Notes 93(1978)4, S. 677-694.

Théophile GAUTIER 1968: Mademoiselle de Maupin (1835), Paris.

Manfred GEIER/Harald WOETZEL(Hrsg.) 1983: Das Subjekt des Diskurses. Beiträge zur sprachlichen Bildung von Subjektivität und Intersubjektivität, Berlin.

Gérard GENETTE 1972: Figures III, Paris.

Gérard GENETTE 1976: Figures I, Paris.

Gérard GENETTE 1979: Figures II, Paris.

Gérard GENETTE 1992: Palimpsestes. La littérature au second degré, Paris.

André GIDE 1948: Incidences, Paris.

Margaret GILMAN 1976: Imagination Enthroned: Baudelaire; in: Alfred NOYER-WEIDNER(Hrsg.): Baudelaire, Darmstadt, S. 445-480.

René GIRARD 1972: La violence et le sacré, Paris.

Charles I. GLICKSBERG 1963: The Self in Modern Literature, Pennsylvania.

Hiltrud GNÜG 1983: Entstehung und Krise lyrischer Subjektivität. Vom klassischen lyrischen Ich zur modernen Erfahrungswirklichkeit, Stuttgart.

Johann Wolfgang GOETHE 1987: Sämtliche Werke nach Epochen seines Schaffens. Münchner Ausgabe (hrsg. v. Karl RICHTER/Herbert G. GÖPFERT/Norbert MILLER/ Gerhard SAUDER), München.

Frank GÖTZ 1994: "Das Denken des Körpers im Zustand der Sprache". Zur Leiblichkeit der ästhetischen Erfahrung bei Roland Barthes; in: Zeitschrift für Ästhetik und Allgemeine Literaturwissenschaft 49(1994)1, S. 19-44.

Erving GOFFMAN 1969: Wir alle spielen Theater. Die Selbstdarstellung im Alltag, München.

Edmond und Jules de GONCOURT 1983: Tagebücher (hrsg. v. Franz WITTKOP), Frankfurt/M.

Eugene GOODHEART 1968: The Cult of the Ego. The Self in Modern Literature, Chicago/London.

Nelson GOODMAN 1990: Weisen der Welterzeugung, Frankfurt/M.

Jack GOODY/Ian WATT 1981: Konsequenzen der Literalität; in: Jack GOODY(Hrsg.): Literalität in traditionalen Gesellschaften, Frankfurt/M., S. 45-104.

Gerhard von GRAEVENITZ 1973: Die Setzung des Subjekts. Untersuchungen zur Romantheorie, Tübingen (phil. diss.).

Stephen Jay GREENBLATT 1980: Renaissance Self-Fashioning. From More to Shakespeare, Chicago.

Stephen Jay GREENBLATT 1991: Schmutzige Riten. Betrachtungen zwischen Weltbildern, Berlin.

David GROSS 1980: Lowenthal, Adorno, Barthes: Three Perspectives on Popular Culture; in: Telos 45(1980), S. 122-140.

Götz GROẞKLAUS 1973: Textstruktur und Textgeschichte. Die "Reisebilder" Heinrich Heines, Frankfurt/M.

Hans Ulrich GUMBRECHT 1977: Zum Wandel des Modernitäts-Begriffes in Literatur und Kunst; in: Reinhart KOSELLECK(Hrsg.): Studien zum Beginn der modernen Welt, Stuttgart, S. 375-382.

Hans Ulrich GUMBRECHT 1978: Modern, Modernität, Moderne; in: Geschichtliche Grundbegriffe. Historisches Lexikon zur politisch-sozialen Sprache in Deutschland. Band IV (hrsg. v. Otto BRUNNER/ Werner CONZE/Reinhart KOSELLECK), Stuttgart, S. 93-131.

Hans Ulrich GUMBRECHT 1991: Tod des Subjekts als Ekstase der Subjektivität; in: Robert WEIMANN/Hans Ulrich GUMBRECHT(Hrsg.): Postmoderne — globale Differenz, Frankfurt/M., S. 307-312.

Hans Ulrich GUMBRECHT/Ursula LINK-HEER(Hrsg.) 1985: Epochenschwellen und Epochenstrukturen im Diskurs der Literatur- und Sprachhistorie, Frankfurt/M.

Marcel GUTWIRTH 1989: A propos du Gâteau: Baudelaire, Rousseau et le recours à l'enfance; in: The Romanic Review 80(1989)1, S. 75-88.

Jürgen HABERMAS 1981a: Philosophisch-politische Profile, Frankfurt/M.

Jürgen HABERMAS 1981b: Theorie des kommunikativen Handelns. 2 Bände, Frankfurt/M.

Jürgen HABERMAS 1982: Zur Rekonstruktion des Historischen Materialismus, Frankfurt/M.

Jürgen HABERMAS 1985: Die neue Unübersichtlichkeit, Frankfurt/M.

Jürgen HABERMAS 1986: Strukturwandel der Öffentlichkeit. Untersuchungen zu einer Kategorie der bürgerlichen Gesellschaft, Darmstadt/Neuwied.

Jürgen HABERMAS 1990: Die Moderne — ein unvollendetes Projekt. Philosophisch-politische Aufsätze 1977-1990, Leipzig.

Jürgen HABERMAS 1991: Der philosophische Diskurs der Moderne. Zwölf Vorlesungen, Frankfurt/M.

Jürgen HABERMAS/Niklas LUHMANN 1979: Theorie der Gesellschaft oder Sozialtechnologie — Was leistet die Systemforschung? Frankfurt/M.

Maurice HALBWACHS 1985: Das Gedächtnis und seine sozialen Bedingungen, Frankfurt/M.

Deborah A. HARTER 1989: Divided Selves, Ironic Counterparts: Intertextual Doubling in Baudelaire's "L'Héautontimorouménos" and Poe's "The Haunted Palace"; in: Comparative Literature Studies 26(1989)1, S. 28-38.

Geoffrey H. HARTMAN 1970: Romanticism and "Anti-Self-Consciousness"; in: Harold BLOOM(ed.): Romanticism and Consciousness. Essays in Criticism, New York, S. 46-56.

Henry HASWELL 1969: Baudelaire's Self-Portrait of Poe: 'Edgar Allan Poe: sa vie et ses ouvrages'; in: Romance Notes 10(1969), S. 253-260.

Johannes HAUCK 1994: Typen des französischen Prosagedichts. Zum Zusammenhang von moderner Poetik und Erfahrung, Tübingen.

Arnold HAUSER 1988: Soziologie der Kunst, München.

Jeremy HAWTHORNE 1983: Multiple Personality and the Disintegration of Literary Character. From Oliver Goldsmith to Sylvia Plath, London.

Stephen HEATH 1974: Vertige du déplacement: Lecture de Barthes, Paris.

Georg W.F. HEGEL 1986: Vorlesungen über die Ästhetik. Band I-III. Werke Band 13-15, Frankfurt/M.

Martin HEIDEGGER 1959: Unterwegs zur Sprache, Pfullingen.

Heinrich HEINE 1980: Historisch-kritische Gesamtausgabe der Werke (hrsg. v. Manfred WINDFUHR), Hamburg.

Thomas C. HELLER/Morton SOSNA/David E. WELLBERY(eds.) 1986: Reconstructing Individualism. Autonomy, Individuality, and the Self in Western Thought, Stanford.

Klaus W. HEMPFER 1976: Poststrukturale Texttheorie und narrative Praxis. "Tel Quel" und die Konstitution eines "nouveau nouveau roman", München.

Dieter HENRICH/Wolfgang ISER(Hrsg.) 1983: Funktionen des Fiktiven. Poetik und Hermeneutik Band 10, München.

Hans-Horst HENSCHEN(Hrsg.) 1988: Roland Barthes. Mit Beiträgen zu seinem Werk von Derrida/Richard/Flahault/Genette/Todorov/Bensmaïa/Doubrovsky, München.

Gerhard HESS 1953: Die Landschaft in Baudelaires "Fleurs du Mal", Heidelberg.

J.A. HIDDLESTON 1985: 'Fusée', Maxim, and Commonplace in Baudelaire; in: The Modern Language Review 80(1985), S. 563-570.

J.A. HIDDLESTON 1987: Baudelaire and Le Spleen de Paris, Oxford.

Bruno HILLEBRAND 1991: Ästhetik des Nihilismus. Von der Romantik zum Modernismus, Stuttgart.

Heide HINZ/Michael HINZ 1978: Von der "ville-œuvre" zur "ville-santé/travail". Zu Merciers Tableau de Paris; in: Lendemains 3(1978)11, S. 25-34.

Jochen HÖRISCH 1990: Das doppelte Subjekt. Die Kontroverse zwischen Hegel und Schelling im Lichte des Neostrukturalismus; in: Manfred FRANK/Gérard RAULET/ Willem van REIJEN(Hrsg.): Die Frage nach dem Subjekt, Frankfurt/M., S. 144-164.

Rainer HOFFMANN 1984: Figuren des Scheins. Studien zum Sprachbild und zur Denkform Theodor W. Adornos, Bonn.

Eugene HOLLAND 1986: On Narcissism from Baudelaire to Sartre: Ego-Psychology and Literary History; in: Lynne LAYTON/Barbara Ann SCHAPIRO(eds.): Narcissism and the Text. Studies in Literature and the Psychology of Self, New York/London, S. 149-169.

Axel HONNETH: Foucault und Adorno. Zwei Formen einer Kritik der Moderne; in: Peter KEMPER(Hrsg.): "Postmoderne" oder Der Kampf um die Zukunft, Frankfurt/M., S. 127-144.

Max HORKHEIMER/Theodor W. ADORNO 1984: Dialektik der Aufklärung, Frankfurt/M.

Bernard HOWELLS 1988: 'La vaporisation du moi': Baudelaire's Journaux intimes; in: French Studies 42(1988)4, S. 424-442.

Louis HUART 1841: Physiologie du Flaneur, Paris.

Randolph HUGHES 1939: Vers la contrée du rêve. Balzac, Gautier et Baudelaire disciples de Quincey; in: Mercure de France 236(1-8-1939), S. 545-593.

Victor HUGO 1964: Œuvres poétiques I (éd. par Pierre ALBOUY), Paris.

Wilhelm von HUMBOLDT 1980: Schriften zur Sprache (hrsg. v. Michael BÖHLER), Stuttgart.

Joris-Karl HUYSMANS 1978: A rebours, Paris.

L'Identité. Séminaire interdisciplinaire dirigé par Claude Lévi-Strauss professeur au Collège de France 1974-1975, Paris 1983.

Dieter INGENSCHAY 1986: Die Modernität des poème en prose, Bochum (Manuskript der Habilitationsschrift).

Wolfgang ISER(Hrsg.) 1966: Immanente Ästhetik — Ästhetische Reflexion. Lyrik als Paradigma der Moderne. Poetik und Hermeneutik Band 2, München.

Wolfgang ISER 1968: Reduktionsformen der Subjektivität; in: Hans Robert JAUß(Hrsg.): Die nicht mehr schönen Künste. Grenzphänomene des Ästhetischen. Poetik und Hermeneutik Band 3, München, S. 432-491.

Wolfgang ISER 1987: Laurence Sternes "Tristram Shandy". Inszenierte Subjektivität, München.

Wolfgang ISER 1991: Das Fiktive und des Imaginäre. Perspektiven literarischer Anthropologie, Frankfurt/M.

Roman JACOBSON 1967: Une microscopie du dernier spleen dans Les Fleurs du Mal; in: Tel Quel 29(1967), S. 12-24.

Roman JACOBSON 1979: Poetik. Ausgewählte Aufsätze 1921-1971, Frankfurt/M.

Fredric JAMESON 1972: The Prison-House of Language. A Critical Account of Structuralism and Russian Formalism, Princeton/N.J.

Fredric JAMESON 1984: Postmodernism, or The Cultural Logic of Late Capitalism; in: New Left Review (July/August 1984), S. 53-92.

Fredric JAMESON 1985: Baudelaire as Modernist and Postmodernist: The Dissolution of the Referent and the Artificial 'Sublime'; in: Lyric Poetry. Beyond New Criticism (ed. by Chaviva HOSEK/Patricia PARKER), Ithaca/London, S. 247-263.

Fredric JAMESON 1988: Das politische Unbewußte. Literatur als Symbol sozialen Handelns, Reinbek.

Fredric JAMESON 1991: Spätmarxismus. Adorno oder Die Beharrlichkeit der Dialektik, Berlin.

Hans Robert JAUß(Hrsg.) 1968: Die nicht mehr schönen Künste. Grenzphänomene des Ästhetischen. Poetik und Hermeneutik Band 3, München.

Hans Robert JAUß 1974: Literaturgeschichte als Provokation, Frankfurt/M.

Hans Robert JAUß 1986: Thesen zur Position Baudelaires in der ästhetischen Moderne; in: Zum Problem der Geschichtlichkeit ästhetischer Normen. Die Antike im Wandel des Urteils des 19. Jahrhunderts. Sitzungsbericht der Akademie der Wissenschaften der DDR (hrsg. v. Heinz STILLER), Berlin, S. 31-38.

Hans Robert JAUß 1989: Studien zum Epochenwandel der ästhetischen Moderne, Frankfurt/M.

Martin JAY 1981: Dialektische Phantasie. Die Geschichte der Frankfurter Schule und des Instituts für Sozialforschung 1923-1950, Frankfurt/M.

Martin JAY 1983: Adorno in Amerika; in: Ludwig von FRIEDEBURG/Jürgen HABERMAS(Hrsg.): Adorno-Konferenz 1983, Frankfurt/M., S. 354-387.

Paul JAY 1984: Being in the Text. Self-Representation from Wordsworth to Roland Barthes, Ithaca/London.

Barbara JOHNSON 1979: Défigurations du langage poétique. La seconde révolution baudelairienne, Paris.

Barbara JOHNSON 1980: The Critical Difference. Essays in the Contemporary Rhetoric of Reading, Baltimore/London.

Barbara JOHNSON 1981: Le dernier homme; in: Les fins de l'homme. A partir du travail de Jacques Derrida (éd. par Philippe LACOUE-LABARTHE/Jean-Luc NANCY), Paris, S. 75-88.

Barbara JOHNSON 1983: Disfiguring Poetic Language; in: Mary Ann CAWS/Hermine RIFFATERRE(eds.): The Prose Poem in France. Theory and Practice, New York, S. 79-97.

Barbara JOHNSON 1989: A World of Difference, Baltimore/London.

Vincent JOUVE 1986: La littérature selon Roland Barthes, Paris.

Franz KAFKA 1983: Briefe 1902-1924 (hrsg. v. Max BROD), Frankfurt/M.

Gerhard KAISER 1974: Benjamin. Adorno. Zwei Studien, Frankfurt/M.

Hilmar KALLWEIT 1988: Szenerien der Individualisierung; in: Manfred FRANK/Anselm HAVERKAMP(Hrsg.): Individualität. Poetik und Hermeneutik Band 13, München, S. 384-420.

Dietmar KAMPER 1981: Zur Geschichte der Einbildungskraft, München/Wien.

Dietmar KAMPER 1986: Zur Soziologie der Imagination, München/Wien.

Dietmar KAMPER/Willem van REIJEN(Hrsg.) 1987: Die unvollendete Vernunft: Moderne versus Postmoderne, Frankfurt/M.

Dietmar KAMPER/Christoph WULF(Hrsg.) 1982: Die Wiederkehr des Körpers, Frankfurt/M.

John KEATS 1958: The Letters 1814-1821. Volume I (ed. by Hyder E. ROLLINS), Cambridge.

David KELLEY 1982: Gautier et Baudelaire — Emaux et Camées et les Petits Poèmes en prose; in: Malcolm BOWIE/Alison FAIRLIE/Alison FINCH(eds.): Baudelaire, Mallarmé, Valéry. New Essays in Honour of Lloyd Austin, Cambridge, S. 58-79.

J. Gerald KENNEDY 1981: Roland Barthes, Autobiography, and the End of Writing; in: Georgia Review 35(1981), S. 381-398.

Friedrich A. KITTLER/Horst TURK(Hrsg.) 1977: Urszenen. Literaturwissenschaft als Diskursanalyse und Diskurskritik, Frankfurt/M.

Heinrich von KLEIST 1987: Sämtliche Werke und Briefe. 2 Bände (hrsg. v. Helmut SEMBDNER), München.

Raymond KLIBANSKY/Erwin PANOFSKY/Fritz SAXL 1990: Saturn und Melancholie. Studien zur Geschichte der Naturphilosophie und Medizin, der Religion und der Kunst, Frankfurt/M.

Manfred KOCH 1988: "Mnemotechnik des Schönen". Studien zur poetischen Erinnerung in Romantik und Symbolismus, Tübingen.

Eckhardt KÖHN 1989: Straßenrausch. Flanerie und kleine Form. Versuch zu Literaturgeschichte des Flaneurs von 1830-1933, Berlin.

Jürgen H. KOEPP 1989: Die Bürgschaft des ästhetischen Ichs. Zum Schreibproblem zwischen Akt und Abbild; in: Merkur 43(1989)7, S. 588-603.

Jutta KOLKENBROCK-NETZ 1985: Das Subjekt im Diskurs. Anmerkungen zur Problematik des Unbewußten in der juristischen und literarischen Aussagepraxis von E.T.A. Hoffmann; in: fragmente. Schriftenreihe zur Psychoanalyse, Kassel 14/15(1985), S. 126-146.

Robert KOPP 1989: Le "Baudelaire" de Walter Benjamin; in: Travaux de Littérature 2 (1989), S. 243-266.

Robert KOPP/Georges POULET 1969: Wer war Baudelaire? Genève.

Reinhard KOSELLECK 1972: Über die Theoriebedürftigkeit der Geschichtswissenschaft; in: Werner CONZE(Hrsg.): Theorie der Geschichtswissenschaft und Praxis des Geschichtsunterrichts, Stuttgart, S. 10-28.

Reinhard KOSELLECK(Hrsg.) 1977: Studien zum Beginn der modernen Welt, Stuttgart.

Reinhard KOSELLECK 1989: Vergangene Zukunft. Zur Semantik geschichtlicher Zeiten, Frankfurt/M.

Siegfried KRACAUER 1976: Jacques Offenbach und das Paris seiner Zeit, Frankfurt/M.

Julia KRISTEVA 1967: Le sens et la mode; in: Critique 23(1967)247, S. 1005-1031.

Julia KRISTEVA 1971: Comment parler à la littérature; in: Tel Quel 47(1971), S. 27-49.

Julia KRISTEVA 1978: Σημειωτιχη. Recherches pour une sémanalyse (Extraits), Paris.

Julia KRISTEVA 1981: Le langage, cet inconnu. Une initiation à la linguistique, Paris.

Julia KRISTEVA 1983: Le sujet en procès: le langage poétique; in: L'Identité. Séminaire interdisciplinaire dirigé par Claude Lévi-Strauss professeur au Collège de France 1974-1975, Paris, S. 223-246.

Julia KRISTEVA 1985: La révolution du langage poétique. L'avant-garde à la fin du XIXe siècle: Lautréamont et Mallarmé, Paris.

Jacob KORG 1967: The Rage of Caliban; in: The University of Toronto Quarterly 37 (1967)1, S. 75-89.

Andreas KUHLMANN 1989: Das stumme Antlitz der Kunst. Sprachkritische Aspekte der Ästhetik Adornos; in: LiteraturMagazin 24(1989), S. 61-74.

Jacques LACAN 1971: Ecrits I et II, Paris.

Jacques LACAN 1975: Le séminaire de Jacques Lacan. Livre XX. Encore (éd. par Jacques-Alain MILLER), Paris.

Jacques LACAN 1978: Le séminaire de Jacques Lacan. Livre II. Le Moi dans la théorie de Freud (éd. par Jacques-Alain Miller), Paris.

Renate LACHMANN(Hrsg.) 1982: Dialogizität, München.

Philippe LACOUE-LABARTHE/Jean-Luc NANCY 1978: L'absolu littéraire. Théorie de la littérature du romantisme allemand, Paris.

Wolf-Dieter LANGE(Hrsg.) 1979/1980: Französische Literatur des 19. Jahrhunderts. 3 Bände, Heidelberg.

Wolfgang LANGE 1992: Der kalkulierte Wahnsinn. Innenansichten ästhetischer Moderne, Frankfurt/M.

Roger LAPORTE 1972: L'empire des signifiants; in: Critique 28(1972)302, S. 583-594.

LA ROCHEFOUCAULT 1965: Réflexions ou Sentences et Maximes morales, Paris.

Annette LAVERS 1982: Roland Barthes: Structuralism and After, London.

F.W. LEAKEY 1961: Baudelaire: The Poet as Moralist; in: Studies in Modern French Literature presented to P. Mansell Jones (ed. by Lloyd James AUSTIN/Garnet REES/ Eugène VINAVER), Manchester, S. 196-219.

Hans-Thies LEHMANN 1979: Das Subjekt als Schrift; in: Merkur 33(1979)7, S. 665-677.

Hans-Thies LEHMANN 1984: Nach Adorno. Zur Rezeption ästhetischer Theorie; in: Merkur 38(1984)4, S. 391-398.

Hans-Thies LEHMANN 1991: Theater und Mythos. Die Konstitution des Subjekts im Diskurs der antiken Tragödie, Stuttgart.

Elisabeth LENK 1983: Die unbewußte Gesellschaft. Über die mimetische Grundstruktur in der Literatur und im Traum, München.

Elisabeth LENK 1986: Kritische Phantasie. Gesammelte Essays, München.

Wolf LEPENIES 1978: Das Ende der Naturgeschichte. Wandel kultureller Selbstverständlichkeiten in den Wissenschaften des 18. und 19. Jahrhunderts, Frankfurt/M.

Wolf LEPENIES 1987: Melancholie und Gesellschaft, Frankfurt/M.

André LEROI-GOURHAN 1988: Hand und Wort. Die Evolution von Technik, Sprache und Kunst, Frankfurt/M.

Burkhardt LINDNER/W. Martin LÜDKE(Hrsg.) 1980: Materialien zur ästhetischen Theorie Theodor W. Adornos Konstruktion der Moderne, Frankfurt/M.

Les fins de l'homme. A partir du travail de Jacques Derrida. Colloque de Cerisy (éd. par Philippe LACOUE-LABARTHE/Jean-Luc NANCY), Paris 1981.

Rudolf zur LIPPE 1981: Naturbeherrschung am Menschen. 2 Bände, Frankfurt/M.

Rudolf zur LIPPE 1984: Autonomie als Selbstzerstörung. Zur bürgerlichen Subjektivität, Frankfurt/M.

LiteraturMagazin 24(1989).

Patrizia LOMBARDO 1989: The Three Paradoxes of Roland Barthes, Athens/London.

Sylvère LOTRINGER 1974: Argo-Notes: Roland Barthes' Textual Trip; in: Boundary 2, 3(1974), S. 562-572.

Niklas LUHMANN 1980: Gesellschaftsstruktur und Semantik. Studien zur Wissenssoziologie der modernen Gesellschaft. Band 1, Frankfurt/M.

Niklas LUHMANN 1982: Liebe als Passion. Zur Codierung von Intimität, Frankfurt/M.

Niklas LUHMANN 1985: Das Problem der Epochenbildung und die Evolutionstheorie; in: Hans Ulrich GUMBRECHT/Ursula LINK-HEER(Hrsg.): Epochenschwellen und Epochenstrukturen im Diskurs der Literatur- und Sprachhistorie, Frankfurt/M., S. 11-33.

Steffen Nordahl LUND 1981: L'Aventure du signifiant. Une lecture de Barthes, Paris.

Robin LYDENBERG 1978: Cut-Up. Negative Poetics in William Burroughs and Roland Barthes; in: Comparative Literature Studies 15(1978)4, S. 414-430.

Jean-François LYOTARD 1978: Adorno come Diavolo; in: DERS.: Intensitäten, Berlin, S. 35-58.

Jean-François LYOTARD 1979: La condition postmoderne. Rapport sur le savoir, Paris.

Jean-François LYOTARD u.a. 1985: Immaterialität und Postmoderne, Berlin.

Bernhard LYPP 1981: Das authentische Selbst; in: Neue Rundschau 92(1981)3, S. 87-97.

Bernhard LYPP 1984: Eine anticartesianische Version des Selbst. Zu Rousseaus Selbstgesprächen; in: Karlheinz STIERLE/Rainer WARNING(Hrsg.) Das Gespräch. Poetik und Hermeneutik Band 9, München, S. 377-391.

Marie MACLEAN 1982: Baudelaire and the Paradox of Procreation; in: Studi francesi 76 (1982), S. 87-98.

Marie MACLEAN 1988: Narrative as Performance. The Baudelairean Experiment, London/New York.

magazine littéraire, Nr. 314(octobre 1993).

Stéphane MALLARME 1984: Œuvres complètes (éd. par Henri MONDOR/G. JEAN-AUBRY), Paris.

Paul de MAN 1979: Autobiography as De-facement; in: Modern Language Notes: Comparative Literature 94(1979)5, S. 919-930.

Paul de MAN 1983: Blindness & Insight. Essays in the Rhetoric of Contemporary Criticism, London.

Paul de MAN 1993: Die Ideologie des Ästhetischen (hrsg. v. Christoph MENKE), Frankfurt/M.

Otto MANN 1962: Der Dandy. Ein Kulturproblem der Moderne, Heidelberg.

Louis MARIN 1982: R.B. par R.B. ou l'autobiographie au neutre; in: Critique 38(1982) 423/424, S. 734-743.

Odo MARQUARD 1988: Sola divisione individuum — Betrachtungen über Individuum und Gewaltenteilung; in: Manfred FRANK/Anselm HAVERKAMP(Hrsg.): Individualität. Poetik und Hermeneutik Band 13, München, S. 21-34.

Odo MARQUARD/Karlheinz STIERLE(Hrsg.) 1979: Identität. Poetik und Hermeneutik Band 8, München.

Eric MARTY 1993: L'Autre Barthes; in: magazine littéraire, Nr. 314(octobre 1993), S. 24-25.

Karl MARX/Friedrich ENGELS 1973: Werke. Band 3 (hrsg. v. Institut für Marxismus-Leninismus beim ZK der SED), Berlin.

Paul Lamont MATHEWS 1966: The Role of the "Je" in Baudelaire. Volume 1-4, Toronto (phil. diss.).

Gert MATTENKLOTT 1982: Der übersinnliche Leib. Beiträge zur Metaphysik des Körpers, Reinbek.

Karl MAURER 1968: Ästhetische Entgrenzung und Auflösung des Gattungsgefüges in der europäischen Romantik und Vorromantik; in: Hans Robert JAUß(Hrsg.): Die nicht mehr schönen Künste. Grenzphänomene des Ästhetischen. Poetik und Hermeneutik Band 3, München, S. 319-341.

Charles MAURON 1966: Le dernier Baudelaire, Paris.

Georges MAY 1984: L'Autobiographie, Paris.

Betty MCGRAW 1976: Roland Barthes: Barthes par lui-même; in: The French Review 49 (1976)3, S. 427-428.

Betty MCGRAW 1977: Barthes's The Pleasure of the Text: An Erotics of Reading; in: Boundary 2, 5(1977), S. 943-952.

Betty MCGRAW 1980: Semiotics, Erotographics, and Barthes's Visual Concerns; in: Sub-Stance 26(1980), S. 68-75.

Jeffrey MEHLMAN 1974: Baudelaire with Freud. Theory and Pain; in: Diacritics (Spring 1974), S. 7-13.

Franz Norbert MENNEMEIER 1971a: Friedrich Schlegels Poesiebegriff, dargestellt anhand der literaturkritischen Schriften. Die romantische Konzeption einer objektiven Poesie, München.

Franz Norbert MENNEMEIER 1971b: Freier Rhythmus im Ausgang von der Romantik; in: Poetica 4(1971)2, S. 197-214.

Franz Norbert MENNEMEIER 1977: Klassizität und Progressivität. Zu einigen Aspekten der Poetik des jungen Friedrich Schlegel; in: Karl-Otto CONRADY(Hrsg.): Deutsche Literatur zur Zeit der Klassik, Stuttgart 1977, S. 283-295.

Franz Norbert MENNEMEIER 1988: Friedrich Schlegels frühromantisches Literaturprogramm; in: Christoph JAMME/Gerhard KURZ(Hrsg.): Idealismus und Aufklärung. Kontinuität und Kritik der Aufklärung in Philosophie und Poesie um 1800, Stuttgart 1988, S. 283-296.

Franz Norbert MENNEMEIER 1990: Rhythmus. — Ein paar Daten und Überlegungen grundsätzlicher Art zu einem in gegenwärtiger Literaturwissenschaft vernachlässigten Thema; in: literatur für leser 4(1990), S. 227-232.

Christoph MENKE 1991: Die Souveränität der Kunst. Ästhetische Erfahrung nach Adorno und Derrida, Frankfurt/M.

Reinhardt MEYER-KALKUS 1992: Das 'Korn der Stimme' — Sprachtheoretische Voraussetzungen der Kritik Roland Barthes' am Liedsänger Dietrich Fischer-Dieskau; in: Germanisch-Romanische Monatsschrift 42(1992)4, S. 326-340.

R. MIKLITSCH 1983: Difference: Roland Barthes's "Pleasure of the Text, Text of Pleasure"; in: Boundary 2, 12(1983), S. 101-114.

Jacques-Alain MILLER 1978: Pseudo-Barthes; in: Antoine COMPAGNON(éd.): Prétexte: Roland Barthes. Colloque de Cerisy, Paris 1978, S. 201-211.

Samuel H. MONK 1970: The Sublime: Burke's 'Enquiry'; in: Harold BLOOM(ed.): Romanticism and Consciousness. Essays in Criticism, New York, S. 24-41.

Jonathan MONROE 1987: A Poverty of Objects. The Prose Poem and the Politics of Genre, Ithaca/London.

Michel de MONTAIGNE 1988: Les Essais. Livre I-III (éd. par Pierre VILLEY), Paris.

Jean A. MOREAU 1973: Heurs; in: Critique 29(1973)314, S. 583-595.

Armine Kotin MORTIMER 1989: The Gentlest Law. Roland Barthes's The Pleasure of the Text, New York/Bern.

Robert MUSIL 1978: Der Mann ohne Eigenschaften. 2 Bände, Frankfurt/M.

Herta NAGL-DOCEKAL/Helmuth VETTER(Hrsg.) 1987: Tod des Subjekts? Wien/ München.

Jean-Luc NANCY 1987: Das Vergessen der Philosophie, Wien.

Jean-Luc NANCY 1988: Le rire, la présence; in: Critique 44(1988)488/489, S. 41-60.

Oskar NEGT/Alexander KLUGE 1972: Öffentlichkeit und Erfahrung. Zur Organisationsanalyse von bürgerlicher und proletarischer Öffentlichkeit, Frankfurt/M.

Gérard de NERVAL 1989: Œuvres complètes I (éd. par Jean GUILLAUME/Claude PICHOIS), Paris.

Caroline NEUBAUR 1984: Unterwegs zur Sprache der Liebe; in: Freibeuter 21(1984), S. 129-136.

David NEWTON DE MOLINA 1974: Le plaisir du texte; in: Modern Language Review 69 (1974)2, S. 362-365.

Fritz NIES 1964: Poesie in prosaischer Welt. Untersuchungen zum Prosagedicht bei Aloysius Bertrand und Baudelaire, Heidelberg.

Friedrich NIETZSCHE 1988: Kritische Studienausgabe (hrsg. v. Giorgio COLLI/Mazzino MONTINARI), München/Berlin/New York.

Heinz NÖDING 1980: Verlorene Illusion — Verlorene Erfahrung. Verdinglichung als literarisches Thema im Jahrhundert Baudelaires, Stuttgart.

Christopher NORRIS 1974: Les plaisirs des clercs: Barthes' Latest Writing; in: British Journal of Aesthetics 14(1974), S. 250-257.

Alfred NOYER-WEIDNER 1976: Stilempfindung und Stilentwicklung Baudelaires im Spiegel seiner Varianten; in: Alfred NOYER-WEIDNER(Hrsg.): Baudelaire, Darmstadt, S. 180-212.

Alfred NOYER-WEIDNER(Hrsg.) 1976: Baudelaire, Darmstadt 1976 (darin auch DERS.: Einleitung, S. 1-12).

Dolf OEHLER 1975: "Assommons les Pauvres!": Dialektik der Befreiung bei Baudelaire; in: Germanisch-Romanische Monatsschrift 25(1975)4, S. 454-462.

Dolf OEHLER 1976: Le caractère double de l'héroïsme et du beau modernes; in: Etudes baudelairiennes VIII, Neufchâtel 1976, S. 187-216.

Dolf OEHLER 1979: Pariser Bilder I (1830-1848). Antibourgeoise Ästhetik bei Baudelaire, Daumier, Heine, Frankfurt/M.

Dolf OEHLER 1988: Ein Höllensturz der Alten Welt. Zur Selbsterforschung der Moderne nach dem Juni 1848, Frankfurt/M.

James OGILVY 1977: Many Dimensional Man. Decentralizing Self, Society and the Sacred, New York.

James OLNEY(ed.) 1980: Autobiography: Essays Theoretical and Critical, Princeton.

Kurt OPPENS 1967: Die Personifikationen Baudelaires; in: Merkur 21(1967)8, S. 727-741.

Hanns-Josef ORTHEIL 1984: Der Idiot des Glücks. Eine Vision vom 'anderen' Leben; in: Die Zeit Nr. 40(28.9.1984), S. 53.

Hanns-Josef ORTHEIL 1986: Der lange Abschied vom Flaneur; in: Merkur 40(1986)443, S. 30-42.

Arthur S. PATTERSON 1903: L'influence d'Edgar Poe sur Charles Baudelaire, Grenoble.

Cesare PAVESE 1990: Das Handwerk des Lebens. Tagebuch 1935-1950, Frankfurt/M.

Octavio PAZ 1984: Essays. 2 Bände, Frankfurt/M.

Dieter PENNING 1980: Der Begriff der Überwirklichkeit. Nerval, Maupassant, Breton; in: Christian W. THOMSEN/Jens Malte FISCHER(Hrsg.): Phantastik in Literatur und Kunst, Darmstadt, S. 201-218.

Karl PESTALOZZI 1978: Nietzsches Baudelaire-Rezeption; in: Nietzsche-Studien 7 (1978), S. 158-188.

Henri PEYRE 1951: Connaissance de Baudelaire, Paris.

K. Ludwig PFEIFFER 1990: Nachwort; in: Luiz COSTA LIMA: Die Kontrolle des Imaginären. Vernunft und Imagination in der Moderne, Frankfurt/M., S. 349ff.

Manfred PFISTER(Hrsg.) 1989: Die Modernisierung des Ich. Studien zur Subjektkonstitution in der Vor- und Frühmoderne, Passau.

Pascal PIA 1976: Baudelaire, Hamburg.

Claude PICHOIS(éd.) 1973: Lettres à Charles Baudelaire. Etudes baudelairiennes IV-V, Neufchâtel 1973.

Edgar PIEL 1978: Die Schrecken der 'wahren' Wirklichkeit. Das Problem der Subjektivität in der modernen Literatur, München.

Gerhard PIEL 1972: The Acceleration of History, New York.

Arnaldo PIZZORUSSO 1976: Le mauvais vitrier ou l'impulsion inconnue; in: Etudes baudelairiennes VIII, Neufchâtel 1976, S. 147-171.

PLATON 1991: Sämtliche Werke Band 4 (hrsg. v. Walter F. OTTO/Ernesto GRASSI/Gert PLAMBÖCK), Hamburg.

PLATON 1993: Sämtliche Werke Band 2 (hrsg. v. Walter F. OTTO/Ernesto GRASSI/Gert PLAMBÖCK), Hamburg.

Edgar Allan POE 1979: The Complete Works (ed. by James A. HARRISON), New York.

Manfred POHLEN/Margarethe BAUTZ-HOLZHERR 1991: Eine andere Aufklärung. Das Freudsche Subjekt in der Analyse, Frankfurt/M.

Georges POULET 1985: Metamorphosen des Kreises in der Dichtung, Frankfurt/M.

Markus PREUßNER 1991: Poe und Baudelaire: Ein Vergleich, Frankfurt/M./Bern/New York/Paris.

Walter PRIGGE(Hrsg.) 1992: Städtische Intellektuelle. Urbane Milieus im 20. Jahrhundert, Frankfurt/M.

Marcel PROUST 1954: A la Recherche du temps perdu I-III (éd. par Pierre CLARAC/ André FERRE), Paris.

Marcel PROUST 1978: Contre Sainte-Beuve (éd. par Pierre CLARAC), Paris.

Marcel PROUST 1987: A propos de Baudelaire (1921); in: DERS.: Sur Baudelaire, Flaubert et Morand, Bruxelles, S. 111-147.

Thomas PYNCHON 1966: The Crying of Lot 49, Philadelphia/New York.

Thomas de QUINCEY 1962: Bekenntnisse eines englischen Opiumessers und andere Schriften, Stuttgart.

Louis Nicholas RAPHAEL 1984: Semiotics, Nihilism, Mimesis: Baudelaire's "Un plaisant"; in: Romanic Review 75(1984)4, S. 453-468.

J.B. RATERMANIS 1949: Etude sur le style de Baudelaire d'après les "Fleurs du Mal" et les "Petits Poèmes en prose". Contribution à l'étude de la langue poétique du dix-neuvième siècle, Bade.

Wolfgang RATH 1987: Der Gunstaugenblick in der Struktur. Zu Baudelaires Weltmodell; in: Norbert MILLER/Volker KLOTZ/Michael KRÜGER(Hrsg.): Bausteine zu einer Poetik der Moderne. Festschrift für Walter Höllerer, München/Wien, S. 313-325.

Franz RAUHUT 1929: Das französische Prosagedicht, Hamburg.

Marcel RAYMOND 1933: De Baudelaire au Surréalisme, Paris.

Birgit RECKI 1988: Aura und Autonomie. Zur Subjektivität der Kunst bei Walter Benjamin und Theodor W. Adorno, Würzburg.

Kurt REICHENBERGER 1962: Thematische und leitmotivische Entsprechungen in den 'Fleurs du Mal'; in: Literaturwissenschaftliches Jahrbuch 3(1962), S. 193-207.

Willem van REIJEN 1986: Philosophie als Kritik. Einführung in die Kritische Theorie, Königstein/Ts.

Timothy J. REISS 1981: The Discourse of Modernism, Ithaca.

Alain RENAUT 1989: L'ère de l'individu. Contribution à une histoire de la subjectivité, Paris.

Louis A. RENZA 1980: The Veto of the Imagination: A Theory of Autobiography; in: James OLNEY(ed.): Autobiography: Essays Theoretical and Critical, Princeton, S. 268-295.

Revue d'Histoire Littéraire de la France 67(avril-juin 1967)2.

Alain REY 1975: Le corps aux miroirs; in: Critique 31(1975)341, S. 1015-1023.

S.A. RHODES 1927: The influence of Poe on Baudelaire; in: Romanic Review 18(1927), S. 329-333.

Paul RICOEUR 1990: Soi-même comme un autre, Paris.

Christoph RIEDEL 1989: Subjekt und Individuum. Zur Geschichte des philosophischen Ich-Begriffs, Darmstadt.

Michael RIFFATERRE 1978: Semiotics of Poetry, Bloomington/London.

Arthur RIMBAUD 1972: Œuvres complètes (éd. par Antoine ADAM), Paris.

Joachim RITTER 1989: Subjektivität, Frankfurt/M.

Gabriele RÖTTGER-DENKER 1989: Roland Barthes zur Einführung, Hamburg.

Philippe ROGER 1986: Roland Barthes, roman, Paris.

Philippe ROGER 1993: Barthes et le roman: contre, tout contre...; in: magazine littéraire, Nr. 314(octobre 1993), S. 57-59.

Gerd ROHMANN 1975: Der Dichter als Dandy: Vergleichende Betrachtungen zur ästhetischen Theorie und zum Künstlerideal bei Edgar Allan Poe und Charles Baudelaire; in: Germanisch-Romanische Monatsschrift 25(1975)2, S. 199-213.

Richard RORTY 1987: Der Spiegel der Natur. Eine Kritik der Philosophie, Frankfurt/M.

Richard RORTY 1988: Solidarität oder Objektivität? Drei philosophische Essays, Stuttgart.

Richard RORTY 1992: Kontingenz, Ironie und Solidarität, Frankfurt/M.

Karl ROSENKRANZ 1990: Ästhetik des Häßlichen, Leipzig.

Vivien L. RUBIN 1985/86: Two Prose Poems by Baudelaire: Le vieux saltimbanque and Une mort héroïque; in: Nineteenth-Century French Studies 14(1985/86)1/2, S. 51-60.

Marcel A. RUFF 1955: L'esprit du mal et l'esthétique baudelairienne, Paris.

Marcel A. RUFF 1966: Baudelaire, Paris.

Marcel A. RUFF 1967: Baudelaire et le poème en prose; in: Zeitschrift für Französische Sprache und Literatur 77(1967)1/2, S. 116-123.

Mechthild RUMPF 1989: Ein Erbe der Aufklärung. Imaginationen des "Mütterlichen" in Max Horkheimers Schriften; in: Feministische Studien 2(1989), S. 55-68.

Oskar SAHLBERG 1974: Die Widersprüche Walter Benjamins. Ein Vergleich der beiden Baudelaire-Arbeiten; in: Die Neue Rundschau 85(1974)3, S. 464-487.

Oskar SAHLBERG 1978: Der Neubeginn der historisch-materialistischen Erforschung Baudelaires. Zu den Cygne-Interpretationen von Dolf Oehler und Karlheinrich Biermann; in: Lendemains 3(1978)10, S. 125-135.

Oskar SAHLBERG 1980: Baudelaire und seine Muse auf dem Weg zur Revolution, Frankfurt/M.

Edward W. SAID 1979: Beginnings. Intention and Method, New York.

Charles Augustin de SAINTE-BEUVE 1890: Poésies complètes, Paris.

Hans SANDERS 1981: Institution Literatur und Roman. Zur Rekonstruktion der Literatursoziologie, Frankfurt/M.

Hans SANDERS 1987: Das Subjekt der Moderne. Mentalitätswandel und literarische Evolution zwischen Klassik und Aufklärung, Tübingen.

M. Angeles SANTA BAÑERES 1983: Individu et société dans l'œuvre de Charles Baudelaire; in: Anuario de filología 9(1983), S. 343-362.

Jean-Paul SARTRE 1940: L'imaginaire. Psychologie phénoménologique de l'imagination, Paris.

Jean-Paul SARTRE 1980: Baudelaire, Paris.

Ferdinand de SAUSSURE 1984: Cours de linguistique générale (éd. par Tullio de MAURO), Paris.

R.A. SAYCE 1972: The Essays of Montaigne. A Critical Exploration, London.

Hellmut SCHEFFEL 1988: Auf der Suche nach dem Subjekt. Die Auflösung des Helden im "nouveau roman"; in: Peter KEMPER(Hrsg.): "Postmoderne" oder Der Kampf um die Zukunft, Frankfurt/M., S. 82-103.

Bernd SCHEFFER 1992: Interpretation und Lebensroman. Zu einer konstruktivistischen Literaturtheorie, Frankfurt/M.

Hartmut SCHEIBLE 1977: Geschichte im Stillstand; in: Heinz Ludwig ARNOLD(Hrsg.): Theodor W. Adorno. Text + Kritik Sonderband, München, S. 92-118.

Hartmut SCHEIBLE 1988: Wahrheit und Subjekt. Ästhetik im bürgerlichen Zeitalter, Reinbek.

Friedrich SCHILLER 1959: Sämtliche Werke. Band 5, München.

Heinz SCHLAFFER 1973: Denkbilder. Eine kleine Prosaform zwischen Dichtung und Gesellschaftstheorie; in: Wolfgang KUTTENKEULER(Hrsg.): Poesie und Politik. Zur Situation der Literatur in Deutschland, Stuttgart/Berlin/Köln/Mainz, S. 137-154.

Heinz SCHLAFFER 1990: Poesie und Wissen. Die Entstehung des ästhetischen Bewußtseins und der philologischen Erkenntnis, Frankfurt/M.

Friedrich SCHLEGEL 1967: Kritische Friedrich-Schlegel-Ausgabe (hrsg. v. Ernst BEHLER), München u.a.

Friedrich SCHLEIERMACHER 1986: Hermeneutik und Kritik (hrsg. v. Manfred FRANK), Frankfurt/M.

Siegfried J. SCHMIDT 1990: Diskurs und Literatursystem. Konstruktivistische Alternativen zu diskurstheoretischen Alternativen; in: Jürgen FOHRMANN/Harro MÜLLER (Hrsg.): Diskurstheorien und Literaturwissenschaft, Frankfurt/M., S. 134-158.

Joseph F. SCHMUCKER 1977: Adorno — Logik des Zerfalls, Stuttgart/Bad Cannstatt.

Dieter SCHNEBEL 1971: Komposition von Sprache — sprachliche Gestaltung von Musik in Adornos Werk; in: Hermann SCHWEPPENHÄUSER(Hrsg.): Theodor W. Adorno zum Gedächtnis, Frankfurt/M., S. 129-145.

Manfred SCHNEIDER 1986: Die erkaltete Herzensschrift. Der autobiographische Text im 20. Jahrhundert, München/Wien.

Manfred SCHNEIDER 1989: Ästhetik der Delinquenz; in: Merkur 43(1989)8/9,S. 862-872.

Manfred SCHNEIDER 1992: Liebe und Betrug. Die Sprachen des Verlangens, München/Wien.

Pierre SCHNEIDER 1951: Baudelaire, poète de la fragmentation; in: Critique 7(1951) 51/52, S. 675-685.

Peter SCHOFER 1988: Une Mort héroïque: Baudelaire's Social Theater of Cruelty; in: Theater and Society in French Literature. French Literature Studies 15, Columbia, S. 50-57.

Charlotte SCHRÖER 1935: Les Petits Poèmes en prose von Baudelaire, eine Gedankendichtung, als Zeit- und Charakterdokument, Leipzig.

Walter SCHULZ 1979: Ich und Welt. Philosophie der Subjektivität, Pfullingen.

Walter SCHULZ 1985: Metaphysik des Schwebens. Untersuchungen zur Geschichte der Ästhetik, Pfullingen.

Gabriele SCHWAB 1987: Entgrenzungen und Entgrenzungsmythen. Zur Subjektivität im modernen Roman. Daniel Defoe — Herman Melville — Virginia Woolf — James Joyce — Samuel Beckett — Thomas Pynchon, Wiesbaden.

Martin SEEL 1985: Die Kunst der Entzweiung. Zum Begriff der ästhetischen Rationalität, Frankfurt/M.

Richard SENNETT 1983: Verfall und Ende des öffentlichen Lebens. Die Tyrannei der Intimität, Frankfurt/M.

Richard SENNETT 1991: Civitas. Die Großstadt und die Kultur des Unterschieds, Frankfurt/M.

Roger SHATTUCK 1983: Vibratory Organism: crise de prose; in: Mary Ann CAWS/Hermine RIFFATERRE(eds.): The Prose Poem in France. Theory and Practice, New York, S. 21-35.

Philip SHAW/Peter STOCKWELL(eds.) 1991: Subjectivity and Literature from the Romantics to the Present Day, London/New York.

Elaine SHOWALTER(ed.) 1986: The New Feminist Criticism. Essays on Women, Literature and Theory, London.

Georg SIMMEL 1957: Brücke und Tor. Essays des Philosophen zur Geschichte, Religion, Kunst und Gesellschaft (hrsg. v. Michael LANDMANN und Margarete SUSMAN), Stuttgart.

John SIMON 1987: The Prose Poem as a Genre in Nineteenth-Century European Literature, New York/London (phil. diss. 1959).

Viktor SKLOVSKIJ 1971: Die Kunst als Verfahren; in: Jurij STRIEDTER(Hrsg.): Russischer Formalismus. Texte zur allgemeinen Literaturtheorie und zur Theorie der Prosa, München, S. 3-35.

Philippe SOLLERS 1971: R.B.; in: Tel Quel 47(1971), S. 19-26.

Susan SONTAG 1969: Against Interpretation and other Essays, New York.

Susan SONTAG 1980: Remembering Barthes; in: DIES.: Under the Sign of Saturn, New York, S. 167-177.

Susan SONTAG 1982: Reflections. Writing Itself: On Roland Barthes; in: The New Yorker (26.4. 1982), S. 122-141.

Anne-Marie SOUCY 1986: The Impact of Contemporary Urban Change and Popular Art Forms in the Representation of the Subject in Baudelaire's Late Poetry, Princeton (phil. diss.).

Anne-Marie SOUCY 1988: Baudelaire's Prose Poem and Contemporary Theory; in: Francofonia 8(primavera 1988)14, S. 39-51.

Manfred STARKE 1988: Die Aufhebung von Antike, Renaissance, Klassik und dem 18. Jahrhundert im Modernismus Charles Baudelaires; in: Poetica 20(1988), S. 171-217.

Jean STAROBINSKI 1967: Sur quelques répondants allégoriques du poète; in: Revue d'Histoire Littéraire de la France 67(1967)2, S. 402-412.

Jean STAROBINSKI 1971: Jean-Jacques Rousseau. La transparence et l'obstacle, Paris.

Jean STAROBINSKI 1982: Rousseau, Baudelaire, Huysmans (Die Lebkuchen, der 'Kuchen' und das widerwärtige Käsebrot); in: Renate LACHMANN(Hrsg.): Dialogizität, München, S. 190-201.

Jean STAROBINSKI 1983: Portrait de l'artiste en saltimbanque, Paris/Genève.

Jean STAROBINSKI 1989a: Montaigne. Denken und Existenz, Frankfurt/M.

Jean STAROBINSKI 1989b: La mélancolie au miroir. Trois lectures de Baudelaire, Paris.

Jean STAROBINSKI 1990: Psychoanalyse und Literatur, Frankfurt/M.

Jean STAROBINSKI 1991: Kleine Geschichte des Körpergefühls, Frankfurt/M.

Jude STEFAN 1975: Barthes par Barthes; in: Cahiers du Chemin 24(1975), S. 207-213.

Gertrude STEIN 1974: How Writing is Written (ed. by Robert Bartlett HAAS), Los Angeles.

Gertrude STEIN 1985: Lectures in America, Boston.

Harald STEINHAGEN 1979: Zu Walter Benjamins Begriff der Allegorie; in: Walter HAUG(Hrsg.): Formen und Funktionen der Allegorie. Symposium Wolfenbüttel 1978, Stuttgart, S. 666-685.

STENDHAL 1989: De l'Amour, Paris.

Hartmut STENZEL 1980: Der historische Ort Baudelaires, München.

Dolf STERNBERGER 1974: Panorama oder Ansichten vom 19. Jahrhundert, Frankfurt/M.

Karlheinz STIERLE 1974: Baudelaires "Tableaux Parisiens" und die Tradition des 'Tableau de Paris'; in: Poetica 6(1974)3, S. 285-322.

Karlheinz STIERLE 1975: Text als Handlung, München.

Karlheinz STIERLE 1979: Die Identität des Gedichts — Hölderlin als Paradigma; in: Odo MARQUARD/Karlheinz STIERLE(Hrsg.): Identität. Poetik und Hermeneutik Band 8, München, S. 505-552.

Karlheinz STIERLE 1986: Die Entdeckung der Stadt. Paris und sein Diskurs; in: Friedrich KNILLI/Michael NERLICH(Hrsg.): Medium Metropole: Berlin, Paris, New York, Heidelberg, S. 81-94.

Stephan STING 1991: Der Mythos des Fortschreitens. Zur Geschichte der Subjektbildung, Berlin.

Robert STOCKHAMMER 1991: Leseerzählungen. Alternativen zum hermeneutischen Verfahren, Stuttgart.

Joseph STRELKA 1977: Auf der Suche nach dem verlorenen Selbst. Zu deutscher Erzählprosa des 20. Jahrhunderts, Bern/München.

Jurij STRIEDTER(Hrsg.) 1971: Russischer Formalismus. Texte zur allgemeinen Literaturtheorie und zur Theorie der Prosa, München.

Ingrid STROHSCHNEIDER-KOHRS 1977: Die romantische Ironie in Theorie und Gestaltung, Tübingen.

Studies in Modern French Literature Presented to P. Mansell Jones (ed. by Lloyd James AUSTIN/Garnet REES/Eugène VINAVER), Manchester 1961.

Virginia E. SWAIN 1982: The Legitimation Crisis: Event and Meaning in Baudelaire's "Le vieux saltimbanque" and "Une mort héroïque"; in: Romanic Review 73(1982)4, S. 452-462.

Wylie SYPHER 1979: Loss of the Self in Modern Literature and Art, Westport/Ct.

Bernhard TAURECK 1988: Französische Philosophie im 20. Jahrhundert. Analysen, Texte, Kommentare, Reinbek.

Richard TERDIMAN 1985: Discourse/Counter-Discourse. The Theory and Practice of Symbolic Resistance in Nineteenth-Century France, Ithaca/London.

Wolfgang THEILE 1985: 'La toile oubliée'. Ästhetische Reflexion und die Idee der Modernität bei Baudelaire (am Beispiel von Une charogne); in: Romanische Literaturbeziehungen im 19. und 20. Jahrhundert. Festschrift für Franz Rauhut zum 85. Geburtstag (hrsg. v. Angel SAN MIGUEL/Richard SCHWADERER/Manfred TIETZ), Tübingen, S. 309-317.

Raimund THEIS 1972: Zur Sprache der 'cité' in der Dichtung. Untersuchungen zum Roman und zum Prosagedicht, Frankfurt/M.

Jean THIBAUDEAU 1980: Le roman comme autobiographie; in: TEL QUEL: Théorie d'ensemble (choix), Paris, S. 197-205.

Georg Christoph THOLEN 1985: Liebe ohne Mangel. Stichworte zu Roland Barthes; in: fragmente 14/15(1985), S. 249-255.

Anke THYEN 1989: Negative Dialektik und Erfahrung. Zur Rationalität des Nichtidentischen bei Adorno, Frankfurt/M.

Tzvetan TODOROV 1966: Les catégories du récit littéraire; in: Communications 8(1966), S. 131-157 (Nachdruck Paris 1981).

Tzvetan TODOROV 1979: La réflexion sur la littérature dans la France contemporaine; in: Poétique 38(1979), S: 131-148.

Tzvetan TODOROV 1980: Poétique de la prose (choix) suivi de Nouvelles recherches sur le récit, Paris.

Tzvetan TODOROV 1981: Le dernier Barthes; in: Poétique 47(1981), S. 323-327.

Tzvetan TODOROV 1984: Critique de la critique. Un roman d'apprentissage, Paris.

Stephen TOULMIN/June GOODFIELD 1970: Entdeckung der Zeit, München.

Jurij TYNJANOV 1971: Über die literarische Evolution; in: Jurij STRIEDTER(Hrsg.): Russischer Formalismus. Texte zur allgemeinen Literaturtheorie und zur Theorie der Prosa, München, S. 433-461.

Gregory L. ULMER 1977: Fetishism in Roland Barthes's Nietzschean Phase; in: Papers on Language and Literature 14(1977), S. 334-355.

Gregory L. ULMER 1980: The Discourse of the Imaginary; in: Diacritics 10(1980), S. 61-75.

Steven UNGAR 1983: Roland Barthes: The Professor of Desire, Lincoln/London.

Steven UNGAR/Betty MCGRAW(eds.) 1989: Signs in Culture. Roland Barthes Today, Iowa City.

Paul VALERY 1960: Œuvres II (éd. par Jean HYTIER), Paris.

Paul VALERY 1980: Œuvres I (éd. par Jean HYTIER), Paris.

Gianni VATTIMO 1986: Jenseits vom Subjekt, Graz/Wien.

Gianni VATTIMO 1990: Das Ende der Moderne, Stuttgart.

Gianni VATTIMO/Pier Aldo ROVATTI(Hrsg.): Il pensiero debole, Mailand 1983.

Paul VERLAINE 1972: Œuvres en prose complètes (éd. par Jacques BOREL), Paris.

Heinz-Günter VESTER 1984: Die Thematisierung des Selbst in der postmodernen Gesellschaft, Bonn.

Paul VEYNE 1981: Der Eisberg der Geschichte, Berlin.

Helmut VIEBROCK 1984: Schöpferischer Identitätsverlust. Die Begriffe "identity" und "loss of identity" in der epistolaren Poetik von John Keats, Stuttgart (Sitzungsberichte der Wissenschaftlichen Gesellschaft an der Johann Wolfgang Goethe-Universität Frankfurt/M. 20(1984)4, S. 190-213).

Paul VIRILIO 1989a: Die Sehmaschine, Berlin.

Paul VIRILIO 1989b: Krieg und Kino. Logistik der Wahrnehmung, Frankfurt/M.

Bernhard WALDENFELS 1987: Phänomenologie in Frankreich, Frankfurt/M.

Bernhard WALDENFELS 1990: Der Stachel des Fremden, Frankfurt/M.

Rainer WARNING(Hrsg.) 1975: Rezeptionsästhetik, München.

Rainer WARNING 1979: Pour une pragmatique du discours fictionnel; in: Poétique 39 (1979), S. 321-337.

Max WEBER 1988: Gesammelte Aufsätze zur Wissenschaftslehre (hrsg. v. Johannes WINCKELMANN), Tübingen.

Sigrid WEIGEL 1990: Topographien der Geschlechter. Kulturgeschichtliche Studien zur Literatur, Reinbek.

Robert WEIMANN/Hans Ulrich GUMBRECHT(Hrsg.) 1991: Postmoderne — globale Differenz, Frankfurt/M.

Arnold WEINSTEIN 1981: Fictions of the Self: 1550-1800, Princeton/N.J.

Karl Joachim WEINTRAUB 1978: The Value of the Individual. Self and Circumstance in Autobiography, Chicago/London.

Albrecht WELLMER 1987: Zur Dialektik von Moderne und Postmoderne. Vernunftkritik nach Adorno, Frankfurt/M.

Wolfgang WELSCH 1990: Ästhetisches Denken, Stuttgart.

Wolfgang WELSCH 1991: Unsere postmoderne Moderne, Weinheim.

Jürgen WERTHEIMER(Hrsg.) 1986: Ästhetik der Gewalt. Ihre Darstellung in Literatur und Kunst, Frankfurt/M.

Peter Michael WETHERILL 1962: Charles Baudelaire et la poésie d'Edgar Allan Poe, Paris.

Anne WHITESIDE 1980: Barthes et l'autobiographie éclatée; in: Romance Notes 21(1980) 1, S. 4-9.

Die Wiener Moderne. Literatur, Kunst und Musik zwischen 1890 und 1910 (hrsg. v. Gotthart WUNBERG unter Mitarbeit v. Johannes BRAAKENBURG), Stuttgart 1981.

Rolf WIGGERSHAUS 1991: Die Frankfurter Schule. Geschichte — Theoretische Entwicklung — Politische Bedeutung, München.

Jean WILLIET 1967: Baudelaire et le mythe du progrès; in: Revue des Sciences Humaines (1967), S. 417-431.

Nathaniel WING 1972: The Poetics of Irony in Baudelaire's La Fanfarlo; in: Neophilologus 59(1972)2, S. 165-189.

Nathaniel WING 1986: The Limits of Narrative. Essays on Baudelaire, Flaubert, Rimbaud and Mallarmé, Cambridge.

Mary Bittner WISEMAN 1989: The Ecstasies of Roland Barthes, London/New York.

Barbara WRIGHT/David H.T. SCOTT 1984: Baudelaire: "La Fanfarlo" and "Le Spleen de Paris", London.

Ralph-Rainer WUTHENOW 1978: Muse, Maske, Meduse. Europäischer Ästhetizismus, Frankfurt/M.

Ralph-Rainer WUTHENOW 1990: Europäische Tagebücher. Eigenart — Formen — Entwicklung, Darmstadt.

Peter V. ZIMA 1978: Krise des Subjekts als Krise des Romans. Überlegungen zur "Kritischen Theorie" und den Romantexten Prousts, Musils, Kafkas und Hesses; in: Romanistische Zeitschrift für Literaturgeschichte 2(1978)1, S. 54-77.

Peter V. ZIMA 1991: Literarische Ästhetik. Methoden und Modelle der Literaturwissenschaft, Tübingen.

* * * * * * * *

Edition Passagen
Hg. von Peter Engelmann
Eine Auswahl

Sade - mein Nächster
Von Pierre Klossowski
Edition Passagen 42

Gott, der Tod und die Zeit
Von Emmanuel Lévinas
Edition Passagen 43

Kindheitslektüren
Von Jean-François Lyotard
Edition Passagen 41

Schibboleth
Für Paul Celan
Von Jacques Derrida
Edition Passagen 12

Wie nicht sprechen
Verneinungen
Von Jacques Derrida
Edition Passagen 29

Préjugés
Vor dem Gesetz
Von Jacques Derrida
Edition Passagen 34

Schreiben wie eine Katze
Zu E.T.A. Hoffmanns
"Lebensansichten des Katers Murr"
Von Sarah Kofman
Edition Passagen 5

Melancholie der Kunst
Von Sarah Kofman
Edition Passagen 9

Erstickte Worte
Von Sarah Kofman
Edition Passagen 19

Konversionen
Der Kaufmann von Venedig unter dem Zeichen des Saturn
Von Sarah Kofman
Edition Passagen 24

Literaturwissenschaft im Passagen Verlag

Mythos-Theorie und Allegorik bei Botho Strauß
Von Siegrid Berka
Passagen Literatur

Alchimie, Postmoderne und der arme Hölderlin
Von Artur R. Boelderl
Passagen Philosophie

Autorschaft und Subjektgenese Christa Wolfs
Von Helga G. Braunbeck
Passagen Literatur

Antlitz - Mord - Gesetz
Figuren des Anderen bei Gertrud Kolmar und Emmanuel Lévinas
Von Birgit R. Erdle
Passagen Literatur

Das Echo jeder Verschattung
Figur und Reflexion bei Rilke, Benn und Celan
Von Volker Kaiser
Passagen Literatur

Wir graben den Tunnel von Babel
Kritik der Totalität - eine subversive Vertiefung der Gedanken-Gänge Franz Kafkas
Von Elisabeth Kellinghusen
Passagen Schwarze Reihe

Zur Genealogie der Post-Apokalypse
Günther Grass' "Die Rättin"
Von Thomas W. Kniesche
Passagen Literatur

Die Segnungen des Zeitlichen
Dasein und Sprache im Gedicht Georg Trakls
Von Peter Köppel
Passagen Philosophie

Tropen der Kunst
Zur Bildlichkeit der Poetik bei Georg Büchner
Von Axel Schmidt
Passagen Literatur

Das unendliche Altern der Moderne
Untersuchungen zur Romantrilogie Gert Jonkes
Von Ulrich Schönherr
Passagen Literatur